바다인문학연구총서 011

해양 부산
다시 보기

이 저서는 2018년 대한민국 교육부와 한국연구재단의 지원을 받아
수행된 연구임(NRF-2018S1A6A3A01081098).

해양 부산 다시 보기

초판 1쇄 인쇄 2024년 1월 20일
초판 1쇄 발행 2024년 2월 1일

지은이 | 우양호
펴낸이 | 윤관백
펴낸곳 | 선인

등 록 | 제5-77호(1998.11.4)
주 소 | 서울시 양천구 남부순환로 48길 1, 1층
전 화 | 02) 718-6252 / 6257
팩 스 | 02) 718-6253
E-mail | suninbook@naver.com

정가 34,000원
ISBN 979-11-6068-864-1   93300

바다인문학연구총서 011

해양 부산
다시 보기

우양호 지음

선인

머리말 ────────────────────────────────────

  이 책의 머리말을 쓰면서, 필자는 많은 생각이 든다. 부산(釜山)에 대한 이 책을 소개하기 전에 먼저 '부산 토박이'라고 자부하는 필자 본인의 이야기를 하지 않을 수 없다. 필자는 부산 원도심 지역인 범일동에서 태어났다. 부산 초량동과 수정동 일대에서 자랐고, 여기서 초등학교부터 중학교, 고등학교까지 나왔다. 대학과 대학원도 부산에서 나왔다. 군대 시절만 빼면, 필자는 부산에서만 계속 살았고 그 세월이 거의 50년이다. 앞으로도 부산을 사랑하고, 부산에서 계속 살아갈 생각이다.

  이 책의 제목은 '해양 부산, 다시 보기'이다. 고민에 고민을 거듭했지만, 부산의 지금과 앞날을 생각하는 필자의 마음을 제목에 담았다. 물론 부산의 역사나 현재를 소개하는 책은 이미 몇 권 나와 있다. 기존 부산의 역사학자와 향토 지역학자들께서 관심을 갖고, 저마다 좋은 저술을 해 주신 덕이다. 그래서 이 책은 기존의 부산을 다룬 책과는 전혀 다른 주제를 다루려고 애썼다. 이 책은 해양과 도시의 관점에서 부산의 현재와 주요 현안을 진단하고, 앞으로의 쟁점과 방향을 다루려 노력했다.

  필자가 신경 써서 구성한 이 책의 목차와 키워드를 보자면, 이 책을 접한 독자들은 새로운 해양과 미래의 관점에서 부산을 다시 생각해 볼 수 있다. 이를테면 성장도시 부산, 해양수도 부산, 부산의 도시재생, 부산의 항구재생, 부산의 문화유산 활용, 부산의 해양산업과 일자리, 부산의 해양관광 패러다임, 부산의 다문화와 이민자 가족, 부산의 국제교류와 협력 등이다.

이런 주제들은 부산을 다룬 기존의 책에서는 거의 없던 내용들이다. 그래서 부산의 지금과 앞으로의 부산을 좌지우지할 수 있는 중요한 의미를 갖는다고 본다. 이 책의 목차가 품은 여러 키워드는 부산의 오랜 염원이자, 미래에 풀어야 할 과제들과 크게 다르지 않다. 아마도 부산에 관심 있는 독자들께서 읽는데 많은 흥미와 신선함을 느끼실 것이라 믿는다.

사람이 세상의 일을 풀어가는 데 있어서, 어찌 성공만 계속하겠는가? 부산의 방향을 결정해 왔고, 부산의 지금 모습을 만든 과거 정치가들이나 경제인, 관료, 부산 시민들도 마찬가지다. 필자가 꾸준히 연구해 왔던 부산의 경우에, 정말 다방면의 성공과 아쉬움이 많이 교차했다. 내용과 결과가 좋은 정책이 있었던 반면, 성공하지 못한 부산의 어두운 면도 이 책의 곳곳에 사실대로 적었다.

필자는 이 책에서 부산의 지금과 미래에 대해 '정답'을 제시하지 않았다. 단지 부산의 지식인, 리더, 시민들에게 올바른 해답으로 가는 실마리를 던져주려 했다. 과거의 성과를 바탕으로 한 '타산지석(他山之石)'의 정신, 실패와 잘못을 되풀이하지 말자는 '반면교사(反面敎師)'의 정신을 권유했다. 부산의 과거에 대해서는 지금의 시민들께서 충분히 평가하고 있고, 그 판단에 따라 미래는 다시 크게 달라질 수 있기 때문이다. 그 길목에서 이 책은 작은 마중물이 되려 했다.

필자의 전공은 행정학과 정책학이다. 도시정책과 도시학을 전문적으로 전공했고, 현대의 관점에서 '해양 부산'을 2002년부터 대략 20년 넘게 연구해 왔다. 주로 교육부, 한국연구재단, 인문한국(HK) 지원사업과 연구소의 국가의 장기 지원을 받았다. 2008년 이후부터는 한국해양대학교에 계속 있으면서 해양도시 부산, 글로벌 해양강국으로서의 대한민국에 대한 논문과 책을 주로 썼다.

필자는 해양 부산이란 도시에서 출발해서 우리나라, 동아시아, 유럽, 아메리카 등을 거치며 전 세계의 바다와 도시들에 대한 다양한 연구를 했다. 대한민국 학술원의 우수도서, 근무하는 대학에서 학술상 등도 받았다. 필자가 한국해양대학교에서 보낸 세월은 학문적으로 큰 성장을 한 기간이었고, 돌이켜보면 참 뜨거웠고 보람된 날들로 다가온다.

이 책은 이런 긴 연구의 여정을 마무리하면서, 필자가 연구소에서 마지막으로 출판하는 저작물이다. 한국해양대학교에 들어와서 첫 연구를 '부산'으로 시작했으니, 마무리도 '부산'으로 하려는 마음을 오래전부터 갖고 있었다. 장기간의 연구를 '해양 부산'에 대한 책을 내면서 마무리하니, 다시 고향으로 돌아온 기분이다. 내 고향 부산에 학문적으로나마 봉사했다는 생각도 들어 마음 한편이 뿌듯하다.

이 책의 발간에 힘써 주신 도서출판 선인의 윤관백 대표님, 편집부 직원 여러분께 깊은 감사를 드린다. 작은 결실의 기쁨을 사랑하는 아내, 가족들과도 함께 나누려 한다. 사생활 영역에서 가족의 사랑과 배려가 있었기에 오랜 세월 책을 쓰는 것이 가능했다. 안정적인 신분과 연구 환경을 갖게 해 준 우리 대학에도 무척 감사하고 고마운 마음이다. 마지막으로 이 책을 골라 귀한 시간을 내서 읽으시려는 독자께도 깊은 감사를 표한다. 모두 행복한 인생을 펼치시길 바라면서.

2024년 1월
부산 영도 바다를 보면서
필자　우 양 호

Contents

제3장

부산의 도시재생, 감천문화마을과 젠트리피케이션

제4장

부산의 항구재생, 북항 크루즈와 원도심 활성화

제7장

부산의 해양관광, 연안크루즈의 블루투어리즘

제8장

부산의 다문화, 이민자 가족과 적응 지원

제9장
부산의 국제교류, 초국경 경제권과 미래

Ⅰ. 머리말

오늘날 도시는 인간에 대한 정주사회의 공간단위 중 하나로 인식되고 있으며, 그 발전의 양상은 다양한 측면을 가진다. 도시를 형성하게 만들고, 발전시키는 각종 메커니즘이나 유·무형적 기제는 복잡하다. 또한 '도시'와 '발전'이라는 말에 내포되어 있는 의미의 다양성으로 인해 이와 관련된 이론과 이슈, 그리고 정책 등을 다루는 데 있어서 학자들은 상당한 시각차를 보여주고 있다.

도시발전에 대한 학문적 담론은 그 현상을 보다 잘 이해하고, 나아가 복잡하게 얽혀 있는 도시의 제반 문제를 해결하는데 필수적이다. 궁극적으로 모든 도시발전 연구는 도시의 가치, 경쟁력 제고 및 구성원의 삶의 질의 향상이라는 목적을 반영하고 있다. 하지만 학자들 나름의 독자적인 시각으로 인해 그 이유에 대해서는 여러 학설이 대비되는 경우가 종종 있다.

구체적으로 기성학계에서 도시발전 담론의 당위성은 인정하지만 그 방법론상에 있어 학자 간 의견의 일치를 기대하기는 어려웠던 것으로 보인다. 일반적으로 현대 사회에서 개인이나 사회집단에 한정되는 문제들이 있는가 하면, 어떤 사안은 공공문제로서의 정부 개입을 필요로 한다.

특히 도시의 발전과 거대화, 개발과 보전 등의 문제는 더욱 그러하다. 도시민의 일상 거주와 직장생활 등에서 이동이나 정주의 문제는 그 주체나 이유에 따라 큰 변화를 초래한다. 결국 이것은 어느 특정한 도시의 발전 또는 쇠퇴에 지대한 영향을 미치게 된다.

도시발전에 관한 주요 사안을 결정하고 반대로 영향을 받기도 하는 것이 도시에서 과연 외면상 보이는 자연적인 경제 요인인가, 아니면 특정한 다른 요인인가에 대해서 의견이 분분하다. 연구의 결과들도 서로 일치되지 않았고, 실제로도 이 요인들에 따라 도시는 다양한 모습으로 변하게 되는 현상이 관찰되었다.

예컨대 과거부터 현재까지 도시발전을 분석하는 데 있어서, 이른바 경제적 관점 혹은 '경제결정론(economic determinism)'은 대단히 중요한 비중을 차지하고 있는 것으로 알려져 있다. 전통적 시각에서 보면 개개인들은 그들을 에워싸고 있는 자본구조와 경제적 제도 내에서 의사결정과 활동의 제한을 받지 않을 수 없기 때문이다.

하지만 근본적으로 경제적 관점은 여타 정치나 정부정책 등이 '자본의 논리(logic of capitalism)'에 지나치게 구속되는 인식론에 사로잡혀 있다는 점을 부인할 수 없다. 물론 이러한 경제논리는 시장교환의 논리에 바탕을 두고 있는 다른 도시발전이론에서도 유사하게 나타나고 있다.[1]

그러나 현대 민주사회에서 기존 경제적 요인들은 정치적 논리와 정치체제를 통해 종종 중재가 되고, 그것에 의해 직접적인 영향을 받지 않을 수 없다는 논리로 반박되기도 한다. 즉 도시발전의 전개과정은 국가와 경제의 구조적 실체들을 결속시키는 역할을 하는 개인 또는 기관들이 모여 구조화된 관계를 형성하는 복잡한 과정을 수반한다는 것이다.

이러한 맥락에서 도시발전 과정을 다양한 참여자들 간의 상호 활동의 '정치적 결집체(political regimentation)'로 보는 입장이 등장한다. 이들은 도시의 발전현상을 정치인과 고위 정책결정자들의 통제를 바탕으로 한 조건들에 의해 형성되는 것으로 보는 시각이다. 환언하면 기존의 경제적 관점이 아닌 정치적 시각에 비중을 두어 도시발전을 이해하고자 하는 경향인 '정치결정론(political determinism)'도 큰 설득력을 얻어 왔다.[2]

---

[1] Katznelson, I., *City Trenches: Urban Politics and the Patterning of Class in the United States*, Chicago: The University of Chicago Press, 1981, pp.16-267.
[2] Mollenkopf, J. H., *The Contested City*, Princeton University Press, 1983, pp.12-246.

이 장에서는 우리나라 제2의 거대도시인 부산의 도시발전을 바라보는 이러한 두 가지의 상반된 관점과 그 타당성에 대한 의문을 하나씩 풀어나가려 한다. 이 장에서의 논의하려는 내용은 부산을 대상으로 도시의 발전을 설명하며 크게는 도시를 바라보는 근본적인 두 가지 주류 시각인 경제결정론과 정치결정론을 경험적으로 검증해보는 것이다. 즉 최근 50년 동안의 도시통계자료를 통하여 과연 부산의 발전에 있어서 어느 시각이 더 타당한가에 대해 실증적인 검증을 해보고자 한다.

그리고 이론적으로 두 시각이 갖는 각각의 의의와 장·단점도 비교해 보면서, 이들 시각에 대한 전반적인 평가를 내려 보고자 한다. 이는 기성 사회과학의 도시학, 도시이론 분야에서는 가장 핵심적인 주제 중의 하나로 판단된다. 비록 경제적 관점과 정치적 관점이 서구의 도시들을 대상으로 먼저 발전된 것이긴 하지만, 도시발전의 원인과 동력이라는 동일한 문제를 설명하고 있다는 것은 확실하다. 과연 부산이란 도시가 지금껏 성장해 온 원인이 경제인가, 정치인가하는 점은 아직 아무도 밝혀보지 않았다. 그런 점에서 부산의 발전을 대상으로 한 정치와 경제, 두 시각의 경험적 규명은 상당한 의미가 있을 것으로 보인다.

Ⅱ. 부산의 도시발전을 설명하는 두 가지 이론

1. 경제적 관점: "산업과 자본은 도시발전의 핵심이다"

1) 도시발전의 기본가정

도시발전에 관한 경제적 관점은 도시가 국가발전과 마찬가지로 그 지역의 산업 및 생산, 자본 등이 장기적으로 증가해야 한다는 전제를 한다. 도시발전은 한 도시의 경제기반의 요소뿐만 아니라 수요와 공급에 관한 요인들끼리의 상호작용 관계로 파악한다. 즉 도시발전 현상을 도시 자체의 집적경제 사이에 작용하는 기능관계, 그리고 도시체계상의 공간적 개발과 결과에 의한 것으로 간주한다. 도시발전에 대한 기존 경제결정론자들의 주장은 이러하다.

먼저 국가 혹은 세계시장에서 자본주의 경제의 구성인자로서의 도시는 후기산업화 이전 자신의 경제적 입지를 강화하기 위해 토지이용(land use)을 전제한 발전을 추구했다. 하지만 본질적으로 시장원리와 자유경쟁에 위배되는 결정을 할 수 없는 한계를 갖는다. 즉 경제론자들은 도시가 내포하는 '자율성(autonomy)'의 한계를 당연시한다. 그 주된 이유로 도시는 국가와 달리 자본과 노동의 흐름을 통제할 수 있는 권한이나 능력을 크게 가지고 있지 않기 때문이다. 그래서 도시는 스스로의 재정 증대를 위한 '성장정책(development policy)'을 적극 추진하지 않을 수 없다.

반대로 재정의 건전성을 위협하는 '재분배정책(redistribution policy)'은 가급적 기피하거나 최소화하려는 경향이 있다. 이는 '기업가적 도시론(entrepreneurial cities)'에 해당하는 주장으로 도시발전에 영향을 미치는 결정적인 변수는 정치적 이해관계의 문제가 아니라 경제적 성장의 문제임을 강조하는 이론들이다.3)

이러한 경제이론가들의 기본전제는 도시발전이 정책결정자들의 통제범위를 넘어선 경제환경과 조건들에 의해 좌우된다는 것이다. 이에 경제적 시각은 도시 내 혹은 도시 간의 경제구조적 맥락을 제공함으로써 과거 도시문제를 이해하는 데 있어서 상당한 진전을 보여주었다. 즉 도시는 더 이상 도시문제에 영향을 미치고 있는 경제적 힘으로부터

---

3) Richarsdon, H. W., "National Urban Development Strategies in Developing Countries", *Urban Studies*, 18(3), 1981, pp.267-283.

벗어난 독립적인 실체로 취급될 수는 없다는 것이다.

특히 Scott(2001) 등은 한 국가의 중심역할을 수행하는 대도시에서 글로벌 체제나 국가경제의 구조적 재편성이 미치는 영향을 간과할 수 없다고 주장한다. 따라서 외부적으로 형성된 경제적 구속력이 도시활동을 통제하고 있어, 도시는 자의적으로 발전을 재조정하기 어렵게 된다.[4]

한편, 도시발전의 경제적 관점은 자본주의 지배이익에 종속된 도시정부의 활동이 정치적 산출을 어떻게 조장하는가에 관심을 기울인다. 그럼으로써 도시가 경제적으로 누적되어 온 자본 불평등의 장기적 구조에 관련되지 않을 수 없다는 점을 주장하고 있다. 예를 들면 경제적 시각에서 대표적인 도시 구조주의론(structuralism)은 공통적으로 사회적 공간의 선점과 그 활용을 유지시키거나 변형시킬 수 있는 합리적 구조에 관심을 둔다. 쉽게 말해 도시에서 토지의 개발을 통해 이익을 축적하는 자본세력과 그의 영향을 받는 반대집단 간의 계급적 투쟁(class strife)에 관심을 두고 있다.

대표적인 학자인 Harvey(1987)의 관점에서 보면, 이러한 계급적 투쟁 과정에서 부동산업자나 금융업자와 같은 도시 자본가들은 도시발전의 중요한 행위자이다. 이들은 지역사회에 있어 도시구조물이나 부동산을 소비 및 재생산의 수단으로 이용하여 노동자의 이익에 반하는 발전적 이익을 추구한다. 특히 현대의 대도시는 도로, 항만, 하수 및 상수, 공공기관 등의 하부구조를 형성한 공공자본의 위에 공장, 사무실, 쇼핑센터 등을 짓기 위한 민간자본이 함께 어우러져 있다. 이러한 민간의 자본은 다양한 지위와 계급집단들의 노동력에 의해 그 개발의 효과성이 나타난다.[5]

4) Scott, A. J., "Capitalism, Cities, and the Production of Symbolic Forms", *Transactions of the Institute of British Geographers*, 26(1), 2001, pp.11-23.

이러한 의미에서 Harvey(1989)는 도시를 자본의 순환과정 내에서 노동에 의해 형성된 생산적인 세력들의 '군(group)'으로 형성되어 지는 것으로 본다. 즉 도시발전의 경제적 시각에 따르면 자본주의 발전단계와 자본의 흐름이 도시의 공간구조와 심지어는 도시민의 의식구조까지도 결정짓게 된다.

그렇게 함으로써 도시정부의 활동은 자본의 힘에 종속되는 수단적 장치로 전락하게 되며, 심지어 정치적 경쟁과 정책결정 등은 자본가의 필요성에 따라 좌우된다. 오직 투자유치에 이끌려 자본가에게 체계적인 편익이 부여되는 자본가는 소위 도시에서 계속적인 권력재생산 체제를 유지할 가능성이 높다는 것이다.[6]

이렇게 도시발전을 바라보는 경제적 시각은 도시가 지역산업과 기업의 번영에 좌우되고 있어, 지배적이고 기업적인 참여자들은 도시정책의 장에서 일정한 경계구역을 설정하고 있다. 물론 자본이 보다 유동적이고 특정지역에 묶여있지 않을 때는 기업의 정치적 개입의 필요성이 약화될 수 있다.

하지만 부동산 업자, 건축개발업자 및 지역언론사 등과 같이 그들의 자본이 일정한 장소에 고정된 자본가 계급들은 그렇지 않다. 그들은 매몰비용을 통해 도시정부로 하여금 새로운 투자유치를 증대시키도록 하기 위하여 정치에 개입하거나 지배하려고 하는 강력한 동기를 부여받고 있다.

Katznelson(1981)에 의하면 경제구조론자들은 이들 자본가 집단의 연합(coalition)을 통해 도시공간의 교환가치의 증진이라는 경제논리에 도

---

5) Harvey, D., "The Urbanization of Capital: Studies in the History and Theory of Capitalist Urbanization", *Science and Society*, 51(1), 1987, pp.121-125.

6) Harvey, D., *The Urban Experience*, JHU Press, 1989, pp.10-125; Harvey, D., "Rebel Cities: From the Right to the City to the Urban Revolution", *Journal of Urban Affairs*, 36(5), 2014, pp.35-96.

시의 발전을 연계시키고자 했다. 이는 미국 등 서구사회에서 도시발전의 지배적인 논리로 장기간 인정되었다.[7]

같은 맥락에서, 저명한 도시학자인 Peterson(1981) 역시도 그의 저서인 'City Limits'를 통해 '도시한계론'을 설파한다. 그는 경제적 시각을 크게 견지하고, 도시발전에서 지배와 갈등을 경시하면서 정치나 다른 논리의 존재를 거의 부인하고 있다.

도시는 국가와 달리 자본과 노동의 흐름을 통제할 수 없으므로 지역경제의 성장 없이는 재정약화, 공공서비스 저하, 실업률 증가와 같은 문제에 봉착한다. 그래서 도시는 경제성장에 도움이 되는 정책에는 적극적인 태도를 나타내지만, 반대로 그렇지 않은 정책은 회피하려는 경향을 보인다. 즉 기업이나 투자를 지역에 유치하는 등 도시경제에 긍정적인 영향을 미치는 개발정책의 추구에는 적극적이다. 반면에 저소득층과 도시빈민에 각종 복지나 혜택을 제공하는 재분배정책은 기피하는 성향이 강하다고 본다.[8]

이런 이유로 도시의 경제발전론자들은 도시의 발전에 있어서 승자와 패자에 대해 언급하기를 회피한다. 그 대신에 도시의 모든 구성원들을 위한 발전정책의 보편적 편익을 지적한다. 도시의 발전정책에 대한 지원은 폭넓게 지속적으로 진행될 것이며, 그 상황에서는 힘(power)의 논리가 작용하는 '제로섬 게임(Zero sum game)'이 아니라고 한다. 오히려 그 힘은 지역사회의 발전목표를 달성하는 데 필요한 능력으로 묘사되고 있다.

더구나 도시한계론에 의하면 도시발전의 편익은 지역사회 전체에 돌아가므로 특별한 수혜자도 피해자도 없다. 발전이 구체화 될수록 그

---

7) Katznelson, I., *City Trenches: Urban Politics and the Patterning of Class in the United States*, Chicago: The University of Chicago Press, 1981, pp.16-267.

8) Peterson, P. E., *City Limits*, University of Chicago Press, 1981, pp.15-245.

편익은 도시전체에 더욱 확실시된다는 것이다. 다만 도시발전에 민간 자본과 기업의 개입은 정치적인 것이 아니라 개발의 노하우를 제공하는 데 있다.

그러나 이러한 경제결정론의 견해와는 달리 도시발전과정에 있어 승자와 패자는 반드시 정해지기 마련이다. 발전의 공간적 효과는 기업가적 정치가나 관료들의 정치적 입지와 권력창출을 위해 조작될 수도 있다. 이러한 점에 대해서 이후 도시정치학자들은 경제학자들의 견해를 크게 반박할 수 있었다.

결론적으로 보면, 도시가 자본축적을 우선시하는 활동에 구속되어 있다는 주장은 도시에 관한 경제적 이론이 일부를 간과하고 있다는 사실을 암시해 준다. 도시발전의 순수 경제적 접근은 '연못 속에 동전을 던져 넣는 격'이라고 볼 수 있다. 현대사회의 다른 많은 변수와 환경을 고려하지 못한다.

경제적 접근은 경제결정론의 구조 속에 단순히 정치나 다른 요인의 정당성을 대입시키는 일방통행의 접근방법이 될 수 있다는 한계를 보인다. 즉 도시 스스로의 주체적 활동가능성과 정치적 부분이 단지 자본주의 생산방법 및 계급간의 구조적 갈등의 산물로 비춰지는 것은 문제시된다.

정치와 정부가 종속변수 또는 외생변수 정도로 취급되고 있는 것은 분명 이것이 타당성에 있어 거의 완전한 설명이론은 아님을 시사한다. 경제결정론에서는 분명 설명되지 않는 도시발전 사례들이 많이 있다는 것도 설명되지 않는다. 도시 스스로가 선호하는 개발을 할 수 있는 여력이 어느 정도인지 명확하지 않은 것도 문제점으로 지적된다. 그러나 경제적 시각은 현대 자본주의 사회에서 도시발전의 가장 강력한 이론적 토대가 되었다는 점에는 큰 이견이 없다.

2) 도시발전의 경제적 요인

도시발전의 경제적 시각은 그 요인에 관하여 주로 '산업(industry)'과 '노동력(labor)' 변인을 제시한다. 경제적 관점에서 우선 도시가 발전하기 위해서 중요한 것은 경제활동의 핵심적 지표로서의 '고용창출'이다. 이는 도시의 생산, 자본, 인구가 장기적으로 증가되어야 한다는 의미이다. 현대 도시는 모두 주요 산업을 기반으로 하고 있다. 경제적 시각은 도시발전에서 초기 산업화과정에 나타나는 고용시장의 새로운 창출을 중요한 요인으로 본다.

즉 2차 제조업의 발달과 3차 서비스업의 증가가 도시의 발전을 초래한다는 점을 강조한다. 경제발전 이론이 체계화된 이후 도시경제학자들은 경제적 요인이 도시의 확장과 발전에 가장 중요한 요인임을 강조하면서, 이른바 '수요와 공급의 논리(the logic of supply and demand)'로 이를 설명하고 있다. 공급은 주로 도시의 바깥으로 재화와 용역을 생산하는 경제활동이다. 수요는 주로 도시 내부에서 판매되는 재화와 용역을 소비하는 경제활동이다. 도시발전은 주로 수출을 대상으로 하는 공급에서 발생하며, 도시 내에서 자체적인 소비와 수요의 관계에 따라 가속화된다. 즉 발전은 도시의 경제활동이 갖는 규모에 따라 결정되며, 경제규모의 크기는 도시 재화와 용역의 이동에 기본적으로 의존한다는 주장이다.[9]

현대 자본주의적 도시발전에서 경제적 메커니즘(economic basic theory)의 핵심은 사람의 고용과 산업의 구조적 문제들이다. 현대국가의 산업화는 대도시 형성에 일조하였으며, 이 도시들은 최근에 다시 제조업보다는 서비스 산업을 기반으로 더욱 성장을 가속화하고 있기 때문이다.

---

[9] 경제적 지표의 선정에 관해서는 앞에 소개된 문헌들을 종합적으로 참조, 재구성하였다.

세계적으로 많은 도시들이 경제적 시각에 기초하여 발전이 설명된다는 점에서 그 중요성은 여전히 인정되고 있다. 특히 경제적 관점에서 2차 제조업과 3차 서비스업은 더욱 중요하다. 주로 다루어지는 도시발전의 경제적 관점에서 중요한 변인으로는 전체 산업 종사자, 제조업 종사자, 제조업 매출액, 서비스업 종사자, 서비스업 매출액 등이 있다. 도시발전의 경제기반이론이 추가적으로 주장하는 요인으로서는 고용자, 생산소득, 부가가치, 소득가치, 고용기회와 구조, 특화된 산업구조의 수준 등이 있다.[10)

또한 역사적으로 바다를 낀 항도(港都), 즉 항구도시(seaport city)의 경우 무역과 수출산업의 성장이 발전의 주된 요인이 되어 왔다는 점도 간과될 수 없다. 바다를 낀 연안에서 항구의 역할과 도시의 경제적 발전의 관계는 매우 밀접하다. 역사적으로 부산과 같은 거대 항도(港都)는 수출산업의 성장이 도시발전의 요인이었음을 부인할 수 없다.

세계적으로도 큰 항구는 대부분 경제자유구역(free economic zone)이 항구와 인접하다. 거대한 항구를 통한 항만경제(port economy)는 국가경제뿐만 아니라 지역경제의 일부분을 이루고 있어, 도시와 불가분의 관계를 유지하면서 끊임없는 상호작용을 해나간다. 따라서 뉴욕, 런던, 상하이, 싱가포르 등 대부분의 글로벌 도시사례에서 항구나 항만이 도시의 발전에 미치는 효과는 상당한 수준으로 나타난다. 항만에 관한 발전의 지표는 입·출항 선박, 항만물동량(TEU), 항만의 규모 등이 거론되고 있다. 이는 항만과 도시발전의 관계를 객관적으로 나타내는 증거로 간주되고 있다.[11)

---

10) Wilson, D., *The Urban Growth Machine(Suny Series in Urban Public Policy)*, SUNY Press, 2007, pp.15-89.

11) Sassen, S. J., *Cities in a World Economy(Sociology for a New Century Series)*, SAGE Publications, 2011, pp.35-90.

특히 부산과 같은 항도(港都)에서는 항만이 중요한 경제적 환경이다. 바다에 인접한 연안도시는 내륙도시에는 없는 항구, 항만을 추가로 가지고 있기 때문이다. 항구나 항만을 통한 수출과 수입은 도시에 여러 형태의 수익과 부가가치를 원활하게 공급하게 되고, 궁극적으로 도시는 발전하게 된다.

또한 항구나 항만은 도시에 대해 원자재 수입 및 완제품수출을 위한 관문기능도 담당하고, 소득과 세수창출의 역할도 하며, 결과적으로 도시발전에 많은 경제적 유인을 만든다. 따라서 배후지역과 교통망이 연계된 항만시설의 규모는 경제적으로 도시발전을 좌우할 수 있는 요소로 볼 수 있다.[12]

2. 정치적 관점: "도시의 발전을 좌우하는 것은 정치다"

1) 도시발전의 기본가정

1970년대까지 경제적 시각의 도시발전 이론은 도시학의 주류학설로 중요하게 다루어져 왔다. 그러나 그 발전의 원인과 메커니즘을 지나치게 단순화시킨 논리였기 때문에, 완전한 의미의 설명이 아니라는 지적을 받기 시작했다. 현대사회의 거대한 도시가 오로지 순수한 경제적 집단이나 단순한 산업의 집합은 아니기 때문이다.

그래서 학자들은 경제와 같이 하나의 관점에서는 완전한 의미의 도시발전을 논리적으로 설명할 수 없다는 결론을 내리게 되었다. 때마침 도시발전의 양상은 1990년대 이후에 탈산업사회와 정보지식 사회로 급격히 변화했으며, 이런 현상은 경제적 관점의 설명력을 더욱 약화시켰

---

[12] 우양호, 「우리나라 항만도시의 성장 영향요인 분석」, 『한국행정논집』 21(3), 2009, 915-939쪽.

다. 도시는 인간과 집단이 모인 사회유기체로 구성되어 있으므로, 현대 도시의 발전과정은 경제적 요인 외에 다른 관점들에 의해서도 설명될 필요성이 제기되었다.

그러면서 도시학자들은 다음과 같은 의문들을 다시 품게 되었다. 그것은 "도시의 발전을 가장 잘 설명하는 현대적 이론은 어떤 것인가?", "앞서 논의된 경제결정론이 가장 이상적인 이론이라고 말할 수 있는가?", "아니면 다른 중요한 요인, 예를 들어 경제(economy)와 가장 크게 대비되는 정치(politics)는 간과되고 있지 않은가?", "기존의 경제결정론에 비해 도시 정치현상이나 정치권력, 혹은 여타 정치적 요인에 관해서도 연구할 가치가 크지 않을까?" 등이다.

서구의 저명한 도시정치학자인 Mollenkopf(1983)는 이러한 새로운 의문점들에 대해서 '충분히 그렇다(Absolutely Yes)'라고 대답했다. 먼저 그는 정치적 시각의 중요한 전제로 도시발전에 관한 경제적 논리를 완전히 부인하고자 하는 것은 아닌 것으로 말한다. 즉 정치적 시각과 경제적 시각 사이의 상충이 아닌 상호 보완적인 관계에서 이해할 것을 제안하고 있다.

그런 가운데 도시발전에 있어 오히려 정치논리가 경제논리를 지배하고 있다는 것이 논의의 핵심이다. 쉽게 말해, 도시발전 과정에서 경제적인 요인이나 이에 따른 구조적인 문제는 존재하지만 그것들은 모두 정치적 의미로 해석될 수 있다.[13]

구체적으로 정치적 시각은 먼저 도시라는 곳이 경제적 축적(economic accumulation)과 지역공동체형성(community formation)이라는 상관관계적 체계 속에서 형성되어 있음을 강조한다. 그 가운데에 도시정부는 외부의 구조적 힘과 참여자의 일련의 선택행위 사이의 상호작용을 중

---

[13] Mollenkopf, J. H., *The Contested City*, Princeton University Press, 1983, pp.12-246.

재하게 된다는 논리를 편다.

이것은 도시발전의 이론적 분석에 있어서의 지배적 두 주류, 즉 경제결정론과 이에 대한 정치적 반론의 두 접근법을 상호 보완하는 관점을 도출한다. 나아가 Mollenkopf(1983)는 단적으로 기존의 경제결정론과 다르게 도시발전에 대한 정치의 역할과 관료의 지배력을 강조한다.

정치(politics)와 정부(government)를 경제적 이해관계와 이익집단의 힘을 차단시킬 수 있는 이른바 하나의 '독립적인 추진세력(independent driving forces)'으로 간주한다. 도시발전의 힘은 특정 경제엘리트 집단으로부터 나오는 것이 아니다. 바로 '정치적 기업가(political entrepreneurs)'와 '공공관료(bureaucrat)'들이 도시발전의 모든 정책에 있어 주도적인 창도력(leading power)을 행사하고 있다고 본다.[14]

현실적으로 도시의 유력한 정치가(politician)와 선출직 고급관료(high-ranking official)를 포함한 정치적 기업가는 선거자금의 기여도를 고려할 때 사기업들에게 의존하는 경우도 있다. 하지만 현실에서는 종종 사기업 엘리트들의 이익과 입장에 반하는 활동도 하고 있다.

이러한 정치중심적(polity-centered) 사고는 과거 경제중심의 도시발전 논리를 부정하고 대신하는(replace) 것은 아니다. 오히려 그 개념을 한층 확대(augment)시킴으로써, 일방적인 정치지배논리를 다소 완화시킨다. 과거 정치와 자본의 관계는 단편적(fractional)이었지만, 도시발전에 대한 정치적 지향은 규범적 정당성의 확보와 자본축적의 조장이라는 두 이슈를 경쟁하게 되는 장소(arena)를 제공한다.

물론 정치적 단면을 들여다보면 도시가 자본축적과정에서 갈등의 원천이며 경쟁의 장으로서, 시장적 가치와는 불균형 관계(asymmetry)를 형성하고 있다. 그러나 그들 간의 상호 대립적인 영향력을 행사하는

---

14) Mollenkopf, J. H. and Castells, M., *Dual City: Restructuring New York*, Russell Sage Foundation, 1991, pp.25-420.

과정에서 도시의 독립적인 힘, 특히 정치체제와 집단은 의외로 중요한 역할을 수행한다.

이런 맥락에서 정치적 시각은 선거, 정치인, 공공재정 등의 정치적 요소들이 단순히 중립적인 위치의 심판자 또는 자본주의 구조에 지배되는 상징적인 도구로서의 소극적 역할만 하는 것은 아니라고 본다. 정치는 도시의 발전에 보다 능동적이고 적극적으로 개입하는 독립적인 실체로서의 기능을 수행한다. 정치적 역할은 도시의 지역공동체에서 그 뿌리를 내렸기 때문에 자본축적이나 계급갈등의 형태보다 정치적 참여의 형태로 나타날 가능성이 높은 것이다.[15]

한편, Mollenkopf(1983)는 정치가와 관료를 스스로 통제하고 관리하는 도시의 자원을 통해 이익을 추구하려는 기업과 비슷한 존재라고 본다. 이들은 외부의 제약으로부터 자유롭게 행사할 수 있는 토지이용(land use)에 관한 공적 권한을 적극 이용한다. 그래서 현대 도시의 상당수 정책은 시기적으로 불가피해서 추진되는 것이 아니다. 그것은 곧 성장연합 구축(coalition building)을 통한 정치기업가(political entrepreneurs)가 중심이 된다고 본다.

예컨대 미국의 '뉴딜(New Deal)'과 '페어딜(Fair Deal)', '위대한 사회(Great Society)' 등에서 실시한 도시발전 프로그램은 모두 도시 노동자와 유권자의 출현으로 인한 정치권력의 창출이 가장 큰 원동력이었다. Mollenkopf(2005)에 의하면, 미국의 역사에서 도시발전의 독자적인 정치역할자로 나타난 사례로 유명한 것은 루즈벨트 대통령의 뉴딜(New Deal), 트루먼 대통령의 페어딜(Fair Deal), 존슨 대통령의 위대한 사회(Great Society), 케네디 대통령의 뉴 프론티어(New Frontier) 등이다.

이는 모두 도시의 갈등과 불균형에 대해 정치가 적극적으로 개입한

---

15) 신봉수, 「경제결정론에 대한 비판과 정치자율성에 관한 시론」, 『국제정치논총』 53(3), 2013, 397-426쪽.

경우이다. 특히 뉴딜과 위대한 사회 정책은 정치적 정파, 즉 보수와 진보 간에 대승적 합의가 이루어졌다. 일부 도시의 이익에 반하는 정책에 대해서는 기득권의 반대와 추진과정의 장애도 있었다. 하지만 그때마다 정치인과 관료는 이를 극복하는 방안을 잘 알고 있었던 것으로 평가된다.

결국 오늘날 정치적 요인에 의한 인위적 도시발전 정책은 기존의 순수한 경제적 요인에 의한 분석보다 상대적 타당성이 높다고 주장된다. 많은 사례에서 정치가 도시의 운명을 좌우하는 결정적 역할을 했다고 보기 때문이다.

특히 국가나 중앙정부에 의해 임명되는 관선체제에서 주민선거에 의해 직접 선출되는 민선체제로의 변화는 민주주의로 가는 첫 단계라고 할 수 있다. 정치인과 최고위 관료의 직선제 하에서 각 도시들은 서로 정치적인 요소들을 동원하고 조직화할 가능성이 농후하다. 그렇기 때문에 도시정치학자에 의한 도시의 권력구조와 정치적 시각은 이론적으로 충분한 타당성이 인정되고 있다.[16]

2) 도시발전의 정치적 요인

현대 사회는 일부 사회주의 국가를 제외하면, 대체로 민주주의 체제가 근간이 되고 있다. 그래서 정치제도나 정치체제는 그 차제만으로 도시발전에 차지하는 비중이 적지 않다. 우리나라는 오랜 기간 동안 정부주도형으로 도시개발이 이루어진 사례가 많기 때문에, 정치적 요인은 도시발전과 더 밀접한 연관을 가질 개연성이 있다.

그래서 도시정치학자들에 의해 등장한 정치적 요인(political factors)

---

16) Mollenkopf, J. H., *Contentious City: The Politics of Recovery in New York City*, Russell Sage Foundation, 2005, pp.21-223.

은 대부분의 우리나라의 도시발전 현상에 대해서도 충분한 설명력을 가질 개연성이 있다. 그러면 여기서는 과연 어떤 정치적 요소들이 도시발전과 관계가 있는지 구체적으로 하나씩 살펴보고자 한다.

첫째, 정치적 경기순환이론에 근거한 '선거(election)'와 도시발전 사이의 인과성이다. 이는 선거가 도시의 경제를 왜곡시키고 경기변동의 원인이 된다는 논리에 관한 것이다. 이른바 '정치적 경기변동이론(political business cycle)', '정치적 예산순환이론(political budget cycle)'이라고도 불리는 이 이론은 서구의 대도시 사례에서 여러 차례 확인된 것이다. 정치가는 선거의 승리를 위해 흔히 경기부양 및 재정확장 정책을 공약으로 사용한다. 그런데 선거가 끝난 후에는 경기와 물가상승을 억제하기 위해 긴축과 절감을 시책으로 사용하는 '이율배반적(antinomic)' 현상이 종종 나타난다. 이것이 바로 정치적 경기순환이론의 핵심적 가설이다.[17]

우리나라에서도 선거철에 도시 정치인들은 오직 승리를 위해 각종 개발공약과 경기부양책을 자주 사용한다. 반면에 선거가 끝난 후에는 종종 경기와 물가상승을 억제하고 재정자립도 등을 안정시키기 위해 노력한다. 물론 그 반대인 경우도 있다. 중요한 것은 도시가 선거를 통한 보다 큰 변화를 모색하려 하면 도시는 많은 발전의 동력을 얻게 된다는 점이다. 그래서 선거와 도시발전은 인과성이 있다는 주장이 설득력을 얻는다.[18]

둘째, 민주적 지방자치(local autonomy)와 도시발전의 인과관계이다. 이 점에 대해 도시학자들 사이에서는 대체로 일관된 합의를 하고 있

[17] Lineberry, R. L. and Sharkansky, I., *Urban Politics and Public Policy*, New York: Harper & Row, Publishers, 1971, pp.41-78.

[18] Dye, T. R., *Politics, Economics and the Public: Policy Outcomes in the States*, Chicago: RandMcNally, 1966, pp.1-78.

다. 구체적으로 민주주의적 정치요소가 도시발전에 미치는 영향에 대한 관심은 서구에서 오래 전부터 연구되어 왔다. 민주적 정치제도가 도시발전에 미치는 영향에 관한 주장은 대체로 정치체제와 도시발전의 상호관계에 대한 관심으로 나타나고 있다. 예컨대 Sharp(1990)나 Hatry 등(2006)은 도시의 정치 및 통치체제와 발전 사이에 긍정적인 관계가 있다는 결과를 내놓고 있다. 즉 정치제도나 체제는 도시발전의 '투입요소(input factor)'라는 쪽에 의견이 모아졌다. 정치에 따라서, 정치제도에 영향을 받아서 도시는 발전 혹은 침체하기도 한다는 것이다.

다른 의미로 이것은 도시발전의 초기에는 중앙집권적 정치제도나 권력집중체제가 효과적일지 모르나, 어느 정도 도시가 커지면 자치나 분권이 지속적인 발전에는 더 유리하다는 주장이다. 우리나라에서도 지방자치제도는 지역발전에 중요한 정치적 요인으로 규명된 바 있다. 시민 직선으로 선출된 도시의 민선 시장은 공약 등으로 개발을 더 많이 하는 경향이 있다.[19]

그런데 민주정치와 거버넌스(governance)를 추구하면서 도시가 발전하려면 시민의식이 성숙되어 도시의 혼란을 스스로 방지하고 수습하는 현상이 필요해진다. 즉 발전과정에서 나타나는 무질서와 혼란을 다스리는 데는 권위주의와 통제보다는 민주주의와 자치가 효과적이라는 점이 핵심이다.

또한 1990년대 이후 우리나라는 민선정치의 부활과 지방자치제 실시라는 정치체제상의 큰 변화를 경험했다. 이러한 변화는 도시발전에 많은 영향을 미쳤을 것으로 보이며, 민선자치 직선제는 정치인과 관료가 시민의 요구에 보다 능동적으로 대응하도록 만든다. 그리고 재선을 위

---

19) Hatry, H. P., Fisk, D. M., Hall Jr., J. R. and Schaenman, P. S. and Snyder, L., *How Effective are Your Community Services?*, Washington D. C: The Urban Institute and the International City Management Association, 2006, pp.1-45.

한 도시개발에 관심을 두도록 만들 수도 있다.[20]

셋째, 공무원(bureaucrat)과 재정(public finance)의 규모 및 지출이 도시발전에 미치는 영향이다. 현대의 도시발전에 공공부문(public sector)의 정책(public policy)이나 행위(public action)가 차지하는 비중은 적지 않다. 그런데 도시발전에 관한 이론들이 상당부분 순수한 민간경제의 관점에 의해 정립되어져 온 관계로, 공공의 영향력이 상대적으로 저평가되었던 점도 사실이다.

그래서 도시발전의 정치적 관점에서는 이러한 공공의 존재와 역할에 더욱 주목하고 있다. 일단 도시에서 공적 부문을 대표하는 지표는 '관료의 숫자'이다. 공무원(관료)은 도시에 대한 정책이나 공공활동을 결정하고 집행하는 사람들이다. 이러한 공무원의 존재와 그 행위는 도시발전에 중요한 요인이 된다. 또한 도시의 규모가 커서 세금이 장 걷히고 공공재정이 원활하게 확충될수록 도시는 발전한다. 이는 자연히 도시발전에 대한 양질의 재정지출을 담보한다.

아시아의 신흥 대도시 사례에서 인위적인 공적 지원과 정책으로 육성된 경우가 많았다는 사실도 이러한 점을 지지한다. 도시가 풍부한 재정으로 지역개발비나 공공투자사업비를 마련하여 개발을 적극적으로 추진할수록 발전에는 긍정적이라는 주장과도 다르지 않다. 결국 도시의 재정과 지출, 그리고 공공투자는 그 도시의 발전을 위한 잠재력을 나타내는 정치적 대리지표가 되는 것이다.[21]

---

[20] 강명구, 「지방자치와 도시정치」, 『한국정치학회보』 31(3), 1997, 109-128쪽; 강문희, 「한국 도시정치의 지배구조: 국내 사례연구를 통한 조각그림 맞추기」, 『한국지방자치학회보』 22(4), 2010, 5-28쪽.

[21] Sharp, E. B., *Urban Politics and Administration: From Service Delivery to Economic Development*, New York & London: Longman, 1990, pp.1-21.

3. 통제할 변인: "도시를 둘러싼 환경"

일반적으로 통제변수라 함은 도시발전에 있어서 경제와 정치 외에 추가로 고려될 수 있는 도시의 '환경(environment)'이다. 여기에는 물리적 요인으로서 자연적 환경과 인공적 환경이 포함된다. 도시를 둘러싼 환경으로서는 여러 가지가 있다.

우선 도시의 '지리적 규모(size)'가 중요하다. 지리적 조건으로서의 도시의 공간적 규모는 발전에 중요한 영향을 미친다. 도시의 시설이나 서비스는 공간규모, 밀도, 거주지 유형에 따라 차이를 보일 수 있기 때문이다. 도시가 가진 원래 공간이 작지만 구조물이 많고 밀집된 대도시는 그렇지 않은 도시보다 지속 가능한 발전의 환경이 나쁠 수 있다. 반대로 토지의 면적이 넓고 공간이 큰 도시는 발전의 여백이 많아 때문에 지속 가능한 환경이 좋을 수 있다.[22]

같은 환경적 맥락에서 도시의 발전에는 물리적 기반시설이나 사회간접자본(SOC)도 기본적으로 중요하다. 이는 환경적으로 사람이 도시에서 삶을 영위하기 위한 기본 조건이기 때문이다. 시민들이 일상적으로 이용하는 도시의 주택, 교통, 통신 등에 관한 기반시설은 도시발전의 기초 요소가 된다. 기존의 도시성장이나 도시발전 관련 문헌에서는 도로, 주택, 상/하수도, 전화/통신시설 등을 주요 지표로 다루고 있다.[23]

부산의 발전에 있어서도 이런 도시의 물리적 공간이나 기반시설 등이 영향을 주었을 개연성이 있다. 과거 수십 년 동안 부산이라는 대도

---

[22] Bish, R. L. and Ostrom, V.(1979). *Understanding Urban Government: Metropolitan Reform Reconsidered*, Washington. D. C.: American Enterprise Institute For Public Policy Research, 1979, pp.1-34.

[23] McDonald, J. F., *Urban America: Growth, Crisis, and Rebirth*, M. E. Sharpe, 2007, pp.112-187.

시를 발전시킨 원동력에는 정치와 경제 외에도 환경적 요인을 같이 고려할 필요성이 있다.

Ⅲ. 부산의 도시발전의 원인에 대한 분석

1. 발전모델과 자료

지금까지 도시발전에 관한 두 가지 이론적 시각을 경제적 관점과 정치적 관점으로 나누어 소개하였다. 그러면 이제는 이런 질문이 가능해진다. "항도 부산의 발전을 설명하는 가장 타당한 시각은 과연 어떤 것일까?". 그 해답은 이 장에서의 논의 목적과 다르지 않다. 지금까지는 부산을 대상으로 도시발전을 설명하는 요소에 관한 분석을 하기 위한 선행과정으로서 이론을 상세히 고찰하였다.

여기서는 실제적으로 사용될 도시발전 모델과 변수를 도출해 볼 것이다. 앞선 이론적 논증에 따라 부산의 도시발전에 관한 경제적 요인과 정치적 요인은 확실히 범주화할 수 있다. 정치와 경제 이외에 부산을 둘러싼 물리적 환경도 그 요인을 이론적으로 추출할 수 있다.

이에 근거하여 여기서 사용할 세부적인 분석지표를 선정하기로 한다. 또한 이러한 지표들은 부산이 가진 장기간 도시패널자료를 통해 수집이 가능한 것들이다. 여러 변수들로 구성된 부산의 도시발전 모델은 최소자승법(Ordinary Least Squares)을 적용한 인과적 산식을 통해 규명한다. 그것은 다음의 식(1)과 같이 표현된다.

$$Y(\text{D: 부산의 도시발전}) = a(\text{상수}) + bX1(\text{E: 경제적 요인}) + cX2(\text{P: 정치적 요인}) + dX3(\text{E: 환경}) \quad \cdots\cdots\cdots\cdots \text{식(1)}$$

이 모형에서 Y는 종속변수로써 부산의 연도별 도시발전을 뜻한다. 여기에는 지역내총생산(GRDP: Gross Regional Domestic Product)에 관한 지표가 이용된다. bX1은 Y에 영향을 미치는 독립변수로서 경제적 관점(Economy)의 요인들이다. 반대로 cX2는 정치적 관점(Politics)의 요인들이다. dX3는 통제변수로서 환경(Environment)을 의미한다.

이는 앞서 논의된 바와 같이 도시발전에 관한 기존 도시경제학자와 도시정치학자 논쟁 및 기타 문헌에 의해 합당하게 추론된 변수들이다. 또한 이러한 지표들은 부산에서 50년 이상의 장기간 통계자료의 존재 여부, 도시발전과 인과관계를 가진 대표성 등을 함께 반영했다. 전체적으로는 시계열적인 공식통계자료를 사용함으로써 주관성을 최소화할 필요도 있다. 따라서 조작적으로 정의되는 변수의 해설은 다음과 같다.

먼저 종속변수로서 도시발전의 대리지표는 자연로그(natural logarithm: LN) 값으로 변환한 부산의 지역내총생산(GRDP)을 이용하였다. 금액으로 표시되는 이 변수는 물가상승률을 통제한 2000년도 불변가격(통계청 공식기준연도)을 사용했다. 지역내총생산 지표의 근거는 현대 도시의 발전이 경제발전과 가장 밀접한 연관이 있기 때문이다. 이는 도시의 산업과 자본의 집적에 따른 경제활동의 증가가 곧 도시발전을 대리한다는 것이다. 지역내총생산은 곧 산업체와 조세증가로 이어지고, 공공재정 확충과 도시민에 대한 삶의 질에 관한 각종 정책의 선순환으로 이어진다는 논리가 설득력을 얻어 왔다.[24]

부산의 발전을 좌우한 독립변수에서 경제적 요인은 1차 산업(수산업) 종사자 수, 2차 산업(제조업) 종사자 수, 3차 산업(서비스업) 종사자 수 등의 산업적 요인과 함께 항만노동자, 항만의 입·출항 선박, 항만물동량, 항만시설규모에 관한 요인을 선정했다.

---

24) 우양호·김상구,「해항도시(海港都市)의 해양산업 실태와 지속가능한 발전방안: 부산의 해양일자리 창출을 중심으로」,『한국거버넌스학회보』23(1), 2016, 1-25쪽.

반대로 정치적 요인은 지방자치와 선거의 실시, 공무원과 재정자립도, 공공투자사업비 등을 설정했다. 환경적 요인으로는 부산의 도시행정구역, 도로포장율, 주택보급률, 상하수도보급률, 전화통신보급률 등을 선정했다.

　부산의 도시발전에 관해 분석하는 자료는 지난 50년의 종단적 장기 시계열자료(time-series panel data)로 정의된다. 일단 이 자료는 국가통계와 지방통계로 구분된다.

　전국 단위로는 행정안전부(구 안전행정부← 행정자치부 ← 지방자치부 ← 내무부), 통계청(부산/울산지방통계청), 한국은행, 한국지방재정공제회 등을 통해서 구했다. 지역통계는 부산이 지난 1963년에 직할시로 최초 승격이 된 이후에 생산된 1967년도부터 2017년까지의 자료이다. 이는 부산광역시청(구 부산직할시), 부산광역시사편찬위원회, 부산상공회의소, 부산광역시선거관리위원회, 부산지방해양항만청, 부산일보사, 부산항만공사의 공시자료 및 내부자료이며, 선별적으로 정리하여 사용했다.

　물론 자료들의 취합에 있어서 1960년대부터 지난 60년 동안 생산된 통계자료의 특성상 불가피하게 주어지는 한계는 있으며, 분석에 앞서 나름의 보완책을 마련했다. 예컨대 전국자료와 지역자료는 동일한 원칙에 따라 가장 최근의 수정치를 채택했다. 전반적으로는 지역자료를 우선적으로 고려했는데, 그 이유는 부산의 상황에 최적화된 상태로 조사되어 있으므로, 부산의 지역사정을 구체적으로 살펴볼 수 있었기 때문이다.

　반대로 변수 자료가 존재하지 않거나, 존재하더라도 당해연도만 발표되고 있는 경우는 전국자료를 이용했다. 전국과 지역의 다른 케이스에서는 가급적 지역의 자료를 우선했다. 무엇보다 분석에 앞서 장기간의 자료를 취합하고, 정제하는 과정에 많은 시간이 할애되었다. 그런

〈표 1-1〉 부산의 도시발전에 관한 주요 통계지표와 해설

분석 변수		단위	연도별 통계지표 해설(1967년~2017년)
도시 발전 (Y)	지역 총생산	십억원	부산 지역내총생산(GRDP), 2000년 기준 불변가격
경제적 요인 (X1)	1차 산업 종사자	명	부산지역 1차 수산업 총 종사자 수
	2차 산업 종사자	명	부산지역 2차 제조업 총 종사자 수
	3차 산업 종사자	명	부산지역 3차 서비스업 총 종사자 수 (해양/항만 제외)
	해양/항만노동자	명	해운/물류, 조선/기자재, 기타 해양 부두노동자 합계
	입·출항선박	척	부산항 입항, 출항 선박 수의 연간 합계
	항만물동량	톤	부산항 수출·수입 물동량 연간 합계
	항만시설규모	m²	항만접안시설, 항만보관시설 면적 합계
정치적 요인 (X2)	지방자치	-	1967년~1994년(=0), 1995년~2016년(=1)
	선거	-	대선/총선/지방선거 실시연도(=1), 아니면(=0)
	공무원 수	명	부산시 지방공무원 수
	재정자립도	%	부산시 지방재정에서 지방세, 세외수입의 순비율
	공공투자사업비	원	지역개발과 기타재정사업비, 2000년 기준 불변가격
환경 (X3)	도시행정구역	km²	부산 행정구역경계 상의 토지 총 면적
	도로포장율	%	부산 도시 행정구역 내 도로포장율
	주택보급률	%	부산 도시 행정구역 내 주택보급률
	상하수도보급률	%	부산 도시 행정구역 내 상수도, 하수보급률 합계 평균
	전화통신보급률	%	부산 도시 행정구역 내 전화통신보급률

과정에서 부산의 발전 흐름과 지역경제의 현황에 대한 일련의 경향성
도 발견할 수 있었다.[25]

---

[25] 박영구·김대래 외, 「부산 경제통계의 추계와 해석, 1945-2000: 통계정비와 방법에 국
한하여」, 『지역사회연구』 11(1), 2003, 137-165쪽.

2. 부산의 도시발전과 지역경제

여기서 정의한 도시발전은 곧 부산의 지역경제가 성장해온 길과 그 맥을 같이 한다. 과거 50년간 부산의 경제성장은 역사적으로 오르막과 내리막을 경험하였다. 일례로 부산광역시 지역내총생산(경상)은 우리나라 전국 광역시 중에 서울특별시에 이어 2위를 유지했다. 그러나 2014년부터는 인천광역시에 2위 자리를 내주었고, 그 이후에는 지역경제가 예전의 활력을 갖지 못하고 있다.

부산의 지역내총생산(경상수지)은 70조 4천억 원 정도이지만, 한동안은 인천과 비슷한 수치를 반복하고 있다. 게다가 부산의 1인당 지역내총생산(GRDP)는 전국 광역시 중 5위권이며, 16개 시·도 중에서는 12위권 밖이다. 부산의 경제가 차지하는 전국적 비중은 점점 하락하고 있는 것이다. 이는 2000년대 이후부터 부산경제가 우리나라 국가경제의 발전 속도와는 다소 격리되어 상대적으로 후퇴하고 있음을 시사해 주고 있다.

부산의 도시 위상이 장기적으로 내리막길을 걷는 이유는 지역경제의 토대인 제조업이나 해운·물류업 등이 장기적으로 부침이 있었던 것으로 추정되고 있다. 장기간을 고려한 역사적 측면에서 부산의 발전이 등락을 거듭한 원인을 살펴보면 다음과 같다.

우선 태평양과 동북아시아 사이의 관문에 입지한 항도 부산은 국가의 수출장려정책을 통해 가장 먼저 주요 제조업 도시로 발전하게 된다. 이미 1960년대부터 경공업인 합판과 신발산업이 부흥했었던 부산의 도시발전은 1970년대까지 번영의 시대를 향유하였다. 부산은 항구도시로서의 지정학적 입지 조건과 주변 농촌 지역으로부터 유입된 풍부한 노동력을 가졌다.

〈그림 1-1〉 부산의 경제성장률과 전국 비중

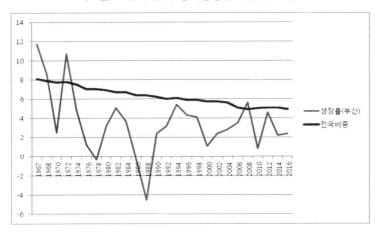

이를 바탕으로 부산은 섬유, 신발, 합판 등과 같은 노동집약적 경공업을 발전시켰고, 수출 주도형 경제정책으로 급속한 성장을 경험하였다. 1970년대 초반까지 부산은 한국 수출의 엔진역할을 담당하였다. 부산의 수출이 전국에서 점하는 비율은 1972년에는 최고 29%까지 올라갔다. 부산은 비록 1973년 국가의 중화학 공업화정책에 의해 추진된 공업구조의 고도화 흐름에 그 발전이 다소 주춤하면서도, 최소한 1970년대까지는 우리나라 제1의 수출도시, 산업도시로서의 위상을 유지했다.[26]

그러나 1980년대에 들어서 부산은 기존 제조업종들의 구조조정에 실패함에 따라 도시의 발전속도가 더디게 되었다는 것이 일반적인 시각이다. 1982년부터 정부의 제2차 국토개발계획에 따라 부산은 서울과 함께 성장억제 및 관리도시로 지정되었다. 특히 부산은 대도시의 기능을 활용할 수 있도록 기술 집약적 산업으로 구조를 전환하도록 요구받았다. 용도지역 위반 공장 및 부적격 공업은 역외 이전을 촉진하고, 재

---

26) 강대민, 『부산역사의 산책』, 경성대학교출판부, 1997, 51-121쪽.

개발을 통하여 도시환경을 개선하도록 조치되었다.

이 시기부터 부산에는 공장이 들어서기 어렵게 되었으며 인접한 창원, 장림, 김해, 양산, 밀양 등에 지방공단이 조성되었다. 정부와 정치권은 부산의 제조업을 외곽지역으로 흡수하도록 조치하였다. 불행하게도 부산은 당시 이러한 상황에 대한 준비가 잘 되어 있지 못했다.[27]

1990년대 이후 부산은 대규모 기업체들의 역외이전으로 인해 도시의 발전동력과 경쟁력을 크게 상실하였다는 것이 정설이다. 부산을 대도시로 키우기 위한 목적과 의도는 좋은 것이었지만, 부산의 도시발전에 업종의 구조조정 실패와 정치권의 안일한 대응은 그 발전의 추세를 한계점에 봉착하도록 만들었다.

1970년대 말부터 1980년대까지 주로 부산을 떠난 기업들은 거의 대부분 제조업이었으며 규모가 큰 기업들도 많았다. 제조업체들이 비교적 단기간에 집중적으로 떠나게 되면서 도시발전을 급격히 저해하는 요인이 된 것이다. 역설적이게도 과거 부산의 합판산업, 신발산업, 섬유산업의 부흥은 지역경제 침체의 심각성에 대한 인식을 늦춤으로써, 도시가 선제적인 대응방안을 마련하는 것을 방해하였다.[28]

이런 이유로 부산은 제조업 이후 미래 먹거리를 책임질 성장동력을 찾지 못하고 있는 '우리나라 경제의 축소판'이라는 해석도 있다. 부산의 도시 위상이 하락하는 이유는 근본적으로 도시의 산업구조 변화가 더뎠기 때문이다. 최근 50년간 부산의 도시발전에 대한 지역학자들의 대다수 문헌들이 이와 비슷한 인식에 기반하고 있다.

---

[27] 보다 구체적인 내용은 김대래, 「1980~90년대 부산 기업의 역외이전」, 『항도부산』 32, 2016, 1-46쪽을 참조.

[28] 이에 관해서는 장지용, 「1980~90년대 부산 신발산업의 해체와 재생」, 『항도부산』 32, 2016, 75-112쪽; 김대래, 「고도성장기 부산 합판산업의 성장과 쇠퇴(1960~1980년대)」, 『항도부산』 31, 2015, 35-75쪽을 각각 참조.

〈그림 1-2〉 부산의 지역내총생산 변화

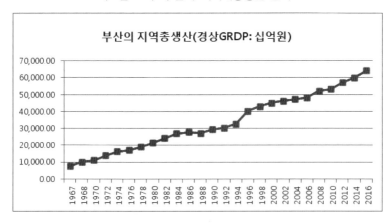

지난 2000년대 이후부터 장기적으로 부산은 10대 전략산업의 선정과 자동차 대기업 유치로 지역경기 침체를 반전시키려 노력했다. 그러나 부산의 도시발전과 경쟁력의 핵심요소로 지적되어온 산업구조의 성장과 퇴보에 관한 일련의 논의들은 대체로 과거의 정치권의 안일함과 정부의 실책을 지적하고 있다.[29]

그럼에도 불구하고 경험적으로는 아직 부산의 도시발전을 설명하는 요인에 대한 장기적이고 구체적인 논의가 전제되기에는 그 증거가 충분치 않다. 부산이라는 도시의 과거 장기 발전에 대한 이론과 처방은 비교적 단기간의 통계와 경기동향에 근거했으며, 지역경제 학자들의 선험적 통찰과 직관에 의한 것도 많았다. 여기서는 이러한 배경에 근거하여 부산의 성장과 발전을 설명하는 두 이론적 시각, 즉 경제와 정치에 관한 보다 장기적인 통계자료를 이용해서 실증적 분석을 해보고자 했다. 이것은 성장도시 부산을 현대적으로 설명하는 가장 분명하고 확실한 결과를 도출해 줄 것으로 보인다.

---

[29] 임정덕, 『부산지역 제조업구조의 변화』, 부산대학교출판부, 1997, 14-96쪽.

3. 부산의 도시발전을 설명하는 요인

지난 50년 동안 부산의 도시발전을 이끈 요인은 민간의 경제와 산업인가, 아니면 공공의 정치와 제도인가? 이러한 질문에 대한 경험적 분석을 함에 있어, 앞의 발전모델에서 제시하였던 계산식을 이용하고자 한다.

여기서는 일단 부산의 지역내총생산(Y) 지표를 도시발전의 종속변수로 설정하였다. 여기에 영향을 주고 있는 독립변수는 경제, 정치, 환경으로 구성된 총 17개의 변수를 설정하고, 각 지표를 회귀방정식에 투입하였다. 그 결과, 회귀식에서 부산의 도시발전을 설명하는 요인은 잠정적으로 약 61.4%의 설명력(R2)을 가지고 있었다. 종속변수별 회귀모형의 다공선성을 사전 검증한 상관계수는 모두 0.7 미만으로 나타나 별문제가 없었다. Durbin-Watson의 값은 2.045로 기준치 2.0에 근접함으로써 무리가 없었다.

부산의 도시발전을 설명하는 데 있어서 총 17개의 요인 중에서 6개 요인이 통계적으로 유의한 것으로 나타났다. 부산의 도시발전을 경험적으로 설명하는 경제적 요인은 총 2가지로 나타났으며, 그것은 각각 3차 산업 종사자와 항만물동량 변인이었다. 정치적 요인은 총 3가지로 나타났으며, 그것은 각각 지방자치, 선거, 공공투자사업비 변인이었다.

통제변수로서 환경에서는 도시행정구역 1개 변인이 유의하였다. 따라서 과거 50년 동안 부산의 도시발전을 경험적으로 설명할 수 있는 요인의 결과를 통계적으로 제시할 수 있다. 그러면 부산의 도시발전에 대해서 경제와 정치에 관한 이들 유의미한 요인들은 각각 어떠한 의미를 갖는가? 그 구체적인 논의와 해석은 다음과 같다.

첫째, 경제적으로 3차 산업 종사자가 부산의 도시발전에 대해 갖는 통계적 유의성은 매우 크다. 3차 서비스업 종사자의 유의미성은 부산

<표 1-2> 부산의 도시발전을 설명하는 요인

항목	비표준화 계수		표준화 계수	t	유의 확률	상관계수 (r)
모형	B	표준 오차	β			
(상수)	.536	.524		1.022	.309	
경제적 요인 (X1) — 1차산업종사자	3.661E-02	.088	.013	.412	.683	.217
2차산업종사자	.203	.094	.074	2.121	.066	.289
3차산업종사자	.794	.032	.810	24.869	.000	.492
해양항만노동자	4.900E-02	.141	.021	.348	.728	.433
입·출항선박	8.867E-02	.074	.039	1.191	.236	.510
항만물동량	.126	.027	.141	4.393	.000	.348
항만시설규모	3.621E-02	.110	.014	.328	.741	.238
정치적 요인 (X2) — 지방자치	.131	.063	.065	2.081	.040	.397
선거	.409	.157	.189	2.798	.011	.463
공무원 수	8.867E-02	.074	.039	1.191	.236	.589
재정자립도	.174	.103	.064	1.699	.093	.321
공공투자비	.367	.178	.142	2.051	.043	.432
환경 (X3) — 도시행정구역	.128	.028	.147	4.620	.000	.573
도로포장율	3.104E-02	.112	.015	.284	.783	.515
주택보급률	6.165E-02	.095	.024	.641	.525	.432
상하수도보급률	8.867E-02	.074	.039	1.191	.236	.203
전화통신보급률	.471	.862	.079	.546	.588	.128

R^2=.614   F=134.825   Durbin-Watson의 d=2.045

의 도시발전에 대한 산업구조의 영향을 종합적으로 따져볼 필요가 있다. 즉 부산에서 과거 50년 동안 전개된 제조업과 서비스업의 관계를 생각해 봐야 한다. 부산에서 제조업과 서비스 산업의 구조적 변화는 적지 않기 때문이다.

부산은 3차 서비스 산업의 비중이 1990년대 중반까지는 약 50% 수준이었으나, 2000년 이후에는 70% 이상으로 높아져 산업구조가 고도화되었다. 이는 최근 20년 동안 2차 제조업 도시에서 3차 산업도시로 구조가 재편되었음을 시사한다. 이런 이유로 서비스 산업은 최근까지 부산의 도시발전에 큰 영향을 미치고 있다. 또한 부산의 3차 산업이 도시발전의 동력이 되어 왔음이 증명된 점은 원래 부가가치가 종사자 비중보다 높은 서비스 산업 자체 특성상의 이유도 확실히 있을 것이다.

반면에 부산의 제조업 기반은 대부분 1970년대 이전에 형성되었고, 자료가 1967년 이후부터 반영된 점을 고려할 때 분명 중요하게 생각되어질 변수이긴 하다. 하지만 부산에서 제조업과 도시발전의 직접적인 관련성은 통계적 수치에서 확인되지 않고 있다. 특히 1980년대부터 2000년대 초반까지 제조업의 침체로 2차 산업 종사자가 감소한 약 20년의 기간에서도 부산의 지역내총생산(GRDP)의 비중은 별로 낮아지지 않은 점이 발견되었다.

이는 경공업에서 중화학공업으로의 구조변화를 착실히 이루지 못한 부산이 서비스 산업으로 곧장 직행하였을 개연성을 시사한다. 도시발전에 대한 제조업의 영향이 뚜렷하지 못한 결과에서 부산 산업의 한계상황이 기존 주장보다 더 일찍 시작되었음을 암시하기 때문이다. 게다가 이미 1970년대 말부터 제조업체의 대규모 역외이전이 있었고, 최근까지 부산 지역제조업의 역외탈출은 꾸준히 자극 받아 왔음은 주지의 사실이다. 부산은 신발, 섬유 등 전통적인 지역특화공업에 더욱 집착하여 침체가 장기화되었다는 지역학계의 주장들도 이를 뒷받침한다.

둘째, 경제적으로 항만물동량이 부산의 도시발전에 많은 기여를 한 것은 경험적으로 입증이 되고 있다. 즉 항만을 통한 물류가 양적으로 늘어날수록 부산은 발전의 가속도를 내 온 것이다. 그리고 이는 부산이 전국 최대 규모의 국제무역항인 부산북항 및 신항만 등을 소유했기 때문일 것이다. 최근에도 연간 컨테이너 1천만 개(TEU)를 넘게 처리하는 항만물동량은 최근까지 부산 경제에 상당한 비중을 차지하고 있다.

또한 부산은 경우 지난 50년 동안 국가와 지역 수출산업의 성장이 도시발전의 밑거름이 되어 왔다. 항도 부산은 항만물류에 의해 도시발전이 상당한 영향을 받고 있음을 의미하는 것이다. 나아가 이는 부산과 비슷한 처지에 놓인 인천이나 울산 등 다른 항구도시의 발전 문제에도 일반화시키기 좋은 요인이 된다. 국가적으로는 큰 항만을 가진 도시에 대해서 정부의 전략적 지원과 발전정책이 필요하다는 것을 말해준다.

셋째, 정치적으로 지방자치와 선거 변수가 부산의 도시발전에 많은 영향을 미치고 있음이 입증되었다. 이는 정치제도의 변화와 시민에 의한 선거가 부산의 발전과 연관성이 있음을 시사한다. 지방자치의 실시가 부산의 발전에 긍정적인 영향을 주었다는 사실은 부산의 직선제 시장 및 민선의회의 등장 때문으로 추정된다.

지방자치의 가장 큰 변화는 종래의 국가와 공급자 중심에서 지역과 수요자 중심으로 모든 정책과 행정이 변화된 것이다. 주민밀착형 서비스가 확대되고, 시민이 지방자치 과정에 실질적으로 참여하고 감시활동을 함으로써 민주주의가 발전된 점도 중요하다. 즉 지방자치를 통해 지역경제 활성화와 도시발전을 위한 역량이 결집되어 경쟁력이 강화되었다는 해석이 가능하다.

같은 맥락에서 부산의 발전 초기에는 중앙집권화 정치제도나 행정체제가 유리할 수 있지만, 어느 정도 발전이 이루어진 이후는 지방자치가 지속적인 촉진제 역할을 한다는 논리도 입증되었다. 시민의 대표자를 직접 뽑는 선거의 유의성도 이와 같은 의미로 해석될 수 있다. 특히 도시정치학에서 강력하게 주장하는 정치적 경기순환이론이 부산의 자료에서 재입증된 점도 고무적이다.

선거가 도시발전에 많은 영향을 준 것은 1995년 민선단체장의 출현 이후부터로 볼 수 있다. 최근 20년 동안 민주정치와 직접선거제도의 안정은 부산의 도시체제에도 안정을 가져왔고, 궁극적으로 도시발전에 영향을 미쳤을 것으로 생각된다.

넷째, 정치적으로 공공투자사업비는 부산의 도시발전에 유의한 영향을 미치고 있었다. 공적 예산으로 편성되는 공공투자사업비 혹은 지역개발비가 도시발전에 영향을 준 것은 부산이 인공적인 정책이나 의도된 요인에 의해 성장된 것을 추정할 수 있다. 이는 정치에 의한 자본의 배분이나 고의적인 힘이 있었다는 이론적 가설을 지지한다. 또한 도시발전에 대한 자생적 의미라기보다는 '공권력(governmental authority)'에 의한 재정적 개입을 뜻하기도 한다.

흔히 선출직은 임명직보다 '정치적 자율성(political autonomy)'과 지역주민에 대한 '정치적 대응성(political response)'이 상대적으로 크다. 무엇보다 재선(reelection)을 위한 시민의 지지를 얻으려 공공투자와 개발정책을 재정적으로 강화할 개연성이 크다. 이는 선거철에 정치적으로 나온 각종 개발공약과 경기부양책도 부산의 발전에 영향을 주었을 것이라는 추측이다. 그래서 공공투자사업비와 지역개발비의 통계적 유의성은 현실적으로 충분한 일리가 있다.

다섯째, 환경적으로 부산의 도시행정구역은 도시의 발전과 많은 인과성이 있는 것으로 나타났다. 이 역시도 도시공간의 관점에서 충분히 납득이 되는 결과이다. 공간적으로 도시가 가진 구역이 넓은 도시가 발전의 물리적 여백이 많다는 논리는 자연스럽다. 즉 구역의 광역화는 도시가 발전하는 환경의 질을 유지할 수 있도록 한다. 도시 과밀화를 억제하기 위해서는 보통 인접구역과의 통합이 행정적 수단으로 이용되고 있다.

역사적으로 보건대, 부산의 행정구역통합 및 개편은 1963년 직할시 승격 이후부터 2017년까지 총 7차례에 걸쳐 장기적으로 이루어졌다. 1973년에 남구가, 1978년에 북구가, 1980년에 해운대구가, 1983년에 사하구가, 1988년에 금정구가, 1989년에 강서구가 통합되었다. 부산의 원도심은 산지가 많고, 공간이 좁았으며, 도시가 확장하기 위해서는 주로 북쪽과 서쪽으로 나아가야 했다.

부산광역시가 출범한 1995년에는 기장군 외 4개의 구가 확대되어 총 15개 자치구 및 1군의 규모에 이르고 있다. 1963년 직할시 승격 이후 부산의 공간적 확대는 꾸준히 이루어졌다. 이는 부산의 인구집중을 완화시키고 주민의 삶의 질을 높인다는 점에서도 도시발전의 중요한 요인이 되어 왔음이 입증되었다.

Ⅳ. 맺음말

서구에서는 이미 오래 전부터 도시의 발전을 설명하는 다양한 학설이 제기되었다. 특히 도시경제학자와 도시정치학자 사이에서 벌어진 경제요인 대 정치요인의 논쟁은 여전히 진행 중이다. 과거에는 상당기간 동안 도시경제이론과 경제결정론이 득세하였으나, 근래에 들어 도시권력이론과 도시정치학자의 반론도 만만치 않은 상황이다.

우리나라도 과거 권위주의와 성장주도시대에는 경제적 도시발전론에 별다른 의구심을 품지 않았다. 하지만 1995년의 민선자치 실시와 1997년 IMF 외환위기 이후 도시를 발전시키는 새로운 요인에 대한 학계의 관심이 뜨거워졌다. 특히 지방 민주주의와 자치권이 확대되면서 도시발전의 학설도 많은 변화를 경험하고 있다. 물론 부산도 예외가 아니다.

큰 흐름상으로는 기존의 경제논리에 맞서 새로운 정치논리의 외연이 확대되고 있는 상황으로 보인다. 이에 우리는 적어도 부산에서 도시발전에 영향을 미치는 중요한 두 가지 시각, 즉 경제와 정치 중에 어느 쪽이 더 영향력이 높은지에 대해서 한번쯤 생각해 볼 수 있는 문제라고 본다. 정치가 경제와 별로 상관이 없다는 말은 이제 통하지 않는 시대이기 때문이다.

이 장에서는 부산을 사례로 도시발전의 특성과 그에 영향을 주는 원인들을 경험적으로 밝히고자 했다. 실증을 한 결과는 부산과 비슷한 상황에 놓여 있는 다른 대도시들에게도 중요한 참고가 될 수 있을 것이다. 결론적으로 이 장에서 과거 부산의 성장과 발전에 대해 검증한 주요 결과와 그 함의는 다음과 같이 요약된다.

첫째, 과거 50년간 지역내총생산 현황자료로 보면 부산의 도시발전의 역사는 등락을 거듭하였음을 확인하였다. 부산은 국가의 수출주도형 경제성장정책과 함께 대표적인 제조업 도시로 발전하였다. 적어도 1970년대까지는 섬유, 신발, 합판 등과 같은 노동집약적 경공업 위주의 수출 주도형 경제로 급속한 발전을 이루었다. 그러나 국가의 중화학공업화정책에 의해 추진된 공업구조의 고도화 흐름에 그 발전은 주춤하였다.

1980년대에 들어서 기존 제조업종들의 구조조정에 실패함에 따라 도시의 발전도 더디게 되었다. 1982년부터 부산은 서울과 함께 성장억제 및 관리도시로 지정되었고, 공장과 기업의 역외이전은 1970년대 말부터 이미 가속화되었다. 그 이후 부산은 제조업 이후 확실한 성장동력을 찾지 못하고, 산업구조의 성장과 퇴보를 장기적으로 거듭하였다. 또한 부산의 도시 위상은 인천이나 울산 등과 대비되면서 경제적으로 조금씩 하락하고 있으며, 지역내총생산의 전국 비중도 낮아지고 있음이 발견되었다.

둘째, 경제적 시각에서 부산의 도시발전을 설명하는 변인은 3차 서비스 산업과 항만물동량으로 나타났다. 이는 부산이 이제 2차 산업에서 3차 산업도시로 구조가 변화했음을 시사하였다. 제조업의 영향력은 유의하지 않았으나, 부산은 자동차와 조선 등 제조업 기반이 여전히 강하다. 과거 50년 동안 제조업의 긍정적 영향도 분명히 있었을 것이다.

그러나 부산에서 과거 제조업의 영광은 이제 도시의 쇠퇴와 장기 침체를 야기하는 강력한 원인이 될 수도 있다는 함의가 발견된다. 즉 도시발전의 측면에서 제조업의 구조조정과 서비스 산업의 강화는 이제 필연적인 수순이 되었음을 시사 받을 수 있다. 특히 항도 부산이 가진 강점으로서 국내 최대인 항만을 적극적으로 활용하여 물동량을 늘리고, 이를 도시발전에 연계시키는 전략이 필요할 것이다. 게다가 도시 자체적인 항만개발과 신산업에 대한 투자를 지속해야 한다는 당위성도 암시해 주었다.

셋째, 정치적 시각에서 부산의 도시발전을 설명하는 변인은 지방자치, 선거, 공공투자사업비로 대략 나타났다. 부산의 발전에서 정치적 요소들이 큰 역할을 했다는 점은 고무적인 발견이었다. 정치제도와 선거가 도시발전과 무관하지 않다는 점은 적어도 부산의 사례에서는 확실히 입증되었다. 그러므로 앞으로 부산의 발전을 위해 정치적 민주주의와 지방자치, 분권의 기반을 더욱 공고하게 만드는 것은 규범적으로 옳은 길이다.

부산은 국가로부터 분권적 자율성을 높이고, 내적으로는 시민과의 거버넌스(governance)를 강화시켜야 할 것이다. 타당성과 합리성이 담보된 공공투자사업과 지역개발의 재정적 비중도 유지 혹은 확대하는 것도 옳은 방법일 것이다. 이를 위해 재정건전성을 유지하면서 자주적인 재원확보 방안을 마련하고, 국가의 지원과 민간자본과의 균형관계도 신경을 써야 할 것이다.

넷째, 부산 도시발전의 인과관계에서는 경제적 시각과 정치적 시각 중 어느 한쪽의 현실적 우세를 점칠 수 없었다. 전반적으로 두 시각은 모두 유의한 영향력이 있었다고 평가된다. 부산의 도시발전에 영향을 미친 경제적 요인은 3차 서비스 산업과 항만물동량 등의 2가지 요소가 유의했던 반면, 정치적 요인은 지방자치, 선거, 공공투자사업비의 3가지 요소가 유의성을 가졌기 때문이다.

다만 일반적으로 부산을 발전시킨 것은 대체로 경제와 산업, 자본일 것이라 보는 추측은 잘못된 상식일 가능성도 제기된다. 오히려 여기서는 학문적 관심이 상대적으로 적었던 정치적 요인이 부산 발전의 설명에 합당치 않다는 증거를 찾아내지 못했다. 앞으로 부산에서의 정치적 변이(variation)가 현실적으로 제한될 가능성 또한 발견하지 못했다.

따라서 여기서는 정치·경제의 통합적 관점에서 부산의 발전을 설명해 내야 한다는 결론을 얻었다. 이러한 주장은 부산이 향후 도시발전을 위해 정치와 경제가 어떻게 상호 긍정적으로 작용해야 하는가를 함축하고 있는 것으로 생각된다. 나아가 우리는 부산의 발전과 쇠퇴를 정치와 경제논리의 상호작용 속에서 설명하려는 최적화된 시도를 계속해야만 한다는 당위성도 얻을 수 있다.

끝으로 이 장에서는 부산의 도시발전의 원인으로 다루지 못한 더 많은 변수들이 있을 수 있지만, 오로지 경제와 정치에만 집중하여 경험적 입증이 가능한 주요 변수만을 분석했다는 점을 들 수 있다. 과학적 입증을 위한 지난 50년의 부산 도시 패널자료는 그 종류와 정확성에서도 부분적인 한계를 가졌다. 그리고 부산의 경제와 정치의 변수가 서로 어떻게 작용하였는지는 알았으나, 완전한 변수 간의 선후관계까지는 파악할 수 없었다는 점도 이 장의 논의가 갖는 불가피한 약점일 수 있다.

하지만 이러한 제약에도 불구하고 과거 성장도시 부산, 대도시 부산의 도시발전에 대한 경제적 관점과 정치적 관점을 독자에게 대비시켜 시론적으로 소개하고, 그 경험적 이해를 도왔다는 의의가 있다. 기존의 학설과 달리 과거 부산 발전의 원동력으로서 경제적 요소에 비해 상대적으로 소홀했던 정치적 요소의 중요성을 밝혔다는 점에도 큰 의미가 있다.

정치와 경제가 분리된 것이 아니기 때문에, 부산 시민들은 부산의 지방권력과 지역정치에도 더 많은 관심을 쏟아야 할 것으로 본다. 이제 내가 직접 뽑은 사람이 내 고향의 발전을 좌우하는 시대이기 때문이다. 나아가 여기서의 논의를 시작으로 우리나라를 대표하는 해양 부산, 항도 부산이 미래의 지속 가능한 발전을 위한 의사결정을 할 경우에 다양한 정치적 담론, 경제적 담론이 파생되기를 기대해 본다.

제2장

해양수도 부산,
해양특별시 승격의 험로와 교훈

Ⅰ. 머리말

부산은 정말 대한민국 해양수도인가? 누군가가 '그렇다', '아니다'라는 말을 하기는 상당히 곤란하다. 그런데 이 장에서 필자는 비교적 분명하게 말할 수 있다. 과거의 경험으로 보면, 부산에게 해양수도는 마치 '짝사랑만 하는 연인'과도 같은 존재라고 생각한다. 혼자만 노력하는 '짝사랑'이 '결혼'이라는 가시적 결과로 이루어지기 힘들 듯이, 지난 세월 동안 부산에게 해양수도는 바로 그런 것이었다.

얼핏 들으면, 독자들께서는 이런 비유들이 이해가 가지 않을 수 있다. 그런데 부산이 대한민국의 국가 해양수도가 되고, 공식적 인정과 혜택을 받으려면 현실적으로 '법률' 제정을 통해야 한다. 최종적으로는 법률을 통해 '해양특별시'라는 제도적 지위를 획득해야 한다. 그렇지 않으면, 해양수도는 오직 부산만 홀로 주장하는 하나의 구호나 슬로건에 그친다. 그래서 오랜 세월 법률 제정을 통한 부산의 해양특별시 승격 노력을 '짝사랑'에 비유한 것이다. 이 장에서는 그런 내용과 이유를 크고 자세하게 다룬다.

지난 2000년부터 부산은 21세기 '대한민국의 해양수도'를 선포하고, 우리나라 제2의 도시이자 '동북아 중심 해양관문도시' 비전과 전략을 장기적으로 추진해 왔다. 대한민국 해양수도와 해양특별시가 되려는 부산시 지방정부와 지역사회 각계의 노력은 과거 노무현 정부 시절부터, 약 20년이 넘도록 계속 이어지고 있다. 하지만 보수와 진보를 오가며 역대 정권이 바뀐 오랜 세월동안, 대한민국 해양수도를 외친 부산의 지위와 상황은 거의 제자리걸음이다.

역대 부산시장 선거와 국회의원 총선, 대통령 선거에는 어김없이 해양수도나 해양특별시 지정 공약이 들어갔지만, 결국은 이행되지 못했다. 가장 큰 문제는 해양수도나 해양특별시 지위를 인정하는 국가 차원의 제도적 기반이 전혀 없고, 법률적 해결이 진척되지 못한 점이다. 그럼에도 불구하고 2030년 부산세계박람회 운동을 기점으로 하여, 다시 부산은 대한민국 해양수도로서 새로운 도약을 맞이할 사명을 갖고 있다.

물론 이런 문제에 대한 그간의 노력들이 없었던 것은 아니다. 과거 2005년에 부산해양특별자치시 설치 및 발전 등에 관한 특별법안, 약칭으로 '해양특별자치시 법률안'은 국회에 처음 발의되었다. 하지만 당시 제17대 국회에서 이 법안은 법안소위와 상임위 심사까지 올라갔으나, 결국 부결되었다. 공교롭게도 부산의 해양특별자치시 지정 법안은 노무현 정부 당시에 '제주특별자치도 지정 법안', '세종특별자치시 지정 법안'과 함께 국회에 거의 동시에 발의가 되었다.

하지만 제주도와 세종시는 각각 2006년과 2010년에 법안이 최종 통과되었고, 제주특별자치도와 세종특별자치시의 지위가 되었다. 반면에 부산의 해양특별자치시 법안만 홀로 국회를 통과하지 못해 폐기가 되었다. 그 이후 해양특별자치시 법안은 이름을 바꿔서 두 차례 더 국회에 올라갔으나, 입법에는 실패했고 기약 없이 장기간 표류해 왔다. 해양수도 부산은 '허울'뿐이었다는 비판이 나오는 것도 무리는 아니다.

지금까지 전개된 상황으로만 보자면, 과거 실패의 이유나 경위를 면밀하게 성찰해볼 필요가 있다. 이를 토대로 국가나 다른 지역에게 해양수도 부산으로 인정받기 위해서는 새로운 아이디어나 추가적인 논리가 필요한 측면도 있다. 과거 국회의 논의 과정에서 표면적으로 가장 강하게 표출된 것은 해양특별자치시 법률 제정이 곧 특정도시, 즉 부산에 대한 법률적 혜택으로 이어진다는 이른바 '형평성과 특혜 시비'의 논리였다. 당시에 부산 정치권과 지역사회에서는 이런 형평성의 명분과 특혜 시비의 논리를 깨지 못했다. 추정컨대, 부산에 대한 국가의 해양특별시 지정은 당시 우리나라 국민여론과 다른 지역들이 동의하는 논리까지에는 도달하지 못한 것으로 생각된다.

이 장에서 부산의 해양수도 지정 논의와 성찰을 시작한 동기와 취지는 명확하다. 그것은 일단 부산과 지역사회의 입장에서 "해양특별자치시 법률 제정이 왜 장기간 계속 좌절되고 있는가?", "해양수도나 해양특별시 지정은 과연 부산에게 주는 특혜인가?"에 대한 치밀한 분석과 평가가 필요하다는 점이다. 유감스럽게도 과거 부산해양특별자치시 법률의 좌초와 장기간 표류에 대해 다른 정치적 이유가 있는 것인지에 대한 고찰도 이루어지지 않았다.

중립자적 시각에서 판단컨대, 기존 법률안의 취지와 내용에는 문제가 전혀 없었는지에 대한 고찰도 필요하다. 왜냐하면, 일부 언론에서는 부산이 해양수도 지정으로 '대한민국의 해양패권'을 차지하는 것에 대한 외부견제로 추정하였기 때문이다. 이는 오히려 부산과 사정이 비슷한 해양·연안도시들이 해양수도를 견제해야 한다는 정치·공학적 논리를 키우고 있다. 물론 여기에 대한 반론과 토론, 생산적 논쟁도 활성화되지 않았다.[1]

이 장에서 다루고자 하는 논의의 목적은 지금까지 부산의 해양수도 법률 제정 시도와 그 과정을 분석하고, 법안이 제정되지 못하는 원인을 현실과 학문적 관점에서 밝혀보고자 한다. 구체적으로는 부산의 해양특별자치시 법안이 좌절된 이유와 쟁점을 분석하고, 동시에 '정책의 창(policy window)' 이론을 통해 제주도와 세종시의 성공사례와 비교해보고자 한다. 이를 통해 향후 부산이 우리나라 국가해양수도로서 제도적, 법적 기반을 인정받기 위한 새로운 교훈과 방향성을 고민해보려 한다. 이 장에서는 부산 해양특별자치시 법률 제정과 해양수도 지정 문제가 장기적으로 어떤 형태나 결과로든 완결이 되어야 한다는 시각

---

[1] 『부산일보』, 2021.12.14, 「'해양수도발전기구' 설립, 부산 해양자치권 이양 받아야」; 『국제신문』, 2013.03.17., 「부산 해양경제특구 지정되나」.

에 근거하고 있다. 이는 단지 부산과 지역사회의 입장뿐만 아니라, 국가적으로도 향후 소모적인 정치논쟁과 사회적 비용을 줄이기 위해서라도 필요하다.

Ⅱ. 해양수도의 의미와 제도화를 위한 시도

1. 해양수도와 특별자치시의 의미

'해양수도(Ocean Capital)'는 정확하게 법률이나 학문적 용어는 아니다. 해양수도는 부산을 상징하는 도시 '표어(表語)'나 '슬로건(City Brand Slogan)'에 가깝다. 동북아 관문도시로서의 역동성을 상징하는 '다이나믹 부산(Dynamic Busan)'과 같은 일종의 구호로 볼 수 있다. 민선자치 시대에 지방자치단체들은 자신들의 지역에 대한 외부의 이미지와 방문객 증가를 위해 장소마케팅(Place Marketing)을 강화했기 때문이다.[2]

실제 우리나라의 '수도(Capital)'는 서울인데, 지방도시들은 수도를 지역이미지와 연계시켜 여러 곳에서 사용하고 있다. 예컨대, 녹차수도 보성, 생태수도 순천, 환경수도 창원, 행정수도 세종, 국방수도 계룡, 관광수도 제주, 한국정신문화수도 안동 등이 그것이다. 통상적으로 이러한 지역의 '수도(Capital)' 슬로건은 그 도시나 시민들이 갖는 요구나 목표에 기반을 둔다. 즉 도시와 시민들이 스스로 우리나라 최고를 지향하는 의지와 행동을 간결하게 나타내는 용어이다. 해양수도 부산도 이와 비슷한 맥락으로 이해할 수 있다.

---

[2] 최성두, 「해양수도 부산의 글로벌 위상과 도시발전 방향 모색: 메논 이코노믹스 컨설팅의 평가를 중심으로」, 『해항도시문화교섭학』 23, 2020, 191-228쪽.

해양수도는 부산이 오랫동안 추구한 도시의 비전(Vision)이기도 하다. 부산은 우리나라 최대의 항구도시로서 각종 해양산업이 특화된 도시로서 과거와 현재의 이미지를 쌓아왔다. 부산의 강점이 해양과 항만인 것은 전국에서 인정받고 있다. 실제 정치와 경제, 문화와 예술의 수도인 서울에 대비시킨 개념으로 해양수도를 사용한 것도 무리는 아니다.

하지만 수도는 도시의 추상적 비전이나 슬로건으로서 유용할지는 모르나, 법안이나 정책으로 현실화하기에는 광범위하고 문제점이 적지 않다. 그래서 해양수도가 변형되어 법률안으로 최초 등장한 용어는 '해양특별자치시'이다. 해양특별자치시는 해양수도가 되기 위한 보다 현실적인 용어이자, 전략적인 개념으로 이해하면 될 것 같다. 여기서는 두 용어를 같은 의미로 간주하려 한다.[3]

2005년 국회에 처음 발의된 '부산해양특별자치시 설치 및 발전 등에 관한 특별법률안'에는 해양특별자치시 용어가 포함되어 있다. 법률안에 명시된 해양특별자치시의 정의는 '중앙정부의 직할 하에 있는 해양 관련 제반 산업의 중심도시'를 의미한다. 해양특별자치시의 지정 목적은 크게 두 가지로 볼 수 있다.

대외적으로는 우리나라 해양산업기지의 위상으로 발전 잠재력을 극대화하고, 국가 해양산업의 국제경쟁력을 제고시키는 도시이다. 대내적으로는 지방분권과 국토균형발전을 촉진하고 주민의 복지향상에 이바지하는 도시이다. 여기서 핵심적 키워드로는 국가 직속, 중앙정부 직할, 해양산업, 분권과 균형발전 등이며, 우리는 여기에 주목할 필요가 있다.[4]

---

[3] 우양호·강윤호, 「해양수도 부산의 해양거버넌스 형성수준 및 원인분석: 이해관계자의 '접촉과 갈등해결'을 중심으로」, 『한국항해항만학회지』 36(3), 2012, 233-243쪽.
[4] 대한민국국회, 부산해양특별자치시 설치 및 발전 등에 관한 특별법안(의안번호: 2005-1592).

특히 해양특별자치시가 해양수도의 용어를 현실적으로 갈음하는 제도적 용어로 보는 이유는 법률적으로 갖는 특별한 권한들 때문이다. 일단 해양특별자치시는 항만시설, 해양자원 및 해양산업 등의 모든 사무를 중앙정부 해양수산부장관과 해양특별자치시장 양자가 직접 협의해서 처리한다. 해양특별자치시가 자체적으로 종합발전계획, 연도별 투자 계획 및 시행계획도 만들 수 있다. 한마디로 해양자치권을 법률적으로 강하고 폭넓게 보장받는다.

그리고 해양특별자치시가 되면 중앙정부 국무총리 직속으로 해양특별자치시 성장 · 발전위원회를 설치할 수 있고, 항만시설과 해양자원 및 해양산업의 개발사업 시행자 및 기업에는 조세와 부담금을 직권으로 감면시킬 수 있다.

중앙정부 국토부장관과 해양특별자치시장은 양자가 협의해서 해양첨단산업과 투자진흥을 위한 첨단해양과학기술단지와 부산해양투자진흥지구를 지정한다. 이러한 권한들을 살펴보자면, 해양특별자치시는 해양에 관해서는 거의 모든 자치권을 폭넓고 강력하게 가지며, 해양수도로서의 위상과 권능을 충분히 확보하게 된다.

2. '부산해양특별자치시' 법안의 등장과 좌절

'해양수도 부산'의 슬로건이 처음 나오고, 이에 대한 부산의 노력이 시작된 것은 2000년대 초반이다. 부산은 당시 서울 다음으로 제2의 도시라는 위상이 공고한 편이었고, 국가항만을 가진 수출 · 입과 수산업 제1위의 도시라는 자부심이 있었다. 그래서 대한민국 해양수도, 해양특별시가 될 자격이 충분하다는 지역정서가 형성되었다. 이런 분위기는 부산 시민단체의 여론 조성 운동을 통해서 지역정치권의 입법 노력으로 이어졌다. 구체적인 법안 발의의 경위는 다음과 같다.[5]

2005년 4월 6일에 '부산해양특별자치시 설치 및 발전 등에 관한 특별법률안', 약칭으로 '해양특별자치시 법안'은 처음 국회에 발의되었다. 당시 부산지역 국회의원을 중심으로 같은 보수정당 의원들이 동참하였다.

법안의 대표발의자였던 유기준 의원을 비롯하여, 박승환, 허태열, 엄호성, 이인기, 이혜훈, 정화원, 서병수, 김희정, 박형준, 이재웅, 권철현, 김정훈, 김병호, 정형근, 박근혜, 강재섭, 김덕룡, 최구식, 이성권, 김형오, 안경률, 김무성, 정의화, 조성래, 조경태 의원 등 총 26인의 국회의원이 공동발의를 하였다. 당시 부산의 모든 지역구 국회의원이 동참하였고, 중앙의 유력 정치인들이 이 법안에 이름을 올렸다. 부산해양특별자치시 법안은 다른 법안에 비해서 공동 발의한 국회의원 숫자와 무게감으로는 적지 않은 수준으로 평가되었다.

국회법 절차에 따라, 이 법안은 2005년에 국회 '법안심사소위원회'를 통과해서 2006년에는 담당 상임위원회인 '행정자치위원회'에 상정되었다. 2006년 11월 7일에는 상임위원회에서 주관하는 공청회가 개최되었다. 이 자리에서 법안의 내용에 대한 국회의원, 소관부처인 행정자치부, 부산광역시 간의 공개적인 설명과 찬반토론이 이루어졌다. 법안에 대한 입장을 대표하는 공청회 진술인은 총 4명이었다. 부산시에서 2명, 해양수산부와 행정자치부에서 각 1명이 진술하였고, 이들은 서로 찬성과 반대의 논리를 폈다. 공청회의 찬반토론 과정에서 등장한 논리는 이러했다.

먼저 부산시에서는 시민단체대표와 전문가가 각각 나서서 부산해양특별자치시법 제정의 취지와 당위성에 대해 발표했다. 입법배경으로는

---

5) 이 부분에 기술한 내용들은 2006년 11월 7일에 개최된 국회 행정자치위원회 주관의 '부산해양특별자치시 설치 및 발전 등에 관한 특별법안에 관한 공청회' 자료집 및 회의 진행 의사록을 종합하여 분석한 것이다.

당시 노무현 정부 국가균형발전 정책의 추진에도 불구하고, 부산은 도시와 항만침체현상이 장기화되었다는 주장을 했다. 수도권 지방이전 등의 소극적인 분산정책이 아니라, 지방에 특화된 발전정책이 필요하다는 것이었다. 특히 항만과 해양산업에 대한 세계적인 추세는 국가의 선택과 집중에 있고, 범정부 차원의 강력한 법률적 지원이 필요하다는 논리를 주장했다.

또 하나의 논리는 해양특별자치시 지정을 통한 국가의 전략적인 집중투자로 부산의 국제적 위상과 도시경쟁력을 강화해야 한다는 것은 국정목표인 동북아 해양중심국가에도 부합한다는 취지였다. 부산이 해양특별자치시 설치를 통해 대한민국 해양산업의 혁신역량을 강화하고 동남권 균형 광역발전으로 국가적인 도약을 이룰 수 있다는 것이었다. 물론 기존 법안들에 대한 수정과 상충 가능성이 제기될 수 있으나, 이는 국회 차원에서 수정이 가능하다는 주장을 했다. 결론적으로는 부산해양특별자치시가 되면 우리나라의 해양경쟁력을 높이는 계기가 될 것으로 주장했다.

이와 달리 해양특별자치시 설치 법안에 대한 중앙정부 소관 주무부처였던 당시 행정자치부는 해양특별자치시 법안에 대해서 부산광역시에 특별자치시를 설치하는 것은 '반대'한다는 입장을 피력했다. 부산광역시가 부산해양특별자치시가 되려면, 기존 지방자치법을 건드려야 한다고 밝혔다. 이는 지방행정체계와 지방자치제도의 근본적 변화가 수반되어 무리라는 의견이었다.

당시 행정자치부는 서울특별시와 부산해양특별시는 중복적 '수도(首都)' 개념으로 위헌성이 있다는 의견도 냈다. 그래서 부산을 위한 특별자치시 신설은 명분과 타당성이 부족하다는 최종 의사를 개진했다. 부산이 지역구가 아닌 상임위원회 여당 국회의원들도 이와 비슷한 의견을 냈다. 같은 중앙정부 부처인 해양수산부도 해양특별자치시 법안에 대해 소극적 '반대'의 입장을 표명했다. 해양수산부는 부산이 우리나라를 대표하는 해양도시인 것은 분명하지만, 다른 시·도와의 형평성을 고려하면, 특별자치시는 불가하다는 입장이었다. 부산이 해양특별시가 되면 다른 곳의 요구도 들어줘야 한다는 논리였다.

그리고 기존 행정체계의 혼란을 막기 위해 거대도시인 부산은 현행 부산광역시로 계속 유지함이 바람직하다는 의견을 보였다. 해양특별시에 따르는 특례 부여방안 등은 유사한 해양산업 특례제도나 입법사례에 비추어 관련부처와의 사전협의가 필요하다는 입장도 함께 피력했다. 국가가 부산을 대한민국의 해양수도, 해양특별시로 만들기에는 안되는 이유가 너무 많이 나왔다.

2006년 11월 당시의 공청회 결과, 검토와 격론 끝에 국회 상임위원회는 법안 통과를 무기한 보류하였다. 법안에 일정한 논리적 허점이나 보완되어야 할 문제가 있는 것으로 잠정 결론이 났다. 해양특별자치시 법안은 공청회를 끝으로 국회 상임위원회 단계에서 보류의 판정이 났으며, 이후 2007년과 2008년 임시국회에서도 다른 정당의 반대로 본회의에 상정이 되지 못했다. 해양특별자치시 법안이 장기 계류되어 있던 와중에 다른 유사한 특별법은 대부분 통과가 되었다. 예컨대 여수엑스포특별법, 제주특별자치도법, 경남의 남해안발전특별법, 광주·전남의 아시아문화중심도시특별법 등의 법률안은 모두 국회를 통과하였다.[6]

해양특별자치시 법안의 장기 계류에 대해 부산시의 대응도 그리 적극적이지 못했던 것으로 보인다. 법안이 보류된 2007년 이후에 부산시장과 지역정치권은 해양특별자치시 법안의 재추진에 대한 언급을 거의 하지 않았다. 그 대신에 부산의 입장에서 최대한 실리를 얻는 방법을 찾도록 노력하겠다는 입장을 밝혔다. 입법의 논리와 추진전략에 문제

---

6) 강희석·남태석, 「남해안의 해양관광 개발 정책방향을 위한 전략 연구」, 『관광레저연구』 29(11), 2017, 293-312쪽.

가 있다는 당시 일부 전문가들의 지적에 대해서는 간접적으로나마 다른 방법을 찾아보겠다고 설명했다. 그리고 2009년 국회를 통과한 동·서·남해안발전특별법을 지렛대 삼아, 부산에 남해안개발기획팀을 만들어 장기적으로 대응한다는 방침이었다.[7]

결국 2009년 5월 제17대 국회의 임기 만료와 함께 부산이 제출한 해양특별자치시 법안은 자동으로 폐기되었다. 이 법안이 폐기될 당시에도 부산시는 차기 제18대 국회에서 '해양특별자치시'를 '동북아 해양중심도시' 등으로 이름을 바꿔서 대체입법을 계획할 것이라는 입장이었다. 그런데 노무현 정부 뒤에 이어진 이명박 정부에서 해양수산부가 전격 폐지되고, 수도권 개발과 4대강 사업의 이슈에 밀려 부산 해양수도는 정책의제로서의 동력을 잃었다. 부산과 지역사회의 해양특별자치시 입법에 대한 관심과 열기도 사라지게 되었다.

3. '해양경제특별구역' 법안으로의 변형과 실패

제17대 국회에서의 입법 노력이 좌절된 이후, 부산은 지방정부의 자체적인 조례 제정 등의 자구노력부터 먼저 진행하기로 노선을 바꿨다. 먼저 부산시는 시장 직속으로 '해양특별시 추진위원회'를 구성하고, 2009년 시의회에서 '부산광역시 해수도 구현을 위한 해양산업 육성 조례'를 전국 최초로 제정하였다.

부산은 2011년에 해운과 항만, 수산업, 조선기자재, 해양관광과 해양과학기술 등의 6대 해양산업을 망라하는 '부산광역시 해양산업 육성 종합계획'을 발표했다. 2012년과 2013년에는 신해양 경제시대를 선도하는 '해양수도 부산 원년'을 선포하고, 당시 제18대 대통령 선거와 연동

---

7) 이홍종, 「해양수도 부산의 정치경제학: 동아시아 해양거점도시」, 『국제정치연구』 22(2), 2019, 1-15쪽.

하여 공약과 정부정책에 적극 반영하려는 노력을 폈다. 이런 제도와 정책적 노력들은 부산이 해양수도로 가기 위한 기본적인 도시의 틀을 마련하고, 내부 결속을 다지기 위한 방편이었다.[8]

다른 한편으로 부산은 해양특별자치시 법안의 여러 쟁점과 지적에 대해 새로운 대응논리를 보완하기 보다는 해양특별자치시 법안을 포기하고, 다른 길을 모색했다. 그런데 사실 이런 전략 수정이 장기적으로 보면 지역사회에서 더 큰 사회적 혼란과 비용을 초래했다는 문제를 지적할 수 있다.

법안이 장기 보류되고 국회에서 자동으로 폐기될 위기에 처하자, 부산의 지역 여론은 냉담해졌다. 중앙부처인 해양수산부까지 이명박 정부에서 전격 폐지되자, 부산은 기존 해양특별자치시 법안을 포기하고, 대신 제목과 용어를 수정하여 전략을 다시 짰다. 그 핵심은 입법부인 국회의 법률제정에만 기댈 것이 아니라, 정부입법과 대통령이 가능한 수준의 정책으로 변화를 모색하였다. 특별법에 의한 부산 단독의 해양특별자치시 지정은 여러 정부 부처와 국회의 높은 벽에 가로막혀 가능성이 희박하다는 판단이었다.

제18대 대통령 선거에서 부산은 '해양경제특구'라는 이름을 새로 걸고, 대통령 공약 및 국정과제로 반영하였다. 과거 2013년에 박근혜 정부가 출범하면서, 해양수산부 부활과 함께 당시 부산지역 여당의원들이 다시 입법화 가능성을 타진하였다. 부산을 포함한 주요 국가 항만에 대한 '해양경제특별구역의 지정 및 운영에 관한 법률안', 약칭으로는 '해양경제특별구역' 법률안이었다.

이 법안은 부산을 포함한 인천과 울산 등 국가항만이면 어느 곳이나 특구로 지정할 수 있고, 항만별로 특화된 전략산업을 육성하는 내용이

---

8) 부산광역시, 부산광역시 해양수도 구현을 위한 해양산업 육성 조례(2021.08.11).

었다. 법안은 과거 부산 '해양특별자치시 법안'의 내용을 일부 가져오기는 했었다. 그러나 특정 지역을 위한 지원법이 아니며, 이것은 과거 부산 해양특별시 개념과 완전히 다른 제도라는 것을 강조했다. 이미 벽에 부딪혀 좌절된 해양특별시 명분보다 해양특구가 실익이 크다는 계산이었다.[9]

하지만 결론부터 이야기하자면, 부산이 제출한 해양경제특별구역 법안도 역시 과거 박근혜 정부 기간 동안 국회를 통과하지 못했고, 결국 폐기가 되었다. 해양경제특별구역 법안에 대해 당시 부산지역 출신 해양수산부 장관과 국회의원들의 의지는 강하기는 했었던 것으로 보인다. 해양수산부의 국책연구기관인 한국해양수산개발원(KMI)에서 타당성 조사에 착수했고, 법제처의 한국법제연구원(KLRI)에서 입법화를 위한 작업도 진행하였다. 2013년 10월에 국회 공청회도 개최되었고, 부산을 주축으로 인천과 울산, 경남, 광양 등의 타 지역 동의와 입법 동조도 이끌어냈다.

2014년 3월에는 국회에 의원 발의되었고, 소관 상임위원회인 농림축산식품해양수산위원회에서 심의에 들어갔으나 2015년까지 장기 계류되었다. 이 법안마저 국회 상임위원회 단계에서 통과가 보류된 이유는 당시 정부 부처와 다른 정당의 반대 때문이었다. 반대의 이유로는 여러 가지가 나왔다.

우선 기존 경제자유구역이나 국가산업단지가 운영되고 있어, 특구가 중복된다는 논란 때문이었다. 기존 경제특구가 대부분 연안인근과 항구도시에 위치한 만큼, 기존 경제자유구역이나 국가산업단지 틀 안에서도 해양경제특구를 만들 수 있다는 지적이었다. 이것은 일종의 '과잉 입법'이라는 지적으로, 경제특구가 과잉 또는 중복으로 지정이 되면 큰

---

9) 대한민국국회, 해양경제특별구역 지정 특별법안 공청회 자료집(2013.09.10).

기회비용이 발생한다는 것이었다. 또한 해양경제특구 지정도 기존의 여러 법률을 고쳐야 하는 등의 제도적 난관이 많았고, 당시 신성장산업 부문을 관장한 지식경제부에서 적극적으로 반대를 했다. 기획재정부, 산업통상자원부, 안전행정부, 국토교통부도 국회 상임위원회에서 해양경제특별구역 법안에 대한 반대 의견을 제출했다.

특히 정치적으로 소관 상임위원회의 야당 간사 의원은 이것이 해양수산부와 부산과 같은 특정부처나 지역을 위한 '청부입법'이라며 강력히 반대하기도 했다. 결국 상임위원회에서 기존 제도와 충돌하거나 저촉되는 부분은 충분히 정부부처들과 조율이 필요하고, 국무조정회의 등을 거쳐서 정부입법안으로 다룰 것을 주문했다. 사실상 백지상태에서 여당의 일부 친정권 의원들이 중심이 되어 해양경제특구 도입을 위한 준비단계가 길지 못했다는 지적도 있었다. 해양경제특구의 추가적 필요성에 대한 국민 공감대 역시 형성되지 못했다는 비판도 있었다.

결국 해양경제특별구역 법안도 2016년 제19대 국회의 종료와 함께 자동으로 폐기되었다. 해양수산부가 다시 부활한 과거 박근혜 정부에서 해양수도 부산에 대한 실질적 정책추진이나 제도적 성과를 얻어 내지는 못했다. 부산은 연이은 해양특별시 승격, 해양경제특구 지정 등에 대한 입법 실패로 큰 좌절감에 빠질 만도 했다.

과거 문재인 정부에서 지방자치법 전면개정과 지방분권정책이 활발히 이루어진 상황이 있었지만, 해양특별자치시나 해양경제특별구역 법안은 끝내 국회에 다시 올라가지 못했다. 2020년 6월에 제21대 국회에서 '부산해양특별시 설치 및 지원에 관한 특별법'이 다시 발의되었다. 당시 조경태 의원과 부산지역 국회의원 14명이 공동발의를 하였다. 하지만 이 세 번째 법안도 역시 기존 2005년의 첫 법안과 거의 동일한 내용이었고, 상임위원회 논의의 문턱을 넘지 못했다. 법안의 제출 이유와 보류된 이유 역시 과거와 거의 비슷했고, 다른 법안에 밀려 공청회도 열지 못했다.

결론적으로 정리해 보면, 부산의 해양수도 관련 입법 추진은 2005년 이후 총 세 차례나 국회에 제출되었다가, 자동으로 폐기되었다. 부산의 입장에서 보자면, 특정 정당이 국회의 과반 이상이었던 제21대 국회에서조차 아쉽게도 해양특별자치시 법안 추진이 연속적으로 실기(失期)가 되었다. 결과적으로 과거 반복되었던 해양수도와 해양특별자치시 지정 논의는 중앙정부와 국회로 다시 가지 못하고, 부산의 지역 수준에서 논의가 머무르고 있다. 따라서 해양수도의 비전과 이상에 비해 제도화와 실현은 요원하기만 하다. 현실화의 첫 걸음인 법안이 여러 번 좌절되고 관심이 식어 버린 상황에서, 앞으로 새로운 동력을 찾기란 쉽지 않아 보인다.

Ⅲ. 해양수도 법안의 주요 쟁점과 대응과정

1. 부산 해양특별자치시법의 주요 쟁점

부산이 제출한 해양특별자치시 법안이 2006년 당시 국회에서 보류되고, 폐기되었던 원인은 그 내용상 쟁점과 연관이 있는 것으로 보인다. 당시 특별법 내용은 부산광역시에 대해서 서울특별시에 준하는 지위를 주고, 행정조직 및 운영에 관한 특례를 제정하도록 정했는데, 여기에 대해 법안심사에 참여한 거의 대부분의 이해관계자들이 부정적 반응을 보였다.

특히 지방채 발행과 감사 특례, 공무원임용 특례, 분쟁조정 특례 등을 두도록 했으며 해양·항만과 관련해서는 자치권을 대폭 부여토록 정하고 있었다. 이러한 주요 내용들은 법안의 심의과정은 물론, 전국 여러 지역에서 적지 않은 논란을 불러일으켰다. 당시 법안의 주요 쟁점과 지적사항을 분석하면 다음과 같다.[10]

첫째, 해양특별자치시 법안이 가장 크게 지적당한 것은 부산에만 특혜를 준다는 인상이 크다는 것이었다. 바꿔 말하면, 부산에 대한 해양특별자치시 지정은 국내의 비슷한 다른 연안도시, 해양도시들과 '형평성'에 크게 어긋난다는 것이다. 이는 당시 국회의 법안 심사과정서 공통적으로 지적이 된 것으로 보인다.

법안에는 오직 부산에만 특혜성 혜택을 주는 조항들이 많고, 여기에 대한 고민이나 대안이 부족하다는 지적도 뒤따랐다. 이 법안대로 중앙정부가 만약 부산광역시를 국내 유일의 해양특별자치시로 만들면 큰 후유증이 있다는 주장도 나왔다. 즉 국제해양항만도시로 도약시키기 위해 부산에 주는 행정특례와 재정특례 조항들이 오히려 중앙정부와 국회로 하여금 특혜시비에 휘말릴 수 있게 만든다는 것이었다. 부산이

---

10) 부산해양특별자치시 설치 및 발전 등에 관한 특별법안(유기준의원 대표발의)의 주요 내용은 다음과 같다. 중앙정부의 직할 하에 해양관련산업의 중심도시로서 부산해양특별자치시를 설치함(안 제4조제1항). 부산항만과 관련된 항만시설, 해양자원 및 해양산업 등에 관한 사무는 해양수산부장관과 부산해양특별자치시장이 협의하여 이를 처리함(안 제7조). 부산해양특별자치시장은 부산해양특별자치시를 국제해양중심도시로 개발하기 위한 기본시책에 관한 종합발전계획, 연도별 투자계획 및 시행계획을 수립함(안 제8조 내지 제11조). 부산시를 국제해양중심도시로 개발하기 위한 관련 사항을 심의하기 위하여 국무총리 소속 하에 부산해양특별자치시성장 · 발전위원회를 둠(안 제12조). 국가 및 부산해양특별자치시는 항만시설 · 해양자원 및 해양산업의 개발사업 시행자 및 관련기업에 대하여 조세특례제한법, 관세법, 지방세법이 정하는 바에 따라 조세와 각종 부담금을 감면할 수 있도록 함(안 제15조제1항). 국가는 항만시설 · 해양자원 및 해양산업과 관련된 기반시설 중에 그 투자의 편익이 다른 광역자치단체 또는 전국으로 파급되는 시설의 설치 및 유지관리의 비용에 대하여 예산을 지원할 수 있도록 함(안 제15조제3항). 장관과 부산해양특별자치시장은 해양첨단산업과 투자진흥을 위하여 첨단해양과학기술단지와 부산해양투자진흥지구를 지정하도록 함(안 제16조 및 제17조). 국가 또는 부산해양특별자치시는 해양과학기술단지의 조성, 부산해양투자진흥지구에 입주하는 기업이 용지매입비 융자, 토지임대료 감면, 기타 개발사업 자금의 지원을 요청하는 경우 최대한 지원하도록 함(안 제19조). 선박등록과 선박투자활성화를 위하여 선박특구를 지정하고 부산해양특별자치시가 선박투자회사를 설립 · 운영 할 수 있도록 함(안 제20조).

라는 특정 지역을 위한 특별지원법의 성격이 매우 강해서 거부감 역시 크다는 것이다.

법안의 내용이 과감하고 혁신적이긴 했지만, 오히려 법안을 만든 부산이 특혜 논란을 자초한 측면도 없지 않다는 지적들이 있었다. 물론 부산은 이런 지적과 논리를 깨트리지 못했다. 당시는 물론 아직도 형평성과 특혜시비에 대한 명확한 반박논리가 나오지는 못한 상황이다.

둘째, 법안을 마주한 중앙정부 부처들은 해양특별자치시 설치 법안이 정부조직법 등 기존의 타 법률과 곳곳에서 충돌하거나 상충된다는 지적을 했다. 특히 항만법, 항만공사법, 조세특례제한법, 관세법, 지방세법 등과 심각하게 충돌한다는 지적이 있었고, 이 하나의 법안을 위해 기존의 많은 법을 개정해야 하는 부담이 작용한다는 논리였다. 이는 공통적으로 해양수산부와 행정자치부가 법안에 난색을 표한 이유였다.

부산은 특별자치시로 가려는 항만관리권 이행 단계에서 절차요건의 불수용이 있고, 그 전에 국가항만인 부산항은 원칙적인 국가사무로 되어 있다는 것이다. 세부적으로는 부산의 항만시설, 해양자원 및 해양산업 제반 사무는 장관과 해양특별자치시장이 협의해서 처리한다는 내용, 해양자원 및 해양산업의 포괄적 정의 부분, 공유수면 점·사용료 감면, 선박등록특구 지정, 선박투자회사의 설립·운영 등의 내용은 현행법과 상충되는 문제가 있는 것으로 의견을 냈다. 부산은 이런 점을 인정하면서도, 개정이 가능하다는 입장이었다. 하지만 중앙부처와 상임위원들을 설득시키지는 못했던 것으로 보인다.

셋째, 해양특별자치시 설치는 우리나라 지방자치법과 행정구역체계의 근간을 흔들 수 있다는 지적이 있었다. 즉 해양특별자치시 설치는 국토균형발전과 지역 특성화가 가능한 개발 등의 장점이 있으나, 지방자치법에 명시된 보편적 기준을 흔들 수 있다는 논리였다. 부산광역시를 부산해양특별자치시로 전환하는 경우, 지역명칭과 법적 지위를 동시에 내포하기 때문이었다.

사실상 우리나라 지방자치단체의 종류는 법정주의로서 특별시와 광역시·도, 기초 시·군·구 등으로만 50년 넘게 안정적으로 운영되고 있다. 이를 변경하거나 예외를 인정하는 경우에는 매우 신중한 검토가 필요하다는 입장이 지배적이었다. 새로운 지방자치단체 형태를 기존 법적분류가 도저히 수용할 수 없을 때만 특별자치를 허용하는 것이 지방자치제도의 안정성을 위해 바람직하다는 것이다. 이는 지방행정학자 및 지방자치 학계에서 대부분 인정하고 공감하는 부분이었다.[11]

넷째, 해양특별자치시가 되려면 부산광역시 기존 16개 구·군의 자치권을 대부분 없애고, 부산의 행정계층구조를 축소하는 과정이 필요한데, 이것이 쉽지 않다는 것이다. 제주도는 특별자치도 법률 통과를 위해 주민투표를 거쳐 기존 남제주군과 북제주군을 폐지하고, 제주시와 서귀포시를 행정시 수준으로 존속시켰다. 세종시도 기존 충청남도의 행정구역 조정과 주민투표가 실시되었다.

제주도와 세종시는 자구노력으로 행정구역 단층화에 성공하여, 기존 법률과 제도에 대한 혼선을 최소화하였다. 이에 광역시 체제인 부산도 이와 같은 노력이 전제되어야 함이 지적되었다. 중앙정부와 중앙정치권은 광역과 기초가 하나로 통합된 단층제 행정체계를 부산이 갖는다면, 해양특별자치시 지정이 법률적으로 가능할 수 있다는 입장을 보였다. 하지만 이를 수용하기 위한 지역사회의 여론과 주민투표 과정이 매우 험난할 것이라는 지적이 함께 있었다.

다섯째, 거대광역시인 부산에 특별법에 의한 해양특별자치시 지정은 상당히 큰 사회적 혼란과 비용이 든다는 지적이 있었다. 섬으로 이격되고 정주인구가 적으면서 외래관광객 비중이 많은 제주특별자치도의

---

11) 우양호, 「해항도시(海港都市) 부산의 도시성장 특성에 관한 연구: 패널자료를 통한 성장원인의 규명(1965-2007)」, 『지방정부연구』 14(1), 2010, 135-157쪽.

경우, 그리고 행정수도 건설과 정부청사 이전에 따른 세종특별자치시 지정의 경우와 부산은 크게 다르다는 것이 중앙정부의 입장이었다.

부산은 인구 300만이 넘는 거대도시로서, 16개 자치구·군이 오래전부터 있어 왔으므로, 현행 광역시 체제가 더 적합하다는 논리였다. 대한민국 해양수도로 기존의 부산광역시에 보다 많은 행정과 재정특례를 부여하고자 한다면, 오히려 다른 방법이 더 효율적이라는 설명이다. 이는 해양특별자치시라는 새로운 지방자치단체 종류를 신설하기보다 기존의 부산광역시라는 법적 지위를 그대로 갖고서, 단지 각종 특례를 추가로 부여하는 방식만으로도 본래의 법안 취지와 목적을 달성할 수 있다는 점이 지적되었다.

마지막으로 부산이 해양특별자치시로 지정되기 위해서는 지방자치단체의 종류를 변경하고 기존 지방자치법의 변화를 요구할 수 있는 강력한 필요성과 차별성이 필요하다는 지적이 있었다. 법안에는 해양특별자치시로 법적 지위 변동에 따른 행정체제와 자치권능 등이 다른 시·도와 큰 차별성이 드러나지 않는다는 지적이 있었다. 해양수도와 해양특별시는 부산 전체를 새로운 특별지역으로 지정해 국가의 직접 지원을 요청한 내용인데, 부산항에 국한된 이야기가 대부분이라는 논리였다.

항만과 해양경제특구 성격으로서 해양특별자치시는 기존 부산·진해 경제자유구역과의 기능 중첩 논란을 일으킬 수 있다는 주장도 나왔다. 2003년부터 지정되어 있는 부산·진해 경제자유구역은 외자유치 및 신성장 산업을 위한 특구인데, 이것과 해양특별시는 역할과 기능이 중복되는 문제가 있다는 지적이었다. 게다가 기존 부산·진해 경제자유구역의 효과나 실적이 당초 기대보다 높지 못했다는 논란도 남아 있었다.

2. 부산의 대응 논리와 문제점

앞서 설명한 바와 같이 당시 국회 상임위원회의 법안 공청회와 논의 과정에서 나타난 쟁점과 논란은 양적 측면과 질적 측면에서 결코 적지 않았다. 당시 이 법률안을 위한 소관 상임위원회는 국회 행정자치위원 회였으며, 법률안 공청회에서 부산시 측의 대표 진술인은 2명, 해양수 산부 1명, 행정자치부 1명 등이었다. 하지만 법안의 실질적 발의 주체 로서 여기에 참여한 부산시와 지역 국회의원들의 대응논리 및 당시 대 처에는 몇 가지 문제점이 있었던 것으로 분석된다. 당시 국회 공청회 자료집과 회의록을 분석한 결과는 다음과 같다.

우선 첫째, 부산이 제출한 해양특별자치시 법안이 부산이란 특정 도 시에만 특혜를 준다는 인상이 크다는 지적과 논리에 대한 치밀한 대응 이 다소 부족했다. 법안의 취지와 내용으로 보면, 해양특별시 지정은 엄청난 해양자치권과 재정특례를 부여받는다. 부산에 해양자치특례를 주는 것이 부당하다는 주장의 가장 큰 근거는 다른 지역과의 형평성이 훼손된다는 점이다. 국가 해양산업의 선택과 집중, 클러스터화의 논리 는 부산의 지역이기주의라는 지적을 초래했다.

마찬가지로 해양특별시 지정이 우리나라 기존 지방자치법과 행정구 역체계의 근간을 흔들 수 있다는 지적도 이런 맥락이었다. 그런데 법 안의 시혜적 내용들이 국내의 다른 항만도시, 연안도시, 해양도시들과 의 형평성에 어긋난다는 근본적 지적들에 대해 부산시와 지역사회는 이미 예상을 하고 있었다. 하지만 그 대응내용은 다소 미온적이었다. 2006년 국회 법안심사 당시 상임위원회에서 부산을 대표하는 진술인들 의 설명 요지는 다음과 같이 분석되었다.

"해양특별자치시 설치의 문제는 헌법정신에 배치되지 않는 문제이 다. 시대변화에 따라, 지방자치단체의 종류는 변화해 왔다. 헌법 제117

조에서 지방자치단체는 법률로 정하도록 하고 있기 때문이다. 즉 부산해양특별자치시가 지방자치단체의 새로운 형태로 도입되는 것이 아니다. 단지 해양특별자치시라는 하나의 유형이 우리나라에 새로 생기는 것이다."

"오히려 다른 시·도에서도 향후 자리변경을 통한 위상정립 및 자립을 강구할 수 있는 길이 열릴 수 있다. 새로운 해양특별자치시 설치는 국가와 지방의 공생을 위한 제도이지, 부산만을 위한 제도는 아니다. 타 지방자치단체와의 형평성 문제는 없다고 생각한다. 부산이 추구하고자하는 국가경쟁력을 제고시키기 위한 시대에 따른 변화의 몸부림을 중앙정부와 국회는 보다 전향적으로 검토해야 한다." 등으로 요지가 정리된다. 하지만 결국 이런 부산의 논리는 국회와 정부에 수용되지 못한 것으로 판단된다.

둘째, 해양특별자치시가 되려면 기존 부산광역시 구·군 지역의 행정계층 축소나 개편과정이 따르는데, 여기에 대한 설명논리나 대안이 크게 없었다. 즉 부산이 해양특별자치시가 되기 위한 일종의 대응부담, 자구노력이 집행되거나 계획되지 않았다.

법안 제4조부터 6조까지는 중앙정부의 직할 하에 부산해양특별자치시를 설치하고, 기존 부산광역시를 완전 폐지하도록 정했다. 그리고 부산시의 행정구역과 자치구·군의 명칭 및 관할구역은 종전의 것을 그대로 유지하자는 조항을 뒀다. 다만 해운·항만 행정서비스를 위해 필요하다고 인정하는 때에는 자치구·군의 통합을 추진할 수 있음을 명시했다. 게다가 부산은 구·군 행정구역 개편문제가 법안 통과 후에 장기적으로 논의될 문제라는 입장을 고수했다. 해양특별자치시의 신설의 전제조건은 아니라고 단순하게 맞섰다.

이런 법안과 내용과 대응은 부산이 해양특별자치시의 혜택을 얻기 위한 당장의 비용이나 대가는 치르지 않으려는 인상을 외부에 주었을 개연성이 있다. 제주도와 세종시는 행정계층 축소나 개편과정을 거쳤기 때문이다. 중앙정부의 신규 특별자치시·도 설치는 무조건 기존 행정체제 그대로는 불가하다는 입장이었다.

셋째, 부산이 해양특별자치시로 지정되기 위해서 국가는 기존 여러 법률과 지방자치단체 종류를 변경해야 하는데, 이럴 만큼의 강력한 차별성이 부족하다는 점에 대해서도 대응논리가 충분치 않았다. 일단 부산에서는 부산항의 침체된 상황을 나열하면서, 적극적으로 대처하지 않을 경우 국가관문항구의 쇠퇴현상이 발생한다는 일종의 위기론을 폈다.

상세히 말하자면, 우리나라는 제조업 수출·입 국가로 국제경쟁력이 약화되며, 인한 국가경쟁력 약화로 이어지게 된다는 주장이었다. 수도 이외에도 해양특별시를 지정한 중국과 대만 등의 사례도 들었다. 하지만 전반적으로 법안의 보류결정을 보면, 부산이 가진 지역의 특수성과 독자성만 강조한 이런 대응논리는 모두의 공감을 얻기에 부족했다는 분석이 가능하다. 해양특별자치시의 설치가 부산을 위한 특혜라는 논리가 잘못되었다는 것을 완전히 증명해 내지 못했던 것으로 보인다.

기존 광역시 체제에서도 국가는 부산항만공사 육성 등으로 관문항구에 대한 특별지원이 충분히 가능하다는 논리가 있었다. 이에 해양특별자치시보다 모두가 보편적으로 수용할 수 있는 명칭에 대한 재검토가 필요하다는 논리가 더 큰 공감을 얻었다.

넷째, 해양특별자치시 법안이 정부조직법, 항만법, 항만공사법, 조세특례제한법, 관세법, 지방세법 등의 법률과 충돌된다는 지적에 대해서도 특별한 대안이 제시되지 못했다. 해양특별자치시에 대한 법리충돌 해석에 대한 부산의 대응논리는 '법률유보의 정신'에 따라 국회의 논의를 거쳐 전부 개정이 가능하다는 입장이었다.

부산은 당시에 충돌 문제가 되는 법안 내용은 향후 기존 법률을 개정하거나 제출한 법안의 일부 수정으로 충분한 해결이 가능하다는 입장을 반복했다. 하지만 특별법 제정으로 인한 기존 여러 법률들의 개정에 대해서 관계 정부부처와 국회가 부담을 느꼈을 개연성은 충분히 있었을 것으로 생각된다. 당시에 부산항만공사 최초 설립 등으로 부산과 교감을 자주 했던 해양수산부까지 해양특별시 법안에 반대한 것을 보면, 충분히 짐작이 될 수 있다.

Ⅳ. '정책의 창'을 통한 특별자치시 선례의 비교

1. 특별자치시·도 지정의 성공사례: 제주도와 세종시

이론적으로 '해양특별자치시'는 지방행정과 지방자치 분야의 행정용어이자, 법률적 용어이다. 관점에서 부산이 왜 해양특별자치시 지정이 현실적으로 좌절되었는지에 대한 이유를 알아야 한다. 보다 명쾌한 이해를 위해서는 특별자치시·도 지정이 성공한 선례인 제주도와 세종시의 경우를 살펴볼 필요가 있다.

제주도와 세종시는 부산과 비슷한 시기에 특별자치시·도 법안이 국회에서 제출되고 통과가 성공한 사례이다. 즉 과거 노무현 정부에서 이 두 사례와 함께 부산해양특별자치시는 법안이 함께 국회에 올라갔던 사실이 있다. 제주도는 2006년에 특별자치도가 되었고, 세종시는 2010년에 특별자치시가 되었다. 결국에는 부산만 법안이 좌초되어 오늘에 이르고 있다. 이를 정확히 아는 사람은 매우 적다.

노무현 정부 당시에는 2004년에 국가균형발전특별법이 제정되었고, 전국에 공공기관 지방이전과 혁신도시 건설이 계획되던 시절이었다. 이런 맥락 선상에서 제주특별자치도 및 세종특별자치시는 노무현 정부에서 국가균형발전 및 지방경쟁력 강화 차원에서 추진이 되었다. 당시 우리나라 기존 행정체계는 중층제로서, 중앙정부 예하 지방정부에는 기초자치단체와 광역자치단체가 있었다.

기초정부는 광역정부를 거쳐서 중앙정부와 모든 인적·물적 흐름이 이루어졌다. 반면에 특별자치시·도는 기존과 다른 형태인 단층제를 채택한 도시구조이고, 이것이 중앙정부와 곧바로 연결되는 시스템이다. 그래서 이전에는 특별자치시·도 형태가 국내에 전혀 존재하지 않았다.

예를 들어, 우리나라 헌법 제117조 제2항에는 지방자치단체의 종류를 법률로 정하도록 되어 있다. 지방자치단체 종류는 곧 '법정주의'이며, 이에 근거하여 지방자치법 제2조에서 그 종류를 2가지 층위만으로 제시함으로써 '중층제 행정체제'라는 이름이 붙었다. 즉 상층에는 특별시, 광역시, 특별자치시와 특별자치도가 있고, 하층에는 시, 군, 구로 명시되어 있다. 상층의 특별자치시와 특별자치도는 2006년 이후 세종시와 제주도가 특별법으로 생기면서 지방자치법 조문에 새로 들어갔다.

전혀 새로운 제주특별자치도와 세종특별자치시의 출현은 곧 기초와 광역이라는 '중층제'가 근간이 되는 우리나라 지방행정체계에서 예외가 처음 생긴 것이다. 이는 당시 행정수도 이전이라는 명분으로 행정복합도시로 조성되는 세종시, 우리나라 대표 관광특구지역으로 제주도 섬이 가진 지리적 특수성을 인정한 것으로 볼 수 있다.

특별자치시·도는 기존 광역시·도와 차별화된 지위와 더불어 행정조직 및 재정특례 등의 운영방식을 특별법 제정으로 부여받는다. 그리고 이런 특별법은 당시 노무현 정부에서 지방분권 및 지방자치의 정책적 기조를 제도화한 것으로 볼 수 있다. 보다 구체적인 설명과 논의는 다음과 같다.[12]

---

[12] 대한민국법제처, 제주특별자치도 설치 및 국제자유도시 조성을 위한 특별법(약칭: 제주특별법, 2006) 및 세종특별자치시 설치 등에 관한 특별법(약칭: 세종시법, 2010)

우선 제주특별자치도가 지정된 목적은 국가관광특구 및 국제자유도시 조성을 목적으로 행정규제의 폭넓은 완화를 통해, 제주도의 실제적인 분권을 보장하는 것에 있었다. 여기에는 제주도가 기존 광역도이면서 육지와 이격된 우리나라에서 가장 큰 섬이라는 지리적 특성도 고려되었다. 즉 제주도 가진 고유의 지역적, 역사적, 인문적 특성을 고려해서 자율과 책임, 창의성과 다양성을 존중하여 고도의 자치권을 보장하는 것이다. 제주특별자치도의 법안에는 이런 명분들이 담겨 있었다. 2006년에는 제주특별자치도 설치 및 국제자유도시 조성을 위한 특별법, 약칭으로는 제주특별법이 통과되었다.[13]

물론 제주도 역시 특별자치도 법안 통과에 큰 어려움이 없었던 것은 아니다. 제주도의 특별자치도 지정 논의는 부산의 경우보다 역사가 길었다. 제주도는 당시 특별법 통과를 위해서 오랜 세월 준비를 했었다. 제주도는 2005년 기존의 4개 시·군을 폐지하고, 제주도를 단일 광역자치단체로 만드는 작업을 어렵게 성사시켰다. 남제주군, 북제주군, 제주시, 서귀포시의 기존 기초자치권을 통폐합하고 묶는 과정에서 지역사회가 극심하게 분열되는 고통을 겪었다.[14]

제주도민의 주민투표와 찬성을 이끌어내는 설득이 쉽지 않았지만, 행정구역 단일화는 제주도가 유례없는 특별자치도 신분이 되기 위한 일종의 정책적, 법적 전제조건이었다. 또한 제주도는 국제자유도시로서 향후 교육시장과 의료시장 개방을 반대하는 지역사회 여론과도 부닛쳐야 했다. 2006년에 제주특별자치도가 지정되고 나서도 특별자치기능과 특례권한 이양에 소극적 입장이었던 중앙정부 관료들과 계속 실랑이를 벌여야 했다. 국가로부터 특별자치도의 지위와 권한이 제대로 인정되기까지는 오랜 세월이 걸렸다.[15]

---

13) 강재호, 「제주특별자치도 특례의 시범과 과제」, 『지방행정연구』 22(2), 2008, 51-78쪽.
14) 최영출, 「제주특별자치도 시군통합의 성과평가」, 『지방행정연구』 23(2), 2009, 3-29쪽.

제주도의 경우와 달리, 세종특별자치시가 지정된 목적은 수도권의 과밀화, 과도한 집중에 따른 부작용을 완화하면서 지역균형개발을 도모하는 것에 있었다. 세종시가 만들어진 명분은 당초 노무현 정부의 수도 이전 논란과 신행정수도 건설에 있었다. 세종시는 행정중심복합도시인 세종시를 중앙정부와 교류하는 특별자치시로 건설하여, 서울과 수도권의 과도한 기능 및 자원 집중에 따른 부작용을 해소하는 것에 있었다. 이는 대통령과 정부 여당의 의지가 반영된 핵심 공약 사항이기도 했다.

세종시도 제주도처럼 특별자치시 법안 통과를 위해서 복잡한 비용을 치렀다. 세종시 위치를 보면, 종전에 그 자리에 있었던 충청남도 연기군을 기초자치단체에서 폐지하였다. 그리고 인근의 충청북도 청원군의 일부, 충청남도의 공주시의 일부와 연기군 일부를 새로운 행정구역으로 통합하였다.

세종시 명칭은 국민공모를 통해 확정하였으나, 행정구역 조정에 대한 주민투표 과정에서 갈등과 혼란이 적지 않았다. 특별자치시의 설치는 기존 행정구역의 통·폐합으로 단순화가 전제되어야 하기 때문에, 기초 구·군 단위의 풀뿌리 민주주의와 지역주민의 자치권을 훼손한다는 지적이 계속되고 있다.[16]

결과적으로 제주특별자치도와 세종특별자치시는 그 존재를 위한 기본적인 법적 틀을 갖추긴 하였으나, 남겨진 숙제가 적지 않았다. 그래서 실제로 특별법 조문 하나 하나를 장기간 개정해 나가는 과정에 있다. 당초 법안 단계에서 제안된 내용 중에서 과감한 지방이양과 분권

---

15) 김남수, 「제주특별자치도 추진에 따른 성과와 발전방안」, 『제주도연구』 39, 2013, 155-203쪽.

16) 조경훈, 「세종시의 중장기 발전을 위한 행·재정 체제 구축 방안」, 『국토』 2012-8, 2012, 36-43쪽.

에 관한 조항들이 반대에 부딪혀 많이 삭제된 탓이다.

기존 두 사례에서 지방분권과 규제완화에 있어 당초 목표와는 다소 거리가 있어, 제주도와 세종시는 꾸준한 문제제기와 보완을 하고 있는 것이다. 제주도와 세종시에 대한 특별법을 조금씩 개정하는 이유는 이들 특별자치시 · 도가 기존에 없었던 예외적 모델이었기 때문이다.[17)]

제주와 세종의 경우, 특별자치시 · 도 지정의 핵심은 중앙정부에게 직접 받는 행정특례 및 재정특례의 부여이다. 쉽게 말해 행정기구 설치와 공무원 정원의 자율성이 보장되며, 지방교부세법과 별도로 재정을 추가로 지원 받는다. 필요한 각종 공공개발사업에 대해서도 중앙정부가 직접 국고를 지원한다. 중앙정부는 이런 특례 부여에 있어서 제주특별자치도에 대해서는 광범위하게 허용하는 반면, 세종특별자치시에 대해서는 조금 제한적으로 허용하고 있다. 이 역시 두 지역의 인구 규모와 사회적 특성을 고려한 조치로 보인다.[18)]

그래서 제주도와 세종시에 대한 특별법이 장기간 지속적으로 개정되고 있는 내용은 중앙과 다른 지방의 이해관계 및 형평성 문제가 걸려 있어, 당초 법안에서 삭제된 조항들이 대부분인 것으로 보인다. 그래서 제주도와 세종시의 경우도 스스로 진정한 특별자치시 · 도가 완성되기 위해서는 아직 갈 길이 멀다고 평가된다. 이는 해양특별자치시 추진과 실패의 경험이 누적되어 있는 부산으로서는 중요하게 참고해야 할 선례이기도 하다.

---

17) 김흥주 · 박상철, 「세종형 자치조직권 강화 방안에 관한 연구」, 『지방행정연구』 34(4), 2020, 39-74쪽.

18) 최진혁, 「지방분권과 지역균형발전에 따른 세종특별자치시의 발전과제: 정부부처 이전을 중심으로」, 『사회과학연구』 26(4), 2015, 143-170쪽.

2. 현실을 파악하는 이론 도구: '정책의 창(Policy Window)'

과거 노무현 정부에서 특별자치시·도 지정을 위해 법안으로 함께 올라간 부산, 제주도, 세종시의 운명은 각각 엇갈렸다. 제주도와 세종시는 입법에 성공했고, 특별자치시·도의 지위를 획득했다. 이에 반해 부산의 '해양특별자치시법' 제정의 험로와 좌절의 과정은 길었다. 이렇게 결과가 극명하게 대비되는 경우는 '정책의 창(Policy Window)' 이론으로 들여다보면 보면 적절한 이해가 가능하다고 본다.

존 킹던(John W. Kingdon)이 말한 '정책의 창' 이론은 정치학, 행정학, 정책학 교과서에 나오는 권위 있는 모델이다. 이는 통상적으로 정부의 의제설정과정에 대해 체계적 이해를 시도하는 핵심이론의 하나이다.[19]

'정책의 창'은 서로 개연성이 낮은 문제들이 따로 흘러 다니다가 우연한 계기로 연합하여 큰 사건으로 촉발되고, 창문이 열려서 정책의제로 변하는 현상이다. 이는 정부의 의제가 다소 비합리적으로 선택되고, 문제들이 흐름의 결합되는 방식에 따라 정책이 전혀 다르게 변동한다는 논리이다. 정책의 창 이론은 어떤 사안들이 중요한 의제의 지위에 오르는지, 반대로 어떻게 그 지위를 박탈당하는지, 어떤 문제가 정부와 우리 사회에 어떻게 인지되고 규정되며 정치적 요소들은 어떻게 작용하는지에 대해서 유용한 시각을 제공한다.[20]

정책의 창 이론은 정부의 입법과정이나 정책입안을 매우 현실적으로 설명한다는 강점을 갖는다. 보통 정부의 정책이나 국회의 입법이

---

19) Kingdon, J. W., How do Issues Get on Public Policy Agendas, *Sociology and the Public Agenda*, Vol.8, No.1, 1993, pp.40-53; 정성수·이현수, 「Kingdon 의 다중흐름모형을 적용한 '유치원 3법' 정책형성과정 분석」, 『학습자중심교과교육연구』 21(3), 2021, 497-521쪽.

20) 김상봉·이명혁, 「Kingdon의 정책 창 모형에 의한 비축임대주택 정책의 갈등관계분석 및 평가」, 『한국정책과학학회보』 15(3), 2011, 1-27쪽.

성공한 경우에 많이 적용되나, 그 반대로 실패한 과정이나 원인을 분석하는 데도 유용하다.

대중에게 익히 알려진 예를 들자면, 부정청탁이나 금품수수 금지에 관한 '김영란법', 음주운전 처벌에 관한 '윤창호법', 어린이 교통사고 보호에 관한 '민식이법', 각종 산업재해와 안전사고 방지에 관한 '중대재해처벌법' 제정 등이 정책의 창 현상으로 입법이 된 경우에 가깝다. 이외에도 국내에서 '정책의 창' 이론을 통해 연구된 입법이나 사회의제는 상당히 많다. 이 이론이 주창한 핵심 요지는 간단히 이러하다.[21]

먼저 '정책의 창'은 기본적으로 정책과정의 세 가지 줄기가 만나야 한다. 그것은 문제의 줄기(Problems Stream), 정치적 줄기(Political Stream), 정책적 줄기(Policy Stream) 등이다. 문제의 줄기는 사건의 정의나 가시적 표출과 관련된다.

정책적 줄기는 정부의 시책이나 철학, 방침과 연관된다. 그리고 정치적 줄기는 정책의 창에 가장 중요하고 빈번하게 작동하는 기제이며, 우리가 잘 아는 것들이다. 예를 들면 정권의 교체, 의회의 정당 의석수 변동, 국민여론의 변동 등이 대표적이다. 특히 국가권력이나 지방권력의 정권교체는 가장 광범위한 영향력을 갖는 정치적 줄기의 변화로 해석된다. 정치적 줄기의 변화는 정부의 최고위자들이나 의사결정 권력에 가까운 사람들에게 주의를 기울이게 만들고, 새로운 정책의 창을 열도록 만든다.[22]

---

21) 이진만 · 전영상, 「Kingdon의 정책의 창(Policy Window) 모형을 적용한 한국콘텐츠진흥원 설립과정」, 『정책분석평가학회보』 19(4), 2009, 283-305쪽.

22) Hawkins, B. and McCambridge, J., Policy Windows and Multiple Streams: An Analysis of Alcohol Pricing Policy in England. *Policy and Politics*, Vol.48, No.2, 2020, pp.315-333; 최성락, 「Kingdon 정책흐름모형 적용의 적실성에 대한 연구」, 『한국정책연구』 12(1), 2012, 119-137쪽.

〈그림 2-1〉 킹던(Kingdon)의 '정책의 창(Policy Window)'

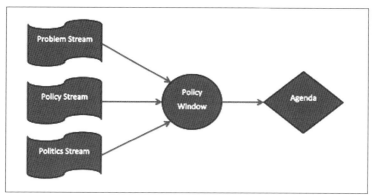

* 자료: Kingdon. J. W., *Agendas, Alternatives, and Public Policies*, New york, Harper Collins, 1984, pp.165-169.

이러한 세 가지 줄기들은 서로 아무런 관련 없이 흘러 다니다가 특정한 사건이나 우연한 계기로 만난다. 킹던(Kingdon)은 이 줄기나 흐름들이 한군데로 결합되면 정책의 창이 열린다고 표현한다. 그리고 누군가는 문제, 정책, 정치의 세 줄기를 섞어서 법안이나 의제로 만드는 중요 역할을 담당해야 하는데, 이 사람을 '정책선도가(Policy Entrepreneur)'라고 부른다. 그래서 정책의 창 이론에서 가장 중요한 핵심은 정치적 줄기로 볼 수 있고, 이를 적극적으로 활용하는 정책선도가의 존재 역시 상당히 중요하다고 판단한다.[23]

킹던(Kingdon)이 제안한 정책의 창은 특정 순간에 정치와 정책적 흐름을 타고 정책선도가가 제 본연의 역할을 하게 되면, 정책의 창은 활짝 열리는 것으로 본다. 반대로 그렇지 않으면 창은 절대 열리지 않는다. 정책선도가는 자신이 가진 힘과 자원을 동원하여 주장을 펼치고

[23] Rawat, P. and Morris, J. C., Kingdon's "Streams" Model at Thirty: Still Relevant in the 21st Century?, *Politics & Policy*, Vol.44, No.4, 2016, pp.608-638; 장현주, 「다중흐름모형을 적용한 국내 논문들에 대한 분석: 중앙과 지방의 정책변동에서 정책선도가는 누구이며 정책의 창은 어떻게 열리는가?」, 『지방정부연구』 21(2), 2017, 379-403쪽.

정치적 연계를 만들며 고위권력층이나 의사공동체에서 협상을 주도해서 창을 열리게 만든다. 정책의 창은 추상적이고 불투명하기 때문에, 열려 있는지 닫혀 있는지 알기 어렵다. 하지만 이러한 창의 개폐는 의사결정과정을 하는 정부와 국회 참여자들의 인식에 기반을 둔다.[24]

다만, 문제의 상황을 크게 변화시키는 국민의 여론이나 대중적 지지 등은 정책의 창의 개폐에 뚜렷한 신호를 준다. 이때 정책의 창이 열리는 기회는 순간적이다. 창의 개방은 곧바로 지나가 버리는 성격이기 때문에 기회를 놓치면 다음 번 정책의 창이 열리도록 기다려야 한다.

많은 경우에는 다음 정책의 창이 언제 열릴지 예측되기가 쉽지 않다. 정책의 창은 열리는 시간이 짧거나 순간적이기 때문에, 그 찰나의 기회를 시의적으로 활용하는 것이 중요하다. 물론 세 줄기나 흐름이 만나고, 강한 정책선도가가 이를 이용하는 모든 박자가 들어맞기는 쉽지 않은 문제이다.[25]

3. '정책의 창'으로 비교한 부산과의 차이점

'정책의 창' 이론의 관점에서 분석해 보면 부산의 해양수도 승격 실패사례, 제주도와 세종시의 승격 성공사례는 각 요소와 내용에서 서로 크게 대비가 된다. 그 이유는 다음과 같다.

첫째, 정책의 창이 열리기 위한 정치적 줄기(Political Stream)의 존재라는 측면에서, 제주특별자치도와 세종특별자치시의 구상은 2003년 노무현 정부의 핵심정책인 '지방분권 로드맵'에 기반하고 있었다. 하지만

---

[24] 정순관·하정봉, 「정책의 창(Policy Window) 모형을 적용한 순천만국제정원박람회 개최과정 분석」, 『한국지방자치학회보』 26(4), 2014, 245-268쪽.

[25] Lieberman, J. M., Three Streams and Four policy Entrepreneurs Converge: A Policy Window Opens, *Education and Urban Society*, Vol.34, No.4, 2002, pp.438-450.

부산은 전혀 그러하지 못했다. 당시 노무현 대통령과 여당은 지역의 여건과 특성에 부합한 지방분권과 자치를 국정의 핵심으로 추진하였다. 2004년 지방분권특별법이 제정되었고, 이런 맥락에서 제주도와 세종시는 국제자유도시 조성과 행정수도 이전이라는 좋은 정치적 명분까지 얻어 내었다.

노무현 정부의 지방분권특별법과 로드맵 정책에 대한 실험적 성격이 당시 제주도와 세종시에 대해 강하게 작용한 측면이 있었다. 무엇보다 부산은 당초 중앙정부와 정권의 이러한 자치분권 구상이나 대상에 전혀 포함되지 않았다. 중앙정부와 국회 여당의 입장에서는 부산을 제주도와 세종과 함께 굳이 별도의 해양특별자치시로 지정할 이유가 부족했다. 이는 부산이 정책의 창을 열기 위한 정치적 줄기를 갖게 만들기에는 역부족이었다는 분석을 가능케 한다.

둘째, 정책의 창을 여는 정책적 줄기(Policy Stream)의 흐름에서 제주도와 세종시의 특별법이 통과한 이유는 기초지방자치단체의 통폐합을 권고하고, 행정구역 광역화를 추진하던 노무현 정부의 정책과도 맞물려 있었다.

과거의 상황 당시를 상기해 보면, 때마침 노무현 정부는 새로운 시각에서 2004년 주민투표법을 국회에서 만들고, 국제자유도시 제주와 행정특별시 세종을 과감히 추진하기 위해 주민찬성을 통한 행정구역조정을 단행하였다. 그리고 제주도 전역과 세종시의 예전 지역인 충북 청원군과 연기군에서는 지역주민들의 동의절차가 이루어졌다. 당시 노무현 정부도 자치분권과 주민자율이라는 국정철학을 적용하여 제주와 세종을 '새로운 자치모범도시와 시범모델'로 육성하기 위한 정치적 지원을 아끼지 않았다.

반면에 이미 거대 광역시로서 당시 제2의 도시인구, 16개 자치구·군을 가졌던 부산의 경우에는 이러한 통폐합과 광역화를 생각하지 않았다. 특별자치시가 되기 위한 행정구역조정이나 단순화라는 필요조건을 이행할 수 없었고, 제출한 법안에도 그럴 생각을 담지 않았다. 이는 스스로 비용을 치르지 않고, 정책의 창만 열려고 한 결과로 해석된다.

셋째, 정책의 창이 열기 위한 문제적 줄기(Problems Stream)의 흐름에도 제주와 세종, 그리고 부산 사이에는 많은 차이가 있었다. 예전부터 독보적인 국내 여행지로로서의 위상을 가진 제주도는 관광산업으로 빠른 소득 증대를 실현했다. 그러나 경제활동 기반이 상대적으로 협소하고, 농업이 취약하다는 평가 역시 오래된 제주도의 과제였다. 1990년대 해외여행 자유화, 농산물 수입개방 등으로 제주도는 관광산업과 감귤 시장의 급격한 침체를 겪었다.

1980년대부터 제주도의 개발은 전적으로 중앙정부가 주도했었는데, 2001년에 종료된 제주개발계획 다음으로 국가가 제안한 것은 '국제자유도시'였다. 즉 제주도의 경우에 2001년부터 국제자유도시를 추진했었으며, 이는 전적으로 중앙정부가 가진 원래의 구상이었기 때문에 특별자치도로서의 전환 과정이 조금은 수월했다. 또한 산업의 고도화와 주민소득 및 복지향상에 대해 주민들도 특별자치도 전환과 행정구역 조정에 과반 이상이 동의하였다.

문제적 줄기의 흐름에서는 세종시 역시 수도권의 과도한 집중에 따른 부작용을 줄이고, 국가균형발전을 도모한다는 노무현 정권과 중앙정부의 뚜렷한 명분이 있었다. 당시 노무현 정부는 행정수도 이전 논란을 딛고 행정중심복합도시로 세종시를 건설하였다. 특히 전국 각지에 10개의 혁신도시를 새로 건설하고, 공기업이나 공공기관을 지방으로 분산해서 이전시켰다. 여기에는 부산도 포함되었다.

혁신도시로 지정된 부산은 당시 영도구와 남구, 해운대지역에 해양혁신도시 건설과 해양수산 관련 수도권의 공공기관 이전 조치를 그대로 받아 들였다. 이런 상황에서 신행정수도 세종시와 같은 강력한 자치분권이나 균형발전의 명분을 부산이 다시 손에 쥐기에는 상대적으로 명분이 부족한 측면이 있었던 것으로 보인다.

부산은 이미 노무현 정부의 해양혁신도시로 지정이 되었고, 지역이 이를 받아들인 상황에서 다시 해양특별자치시가 되려고 주장하기에는 정치적으로 명분이 부족했던 것이다. 중앙정치권과 다른 지역에서는 당시 부산의 해양수도 입법 행보가 무리수로 보였을 개연성이 높아 보인다.

넷째, 정책의 창을 활짝 열어젖히기 위한 핵심인물인 정책선도가 (Policy Entrepreneur)의 존재 측면에서는 가장 큰 차이가 났다고 분석이 된다. 입법 문제라면 아마도 가장 강력한 정책선도가는 대통령, 정당대표, 국회의원, 단체장 정도일 것이다.

제주도와 세종시에는 당시 노무현 대통령과 이해찬 국무총리, 김병준 지방분권위원장, 여당의 정동영 의장과 김근태 원내대표 등 강력한 정책선도가가 포진해 있었다. 당시 국회에서 세종시 건설을 입법으로 밀어 붙인 것은 실권을 가졌던 국무총리와 다수 여당의 대표들이었다.

특히 제주 쪽에는 제주도지사를 과거 4번이나 지냈던 여당의 우근민 도지사가 버티고 있었다. 그는 두터웠던 지역의 신임을 바탕으로 입법 기반을 마련하기 위한 현장의 주민설득과 선도적 역할을 수행하였다. 그리고 행정구역통합과 주민 과반동의로 제주특별자치도를 성사시켰으며, 주민들이 그 공을 인정하여 2010년 민선 특별자치도지사로 그를 다시 선출하였다.

반면에 당시 부산에는 야당정치인과 야당시장이 버티고 있었다. 야당이 국회에서 다수 의석이라면 이야기가 다르겠지만, 불행히도 그렇지 못했다. 이들이 국회의 입법에서 정책의 창을 여는 선도가 역할을 맡기에는 존재감과 힘이 충분히 않았다. 부산에는 해양수도 관련 입법과 정책의제를 끝까지 책임진 강한 정책선도가가 눈에 크게 띄지 않았다. 노무현 정부 당시 허남식 부산시장은 유력 정치인 출신이 아닌, 행정관료 출신의 야당 민선시장이었다.

오히려 부산 해양수도 관련 법안은 유기준 의원과 김무성 의원 등 지역 국회의원이 주축이 되었으나, 당시 대구 출신의 박근혜 당대표나 지도부의 적극적인 입법 지지를 얻어내지 못했다. 그 당시 유력 야당 인사였던 이명박 서울시장은 수도권 중심론자였다. 오히려 야당은 정부·여당의 역점사업이었던 행정수도 이전과 세종시특별법을 저지하는 것에 정치적으로 몰두하였다.

<표 2-1> '정책의 창' 이론으로 보는 사례의 비교

구분	제주특별자치도 세종특별자치시	부산해양특별자치시
문제의 줄기	제주도의 국가투자 관광산업과 농산물 수입개방으로 인한 감귤시장 황폐화, 수도권 집중과 과밀화로 분산 필요 (사회적 공감대)	부산항의 침체와 부산 위기론, 해양특별시 지정을 통한 국가 수출입 경쟁력 제고와 해양선진국 도약 (지역적 공감대)
정책의 줄기	제주국제자유도시 지정, 행정수도 이전과 전국 10개의 지방 혁신도시 지정, 주민투표법 제정과 기초행정구역 조정 (제주도와 세종시의 주민투표 실시 및 행정구역 조정 통폐합)	노무현 정부의 '부산해양혁신도시' 지정과 부산의 수용, 부산해양특별자치시로 추가지정 요구 (부산의 16개 구·군 기초행정구역은 그대로 존치 요구)
정치의 줄기	노무현 정부의 지방분권특별법 제정과 지방분권로드맵 (열린우리당 여당 다수의석 확보)	지방분권과 항만자치, 지역균형발전 (부산지역 한나라당 야당 다수의석 점유)
정책 선도가	노무현 대통령 이해찬 국무총리, 김병준 위원장 정동영 의장, 김근태 대표(여당) 우근민 제주도지사(여당)	유기준 의원 및 부산 지역구 의원 (해양특별자치시 법안 등 대표발의) 허남식 부산시장(야당)
정책의 창	열림 (법률 제정 성공: ○)	열리지 않음 (법률 제정 실패: X)

결과적으로 부산의 해양수도 추진을 위한 입법주도자들은 제주도와 세종시의 경우에 비해 정치적 무게감과 적극성이 상대적으로 떨어졌던

것으로 봐야 한다. 그 결과로 당시 여당과 정부부처가 반대하는 국회 상임위원회 법안 통과를 이끌어 내지 못한 것으로 평가할 수 있다. 부산을 장악했던 보수 야당의원들도 헌신적으로 나서서 부산의 해양수도 입법에 총력으로 집중하지 못했다.

해양수도 비전은 과거 부산이 국회를 통한 입법이라는 형태로 제도화를 계속 시도하였기 때문에, 정책선도가로서의 책임 소재는 정부와 국회, 부산시에 있다. 즉 부산지역 국회의원이나 시정의 최고책임자인 부산시장은 정책선도가로서의 책임이 가장 중요했다고 본다. 그런 점에서 부산시장과 지역 국회의원들이 함께 '해양수도 부산'이라는 법적 지위를 얻기 위해 자기희생을 주저하지 않는 강력한 정책선도가 집단이 되지 못했던 점은 아쉬움으로 남는다.

킹던(Kingdon)이 말하는 '성공적인 정책선도가(Successful Policy Entrepreneur)'는 오랫동안 치밀한 대안을 준비해 놓고, 문제가 부상하고 유리한 정치적 분위기가 조성되기를 기다린다. 큰 권력과 높은 지위도 물론 있어야 하지만, 정책의 창을 단번에 열기 위해 자신의 시간과 자원, 에너지를 기꺼이 희생해야 한다.

여기에 정책선도가나 정책선도집단이 정치의 줄기와 문제의 줄기를 서로 '결합(Coupling)'시키는 안목과 전략까지 갖추고 있으면 더욱 좋다. 이런 정책선도가나 정책선도집단이 어느 순간 분출효과(Spillovers)로 사회 여론과 대중의 지지까지 등에 업으면, 정책의 창을 활짝 열고 입법을 단숨에 성공할 수 있게 된다.[26]

이는 과거 제주도와 세종시가 그러했고, 부산이 그러하지 못한 이유가 서로 가장 명확해지는 대목이기도 하다. 정책의 창을 열기 위한 강

---

[26] Kingdon, J. W. and Stano, E., *Agendas, Alternatives, and Public Policies(Vol. 45)*, Boston: Little, Brown, 1984, pp.165-169; 김복규·김선희, 「정책의 창(policy windows)을 적용한 정책변동 연구」, 『한국지방자치연구』 8, 2006, 163-184쪽.

력한 정책선도가, 권위 있는 리더 집단의 부족은 부산의 해양수도 법안들이 장기적으로 표류하는 근원적 이유로 생각된다. 여기에 시기적으로 정권의 성향이나 여당과의 정치적 박자가 맞지 않았던 이유는 부수적으로 댈 수 있다.

과거의 경험으로 보자면, 시민사회 혹은 지역시민단체의 운동이나 지역정치권의 움직임만으로 '해양수도 부산'이라는 커다란 정책의 창을 열기에는 일정한 한계가 있어 보인다. 그렇다고 해서 중앙정부와 정권의 이념이 부산에 우호적이지 않는 상황이 지속되지는 않는다. 정권과 국회는 계속 교체될 것이고, 언젠가 부산에게는 해양수도 승격을 위한 또 다른 기회가 올 수 있다. 명심해야 할 것은 부산이 해양수도의 지위를 얻기 위해서는 이런 과거의 교훈을 뼛속 깊이 새겨야 할 것이란 점이다.

V. 해양수도를 위한 제언

부산이 오랫동안 꿈꾸고 갈망해온 도시의 핵심비전은 '해양수도'였다. 부산의 최대 강점이 해양과 항만인 점을 감안하면, 우리나라의 정치 · 경제 · 문화 · 예술의 수도인 서울에 대비시킨 개념일 것이다. 지금껏 나온 관련 법안이나 정책에서 나온 동북아시아 관문도시, 해양물류 중심도시, 해양특별시, 해양경제특구 등도 같은 맥락이다.

이름만 서로 다를 뿐이지, 부산이 궁극적으로 '대한민국의 해양수도'로 나아가기 위한 전략적 명칭이었다. 문제는 지금까지 나타난 국회의 입법이나 정책의제의 과정으로 보건대, 해양수도 지정은 어김없이 부산에 대한 지역적 의제로 치부되었고, 특혜시비와 과잉입법 혹은 기존 타 법률과의 충돌 논란에 휘말렸다. 부산 시민의 입장에서는 참으로 아쉬운 대목이다.

과거의 해양특별자치시나 해양경제특구 법안은 해양·항만·수산 분야에서 지방에 중앙의 권한을 전폭 이양하면서, 지방자치와 분권을 실현하고 국가경쟁력을 강화해야 한다는 논리에 근거한다. 이는 분명 규범적으로 타당하고 명분도 훌륭했다.

하지만 과거 국회의 논의 과정들을 보자면, 부산의 기존 해양특별자치시법 제정의 시도와 노력은 분명 그 명분과 논리에 한계가 있어 보인다. 즉 새로운 특별법 제정을 통한 해양수도의 지정 시도는 부산에 대한 특혜라는 이유 때문인지, 중앙정부와 수도권 중심주의 혹은 다른 지방의 견제심리를 자극한 이유 때문인지 뚜렷하게 밝혀지지 않았다.

해양수도 지위 획득을 위한 전략적 법안의 좌절을 계속 경험하면서, 부산의 입장에서는 여러 생각이 들 수 있다. 지방분권과 균형발전을 무시한 중앙정부의 수도권 중심주의인가, 그도 아니라면 해양수도를 지향하는 부산에 대한 다른 지역이나 도시들의 견제인가?

물론 부산의 입장에서는 국가적으로 해양중심도시 건설의 당위성과 주도권을 이야기할 수 있다. 그리고 이를 오직 부산과 부산항이 할 수 있다는 논리도 충분히 나올 수 있다. 문제는 다른 사람, 집단, 지역을 저마다 대표하는 국회의원과 정부 고위층을 부산의 주장에 수긍시키는 점이다.

이 장에서 상세하게 논의한 결과로 보자면, 부산과 부산항의 경쟁력이 곧 국가경쟁력이라는 논리는 지금껏 중앙정부와 국회에 통하지 못했다. 지역 형평성과 과잉입법이라는 반대논리나 프레임도 깨지 못했다. 특혜 논쟁으로 몰고 가려는 세력을 정치적 힘이나 협상으로 미리 막지도 않았다.

과거 해양수도 법안들은 '부산의, 부산에 의한, 부산을 위한' 내용 위주로 채워졌다. 이는 누군가 부산의 지역논리에 매몰시킬 수 있는 함정을 갖고 있는 것은 확실해 보인다. 부산광역시가 해양특별자치시나 해양경제특구로 지정되면 국제적 해양항만도시로 재도약할 수 있고, 이것이 결국 국익에 도움이 된다는 논리의 연결고리가 약한 편이었기 때문이다. 큰 혜택에 대한 반대급부나 비용도 적어내지 않았다. 거시적 관점에서의 자료나 연구도 다소 부족했고, 중앙정부나 국회의 충분한 공감도 얻지 못했다.

결국 해양수도의 논리는 부산이라는 특정지역의 입장과 개념에 빠져, 본질을 놓친 감이 없지 않았다. 그래서 과거의 경험으로 보건대, 부산의 해양수도 지위를 한 번에 해결하는 묘수는 거의 없어 보인다. 닫혀 버린 정책의 창을 다시 열기 위해서는 아마도 오랜 시간을 기다려야 할지 모른다. 다만, 구호보다는 내실이 중요하다는 취지에서 다음과 같은 새로운 준비가 필요하다고 생각한다.

첫째, 해양수도가 국가와 사회의 큰 의제가 되기 위한 논리적인 보강이 필요하다. 적어도 해양수도를 천명한 부산시와 전문가 집단은 과거와는 다른 시각과 논리적 보완을 새로 검토해야 한다. 즉 객관성과 과학성을 근거로 부산항이 제1의 국가항만으로서 국민경제에 대한 기여도, 항만의 부침과 국가경제의 상관성 등에 대한 장기 데이터와 면밀한 분석 등이 필요하다.

대한민국 전체 국민과 지역을 대표하는 국회에서 어느 입법과정이든지 반대논리는 나오게 되어 있다. 문제는 결국 이 반대논리를 제압할 수 있는 최상위 명분을 가졌는가의 여부일 것이다. 부산 시민이 바라는 해양수도가 탄생하려면, 중앙정부와 다른 지역을 설득하기 위한 새로운 접근이 필요하다. 그래서 어느 누구도 해양수도를 특정지역의 특혜 문제로 치부할 수 없도록 프레임을 다시 짜야 한다.

둘째, 부산의 지역침체와 부산항의 위기론은 과거 해양수도 입법과정에서 설득력이 약했지만, 이제 제주도와 세종시의 선례가 생긴 만큼

이를 적극적으로 활용하고 객관적 기대효과를 보완해야 한다. 한 가지 확실한 점은 제주도와 세종시가 2006년과 2010년에 특별법으로 지정된 이후, 가시적인 성장세가 나타나고 있다는 점이다.

제주도와 세종시는 인구와 가구 수, 지방세 징수, 재정자립도 등에서 전국 평균을 상회하고 있으며, 기존의 광역시·도와 차별적인 성장세를 보이고 있다. 그래서 법률을 통한 특별자치시 지정이 장기적인 도시발전 효과가 있다는 주장은 증명되었다고 볼 수 있다.

2022년에는 강원도에 대해 특별자치도 법률이 통과되어, 제주와 세종에 이어 우리나라 지방자치 역사상 3번째의 특별자치도가 되었다. 이제 좋은 선례 3곳이 나와 있는 만큼, 후발주자의 가능성은 커졌다. 그렇다면 후발주자인 부산은 어떻게 해야 하는가? 답은 명확히 나와 있다. 지금 부산이 가진 심각한 도시 저출산, 고령화, 인구감소, 일자리 문제의 해결을 위해서 해양특별자치시가 되어야만 하는 이유를 서로 연결시키는 것을 더 많이 고민해야 한다.

셋째, 부산은 정책의 창이 열리길 기다리면서 해양수도를 제도적으로 획득할 수 있는 강한 정책선도가를 찾아내야 한다. 해양수도는 그동안 부산시 지방정부나 시의회 혹은 시민사회 위주로 전개되어, 지역 캠페인의 성격이 짙었다. 하지만 해양수도 지정은 이제 냉정한 정치적 문제와 국민여론의 게임으로 봐야 한다.

시간이 훨씬 오래 걸리더라도 해양수도 논쟁과 사회적 공론화를 이끌 정치인과 정책선도가가 나와야 한다. 그리고 지역이 아니라 중앙정부와 중앙정치권으로 그 논의의 무게중심을 옮겨 놔야 한다. 제주도와 세종시의 경우를 보자면, 행정부 수반인 대통령과 입법권을 쥔 여당이 가장 강력한 정책선도가였고, 지방의 단체장도 상당한 영향력이 있었다. 강력한 정책선도가나 집단이 언젠가 다시 나온다면, 그때는 모두가 해양수도 정책의 창을 다시 열 수 있는 절호의 기회로 인식해야 한다.

마지막으로 해양수도 비전은 부산과 시민이 함께 떠받친다는 점을 모두가 깊이 새겨야 한다. 과거의 경험상 해양자치권은 국가에게 달라고 하면 그냥 주지 않는다. 그에 상응하는 시간과 비용을 감당해야 하고, 그 주체는 시민들이다.

　해양수도는 더는 미룰 수 없는 부산의 숙제이고, 도시의 생존과 국가의 도약이 달린 문제라는 정서가 필요하다. 제주도와 세종시도 주민의 양보와 갈등의 시행착오를 크게 감당했다. 해양수도를 해주고 싶어도 해줄 수 없다는 핑계의 논리를 깨려면, 부산 시민과 여론의 절실함이 최소한의 비용으로 담보되어야 한다.

　그리고 '해양수도 부산'을 누군가 선거나 업적을 위해 때때로 편하게 이용하는 것은 아닌지 성숙한 시민의식으로 구별해 내야 한다. 해양수도 부산의 구호만 외치는 사람들을 본다면, 이제 부산 시민들이 나서서 그들에게 대안이 어떤지를 명확하게 물어야 한다.

　가능하다면, 해양수도의 자세한 청사진과 해양특별시의 최종 설계도를 부산지역의 관·민·학·연이 서로 공유하는 방향도 좋을 것이다. 부산이 해양수도가 가기 위한 발걸음에는 이런 것들이 하나씩 묻어나야만 한다고 생각한다. 언젠가는 부산이 해양특별시 지위를 획득하고 대한민국의 해양수도로 인정받기를 부산 시민의 한 사람으로서 기대한다.

제3장

부산의 도시재생,
감천문화마을과 젠트리피케이션

Ⅰ. 머리말

바다를 접한 '해항도시(海港都市)' 부산은 도시 형성과 개항의 역사가 상당히 오래되었다. 부산은 도시의 역사성, 교류성, 혼종성으로 인해 오래 전부터 여러 유형의 사람, 외지인이 정주해 왔다. 그래서 부산의 경우, 넓은 지역의 원도심, 역사성을 가진 구도심을 많이 간직하고 있다. 부산의 원도심과 구도심, 오래된 항구 주변 지역의 낙후 문제는 세월의 흐름에 따라 자연스러운 것이었다.

지금은 '북항', '남항'으로 불리는 부산의 구항만과 인접한 '산복도로'를 중심으로 도시재생과 재개발이 한창 진행되고 있다. 우리나라에서 2000년대 중반부터 관심을 불러온 대도시 내의 구시가지, 마을의 재생 문제는 이제 우리 주변에서 하나의 일상이 되어가고 있는 것이다. 언론과 미디어에 도시재생의 성공사례들이 많이 소개되고, 학술적으로도 그 원인이나 과정의 측면에서 많은 논의들이 이루어져왔다. 그리고 그 중에서 가장 중요한 주제의 하나는 '젠트리피케이션(gentrification)'이다.

젠트리피케이션은 도시재생이나 재개발의 '어두운 그늘'이다. 이는 "낙후지역이나 원도심, 전통마을이 활성화되면서 외부인과 자본이 그곳에 유입되고, 이후 원래 있던 원주민이 고통을 겪거나 터전에서 밀려나가는 현상"이다. 그간 국내의 인문학, 사회과학, 도시공학과 디자인 등 다양한 분야의 학자들이 젠트리피케이션 문제에 관심을 기울여 온 것은 사실이다.

부정적 뜻이 많은 젠트리피케이션 용어는 국립국어원 사전에서는 '둥지 내몰림' 정도로 해석된다. 젠트리피케이션의 외래어 자체는 영어의 'gentry'란 말에 기원한다. 영어의 '젠틀맨(gentleman)'에서 '신사'를 뜻하는 말이 어원이다. 신사는 예의바르고 점잖고 교양 있고 세련된 사람이다. 도시의 젠트리피케이션은 처음에는 '도시의 신사화', '도시를 세련되게 만든다' 등의 긍정적인 의미가 많았다.

서구사회에서 젠트리피케이션은 초기에 '도심의 재활성화(downtown revitalization)'와 같은 맥락으로 사용되었다. 하지만 1964년 영국의 도시 사회학자인 '루스 글라스(Ruth Glass)'가 부정적인 뜻으로는 처음 사용했으며, 그는 논문에서 영국 구도심에서 저소득 노동자, 빈민의 주거지역이 이보다 나은 중산층의 유입으로 대체되는 현상을 이 말로 기술했다. 그 이후 상당수 문헌에서는 주로 부정적 의미가 담겼다. 우리나라 언론이나 학계에서도 근래 '원주민'들이 피해를 입는 그런 부정적인 의미로 젠트리피케이션을 많이 사용하고 있다.

하지만 젠트리피케이션에 대한 체계적 논의와 담론의 발전은 최근 어느 정도 정체되고 있다. 도시재생의 그늘과 부작용인 젠트리피케이션 현상에 대한 학술적 고민이 지속적으로 이루어지지 못한 까닭이 크다. 시장경제와 자유경쟁을 근간으로 하는 자본주의체제인 우리 사회에서 원주민과 사회적 약자에 대한 확실한 해법도 당장은 내놓기 쉽지 않다.

이런 상황에서 지금도 도시재생과 마을재개발이 전국 곳곳에서 계속 진행되고 있다. 정부와 지방자치단체도 근래 엄청난 예산을 투입하고 있다. 이런 와중에 '부산의 감천문화마을'은 가장 모범적인 도시재생, 마을재생의 완성 사례로 자주 언급되어 왔다. 이 마을은 부산은 물론이고, 전국적으로도 큰 유명세를 탔다. 이곳과 비슷한 처지의 원도심 낙후지역이나 수많은 마을재생에도 아이디어와 영감을 주고 있는 곳이다.

그러나 감천문화마을도 우리나라와 외국의 여타 사례처럼 최근 젠트리피케이션의 문제와 직면을 했고, 재생의 부작용도 크게 겪었다. 현재도 이러한 어두운 단면들을 완전히 떨쳐낸 것은 아니다. 하지만 마을공동체의 고도화를 중심으로 젠트리피케이션에 따른 여러 어려움을 슬기롭게 극복한 바 있다. 일단 여기서는 이런 특이점에 주목하려 한다.

여기서 더 주목되는 것은 제도나 정책적 처방과 같은 외부의 힘이 아니었다는 점이다. 흥미롭게도 마을 스스로 주민들 안에서부터 해결의 실마리를 풀어 나갔다. '사람(人)'과 '공동체'의 힘으로 하나씩 젠트리피케이션 문제를 해결해 나가는 모습은 학술적 관점에서도 상당히 중요하다. 쉽게 말해 마을공동체의 발전적 진화를 통해 젠트리피케이션을 극복하는 새로운 전형을 보여주고 있는 것이다.

젠트리피케이션의 해결과 극복에서 가장 이상적인 방식은 외부의 힘을 빌리는 것이 아니다. 바로 그곳에 살고 있었고, 살아갈 주민들에 의한 자생적이고 자발적인 방식이 최선이라는 것이 여기서 갖는 문제의식이다. 그런 점에서 이 장에서 다루는 주제는 부산 감천문화마을을 사례로 젠트리피케이션의 발생과 그 극복과정을 들여다보고, 이를 통해 부산이 앞으로 가질 수도 있는 도시재생의 부작용과 그늘에 대한 새로운 해법을 찾아보는 것이다.

전국의 마을과 지역마다 재생의 성공과 실패가 교차하고 있는 현 상황에서, 한국형 젠트리피케이션을 풀어나갈 확실한 해법은 아직 없다. 다만 현 시점에서 실제사례를 통해 젠트리피케이션의 해결과 극복과정을 심층적으로 살펴보는 것은 이 문제의 불가피성을 재음미하고, 이해관계자의 관심을 환기시키며, 관련 주제에 대한 시각도 넓혀줄 것으로 기대한다.

또한 원도심이나 전통마을의 관광지화에 따른 젠트리피케이션의 특수한 상황을 보다 일반화된 해법으로 풀어내는데도 기여할 것이다. 이 장에서 소개하려는 부산 감천문화마을의 경우를 보면, 적어도 젠트리피케이션 극복과 해결에 관심 있는 독자는 최소한의 힌트나 답을 얻을 수 있을 것이라 본다.

Ⅱ. 오래된 대도시의 재생과 젠트리피케이션

1. 젠트리피케이션의 이론 동향과 개념 고찰

젠트리피케이션은 마을을 둘러싼 이해관계자 간의 행위에 대한 접근과 공간 및 사회·경제적 차원의 재구조화를 토대로 거시적 문제가 복잡하게 얽혀진 현상이다. 젠트리피케이션은 비단 어제오늘의 일은 아니지만, 학계에서 본격적으로 많이 다루어진 것은 최근 몇 년이다. 원래 이론과 용어 자체가 서구에서 처음 창안되었기 때문에 국내에 도입이 되고, 이것이 이론적으로 논의된 것은 대략 2000년대 중반부터로 보인다.

초기 문헌들은 젠트리피케이션의 해외 이론과 그 한국적 적용, 그리고 현실세계에서 적절한 사례를 찾아내는데 집중되었다. 또한 도시재생의 성공을 위한 요소와 긍정적 측면을 주로 다루었다. 이것은 젠트리피케이션 과정이 자연스러우며, 특정한 환경에 대한 사회적 관심의 증가로 인한 것이라는 단순 논리였다. 높은 소득이나 사회적 지위에 있는 사람들이 지가가 낮은 저비용 지역, 매력이 높은 곳으로 이동하는 것은 당연한 순리라는 설명이다. 주로 예술가나 소규모 자영업자들이 그 지역의 전통성이나 문화적 가치를 높이고 이어 중산층이나 자본이 유입되면 낙후된 장소가 좋아지고, 범죄율 등이 떨어진다는 긍정적 설명도 있었다.

그러다가 최근으로 올수록 젠트리피케이션의 원인과 과정, 그 현상 자체에 대한 논의가 주류를 형성하고 있다. 특히 해외의 선험적 사례를 토대로 도시재생의 긍정과 부정의 양면을 다룬 사례들이 나타났다. 예컨대, 정문수·정진성, 박신의, 박수빈·남진 등의 논의[1]는 독일, 영국, 캐나다 등 해외의 젠트리피케이션 이론과 선험적 사례들을 다룬 것들이다.

국내에서도 마을재생과 재개발 등의 부작용과 부정적 효과가 본격적으로 나타나면서, 이를 염두에 둔 논의들이 등장한 것이다. 그리고 재생의 부작용과 그에 대한 제도적 차원의 처방까지는 진행이 된 상황으로 보인다. 하지만 젠트리피케이션의 속성상 인위적인 처방으로는 한계가 있다. 젠트리피케이션은 언제 어디서나 나타나고, 도시의 모든 분야에 영향을 끼치고 있으며, 많은 당사자들이 피해갈 수 없는 주제이기 때문이다.

이에 젠트리피케이션은 인위적인 정부의 손이나 이주정책을 통해 이루어지는 것만 아니다. 시장과 자본주의 논리에서 저절로 나타나는 경우가 훨씬 많다. 그런 관점에서 안덕초·김용근 등이 다룬 우리나라 기존 젠트리피케이션 논의의 동향과 흐름을 보면, 2000년대에는 젠트리피케이션(gentrification)이라는 말이 다소 제한적으로 사용되었다.[2]

낙후된 구도심 지역에 재생이나 재개발로 인해 외부인이 유입되고, 새로운 상권이 형성되고 지역이 활성화되는 그러한 긍정적이고 단순한 용어로 사용되었다. 그러다가 2010년을 전후하여 서울 등 일부 대도시 지역에서는 젠트리피케이션이 "지가상승과 원주민 이주 현상"을 의미하는 용어가 되었다.

이는 "갑자기 떠오른 골목상권에 대형 프랜차이즈 상업시설이 증가

---

1) 정문수·정진성, 「함부르크 골목구역의 철거와 보존: 젠트리피케이션에서 도시에 대한 권리로」, 『한국항해항만학회지』 30(6), 2012, 465-474쪽; 박신의, 「젠트리피케이션 극복을 위한 지속 가능한 작업실 정책 : 몬트리올 협동조합 및 사회적 기업 사례연구」, 『문화정책논총』 30(1), 2016, 104-127쪽; 박수빈·남진, 「젠트리피케이션의 부작용 방지를 위한 지역공동체 역할에 관한 연구: 영국 Localism Act의 Community Rights을 중심으로」, 『서울도시연구』 17(1), 2016, 23-43쪽.

2) 안덕초·김용근, 「젠트리피케이션 관련 연구동향과 이해당사자 내용분석: KCI 등재 및 등재후보지를 중심으로」, 『문화콘텐츠연구』 9, 2017, 65-101쪽.

하고, 임대료가 동반 급상승하면서 마을과 지역의 정체성을 상실하고, 기존 골목과 영세상인이 터전 밖으로 내몰리는 현상"을 의미했다. 이른바 토지가격과 임대료 상승에 따른 '상업젠트리피케이션(commercial gentrification)'이었던 것이다.

그 이후에는 '관광젠트리피케이션(tourism gentrification)', '문화젠트리피케이션(cultural gentrification)' 등으로 용어의 쓰임새가 크게 확장되었다. 예컨대, 전은호, 이하연 외, 박진호 · 최열 등에 의하면,[3] 도시재생사업에 따른 상인들의 상권변화 인식은 심각한 수준이며, 상업젠트리피케이션 부작용 방지를 위한 '상가임대인 조세지원 제도' 등을 마련하는 추세이다. 강영은 외[4]는 투어리스티피케이션 현상이 도시재생에 대응하여 나타나므로 주민협의체, 전문가 등의 의견을 따라 관광젠트리피케이션과 오버투어리즘을 예방하는 방향이 필요하다고 제언하였다.

지금은 젠트리피케이션에 대해서 다양한 유사어들이 생겼다. '투어리스티피케이션(touristification)', '오버투어리즘(over-tourism)', '디즈니피케이션(disneyfication)' 등의 신조어가 일반화되었다. 젠트리피케이션의 각종 부작용과 비슷한 맥락에서 사용되고 있는 것이다. 원주민에 대한 자본의 횡포나 경제적 이탈만이 아니라, 젠트리피케이션은 "외래 방문객과 관광지화로 인해 그곳에 여전히 살아가는 사람들이 겪는 모든 피해(residents damage)와 불편(inconvenience)을 총칭"하고 있다.

따라서 최근까지 전개된 젠트리피케이션의 의미는 단지 지가상승과

---

3) 전은호, 「젠트리피케이션 넘어서기: 사유에서 공유로」, 『창작과 비평』 45(3), 2017, 39-53쪽; 이하연 · 이지현 · 남진, 「젠트리피케이션 부작용 방지를 위한 상가임대인 조세지원 제도의 경제적 효용에 관한 연구 : 성수동 도시재생활성화지역을 중심으로」, 『국토계획』 53(6), 2018, 61-85쪽; 박진호 · 최열, 「도시재생사업에 따른 상인들의 상권변화 인식에 관한 연구: 창원시 도시재생 선도사업 사례」, 『대한토목학회논문집』 38(5), 2018, 771-782쪽.

4) 강영은 · 박성은 · 서윤, 「투어리스티피케이션 현상 분석을 통한 관광 기반 도시재생 대응방안 논의 : 주민협의체, 전문가 대상의 델파이 분석을 중심으로」, 『국토계획』 53(4), 2018, 5-22쪽.

임대료, 원주민 내몰림으로 이어지는 좁은 뜻이 절대 아니다. "지역이나 마을이 재생과 활성화에 성공한 장소에 많은 사람들이 몰리게 되고, 이로 인해 기존에 없었던 각종 피해와 부작용을 그곳에 사는 주민들이 일상적으로 겪는 현상"으로 폭넓게 정의할 수 있다. 이 장에서도 이러한 확장된 젠트리피케이션 개념과 정의를 사용하여 사례를 살펴보고자 한다.

2. 감천문화마을에 관한 학계의 논의

이 장에서 심층적으로 다룰 사례인 감천문화마을은 마을재생의 전국적인 성공사례로 알려져 있다. 그래서 도시재생에 관한 기존 논의들은 이 마을을 종종 대상으로 삼았다. 초기에는 감천문화마을의 재생전략에 대한 검토, 마을의 환경적 특성을 조망하거나 강조한 논의가 많다.

예컨대, 김창수는 도시창조의 맥락에서 감천문화마을의 재생전략을 평가하고 있다.[5] 감천문화마을의 문화적 재생사례를 통해 일방주의와 협력주의, 급진주의와 점진주의, 효율성과 가외성 간에서 어느 전략이 재생과정에 작동했는지 밝히고 있다. 감천문화마을의 재생과정에서는 주민, 예술가, 공무원이 고루 참여하는 '포괄적 협력전략'이 나타났다.

이 전략에서는 마을주민들이 마을창조의 과정에 참여하고 소득을 창출하는 자립형 생활공동체로 나아가는 것으로 파악되었다. 이연숙·박재현은 감천문화마을의 지역자산 기반 재생과정을 분석하고 있다.[6] 공공부문 재정으로 공공예술을 지원하여 부산시가 감천문화마을의 문화적 재생을 도모하는 과정을 정성적으로 다루었다. 이와 유사하게 홍

---

[5] 김창수, 「도시마을 창조전략: 부산광역시 감천문화마을 재생사례를 중심으로」, 『한국비교정부학보』 16(1), 2012, 221-245쪽.
[6] 이연숙·박재현, 「부산 감천문화마을의 지역자산 기반 재생과정 연구」, 『한국생태환경건축학회학회논문집』 14(3), 2014, 111-120쪽.

순구 외에서는 감천문화마을 재생사업의 주민참여에 영향을 미친 요인을 분석하고 있다.[7]

구체적으로 이연숙·박재현의 감천문화마을 성공요인으로는 조직적 차원에서 주민조직의 작동, 교육 및 활동차원에서 예술가 활동의 진행과 주민교육의 병행, 공간 및 정보차원에서 공간재생 구상 직전에 마을의 소통을 시도했다는 점, 자금 차원에서 정부정책과 공공자금이 작동했고, 제도차원에서는 앞선 요소를 촉진시키기 위한 하나의 배경으로 부산시 지원이 도움을 주었다는 것을 밝히고 있다.[8]

홍순구 외는 감천문화마을 재생사업에서 정책적으로 주민참여를 확대할 수 있는 방안을 마련할 목적으로 분석을 하였다.[9] 그 결과, 내재적 동기는 주민참여에 유의적인 영향을 미치는 것으로 나타났으나, 외재적 동기는 별 영향을 미치지 않았다. 외부환경으로는 행정적 신뢰성이 주민참여에 영향을 미쳤다.

최근에는 감천문화마을이 재생에 성공한 이후의 상황을 다루기 시작하고 있으며, 논의의 시각이 다각화되고 있다. 일례로 권평이·김진희는 감천문화마을 주민의 문화적 욕구를 탐색하고 있으며,[10] 임경환·이재곤은 감천문화마을 주민을 대상으로 마을재생을 통한 삶의 질에 관한 영향을 분석하고 있다.[11] 유예경·김인신은 감천문화마을 방문객의 관점에서 지속가능한 문화관광지 재생을 통한 고유성을 다루었다.[12] 문화적 경험, 문화학습, 지식습득 관점에서 재생을 통해 방문객

---

7) 홍순구·한세억·이현미,「감천문화마을 재생사업의 주민참여 영향요인」,『한국지방자치학회보』26(2), 2014, 113-134쪽.
8) 이연숙·박재현,「부산 감천문화마을의 지역자산 기반 재생과정 연구」, 111-120쪽.
9) 홍순구·한세억·이현미,「감천문화마을 재생사업의 주민참여 영향요인」, 113-134쪽.
10) 권평이·김진희,「감천문화마을 주민의 문화욕구 탐색: 의미사용이론을 중심으로」,『글로벌문화콘텐츠』24, 2016, 1-26쪽.
11) 임경환·이재곤,「마을재생을 통한 지역주민 삶의 질에 관한 영향연구: 부산 감천문화마을 지역주민을 대상으로」,『관광경영연구』86, 2018, 879-900쪽.

을 지속적으로 유치하는 전략을 제언하였다.

그런데 최근까지 이런 기존 문헌들은 대부분 감천문화마을의 소개, 도시재생의 관점에서 본 마을재생의 동기, 재생 과정, 재생 이후의 관광객 방문 등에 대한 분석에 집중하고 있다. 쉽게 말해 여러 선행적 논의들이 진행되어 왔지만, 감천문화마을의 성공적인 재생과정과 그 동기, 전략과 재생결과까지만 다룬 경우가 대부분이다.

2010년을 전후하여 외형적으로 마을의 재생과 복원이 성공한 뒤에 새로운 상점이나 관광객, 외부인들이 몰려오기 시작한 것은 불과 얼마 되지 않았다. 특히 최근 5~6년 마을의 내부 상황이 어떠했는지 언론이나 학계에서 심각하게 다루지 않았다. 마을이 언론과 TV드라마에 노출되어 유명해지고, 전국적으로 홍보가 된 시점도 불과 10년 정도다.

감천문화마을의 속사정을 들여다보면, 젠트리피케이션이 본격화되고 마을재생의 부작용이 나타나게 된 것은 대략 2012년 이후부터의 일이다. 그렇기 때문에 이 장에서는 기존 시각과 달리, 젠트리피케이션의 발생과 공동체의 극복과정에 논의와 서술의 초점을 두려 한다. 시기적으로는 2013년부터 2019년까지의 기간을 설정하여, 이 기간에 생긴 마을의 변화와 상황들을 중점적으로 분석해 본다. 또한 심층 현장조사와 구술과 인터뷰 등의 질적 방법으로 감천문화마을의 젠트리피케이션의 발생과 그 해결의 과정 및 기제를 구체적으로 살펴보고자 한다.

3. 현장조사의 방법과 대상

이 장에서 다루는 공간적 범위는 부산 감천문화마을이며, 행정구역 상으로는 주로 감천2동이 중심이다. 감천문화마을은 부산에서 가장 먼

---

12) 유예경·김인신, 「지속가능한 문화 관광지 재생을 통한 고유성 고찰: 부산 감천문화마을을 중심으로」, 『관광연구』 33(4), 2018, 259-275쪽.

저 문화적 재생에 성공한 지역이며, 언론매체를 통해 전국적 성공사례로 알려져 있다. 연간 200만 명 이상이 방문하는 관광지이기도 하지만, 무엇보다 주민자치와 공동체 활동이 최근 들어 두드러지고 주도적이라는 사례라는 점이 큰 특징이다.

그래서 이 장에서는 젠트리피케이션에 대한 질적 방법을 사용하여 심층적 상황을 들여다보기로 하였다. 우선 문헌적 고찰을 바탕으로 마을의 현장 거주민을 중심으로 표적집단면접(Focus Group Interview: FGI)을 실시하였다. 즉 생활세계와 삶의 기억, 경험에 대한 구술을 토대로, 일상생활에서의 '경험집단연구(cohort study)'를 하였다.

실제 필드조사 과정에서는 2018년 10월부터 2019년 5월까지 총 7회의 마을 방문이 이루어졌다. 마을 전체의 시설물과 상점들, 인근 부동산과 주민센터 등에 대한 현장조사 외에도 주민에 대한 면접 및 구술조사를 실시하였다. 그 대상은 감천문화마을 주민협의회에서 추천 받은 10가구 중에서 인터뷰 승낙을 받은 7명과 감천2동장을 대상으로 면접이 이루어졌다. 2020년 발생한 코로나-19 이후의 상황에서는 다시 이들에 대한 비대면 추가 조사도 일부 실시되었다.

인터뷰 방법은 가정을 방문하거나, 동네 주민센터와 사랑방 등에서 만난 후 회당 평균 60분 내외로 진행되었다. 익숙한 집이나 동네 환경에서 인터뷰를 하는 것이 대상자에게 무엇보다 중요했기 때문이다. 실제 대화는 상호 편안하게 자유로운 질문과 응답을 하는 형식으로 이루어졌다. 답변이 곤란한 추가 질문은 별도로 대화가 이루어졌다. 질문 순서는 일반적 내용에서 구체적 내용 순으로 진행되었으며, 목적이 없는 질문은 하지 않았다.[13]

---

13) 감천문화마을 현장의 구술을 정리하는 요인과 항목은 인터뷰의 구조화된 설문문항과 일치하며, 이를 제시하면 다음과 같다. ①2006년 이전의 마을 상황과 분위기, ②2006년부터 2010년 사이의 마을재생사업과 전개과정, ③공공미술사업 아트인시티(Art in City) 프로젝트, 미로미로(美路迷路) 프로젝트의 내용과 전개과정, ④2010년 이후 젠트리피

부산 감천문화마을에서 심층면접을 한 주민의 특성을 살펴보면 다음과 같다. 먼저 성별로는 남성이 3명이며 여성이 5명이다. 연령은 45세에서 74세 사이로 분포되었는데, 마을의 특성으로 보아 고령자가 많았다. 구술의 신뢰성과 대표성을 높이기 위해 신경 쓴 부분은 거주기간과 마을공동체에서의 신분이었다.

우선 마을에서의 실 거주기간은 외지인 출신인 입주작가와 동장, 상인회장을 제외하면 모두 15년 이상으로 나타났다. 이들은 감천문화마을 조성 이전인 2005년부터 살고 있는 사람이었으며, 최근 10년 상황을 잘 알고 있었다. 또한 이들의 신분은 마을의 통장, 반장, 주민자치회, 주민협의회, 상인, 입주작가 등으로 다양하게 분류되어, 주요 관심사와 현안에 대해 확실한 입장을 가진 사람들이었다.

〈표 3-1〉 구술조사에 참여한 감천문화마을 주민의 특성

사례	이름	성별	연령	학력	거주 기간	종교	혼인	가족	특이사항(신분)
(1)	김○○	남	62세	고졸	약 27년	무교	기혼	4명	통장
(2)	이○○	여	48세	고졸	약 18년	불교	기혼	2명	반장
(3)	권○○	남	74세	중졸	약 32년	무교	기혼	1명	주민자치회고문
(4)	전○○	여	55세	고졸	약 15년	불교	기혼	3명	주민협의회부회장
(5)	최○○	여	64세	중졸	약 21년	불교	기혼	2명	민박집운영
(6)	이○○	남	59세	고졸	약 7년	무교	기혼	2명	상인회장
(7)	임○○	여	45세	대졸	약 6년	기독교	미혼	1명	입주예술작가
(8)	김○○	여	57세	대졸	-	불교	기혼	2명	감천2동장

케이션의 발생 시기와 징후(사생활 침해와 불편, 상점 및 외부자본의 증가, 지가상승과 마을주민 감소, 주민공동체의 혼란과 불협화음), ⑤2010년 이후 마을공동체 구성과 배경(감천2동 주민자치회, 감천문화마을 주민협의회, 감천문화마을 운영협의회의 구성과 변화과정), ⑥2014년 이후 마을공동체 자율사업의 동기와 전개과정(공동체 활동의 취지와 원칙, 마을 환경개선사업의 기획), ⑦2014년 이후 마을공동체 자율사업의 특징과 효과(생활불편 최소화와 민원, 마을 수익사업, 수익환원을 통한 복지, 상인회 및 외지인과의 상생, 외부단체 및 부산시, 사하구청과의 협력), ⑧현재 주민의 생활상태와 과거와의 전반적 비교, ⑨ 기타 마을공동체의 성공요인과 개선할 점 등.

이 외에 학력과 종교, 가족사항 등은 비교적 골고루 분포되어 있었다. 따라서 이러한 주민의 인적 분포는 구술조사의 대표성과 타당성을 어느 정도 입증한 것으로 판단되었다.

Ⅲ. 감천문화마을 재생의 성공과 젠트리피케이션 발생

1. 감천문화마을의 재생과 성공

감천문화마을은 부산광역시 사하구 감천동에 위치하고 있다. 천마산(天馬山)과 아미산(蛾眉山)의 기슭자락에 걸쳐 있으며, 6·25 전쟁 당시 피란민의 정착촌으로 생겨난 마을이다. 1950년대 한국전쟁 피란민의 집단거주지로 형성되었고, 오늘날까지 부산의 역사와 옛 삶의 모습을 그대로 간직한 장소다. 당시 태극도(太極道) 신도들이 반달고개 주변에 모여 집단촌을 만들었고, 이 신앙촌은 오늘날 감천문화마을로 이어졌다.

'감천(甘川)'이란 이름은 '물이 달고 좋다'는 동네환경에서 유래되었고, 감래(甘來)는 감천동과 아미동을 연결하는 교통로(交通路)로서, 행정적으로 '감천2동 지역'을 의미한다. 집들은 조망을 고려하여 뒷집이 앞집보다 무조건 높은 곳에 지어졌다. 비교적 질서 정연한 계단식 주택, 동네의 모든 길이 서로 통하는 미로 같은 골목길, 다양한 공방과 벽화 등의 예술작품 등으로 채워져 있다. 감천2동의 면적은 0.62㎢, 주택은 4,200여 채 정도이다. 마을 주민은 총 7,494명(남성 3,887명, 여성 3,607명) 내외이고, 세대수는 4,000여 세대 수준이며 이 중에 30% 이상이 65세 이상 고령자이다.

1960년대 이후부터 약 40년 동안 이 마을은 부산의 개발에서 소외된 곳이었다. 해발 120m 고지대에 위치한 저소득층 밀집지역으로 조용한 산동네였다. 2000년대 중반까지 많은 거주민이 떠나갔으며, 빈곤층과 노인만 남아 이른바 '생기 잃고 죽어 가는 마을'로 전락했다. 그런데 이 마을을 다시 살리기 위해 2000년대 중반부터 부산 지역사회는 관심을 갖기 시작했다.

당시 지역에서는 마을살리기의 많은 방식들이 논의되었다. 건물을 부수고 다시 짓는 재건축, 재개발 등이 논의되었으나 역사성과 장소성을 죽이는 방법이었다. 이에 부산시와 사하구는 감천동에 대해 기존 재개발 대신 새로운 방법을 선택했고, 그것이 마을의 창조적 재생이었다.[14]

감천동에 새로운 변화가 태동하기 시작한 것은 2006년에서 2009년 사이로 보인다. 감천문화마을에 빈집들이 늘어나고 마을공동화 현상이 발생한 사실이 언론에 보도되자, 사하구의 지역예술가들이 제일 먼저 관심을 가졌다. 때마침 2006년 초에 주민참여에 기초한 공공미술이라는 새로운 목표를 둔 '아트인시티(Art in City)' 프로젝트가 문화관광부에 있었다.

감천문화마을에서는 이 프로젝트가 종료되는 2007년까지 벽화그리기 등의 작업이 일부 진행되었다. 하지만 마을주민의 몰이해와 지역사회의 무관심으로 이 작업은 빛을 보지 못했다. 당시 낙후된 마을에는 "허물고 다시 짓는다"는 소위 재개발 패러다임이 지배적이었던 이유도 컸다.

---

14) 기존 문헌이나 언론에서 많이 다루어졌던 감천문화마을의 역사와 장소성, 마을재생의 동기와 그 과정에 대한 설명은 생략한다. 관련 정보들은 김창수의 「도시마을 창조전략: 부산광역시 감천문화마을 재생사례를 중심으로」, 이연숙·박재현의 「부산 감천문화마을의 지역자산 기반 재생과정 연구」, 홍순구·한세억·이현미의 「감천문화마을 재생사업의 주민참여 영향요인」, 권평이·김진희의 「감천문화마을 주민의 문화욕구 탐색: 의미사용이론을 중심으로」 및 부산광역시 사하구청 홈페이지, 감천문화마을 홈페이지 등을 참조.

그러다가 이 마을에 문화 · 예술이 본격적으로 접목되기 시작한 것은 대략 2009년이다. 사하구 지역예술문화단체인 '아트팩토리 인 다대포 (Art Factory in Dadaepo)'가 당시 정부(문화체육관광부) 주관의 '2009년 마을미술 프로젝트' 공모에 당선된 것이 결정적 계기가 된다. 이 단체 가 정부 재정지원을 받아 "꿈꾸는 부산의 마추픽추" 슬로건으로 마을에 공공미술프로젝트를 시작하면서 외형적 변화가 크게 생기기 시작한다.

공공미술프로젝트가 시작되면서 골목 곳곳에 벽화가 그려지고, 눈길 을 끄는 조형물들이 생겼다. 이 프로젝트를 통해 회화와 설치미술을 전공한 예술작가들이 마을의 빈터나 벽면에 미술작품을 그리고 만드는 작업을 했다. 약 1년 만에 작품 10여 점이 마을 곳곳에 탄생되었다.[15]

아트팩토리를 중심으로 2년 동안은 부산지역 작가들의 자발적인 작 품활동과 재능기부도 줄을 이었다. 물론 이 예술단체 역시 감천문화마 을을 계기로 '서부산권 최대의 예술창작공간'으로 전국적 명성을 얻게 되었다. 그리고 지역예술가를 중심으로 다시 2010년 "미로미로(美路迷 路) 프로젝트"가 감천문화마을에 이어지게 되었다. 이 역시도 정부(문 화체육관광부)의 콘텐츠 융합형 관광협력 사업의 일환이었다.

다만 앞선 2009년 프로젝트와 달리, 마을공동체 안으로 예술가가 더 깊숙이 들어가 활동하는 성격을 가졌다. 그래서 예술가와 주민사이의 접촉(skinship)이나 협의가 예전보다 긴밀하게 이루어질 수 있었다. 마 을에 완전히 상주하거나, 공가(空家)를 빌려 입주한 작가들이 급격히 늘어난 것도 이 무렵이다.[16]

그리하여 적어도 2011년 즈음까지 감천문화마을에 대한 공공미술사 업은 중앙정부의 재정지원과 지역예술가들이 주도했다. 정부지원 예술 사업인 '마을미술프로젝트'로 공공미술이 확산되고 성과가 가시적으로

---

15) 사례번호(4); 사례번호(7) 인터뷰 및 녹취록, 2019년 4월.
16) 사례번호(5); 사례번호(7) 인터뷰 및 녹취록, 2019년 5월.

나타나자, 부산시와 사하구도 발 벗고 나섰다. 그 초점은 주민의 열악한 생활환경 개선사업에 집중되었다. 직전의 공공미술사업이 부산지역 예술가들의 일자리와 공간 재창조에 초점이 맞춰졌다면, 부산시와 사하구 등 지방자치단체는 그 시각을 달리 했다.

향토학자와 지역전문가들의 적극적 권고로 원도심 '재개발'의 패러다임이 '창조와 재생'으로 완전히 바뀐 것도 바로 이 무렵이다. 2011년부터 지방자치단체와 공무원은 마을재생 및 지역 활성화의 새로운 대안을 "문화·예술·창의" 쪽으로 제시하는 것을 목적으로 재정지원을 시작했다. 부산시와 사하구는 도시재생 부서를 만들고, 전문가를 고용하는 등 다방면의 지원을 했다. 이후 몇 년 정도는 감천문화마을이 만들어지기까지 마을주민들과 마을만들기 활동가, 지역예술가, 구청 및 동 주민센터 공무원의 긴밀한 협력이 있었다.[17]

전쟁의 아픔을 고스란히 지닌 감천문화마을은 도시 속의 낙후된 집단거주지가 아름다운 마을로 변화되는 과정의 전형을 보여주었다. 산자락에 위치한 독특한 장소성에 기반하여, 주민 공동체가 마을의 원형 보존과 문화적 재생(cultural regeneration)에 힘쓴 결과물이다. 지난 2013년부터 2019년까지 감천문화마을은 연간 약 100만~150만여 명이 방문하는 부산의 대표 관광명소로 자리 잡았다.

부산광역시와 사하구청 등의 자료에 따르면, 감천문화마을은 2017년부터 2019년까지 2년 연속으로 연간 방문객 200만 명을 돌파하는 등 전국적인 성공사례로 알려졌다. 이 시기에 방문객들은 문화와 예술로써 변화하고 발전하는 마을의 모습을 골목골목을 누비며 보고 체험하였다. 방문객과 지역사회는 이 마을의 성공적인 스토리텔링에 귀를 기울이고 있으며, 특히 그 배경에 대한 관심이 많다.[18]

---

17) 사례번호(1); 사례번호(8) 인터뷰 및 녹취록, 2019년 1월.
18) 특히 2014년부터 한국관광공사 선정 국내여행지 100선, 부산시와 부산관광공사 추천

그래서 감천문화마을은 거의 모든 언론과 전문가들조차 '도시재생 모델의 성공작'이라는 호평을 아끼지 않았다. 학술적으로도 문화·예술을 기반으로 '도시재생'과 '관광활성화'라는 두 마리 토끼를 다 잡은 모범사례로 평가해 왔다.

하지만 이러한 성공의 이면에 가려져 있던 젠트리피케이션의 발생과 그 징후에는 별 관심을 가지지 않았다. 이 장에서 다룬 주제인 감천문화마을의 젠트리피케이션은 언론의 관심, 방문객 증가가 나타난 2012년 전후부터 이미 조금씩 시작되고 있었다.

2. 젠트리피케이션의 발생과 징후

감천문화마을의 연간 방문객은 기하급수적으로 증가하였다. 최근에는 내국인보다는 외국인 방문객이 절반을 차지할 정도로 마을의 이름은 널리 알려졌다. 연간 방문객이 2010년에는 약 8만 명이었으나, 2014년에는 100만 명을 처음 돌파하였으며, 2016년에는 180만 명으로 급격히 늘어났다. 특히 2017에는 연간 방문객이 205만 명이었으며, 2018년에는 251만 명으로 더 늘어났다. 물론 우리나라에 코로나-19가 시작된 2020년 이후에는 마을에도 현장 방문객이 크게 줄었다.

하지만 2020년 코로나-19 상황 직전 시기까지의 2년은 감천문화마을 방문객이 200만 명을 연속 돌파했다. 불과 10년도 안되어 약 30배가 넘는 방문객 숫자를 마을이 감당하고 있는 것이다. 주말과 공휴일에는 평일보다 4~5배 많은 방문객이 몰려들어 몸살을 앓는다. 단순히 251만 명을 365일로 나누어 봐도, 하루에 평균 6,876명의 방문을 마을이 감당해야 했다.

여행지 10선, SNS 핫플레이스 등에 등재되고, 마을 골목과 전경이 각종 TV 인기드라마에 계속 출현하면서 전국적인 인지도를 얻게 되었다.

마을의 물리적 면적이 불과 0.62㎢ 정도임을 감안하면, 상식적으로 판단해도 하루에 2,000명 이상의 방문객을 수용하기에는 무리가 있다. 이는 젠트리피케이션의 전형인 '오버투어리즘(over-tourism)' 혹은 '투어리스티피케이션(touristification)'의 가능성을 충분히 짐작케 한다. 따라서 감천문화마을에서의 젠트리피케이션 발생과 그 징후는 다음과 같이 여러 유형으로 나타나기 시작하였다.[19]

1) 주민의 사생활 침해와 불편

감천문화마을 성공의 그늘에는 젠트리피케이션 현상의 단면이라 칭할 수 있는 여러 부작용이 나타났다. 그 중에서 시간적으로 보면 가장 먼저 '주민의 사생활 침해' 문제가 나타나기 시작했다. 감천문화마을이 성공적인 마을재생형 모델로 많은 관광객을 끌어 모으는 데는 성공했지만, 주민의 일상 생활에는 여러 불편이 가중되었다. 이것은 하루에 100명도 오지 않던 한적한 마을에 수천, 수만 명의 방문객이 몰려올 때부터 예견된 부작용이었다.

우선 사람이 증가하여 생기는 각종 소음, 떠드는 소리, 쓰레기 무단 투기 등으로 마을 전체가 불편을 겪는 경우가 다반사가 되었다. 하루 종일 웅성거리는 소리에 무더운 여름에도 시끄러워 집안 창문을 못 여는 경우가 많았다. 직업상 밤에 일을 하고 낮에 잠을 자야 하는 일부 주민들은 정말 큰 고통을 겪었다.

조용히 다닌다고 해도 낡고 오래된 집들이 많아, 발자국 소리가 집안

---

19) 감천문화마을 방문객 숫자는 부산관광공사와 사하구가 2015년까지 표본조사와 추정 통계를 내었지만, 전문가와 언론 등으로부터 정확하지 않다는 지적을 받았다. 그래서 2016년 이후부터는 마을 입구에 무인계수기를 설치하여, 이를 통해 방문객 숫자를 보다 정확하게 측정하고 있다. 물론 2020년의 코로나-19 상황으로 인하여 사회적 거리두기와 방역정책 등이 있었고, 일시적으로 방문객 집계 운영이 중단되기도 했다(감천 문화마을 홈페이지, https://www.gamcheon.or.kr).

에서 들릴 전도로 방음이 되지 않는다. 방문객들이 대문이 열려 있는 집에는 집안으로 고개를 불쑥 내밀어 구경을 하는 경우도 다반사였다. 자신의 사생활이 남에게 노출되는 갖가지 불쾌한 경험을 감당해야만 했다.

이런 상황에 대해 처음에는 방문객이 주민과 언쟁을 하는 등 사소한 분쟁들이 발생했다. 세월이 흘러가면서 많이 좋아졌으나 몇 년 동안 골목 곳곳에 관광객이 버리고 간 음식물 쓰레기, 생활쓰레기 등을 치우는 문제도 주민과 방문객간의 갈등을 유발했다. 그러다 시간이 지날수록 주민들은 방문객과 싸우기보다는 이들에 대한 인내심과 미움만 계속 늘었다. 제지와 경고를 하다가 지쳐 포기한 주민이 있는 반면, 벽화를 그리고 색을 입힌 예술작가들에 대한 원망과 이웃 주민에 대한 화풀이를 하는 경우도 있었다.[20]

사생활 침해는 시간이 갈수록 심해져갔다. 스마트폰이 대중화되어 마을 곳곳에는 방문객들의 무분별한 사진 찍기가 일상적이었다. 2009년부터 '감천문화마을'이라는 새로운 이름을 얻고 집과 골목에 색채를 입히자, 관광객들은 집들 사이사이로 들어가 카메라를 들이대기 시작했다.

마을을 찾아오는 외부인의 사진촬영은 대부분 주민들이 동의하지 않은 상태에서 행해졌으며, 지금도 상당수 경우가 그러하다. 사진을 찍기 위해 발아래 있는 슬레이트 지붕에 올라가 파손시키거나, 기왓장을 깨는 경우도 흔했다. 금줄과 울타리를 쳐놔도 올라가는 사람이 있고, 지붕에 올라가지 말라는 주의나 만류를 듣고도 금방 내려오지 않는 사람이 종종 있었다고 한다.

관광객이 몰리며 생긴 마을 주변의 극심한 교통체증과 주차공간 부족은 주민들이 겪는 오히려 적은 고통이라고 했을 정도다. 마을주민은 번화가로 바로 이어주는 교통편이 없어서 마을버스를 타고 내려와서

---

[20] 사례번호(1); 사례번호(2) 인터뷰 및 녹취록, 2018년 11월.

이동한다. 방문객도 마찬가지여서 고지대 골목에 차를 갖고 오는 사람이 늘어나면 심각한 교통난과 주차난이 생겼다. 이런 모든 사생활과 불편 피해는 마을에서 생활하는 주민들의 몫이었다.[21]

2) 상점 및 외부자본의 증가

감천문화마을은 재생사업으로 카페와 상점 등이 들어서면서 마을이 활력을 되찾았지만, 초창기에는 마을주민에게 그 경제적 혜택이 돌아가지 않았다. 2010년경부터 불과 3년 사이에 감천문화마을에 급속도로 많은 상점들이 생겨났지만, 대부분 외지 상점이었다. 그 중에서 마을주민들이 관여되거나 함께 운영하는 곳을 찾기란 쉽지 않았다. 대다수 방문객들이 지갑을 여는 장소는 실제 기존에 익숙한 이름을 가진 카페나 주변의 유명 맛집 정도였다. 마을의 골목 안이나 입구 주변에서는 무엇을 사거나 먹기가 어려운 구조였다.

이런 가운데 2010년경부터 사람들이 마을에 몰리자, 제일 먼저 외지 상인들이 속속 가게를 열기 시작했다. 감천2동 주변만 해도 커피, 기념품을 파는 상점들이 속속 생기면서 10개도 안 되던 점포가 불과 5년 사이에 40개 이상으로 늘었다. 감천문화마을 입구 진입로부터 마을 일대에는 기념품점, 음식점, 카페, 가판대 등 60여 개 이상의 각종 점포들이 성업 중이었다.

그런데 2017년까지 실제 마을에 살던 주민이 개인 창업을 한 경우는 4개 정도에 그쳤고, 비율적으로도 늘어난 점포의 10%가 되지 않았다. 나머지 90%는 기존 마을 주민이 아니라 외지에서 온 상인들이었다. 여기에는 커피와 간편식을 파는 대형프랜차이즈 업체 2곳도 포함이 되었다.[22]

---

[21] 사례번호(4); 사례번호(5) 인터뷰 및 녹취록, 2019년 5월.

당시 외지 출신들이 유입되어 마을 인근에 가게를 임대하는 등의 방식으로 자리를 잡자, 기존 마을사람과 외지상인과의 신경전도 종종 벌어졌다. 외지상인과 자본은 감천동의 좁은 도로와 지형 때문에 건물을 새로 짓기보다는 기존 마을의 공가나 주택을 저렴하게 매입하여 리모델링하는 방식을 주로 택했다.

또한 마을 전경을 조감할 수 있는 비교적 높은 곳에 자리를 잡거나 유동인구가 많은 골목가를 선호하였다. 그래서 당시 주민들 상당수는 자신들이 생활하는 공간을 외지사람들이 계속 침범하는 기분을 느꼈다고 한다. 상점에서 나오는 쓰레기가 제 때 치워지지 않거나, 골목청소에 동참하지 않는 등의 일도 빈번하게 발생하였다. 주민들은 처음에 참다가 불만을 표시했고, 싸움이 나면 이는 외지상인에 대한 마을주민들의 편견과 불만으로 확대되었다.[23]

3) 지가상승과 마을주민의 감소

마을재생의 성공과 관광지로의 변모는 조용한 산동네 주거지였던 감천문화마을에 토지가격 상승, 부동산 임대료 증가 등의 변화를 가져왔다. 그리고 기존 주민들은 이사를 가거나 사망 등으로 지속적인 감소가 발생하고 있다. 이 모든 현상은 2010년 이후에 나타난 것들이며, 아직도 일부 현상은 진행형이라고 해도 과언이 아니다.

우선 감천문화마을이 있는 감천2동은 사하구 내에서도 거주인구가 가장 적은 지역이었다. 1980년대까지는 최대 2만 7천 명의 주민이 살았으나, 고지대 급경사 지역이라는 특성에 생활인프라가 부족하여 이주자와 자연사망 등으로 인한 감소가 계속 발생했다. 1999년에는 1만 명대

---

22) 사례번호(2); 사례번호(6) 인터뷰 및 녹취록, 2019년 2월.
23) 사례번호(3); 사례번호(4) 인터뷰 및 녹취록, 2019년 2월.

116 해양 부산 다시 보기

로 떨어졌고, 2008년까지는 매년마다 1천명 내외의 주민이 감소하였다.

<표 3-2> 감천문화마을 거주민 및 공시지가의 변동

항목	2009	2010	2011	2012	2013	2014	2015	2016	2017	2018	2019
주민수 (명)	10,593	10,155	10,433	9,716	9,286	8,859	8,434	8,125	7,494	7,439	7,298
세대수 (가구)	4,324	4,429	4,486	4,363	4,268	4,205	4,100	4,052	3,924	3,813	3,789
공시 지가	498	559	581	596	602	609	705	718	736	769	802
전입 전출	-105	-57	+123	-95	-63	-105	-48	-128	-111	-24	-7

* 자료: 부산광역시 주민등록거주인구통계 및 국토교통부 표준공시지가 열람
* 공시지가(단위: 천원): 감천2동 10~12번지 일대, 제1종 일반주거지역 기준, 표준공시지가/3.3㎡
* 전입/전출(가구+/-): 2010년~2011년은 마을에 입주예술작가 전입(+), 외지인 전입(+)이 대폭 생긴 시기였음

과거 감천동 지역 마을의 쇠퇴와 소멸의 위기감이 주민들에게 찾아온 것도 대략 이 무렵이다. 감천문화마을이란 이름으로 유명해지기 전인 2009년에 약 1만 명 남짓하던 마을의 거주 인구는 2019년에는 7,300명 수준으로 약 1/4 정도 감소하였다. 감천문화마을의 거주 인구는 통계적으로 2010년 이후에도 지속적으로 감소하고 있는 추세이다. 이 추세는 부산을 덮쳤던 코로나-19 상황과 겹쳐서 2020년 이후에도 장기적으로 이어졌다. 당초 마을에 65세 이상 고령인구가 많았던 관계로, 자연감소가 이루어질 수 있다. 하지만 감천2동 주민센터 등에 따르면, 2010년 이후 다른 곳으로 이사·전출을 가는 인구는 예전보다 줄지 않고 있었다.

이에 따른 마을의 '공가(空家)'도 점점 늘어, 한 때는 약 200채에 달할 정도로 심각하였다. 세대 숫자도 2009년 4,324가구에서 2019년 3,789가구로 나타나, 최근 10년 사이에 대략 500세대 이상 감소하였다. 이와 반대로 아파트나 빌라 등이 전혀 없고, 산동네 개별 주택이 대부분인 감천문화마을에서 토지가격은 크게 증가하였다.

일반적으로 마을의 '지가(地價)'는 주민들의 전출·입 이동, 재산세 등의 경제적 부담과 밀접한 연관이 있다. 감천문화마을 일대의 표준공시지가는 2009년 3.3㎡당 약 49만 8천 원에서 2019년에는 80만 2천 원으로 상승하였다. 대략 감천문화마을이 전국적으로 유명해진 10년의 기간 동안에는 이미 60%가 훌쩍 넘는 공시지가 상승률을 보여주고 있다.

실제 부동산 실거래 가격은 이보다 더 심하게 뛰었다는 증언도 있었다. 마을 인근의 공인중개사 2명을 만나본 결과, 실제 마을 주택이나 상점의 매매 실거래 가격은 이보다 높았다. 이는 같은 기간 부산시 및 사하구 전체 지가상승률 약 20%의 약 3배에 달하는 수치이다. 감천문화마을에서 2018년부터 이런 지가 상승은 주춤하였으나, 2011년부터 2017년 무렵까지 마을주변에는 주택뿐만 아니라 상가건물의 부동산 가격이 특히 많이 올랐다. 감천동 인근 상가 전체의 임대료도 자연히 상승하였다.

그리고 공교롭게도 이와 비슷한 시기, 2012년부터 약 6년 동안 마을의 주민 숫자는 계속 감소하면서, 이사 등으로 마을을 떠난 전출자는 증가되었음을 알 수 있다. 다만 2018년부터는 주민과 가구의 감소세가 확연히 줄어들고 있다. 따라서 이런 흐름들은 '지가상승과 원주민 이탈'이라는 가장 전형적인 젠트리피케이션의 발생을 의심할 수 있는 대목이다.

4) 주민공동체의 혼란과 불협화음

감천문화마을이 소재한 감천2동은 피란민과 태극도 신도들의 이주 정착촌으로 생성되어, 태생적으로 빈곤층이 모여 살아가는 곳이었다. 감천문화마을 주민은 수십 년간 산복도로 낙후지역에 산다는 이유로 소외감을 느끼고 있었다. 심지어 상당수는 감천동 주민이라는 사실을 남에게 밝히기 부끄러워했다고 한다. 1960년대부터 마을 주민들은 그렇게 살아왔고, 시민과 정부의 관심밖에 있었다. 비록 아무도 관심을 가지지 않았던 조용한 마을이었으나, 동네 주민들의 인간관계는 좋았다고 한다. 하지만 2000년대 중반부터 동네의 고령화, 사망과 이주로 인한 공가(空家) 증가, 독거노인 발생이 더해져 마을공동체가 갈수록 악화되었다.[24]

그러던 와중에 2010년부터 몇 년 사이 방문객이 늘고 각종 사건들이 발생하자, 주민의 공동체에도 많은 균열과 흠집이 생기기 시작했다. 우선 상인을 중심으로 외지인들이 감천2동에 전입신고를 하고 들어오자, 기존 마을주민들과 섞이게 되었다. 마을이 유명해지기 전인 2008년에 원주민에 대한 외지인 비율은 20% 미만이었다. 6가구 당 1가구 꼴이었던 외지인들도 모두 5년 이상 거주하던 사람들이었다. 하지만 해마다 외지인은 증가했고, 대부분 출퇴근을 하는 사람들이었다. 2020년 이후는 외지인 비율이 50%에 가까운 정도로 늘었으며, 5년 미만 거주자도 30% 이상에 달한다.[25]

동네에 살던 원주민들도 처음에 이런 외지인 출신과 상인들에 대한 거부감이 많았다. 마을에는 수십 년을 살아온 65세 이상 고령자들이 많아 더욱 그러한 경향이 있었다. 상대적으로 연령이 낮은 외지인 및 상인, 관광객의 존재와 행동들이 마음에 들 리 없었다. 일부 주민들은 자기 집의 벽화를 훼손하고, 벽보를 적어서 관광객을 배척하는 행동을 해서 갈등으로 치닫는 경우가 종종 있었다.

감천2동 반장과 통장, 주민센터 관계자들은 소음, 쓰레기, 교통 등 주민들의 생활민원을 받아주기에 바빴다. 이 시기는 대략 2010년 초부터 2013년 말까지로 볼 수 있다. 불만과 민원은 쌓이는데 뚜렷한 해결책이 나오지 않자, 마을 주민들 사이에는 갈등과 긴장이 고조되었다.

---

24) 사례번호(3); 사례번호(5) 인터뷰 및 녹취록, 2019년 2월.
25) 사례번호(1); 사례번호(3) 인터뷰 및 녹취록, 2019년 2월.

자신의 처지는 그대로인데, 불편만 증가한 탓이었다. 그 중에서는 경제적인 문제가 가장 컸다.

마을이 유명해지고 관광객이 몰리면서 그 덕을 보는 주민들도 있었지만, 피해만 보는 사람들이 더 많다 보니 서로간의 괴리감이 생겼다. 혜택을 보는 주민과 피해를 보는 주민이 나뉘며, 갈등도 그 횟수가 늘어갔다. 여기에 마을의 환경악화까지 겹쳐지면서 감천동 주민 간 분열과 갈등이 생겨났다.[26)

실질적으로 관광객이 늘어서 주민 몇 명과 외지상인들의 장사는 잘되는데, 피해보는 주민에 대해서는 무심했던 이유가 가장 크게 작용했다. 새로 생긴 금전수입이나 이익에 대한 배분이나 공유도 전혀 없었다. 반면에 집과 가게의 임대료 상승 등 일상적 생활에서의 피해는 나날이 증가했다. 전세금이나 월세, 임대료가 올라서 예전처럼 살거나 가게를 하려 해도 혼자서는 할 수 없는 지경에 이르렀다. 주민자치회 등에서 자기 집이 없고 전세나 월세를 사는 사람들이 너무 불안하고 언제 나가야 할지 모르겠다는 하소연이 흘러나왔다. 주민센터와 구청에도 이와 관련한 민원들이 꾸준히 접수되었다.[27)

당시 구청과 주민센터에는 도로포장이나 확장, 상/하수도, 붕괴위험지역 보강 등의 환경개선사업이 주민들이 우선적으로 요청하는 민원들의 주류였다. 마을이 방문객과 외지상인으로 시끄러워지자 상당수 주민은 "차라리 돈이나 생필품을 주는 것이 낫다. 귀중한 세금으로 동네에 칠을 하고 그림을 그리더니 이게 무슨 꼴이냐" 등의 반응이 많았다.

---

26) 사례번호(1); 사례번호(2) 인터뷰 및 녹취록, 2018년 11월.
27) 사례번호(3); 사례번호(4) 인터뷰 및 녹취록, 2019년 2월.

IV. 마을공동체의 진화와 젠트리피케이션 극복하기

1. 감천문화마을 공동체의 구조 및 진화

사람들이 본격적으로 찾기 시작한 2011년부터 감천문화마을에는 심각한 젠트리피케이션 현상이 발생했다. 하지만 2013년을 전후해서 마을에는 자율공동체 중심으로 조금씩 변화가 나타나기 시작했다. 이전의 마을공동체 형태와 구조가 변화된 것은 물론, 그 자율적 활동도 하나씩 바뀌어 나갔다. 즉 마을주민들 스스로 공동체를 발전적으로 진화시키는 과정을 겪었고, 이는 젠트리피케이션 문제를 하나씩 해결해 나가는 촉매가 되었다.

감천문화마을에는 3가지 유형의 주민공동체가 있었는데, 그것은 '감천2동 주민자치회', '마을 운영협의회', '마을 주민협의회'이다. 최근 10년간 감천문화마을에서 주민 의사결정의 무게중심은 주민자치회→운영협의회→주민협의회의 순으로 변화되어 왔다. 그래서 결론부터 말하자면, 마을공동체의 전반적인 진화과정은 3단계로 정리될 수 있다.

〈그림 3-1〉 감천문화마을 공동체의 진화단계와 과정

감천2동 주민자치회 → 감천동 문화마을 운영협의회 → 감천문화마을 주민협의회

2009년 이전
1단계 : 행정적 지원기
통장, 반장, 동장 중심
동사무소/주민센터 위주
관청 및 행정지원의 성격
소극적, 수동적 활동

2010년~2012년
2단계 : 공동체 형성기
마을의 원주민 위주 구성
인간관계망 구축 및 결속강화
마을공동체의 정체성 복원
주민자치회와 독립적 논의시작
초기 시행착오와 의사결정 한계

2013년~현재
3단계 : 공동체 정착기
마을기업 등 사업단(6개) 운영
수익사업 확대 및 기금 확보
주민환원 및 복지사업 전개
외부기업 및 단체와 네트워크
사단법인과 사회적기업 모델

우선 1999년 11월에 조직된 '감천2동 주민자치회'는 주민자치센터(예전의 동사무소)를 중심으로 조직이 되어, 행정지원적 성격이 강했다. 주민들 사이에서는 감천2동 통·반장을 중심으로, 예전부터 '반상회' 등의 모임으로 활동이 진행되었다. 주민자치위원은 총 23명(남성 15명, 여성 8명)으로, 주민센터에서 월 1회씩 정기회의와 임원회의를 갖는다.

기획재정, 문화예술, 도시재생, 나눔복지 등 4개 분과회의도 있는데, 감천2동의 현안에 따라 수시로 회의한다. 행정구역상으로 만들어진 감천2동 주민자치회는 감천문화마을을 포함한 인근의 주민들도 포함한다. 그래서 안건은 감천문화마을과 직결된 사안 이외의 것들도 있었다.

반면에 지금의 '감천문화마을 주민협의회'는 감천문화마을 안에 주택이나 상점을 가진 세대주만으로 구성된다. 이 협의회는 2010년 2월 '감천동 문화마을 운영협의회'라는 이름으로 처음 출범하였다. 이후 2011년 '감천문화마을 운영협의회'를 거쳐 2013년 '감천문화마을 주민협의회'로 최종 명칭이 변화되었다.

2011년 감천문화마을 운영협의회는 초기 주민들의 인간관계망 형성과 유지에 중점을 두면서 예전의 마을공동체를 복원하고, 결속력 수준을 강화하는 노력을 시작했다. 기존 감천2동 주민자치회에서 마을 운영협의회가 별도 독립하여, 감천문화마을 내부의 현안만을 다루기 시작한 것도 이 무렵이다.

하지만 마을의 급속한 관광지화와 젠트리피케이션으로 인한 문제를 다루기에 운영협의회 만으로는 구성원, 조직, 위상 등에서 한계가 있었다. 운영협의회가 기존에 통·반장 중심의 감천2동 주민자치회와 구성원들이 일부 겹쳤고, 여전히 그 취지나 성격도 뚜렷한 상태는 아니었다. 그래서 초기에는 운영상의 혼란과 시행착오를 종종 겪기도 했다.

일례로, 감천문화마을 운영협의회 초창기에 마을의 모든 방문객에게 '입장료 1천원'을 받자는 결정을 내리기도 했다. 일부 마을 주민대표들의 강력한 주장 때문이었다. 그러나 외부 전문가, 입주작가들의 설득과 공동체의 숙의(熟議)를 거쳐 이를 다시 번복하였다. 외래방문객에 대한 입장료를 받지 않고 무료를 계속 유지하기로 했던 것이다. 그 대신에 마을 원주민 전체의 의견을 가장 충실히 반영하는 제대로 된 공동체의 필요성을 절감하는 교훈을 얻었다.[28]

그래서 2013년 3월에 새로 개편된 '감천문화마을 주민협의회'는 비영리사단법인의 정식 등기 형태로 그 위상이 확대되었다. '(사)감천문화마을 주민협의회'의 공동발기인으로서 회원은 마을 원주민 127명, 자본금은 2천만 원 수준으로 출발했다. 이 협의회는 설립 정관에서 '주민이 살기 좋은 마을', '방문객에 친절한 마을', '주민 스스로 지속하는 마을'이란 3대 실천 목표를 만들었다.

2014년 초에 완전한 구성과 정비를 마친 이 협의체는 감천문화마을 입주민 대표와 입주작가, 문화예술계 전문인사, 사하구청 및 주민센터 등으로 구성되었다. 이후 여러 차례 구성원이 재정비되었으며, 마을발전을 위한 안건을 협의하고 있다. 운영 목적은 다양한 이웃과 교류 및 화합하는 마을공동체로서의 기능을 강화하고, 당면한 현안을 해결하는 실제적 역할에 무게를 두고 있다.

주민협의회 중심의 자율공동체는 최근 5년 사이에 그 위상이 커졌다. 즉 내용적으로 '감천2동 주민자치회' 중심에서 '감천문화마을 주민협의회'로 무게중심이 완전히 옮겨졌다. 구조적으로는 회장 등의 실무지휘부 아래 ①마을기업사업단, ②홍보단, ③봉사단, ④생활개선사업단, ⑤민박사업단, ⑥문화예술사업단의 총 6개 사업단으로 구성되어 있다. 주요 인사는 회장 1명, 부회장 2명, 감사 2명, 각 사업단장 6명이 있다.

특히 협의회 내부조직의 핵심인 6개 사업단은 2013년 이후부터 단계

---

[28] 사례번호(4); 사례번호(7) 인터뷰 및 녹취록, 2019년 4월.

적, 자율적으로 조직화되어 온 공동체 진화의 결과물이다. 그래서 다른 곳에서는 찾아볼 수 없는 다양한 공동체 활동과 큰 성과를 내고 있다. 2014년부터는 정부와 부산시에 '공동체조직형 사회적 기업(Social Enterprise)'으로 인증되어 있기도 하다.

그동안 주민협의회 산하 6개 사업단의 구체적인 역할과 주요 성과를 소개하면 다음과 같다.

① 마을기업사업단은 감천문화마을 내의 10개가 넘는 상점 등 마을 기업을 총괄·운영하고 있다.

② 홍보단은 매월 감천문화마을의 소식을 모아 신문을 발행하고, 보도자료를 만든다. 감천문화마을의 모습과 소식을 정겹게 담아내는 '감천문화마을신문'은 홍보단과 마을기자단의 노력을 통해 매월 25일마다 2천 부씩 발행하고 있다.

③ 봉사단은 찾아오는 방문객을 맞이하며 안내하는 업무를 맡고 있으며, 교통질서와 간이청소 업무도 한다. 모자와 오렌지색 조끼를 입은 봉사단 단원은 복잡한 골목길과 작품을 안내하고 있다.

④ 생활개선사업단은 마을기업 및 민박 수익금으로 주민들의 소규모 집수리, 주택 페인팅, 방음창 설치, 기타 공용시설 정비 등의 원주민 환원사업을 시행하고 있다.

⑤ 민박사업단은 방가방가 게스트하우스, 감내어울터 게스트하우스 등에서 민박·숙박 관련사업을 전담하고 있다.

⑥ 문화예술사업단은 입주작가와 함께 마을 골목축제 및 문화공연 지원 등의 업무를 담당하고 있다.

외부적으로 감천문화마을 주민협의회와 연계된 단체로는 감천2동 주민자치회(주민센터), 공공인프라업체(한국남부발전주식회사, 부산상수도사업본부), 폐기물업체(클린사하), 종교단체(아미성당, 관음정사), 복지단체(사하구 종합사회복지관), 사하구청, 부산광역시 등이 있다.

지역사회의 다양한 기관과 자원이 공동체 네트워크로 연결되어 있다.

〈그림 3-2〉 감천문화마을 공동체 네트워크와 상생·협력 구조

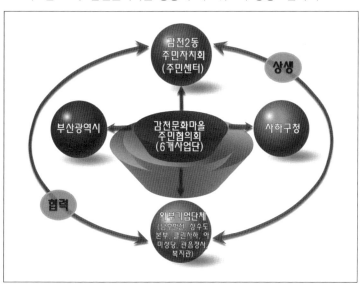

이러한 관계망을 기반으로 마을의 전기와 수도, 쓰레기 수거, 봉사활동, 독거노인과 복지 전반 등에 대해 긴밀하고 상시적 협력이 수행되고 있다. 그리고 그런 과정에서 보면 이 네트워크 협의체가 중심이 되어, 창출한 여러 고도화된 활동 및 성과들이 주민 참여형 마을재생의 모범사례로 평가될 수 있다.

2020년 이후에 코로나-19 상황에서 사회적 거리두기가 장기적으로 있었고, 방문객이 없어서 마을이 침체되었을 때에도 공동체의 연계망은 유지가 되었다. 비록 외부 환경의 변화에 따라서 부침이 있지만, 이러한 공동체와 네트워크의 경험은 앞으로도 감천문화마을이 다시 활력을 찾게 만드는 하나의 원동력으로 볼 수 있다.

2. 마을공동체 활동 및 자율사업의 고도화

1) 공동체 활동의 취지와 원칙 설정

2014년 이후부터 감천문화마을 주민협의회 중심으로 마을공동체의 여러 자율사업이 본격적으로 시작되었다. 그리고 이러한 사업과 활동은 그 내용과 추진과정이 정교화, 고도화된 것으로 보인다. 감천문화마을 주민협의회의 사업의 목적과 원칙은 간단명료했다. 그것은 "마을활성화와 관광지화로 얻는 이익을 적극 사용하여, 주민 전체의 체감 복지를 높이고 불편을 최소화한다"는 것이었다. 그리고 외부인 중심의 '관광객 친화적인 마을'보다는 주민 중심의 '생활 친화적인 마을'을 만들어 내는 것이 급선무로 판단하였다.

환언하면, 방문객이 크게 늘었지만 일상적으로 불편을 겪는 주민들에게 실질적으로 '불편 최소화'와 '가시적 편익' 혹은 '경제적 이익'이 당장 돌아가지 않는 상황을 가장 문제점으로 판단했다. 그래서 단기적으로 우선 마을 구성원의 약 1/3을 차지하는 빈곤고령자, 독거노인 가구의 복지와 정주여건을 높이는 데 초점이 두어졌다.

실천적으로는 주민협의회 중심의 공동체 사업들이 주민생활과 직결된 공동의 문제를 중심으로 스스로 계획을 수립, 제안, 실행하는 원칙이 세워졌다. 이런 취지와 원칙을 기반으로 지금껏 추진된 마을공동체의 주요 활동과정과 내용은 다음과 같다.

2) 생활불편 최소화와 민원 예방

감천문화마을 주민협의회의 자율사업으로 가장 먼저 시행한 것은 외지인과 방문객으로 인한 불편 최소화와 민원 예방이었다. 주민들 민원이 극에 달한 것은 방문객이 급증하기 시작한 2011년부터로 보인다. 우선 주민들이 스스로 마을의 '가가호호(家家戶戶)'를 조사하여, 소음과 사생활 침해불만이 큰 지점들과 적은 지점들을 알아내었다. 그리고 불만이 적은 기존의 탐방로 외에는 외지인이 들어가지 못하도록 표식과 경계를 분명히 했다. 황토색 규사로 길을 포장해 탐방로와 투어길을 외지인의 눈에도 확연히 띄게 표시했다.

불만이 높은 집들은 주민협의회가 최우선으로 선별하여, 그곳에 주민들의 생활공간임을 알리는 표지판과 에티켓을 지켜달라는 안내표지를 곳곳에 설치했다. 그래서 마을에 관광객 발길이 잇따르면서 불편함도 여전히 있지만, 사생활을 크게 침해당했던 몇몇 주민들 위주로 예전보다 불편했던 환경이 점점 좋아지고 있다는 것을 체감토록 해주었다. 협의회에 의해 주민들끼리 서로 불편을 공감하고 위로하는 '장(場)'도 수시로 자주 마련되었다.

각 개인이나 가구들이 주민센터나 동사무소에 일일이 제기했던 불편 민원들도 주민협의회에서 우선적으로 수렴하고 취합하여, 행정력과 공공지원이 효율적으로 발휘되고 조치되도록 돕기 시작했다. 이런 예방적 조치들은 단기에 상당한 효과를 가져왔다.[29]

3) 마을 환경개선사업의 기획 및 주도

감천문화마을은 2012년부터 주민협의회를 중심으로 고질적이었던 마을환경 개선에 대대적으로 나섰다. 마을 환경개선사업의 내용과 과정을 기존의 수동적 방식에서 주민의 주도로 획기적인 전환을 이루어 내었다. 대표적인 것이 '공·폐가 개선작업'과 '위생시설 개선사업'이다. 마을이 유명해지고 난 이후에도 마을 곳곳에서 공·폐가의 존재는 골칫거리였다.

감천문화마을 가구의 1/3가량은 집에 화장실과 목욕시설도 없어, 일

---

[29] 사례번호(2); 사례번호(4) 인터뷰 및 녹취록, 2018년 12월.

정 구역마다 공중화장실과 공용수도가 있었다. 제대로 된 하수처리도 시설이 없어, 골목길 밑으로 오수가 흐르며 악취를 풍기는 등 생활여건이 열악했다. 이에 감천문화마을의 자율적 환경개선사업은 공·폐가로 인한 문제인식을 토대로 협의회와 주민센터, 구청, 입주예술가, 외부전문가의 협의기구를 만들고 공동의 의사결정 및 추진방식으로 이루어졌다.

일단 마을 자체 공청회를 시작으로 집주인, 이웃주민과의 협의를 거친 공·폐가 선정이 진행되었다. 공·폐가 청소 및 환경디자인 작업 등 지속적 사후관리는 주민협의회 주도로 실천했다. 마을주민의 욕구가 반영된 공·폐가 개선을 통한 활동과정에서 지역사회 문제 해결에 대한 책임의식이 강화되고 공동체 역량도 강화되었다.

이 외에도 주민들은 골목길 회차로·쓰레기 집하장 조성, 위험축대 정비, 소방시설·방범 폐쇄회로 CCTV 등을 설치하기 위해서 위치를 먼저 정하고, 구청과 주민센터에 건의했다. 이 과정에서 마을협의회는 환경정비를 담당할 공공근로 일자리 40여 개를 구청과 함께 만들었고, 이 일자리에 마을 원주민과 고령자를 우선 채용하도록 협의하기도 했다.[30]

4) 주민 직영의 마을 수익 창출 사업

감천문화마을 주민협의회의 가장 큰 활동성과는 마을직영의 사업장을 통해 주민의 수익 및 일자리 창출을 도모한 것이다. 우선 주민들로 구성된 주민협의체는 2014년부터 대략 3년 동안 총 11개의 마을공동체 사업장을 설립하고 관광객들을 상대로 수익을 창출하기 시작했다.

이때 만든 해당 마을 사업장의 30여 개 일자리는 마을에서 오래 살아온 원주민들만 채용을 하여 고용효과를 크게 누리게 했다. 외부 자

---

30) 사례번호(1); 사례번호(3) 인터뷰 및 녹취록, 2019년 2월.

본과 프랜차이즈 업체의 계속되던 입점을 멈추게 하고, 주민 스스로 문제를 해결하는 자생모델을 만들려는 노력이었다.

그런데 처음부터 수익만을 위해서 마을공동체 사업장을 운영한 것은 아니었다. 급속한 관광지화에 따른 임대료 문제 등으로 기존 가게가 하나씩 없어졌고, 갑자기 생활이 불편해진 이유도 컸다. 그래서 주민들은 목욕탕, 빨래방, 행복버스, 이동채소가게 등의 사업을 먼저 시작하면서, 다른 사업으로 확장을 도모했다.

시간이 흐르면서 카페·식당·게스트하우스 등을 주민이 직접 운영해 자체적으로 수익을 모으기 시작했다. 감내카페, 감내맛집, 고래사어묵(감천문화마을점), 감내비빔밥, 감천아지매밥집, 감내공영주차장, 마을지도판매점, 아트숍, 미니숍 등 15개 점포를 주민이 직접 운영하고 있다. 그리고 이들을 모두 합치면 현재 마을에는 총 100개가 넘는 원주민 일자리가 창출되어 있다.[31]

최근 주민협의회는 마을캐릭터 상품을 출시하는 등 새로운 문화콘텐츠 개발에도 박차를 가하고 있다. 특히 2017년 말부터 협의회는 대표적인 먹거리 상품인 '감천달빛도너츠'를 자체 개발하여 많은 수익을 내고 있다. 또한 예술작가들과의 협업을 통해 만든 어린왕자 캐릭터, 물방울 떡, 감천마을꽃차, 각종 수제기념품은 관광객들의 만족도가 높고 수익성이 좋은 상품들이다.

이에 마을직영 사업장 곳곳에서는 본격적인 수익이 생기기 시작했고, 이 수익은 방문객 증가에 따라 해마다 증가하고 있다. 2016년에는 연 1억 원, 2017년부터는 연 2억 원 이상의 순수익이 마을주민 직영상점 등에서 발생하였고, 협의회는 즉시 이를 주민들에게 다시 돌려주는 고민을 시작하였다.[32]

---

31) 사례번호(4); 사례번호(5) 인터뷰 및 녹취록, 2019년 5월.
32) 사례번호(5); 사례번호(7) 인터뷰 및 녹취록, 2019년 5월.

5) 수익의 환원을 통한 원주민 복지 증대

수익 환원을 통한 원주민의 다양한 복지증대는 감천문화마을 공동체 활동의 가장 특징적인 내용으로 보인다. 주민의 공동체 활동과 자율사업장이 고도화되고 본격적인 수익이 창출됨에 따라, 이를 쓰고 나누는 문제가 생겼다. 이에 주민협의회 중심의 마을공동체는 원주민의 복지적 성격의 환원사업에 방점을 찍었다.

시기적으로는 대략 2016년부터 마을 사업장에서 생긴 수익금 중 매년 70% 이상은 주민복지를 위해 사용하기 시작했다. 마을이 전국적인 유명관광지가 되고, 없던 수입이 생기면서 나타난 '과실(果實)'을 누군가 독점해서는 안 된다는 생각 때문이었다. 결론부터 말하자면, 이것은 주민 스스로 수익을 내고 이 수익이 마을과 주민을 위해 다시 쓰이는 '선순환의 고리'를 자발적으로 완성시킨 좋은 예로 보인다. 그리고 젠트리피케이션 극복에 이 구조는 가장 큰 힘이 되어 준 것으로 생각된다.

구체적으로 보자면, 우선 마을에 목욕탕이 없어 불편한 몸을 이끌고 아랫마을까지 내려가야 하는 거주 노인을 위해 수익금으로 '감내작은목간'이라고 불리는 동네목욕탕과 '감내빨래방'을 설치해 운영하기 시작했다.

비록 부산시 지원을 받았고 소규모였지만, 2016년 마련된 마을목욕탕과 빨래방은 공사비와 운영비가 적지 않게 들었다. 하지만 수도시설 부족, 목욕과 세탁문제 등 주민들이 매일 겪는 생활불편은 시간이 걸리더라도 꼭 해소되어야 한다는 공동체의 의지가 반영된 결과였다. 차량임대와 구입을 통해 '마을채소트럭'과 거동이 불편한 어르신의 이동을 돕는 '마을행복버스'도 주민협의회 중심으로 직접 운영한다.

2017년 중순, 마을에서 유일했던 채소가게가 갑자기 비싸진 임대료를 견디지 못해 문을 닫았다. 마을주민들에게 반찬거리, 부식을 공급해

주던 10년 넘은 채소가게가 갑자기 없어지자 불편을 겪었다. 이에 마을협의회와 주민센터는 마을사업장 수익금으로 트럭 1대를 임대했고, 이전 채소가게 사장에게 트럭 운행을 맡겼다. 지금 채소가게는 2일에 한 번씩 이 트럭에 각종 채소와 부식을 싣고 마을 이곳저곳을 누비고 다닌다. 주인과 친한 주민들은 반찬거리를 고르면서, 계속 소통을 하고 불편을 같이 해소한다.

이와 비슷하게 마을행복버스는 20인승 미니버스를 2016년 수익금 1억 5천만 원으로 주민협의회가 구매하여, 정류소와 지하철역까지 자체 운행하고 있다. 이 외에도 주민협의회는 마을의 수익금으로 감정초등학교 기부금 및 장학금, 북카페 개소 후원금, 집 수리비 지원, 쓰레기봉투 및 생활물품 배포 등 마을의 발전을 위한 지속 가능한 복지사업들에 사용하고 있다.[33]

6) 상인회 및 외지인과의 상생 활동

감천문화마을의 경우, 근래 상인회 중심의 외지인과 원주민간의 상생과 협력활동이 크게 개선되었다. 상인회는 2013년까지 전체 30여 상점 중에서 6곳(20%) 정도에 불과했다. 하지만 전체 60여 상점 중에서 42곳(70%) 이상이 상인회에 가입을 완료했다. 나머지 20곳 정도의 상점도 상인회장 및 주민협의회 독려로 가입이 늘고 있다.

상인회에서 외지인과 원주민의 비율은 대략 6 : 4 정도로 나타나고 있다는 점에서 마을공동체의 상생과 결속에 긍정적인 분위기가 조성된 것은 분명해 보인다. 최근에는 상인회 내부에서 "내 마을이라 생각하고 마을공동체 발전을 위해 적극 동참하자"는 분위기가 형성되고 있다. 또한 감천문화마을 주민협의회와 상인회는 2016년부터 주민과 상인, 사하

---

33) 사례번호(2); 사례번호(6) 인터뷰 및 녹취록, 2019년 3월.

구청 및 주민센터가 함께 매월 회의를 열고 상생 방안을 모색해 왔다.

초기에는 단체별 회의만 열었지만, 마을의 청소나 관리문제부터 중요한 의사결정까지 논의를 거치고 있다. 상인회 스스로 마을 내 상점 운영시간을 제한하는데도 동참하기로 했다. 영업시간은 주민협의회·상인회 회의에서 스스로 설정하여, 모든 상점은 오전 9시부터 오후 6시까지만 운영시간을 엄수하도록 하여, 장사로 인한 아침·저녁 소음부터 줄였다.

외지상인들도 자기 상점 주변 치우기부터 골목청소, 영업시간 준수 등의 작은 일부터 실천하며 주인의식을 공유하기 시작했다. 스스로의 실천과 행동으로 마을 사람들과의 관계가 원만해지고, 마을에 정서적으로 녹아들기 시작한 것이다.[34]

7) '관(官)'의 재평가와 선순환적 협력

마을공동체의 자율활동과 가시적 성과는 최근 사하구청과 부산시 등 '관(官)'의 재평가를 이끌어내고, 협력의 선순환 구조를 만들기 시작했다. 2014년부터 약 3년간에 걸쳐 주민자치 공동체의 기능이 원활하게 작동하는 것을 관찰한 사하구청 및 부산시는 그동안 관행적으로 고수하던 관료주의적 시각을 바꾸기 시작했다. 즉 마을의 운영 전반에 대해 "이제 공무원은 단지 지켜만 보고, 개입은 하지 않으면서 행정상의 지원은 아끼지 않는다"는 새 원칙이 자리 잡아 가고 있었던 것으로 보인다.

실상 예전에 구청과 부산시는 마을에 대해서 단순히 시설개선공사나 행정력을 동원하고, 공무원과 마을활동가를 선발해 파견하는 등의 철저한 '관리 중심의 원칙'을 고수했다. 물론 마을 특성과 그곳에 살던 원

---

34) 사례번호(2); 사례번호(6) 인터뷰 및 녹취록, 2019년 2월.

주민들의 의견이 종종 무시된 '관료주의적 관리'는 그 체감도 역시 낮았다. 비용 효과성 측면에서 일부 부작용과 문제도 있었다. 그래서 마을에 행정적으로 최대한 지원과 협조만 하되, 주민 스스로의 자치활동을 지지·육성한다는 전향적 방침이 세워지자, 주민협의회와 자치공동체, 상인회 등은 활동의 폭을 더 넓힐 수 있었다.

최근 20여 명에 달하는 주민자치위원회 위원과 마을협의회 집행부는 스스로의 역량과 전문성을 높이기 위해 주민자치대학, 타지역 우수사례 견학, 안전관리교육 등 많은 학습을 병행하고 있다. 이들은 문제나 사안이 발생하면 주민들 사이의 설득과 화합에 주도적 역할을 맡고 있으며, 자율적 해결과 신규 사업 등을 기획하여 추진하는 공동체의 핵심자산으로 추정된다.[35]

3. 젠트리피케이션 극복의 단초와 실마리

젠트리피케이션은 마을이 유명해지고, 관광지화가 되면서 필연적으로 찾아드는 부작용이다. 젠트리피케이션은 이제 대중들이 자주 접하고 알만큼 사회적으로 큰 문제가 되었다. 그리고 그 중심에는 도시재생을 통해 변모한 기존 전통마을과 원도심 골목들이 자리하고 있다. 재생이나 변모에 성공한 저마다의 이유나 스토리도 물론 중요하다.

하지만 이제는 마을공동체의 진화를 통해 젠트리피케이션을 극복한 경우가 현 단계에서 더 시의적인 주제일 수 있다. 그런 점에서 근래 몇 년간 감천문화마을에서는 주목할 만한 변화가 감지되었다. 지금까지 이 장에서 다룬 부산 감천문화마을 사례가 주는 시사점, 즉 젠트리피케이션 극복의 단초와 실마리는 다음과 같이 정리된다.

---

35) 사례번호(1); 사례번호(8) 인터뷰 및 녹취록, 2019년 1월.

첫째, 젠트리피케이션 극복을 위해서는 마을의 자율공동체 구축과 운영, 활동의 고도화가 필요조건이다. 감천문화마을 공동체는 기존 주민센터(동사무소)나 통·반장 중심의 '주민자치회' 수준이 아니었다. 이와는 독립된 별도의 사단법인과 사회적 기업형태로 발달한 '주민협의회'가 중심이 되었다. 즉 별도의 비영리법인을 구성하여 전체 마을회원과 소액의 자본금이 출자된 형태로 발전시켰으며, 자체 수익사업을 통해 그 이익을 철저히 마을회원들에게 환원하는 구조로 기획되었다.

또한 통·반장 중심의 주민자치회와 별도로 마을 내부현안을 시의적으로 다루고, 분야별 특화사업단을 조직하여 그 조치나 사업효과를 주민이 즉시 체감하는 방식을 만들었다. 이러한 자율공동체 구축과 운영은 젠트리피케이션 극복의 결정적 원동력이 되었다.

둘째, 젠트리피케이션 극복을 위해서는 공동체를 통한 원주민 소득 증대, 공동수익 구조 및 공동 일자리 창출이 필요하다. 적어도 감천문화마을 사례에서 사람간 신뢰나 정서적 유대는 '경제적 현실', 즉 '먹고 사는' 문제, '돈' 문제와도 밀접하게 연관되어 있었다. 감천문화마을 사례는 '신뢰나 유대' 같은 '사회자본(social capital)'이 최소한의 '경제적 안전망(safety net)' 없이는 유지될 수 없다는 점을 강하게 시사한다.

마을이 잘되자는 재생의 취지나 노력이 아무리 좋아도, 최소한의 혜택이나 복지가 돌아가지 않으면 주민에게는 그저 '공허한 구호'일 수 있다. 그래서 급격한 관광지화로 생기는 각종 이익을 외부인이 가져가도록 주민이 그대로 내버려두어선 곤란하다. 단합하고 적극적으로 함께 대응하여, 반드시 원주민 공동체의 주도로 외지인 및 외지자본과 상생하는 방안이 마련되어야 한다.

셋째, 젠트리피케이션 해결을 위해 관광지화로 생긴 수익을 다시 공동배분을 통해 스스로의 문제를 해결해나가는 방식을 추구해야 한다. 앞선 사례에서 기존에 없었던 마을공동체의 다양한 사업장 운영 및 영리활동의 취지는 상당히 명확했다. 그것은 예전부터 거기 살고 있던 주민들이 재생의 성공과 이익에서 소외되어서는 절대 곤란하다는 것이었다.

이 대목에서 관광지화로 피해를 입고 손해를 보는 주민에게 경제적 혜택과 편익을 가장 먼저 되돌려주는 기본정신은 '옳다'는 것이 다시금 한번 확인되었다. 많은 젠트리피케이션 전문가들이나 학자들이 이런 주장을 해왔지만, 정작 현실에서 실천하기란 참으로 어려웠던 것으로 파악된다. 그런데 감천문화마을은 실천을 했었다.

감천문화마을은 수익금으로 일단 목욕탕, 빨래방, 이동채소가게, 행복버스 등을 운영했는데, 매일 살면서 겪는 일일생활복지 측면에 방점을 두었다. 이후에 개인 집과 골목 수리비, 장학금, 북카페, 경로당, 생필품 지급 등으로 그 배분 영역을 계속 확장하였다. 주민들의 체감복지가 높아지면서 불만과 민원은 크게 줄었고, 동네의 자긍심과 선순환 구조도 공고화되었다.

넷째, 외지인 및 상인들과 원주민의 화합을 위한 공동체 스스로의 활동과 노력도 상당히 중요하다. 감천문화마을은 주민협의회 스스로 외지인 비율이 높은 상인회, 예술단체, 종교단체, 외지자본, 관청 등과 손을 잡고 젠트리피케이션 극복에 나섰다. 특히 외지 상인회에 대한 '경계와 배척'보다는 주민협의회 중심의 '설득과 포용'으로 상생하고 있다.

이는 전국적으로도 상당히 드문 케이스이며, 젠트리피케이션 사안의 중대성과 심각성에 비추어 볼 때도 희소한 경우로 보인다. 특히 젠트리피케이션 극복을 위한 활동과정과 내용들이 대부분 원주민이 먼저 자발적으로 시작하고 적극적으로 주도하여, 그 의미가 더욱 각별한 것으로 판단된다.

다섯째, 외부 관청의 역할과 행정패러다임은 마을공동체의 질적 수준에 따라 시의 적절하게 변화되어야 한다. 여기에서 소개한 감천문화마을 사례에 따르면, 젠트리피케이션은 주민들 스스로 단합해서 극복하는 것이 가장 이상적이다. 큰 변화의 소용돌이에도 감천문화마을은 더욱 단단해진 마을공동체로서 그들의 정체성을 지키기를 희망하고 있다. 그런 점에서 연간 200만이 넘는 관광객 홍수에도 불구하고, 여전히 그 자리를 지키고 사는 사람들의 '힘'이 보인다.

정부와 지자체가 법·제도를 만들고, 정책을 개발하고 예산을 집행하지만, 이것은 오로지 격려와 지원에만 그쳐야 한다. 젠트리피케이션에 '관료적 시각'이나 '관리(management)의 마인드'가 개입하면, 근본적인 해결은 오히려 쉽지 않다고 본다. 행정과 정책은 단지 주민의 초기 자율공동체 형성을 돕고, 그들이 젠트리피케이션 문제를 하나씩 풀어나가는 데 윤활제 역할을 해주는 것이 보다 효과적일 것이다.

V. 맺음말

현재 우리나라 대도시 곳곳에는 마을재생이 한창이다. 부산지역만 해도 감천문화마을 이외에 원도심 재래마을 숫자가 적지 않다. 동네나 마을 이름들은 이미 부산 시민들에게도 상당히 익숙하고 친근하다. 그런데 마을의 상당수는 '낙후'라는 문제점을 안고 있다.

부산 원도심 재래마을에는 동구 이바구 문화마을, 동구 안창 호랭이 마을, 영도구 흰여울 문화마을, 서구 아미동 비석문화마을, 금정구 온천천수변마을과 금사마을, 해운대구 반송·석대마을, 서구 동대신동 닥밭골마을, 중구 영주동 청관마을, 사하구 동매마을, 연제구 거제해맞이마을 등등으로 상당히 많다.

부산의 이런 오래된 마을들은 모두 정부와 부산시, 구청 등이 재생과 재개발에 관심을 두고 있는 곳이다. 그리고 '관(官)'과 공공기관의 손에 의해서 도시재생과 마을재생사업이 완료되었거나, 진행이 이어지고 있다. 심지어 진행을 하다가 멈춘 곳도 있다.

추측컨대, 앞으로 이런 마을들 대부분은 부산 감천문화마을과 비슷한 길을 밟을 것으로 생각된다. 즉 어느 단계에 도달하면 도시재생의 그늘과 젠트리피케이션의 고민거리를 같이 공유할 가능성이 높아 보인다. 앞으로 '극복이냐, 실패냐'의 기로에서 감천문화마을의 성공사례나 노하우는 비슷한 처지의 마을에 적지 않은 참고와 도움을 줄 것이다. 해외의 모범사례도 좋은 본보기가 되겠지만, 이보다 지금 우리나라 안의 인근 마을이나 지역의 사례는 현실적 적실성이 더 높을 것으로 생각된다.

이 장에서는 소위 '뜨는 동네의 딜레마', '재생 성공의 역설'이 부산 감천문화마을에 선명하게 나타났으나, 주민 스스로 마을공동체와 활동을 정교하게 진화시킴으로써 이를 슬기롭게 극복한 것으로 분석되었다. 비록 특정한 곳의 사례이긴 하지만, 이런 내용과 과정의 분석은 큰 의미를 갖는다. 이 장의 서두에서 강조했지만, 젠트리피케이션의 극복과 해법이 갖는 학문적 혹은 실용적 가치에 비해 아직 국내에서 충분히 논의되지 못했다는 한계가 분명 있기 때문이다.

다른 한편으로 이 장에서 다룬 내용은 부산의 감천문화마을을 대상으로 지난 세월 동안의 공동체 진화와 젠트리피케이션의 극복과정을 분석한 질적 조사였다. 이것은 장소적 특수성을 가지고 있다. 현장조사에 있어, 주민을 대상으로 한 심층면접과 구술조사에 의한 분석은 부산 감천문화마을의 젠트리피케이션을 정확히 대변하기에는 조금 부족할 수도 있다. 추후에는 지역주민 외에도 공무원, 전문가의 포괄하는 심층면접도 같이 이루어질 필요가 있으며, 관광객을 포함한 외지인의 시각도 같이 다루어야 한다.

부산 감천문화마을의 젠트리피케이션 극복사례와 방식이 언제나 능사는 아닐 것이다. 다만 의미가 점차 확대되고, 내용적으로 다양해지고 있는 젠트리피케이션 현상에 대한 해결의 실마리는 계속 축적되어야 한다.

도시재개발이나 마을재생이 이루어진 지역마다 성공과 실패가 교차하고 있는 현 상황에서, 다양한 맞춤형 젠트리피케이션 대안은 마땅히 제시되어야 하나, 실상은 그러지 못하고 있기 때문이다. 이 장에서 필자는 부산의 한 도시재생 마을에서 해답을 찾아보고자 했으며, 그런 규범적 당위성에 가장 큰 의미를 두고자 한다.

I. 머리말

부산은 1876년에 처음 개항을 하였고, 1906년에 최초로 부두를 축조하여 항구의 역사가 100년이 훨씬 넘었다. 근대 이후 부산의 항구는 일제강점기와 6 · 25 전란을 겪으면서 계속 성장을 했고, 1960년대부터는 우리나라 수출 · 수입의 최대 창구였다.

그래서 우리나라를 대표하는 항구도시 부산은 5개의 큰 항구를 가지고 있다. 원도심에 있는 '북항'과 '남항'을 비롯하여 '감천항', '다대포항', 새로 개발된 '신항만'이 그것이다. 이 중에서 부산은 가장 오래된 '북항(北港)' 지역을 장기간에 걸쳐서 국가 공공사업으로 전면 재개발 및 재생을 진행하고 있는 중이다. 대략 공사기간만 20년이 훌쩍 넘는 북항 재개발 사업이 2030년 이후에 성공적으로 끝난다면, 이는 '국내 최초이자 최대 규모의 항구재개발' 사업으로 역사에 기록될 것이 분명하다.[1]

지난 2008년에 1단계 사업이 시작되면서, 북항 재개발의 거대한 구상과 계획은 현실화되었다. 북항에서는 연안 및 국제여객부두, 제1부두, 제2부두, 제3부두, 제4부두, 중앙부두가 이미 재개발되었거나 재생이 진행되고 있다. 행정구역으로 보면 부산의 동구, 중구 일대의 재래식 항구와 연안에 걸친 약 153만㎡ 정도의 공간이다. 국가와 부산시는 이곳에 막대한 예산을 들여 상업지구, IT영상지구, 해양문화지구, 복합도심지구 등을 만든다. 완전 마무리는 2030년 이후이다.

정부의 공식 계획상으로 2030년 즈음까지 북항 재개발 2단계가 진행되는 인근의 자성대부두, 용호부두까지 포함하면 그 전체 범위는 연안선을 따라 약 10km가 넘는다. 특히 시민과 관광객을 위한 해양공원과

---

[1] 우양호, 「해항도시(海港都市) 부산의 도시성장 특성에 관한 연구」, 『지방정부연구』 14(1), 2010, 135-157쪽.

해양문화지구, 마리나시설과 오페라하우스 등이 만들어지고, 기존 북항 제1부두와 부산세관, 국제여객터미널의 역사적 보존과 재생도 원활히 진행되었다.

앞으로 국가와 부산시는 북항에 시민을 위한 친수공간을 완성하고, 외지인과 관광객을 위한 국내 최대의 해양관광의 거점으로 키우기 위한 혁신과 투자도 함께 진행시킨다. 그리고 그 중심에는 북항의 새로운 '연안크루즈'가 자리하고 있다.

재개발 중인 북항에 대해서 시기를 특정하기란 어렵지만, 대략 2024년 이후의 어느 시점부터는 점진적으로 부산 시민에게 우선 개방되는 북항 재개발 1단계 지역에 '새로운 항구관광 개념의 연안크루즈'가 본격적으로 운영될 수 있을 것으로 보인다. 나아가 2030년 이후의 어느 시점에는 북항에 오페라하우스 건립, 공공용지 개발이 완전히 끝나므로 항구관광의 측면에서 서로의 시너지 효과도 있을 것이다.

이미 중앙정부인 해양수산부와 부산항만공사는 북항 재개발 1단계 실시협약에서 민간이 연안크루즈를 운영을 할 수 있도록 결정해 놓았다. 그리고 지역 기반의 민간선사에서 유람선을 신규로 건조하여, 북항 연안지역에 취항이 가능하도록 된 상황이다. 이로써 미래의 북항은 '물류'의 이미지 중심에서 '친수'와 '관광'으로 이미지를 탈바꿈한다는 의미가 강해졌다.[2]

완전히 탈바꿈한 북항 일대의 친수공간을 근거지로 삼는 새로운 연안크루즈는 부산을 대표하는 해양관광의 가장 핵심적인 요소가 될 것이 분명하다. 이미 부산 해운대, 인천 월미도, 포항 영일만 등 국내의 유명 항구와 수변에서는 그 지역을 대표하는 유명 유람선들이 운영되고 있다.

---

[2] 부산항만공사, 『부산항(북항) 항만재개발 사업계획 변경(2018.10)』, 2018.

해외에서도 싱가포르의 '마리나베이(Marina Bay)'와 '하버프론트(Harbour Front)', 호주의 '브리스번항(Port of Brisbane)', 유럽 독일의 '함부르크항 (Hamburger Hafen)'과 네덜란드 '로테르담항(Haven van Rotterdam)' 등이 연안크루즈 운영으로 많은 효과를 보고 있다. 고급화되고 차별화된 연안크루즈는 지역경제 활성화는 물론 도시와 항구의 이미지까지 좌우하고 있다.[3] 그래서 북항의 연안크루즈는 개항 이후 항계 내에서 운항되는 최초의 유람선으로 중요한 의미가 있다.[4]

이 장에서는 부산 북항 재개발과 북항 연안을 사례로 하여, 새로운 연안크루즈 운영을 통한 항구관광 활성화 방향을 제안하고자 한다. 이를 위해 기존 국내의 대표적인 연안크루즈 운영사례를 살펴보고, 이들의 시행착오와 성공요인을 함께 검토해보고자 한다.

그리고 기존의 국내 연안크루즈 사례와 부산 북항 재개발의 상황을 비교하여, 해양관광의 거점이 되기 위한 전략적 방향과 프로그램을 제시해보고자 한다. 부산 북항 일대에서 향후 연안크루즈 취항과 운영의 차별화는 장기적으로 북항 재개발의 성공과 인근 원도심 관광시스템의 혁신에도 기여할 것으로 보인다.

Ⅱ. 부산 연안크루즈의 의의 및 북항 재개발의 여건

1. 연안크루즈와 항구관광의 의의

일반적으로 '크루즈(cruise)'라는 용어는 "개인이나 단체가 상업적인

---

[3] Guinand, S., *Post-tourism on the Waterfront: Bringing Back Locals and Residents at the Seaport*, In Tourism and Gentrification in Contemporary Metropolises, Routledge, 2017, pp.207-232.

[4] 부산항만공사, 『부산항 북항 재개발사업 콘텐츠 개발 및 활용방안 수립 용역』, 2020.

목적이 아니라, 휴식과 여가를 즐기기 위한 목적으로 배를 이용하여 길게 혹은 짧게 여행을 하는 것"을 지칭한다.[5]

'크루즈(cruise)'는 기본적으로 배에서 식음료, 숙박, 유흥과 오락, 기타 위락서비스를 제공하고, 기항지를 방문해서 여가와 휴식을 즐기는 것이다.[6] 크루즈 이용객들은 순수한 관광의 목적으로 배 안에 있는 식당, 객실, 라운지, 편의시설, 갑판과 마스트 등에서 서비스를 즐긴다. 기항지에는 주로 항구도시나 휴양지, 자연풍광이 뛰어난 곳에서 육상관광을 즐긴다.[7]

'항구관광(Port Tourism)'의 의미도 이러한 맥락인데, 항구가 가진 역사성, 장소성, 심미성, 자연환경을 시민과 관광객이 보고, 듣고, 즐기는 것이다. 물론 이러한 항구는 "역사문화, 인문지리 및 사회적 콘텐츠 자산을 가진 공간(space)"으로 정의된다.

항구관광은 크게 '해양관광(Blue Tourism)'에 속하며, 크루즈의 개념과 연결시켜 좁게는 '기항지(寄港地)' 혹은 '기류지(Port of Call)' 관광으로 볼 수도 있다. 크루즈 서비스는 크게 강이나 바다 위에서의 '선상(船上) 서비스'와 '육상(陸上) 서비스'로 구분되기 때문이다.[8]

연안크루즈는 국내 연안에서 운영되는 일종의 '관광유람선'인데, 제도적으로 정확한 용어는 아니다. 연안크루즈의 제도적 정의는 '관광진흥법시행령(대통령령 제30209호)'의 제2조(관광사업의 종류) 3항의 분

---

5) 박정인·김상열·김세원, 「우리나라 항만 크루즈 기항지 경쟁력 제고 전략 연구: 부산항을 중심으로」, 『해양정책연구』 34(1), 2019, 317-339쪽.

6) 문보영·양승훈, 「연안 유람선 안전의 서비스 전략화」, 『관광학연구』 40(1), 2016, 185-198쪽.

7) 김현겸·최재형, 「국내 연안크루즈 관광의 전망과 활성화 방안」, 『해양국토』 21, 2010, 100-123쪽.

8) Kim, Y. J. and Kim, S. G., Overview of Coastal and Marine Tourism in Korea, *Journal of Tourism Studies*, Vol.7, No.2, 1996, pp.46-53; 김윤경, 「해양관광 참가자의 체험요인, 체험만족 및 행동의도의 영향에 관한 연구」, 『관광레저연구』 31(1), 2019, 75-91쪽.

류에 근거한다. 이 규정에 의하면, "관광유람선업은 일반관광유람선업과 크루즈업으로 나뉜다"라고 되어 있다(관광진흥법시행령 제2조 3항).

일반관광유람선업은 "해운법에 따른 해상여객운송사업의 면허를 받은 자나 유선 및 도선사업법에 따른 유선사업의 면허를 받거나 신고한 자가 선박을 이용하여 관광객에게 관광을 할 수 있도록 하는 업"을 말한다(동 시행령 제2조 3항).

크루즈업도 역시 "해운법에 따른 순항(順航) 여객운송사업이나 복합 해상여객운송사업의 면허를 받은 자가 해당 선박 안에 숙박시설, 위락 시설 등 편의시설을 갖춘 선박을 이용하여 관광객에게 관광을 할 수 있도록 하는 업"을 의미한다(동 시행령 제2조 3항).

우리나라 해운법의 여객운송사업 면허발급에서는 유람선 선박의 허가기준 규모를 2,000톤 이상으로 정하고 있다. 그러나 실제적으로 우리나라 연안이나 항구에서 운항되고 있는 유람선의 약 90% 이상은 100톤 이하의 소형선박들이다. 이들은 관광진흥법시행령의 관광유람선업에 등록되지 않는 작고 영세한 선박들인 것이다.

현실세계에서 우리나라 연안 해양관광의 대부분은 소형유람선을 이용하여 해안의 절경이나 바다의 풍광 정도를 감상하는 수준이다.[9] 하지만 이 장에서 다루는 부산 북항과 항구 일대의 연안크루즈는 이보다 큰 배를 이용하여, 선내와 기항지에서 관광객들이 보다 다양한 서비스를 즐기는 것으로 이해할 수 있다.

우리나라 연안의 유람선이나 크루즈업의 소형화, 영세성은 곧 운영의 채산성 및 수익성과 밀접한 연관이 있다. 유람선의 규모가 커질수록 인건비, 유류비, 운항비 등의 비용이 크게 증가하기 때문이다. 기존에 많은 연안크루즈나 유람선사들은 대형화와 서비스의 고급화를 시도

---

9) 이태희·남현정, 「우리나라 크루즈 서비스산업의 권역별 비교 연구: 환황해, 환남해, 환동해권 중심으로」, 『서비스경영학회지』 17(2), 2016, 25-44쪽.

하였으나, 오래 가지 못하는 경우가 많았다.

아직 우리나라에는 해양관광의 개념과 인식이 해외 선진국과 같이 정착되지 못했기 때문이다. 하지만 여러 선진국의 사례에서 보면, 연안 크루즈가 주요 해항도시나 항구와 연안지역에 지역관광 활성화를 위한 중요한 자원으로 평가되는 것은 확실하다.[10]

2. 북항 재개발과 유람선 운항 여건

최근 북항 재개발 1단계가 완료됨에 따라, 향후 북항에서 해양관광의 정착 및 안정화가 중요해 지고 있다. 기존에 부산 북항은 수십 년 동안 일반인과 외래관광객에게는 폐쇄된 공간이었다. 거대한 컨테이너 선박 등의 통행이 잦아 일반 어선이나 유람선 운항이 금지되어 있었다.

하지만 부산해양수산청이 북항 재개발에 맞춰 해양관광을 활성화하고자, 최근 2019년 5월에 유람선 운항을 전격적으로 허용하였다. 즉 부산 개항 140년 만에 처음으로 북항에 관광과 레저 목적의 선박을 띄울 수 있게 되었으며, 부산 시민과 부산 지역 해운업계의 관심을 모으고 있다.[11]

구체적으로 부산해양수산청은 '부산항 항법 등에 관한 규칙'에 대한 개정을 완료하고, 2019년 5월 21일부터 북항 연안 일대에 새 규칙을 적용하여 시행 중이다. '북항의 항법 등에 관한 규칙'의 개정으로 옛 연안 여객터미널, 즉 부산항만공사 사옥 옆 부지에서 부산항대교 방면으로 진출입하는 유람선 운항이 전면 허용되었다.

그리고 북항의 유람선이 쓸 선착장 기능은 옛 연안여객터미널이 담

---

10) 이용수 · 양승훈 · 강형철 · 곽대영, 「크루즈의 포지셔닝과 상품화 방안에 관한 연구: 부산 연안크루즈를 중심으로」, 『관광연구저널』 24(2), 2010, 321-334쪽.
11) 부산해양수산청, 『부산항 항법 등에 관한 규칙(2019. 5. 전부개정)』, 2020.

당하되, 진출입 통로를 제외한 남구 쪽 부두와 영도구 쪽 조선소, 조도 주변은 여전히 운항 금지 구역으로 묶였다. 하지만 북항 연안의 연안 크루즈 운행에는 지장이 없을 만큼의 항로가 충분히 확보되어, 2023년 이후에 신규 취항이 결정되었다. 다만 2020년에 발생한 코로나-19 상황 으로 인해 취항은 장기간 연기가 되었지만, 연안크루즈의 운항 사실은 장기적으로 변함이 없다.[12]

〈그림 4-1〉 부산항 항법 등에 관한 규칙의 개정 내용

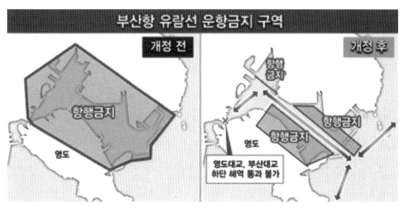

* 자료: 부산일보(2019-05-20).

부산 북항 재개발을 주관하는 부산항만공사와 관할 지방정부인 부 산시는 근래에 연안크루즈를 신조(新造)하기로 방침을 정했고, 어느 시 점에 이르러 북항에 취항시키는 쪽으로 정책방향을 설정했다. 그리하 여 향후 시민을 위한 친수공간과 해양관광, 항구관광 명소로서 북항의 이점을 극대화시킬 전략을 쓸 것으로 예상된다.

이는 곧 지역 일자리 창출로도 연결되어, 부산의 미래 전략산업 및

_____

12) 부산항만공사, 『부산항(북항) 항만재개발 사업 발표자료』, 2019; 『부산일보』,
   http://www.busan.com 등을 참조.

지역경제 발전에도 기여한다는 논리로 귀결된다. 또한 신규 연안크루즈 투입을 통한 부산의 해양관광 정착 및 안정화를 도모하고, 관광산업의 미래지향적 프로그램 구현하려는 의도를 갖고 있다. 그래서 북항에 취항하는 신조된 연안 유람선은 기존 유람선과 차별화된 혁신적인 디자인, 신규 연안크루즈로서의 매력을 관광프로그램에 반영할 필요가 있을 것으로 보인다.

시민들도 '해양수도 부산'의 위상에 걸맞게 정부와 기업이 합심해서 고품격 연안크루즈를 선보여 주고, 지역 관광거점으로서 북항의 높은 위상과 역할을 기대하고 있다. 이를 위해서 신조되는 북항의 연안크루즈는 기존 유람선 사업의 관행을 혁신하고 미래지향적 해양관광 프로그램을 구현할 필요성이 생기게 되었다.

예를 들면, 북항 인근의 국제시장, 자갈치시장, 용두산공원 등 기존 부산의 원도심 명소들과 연안크루즈가 서로 해양관광벨트를 구축해 새로운 '항구관광(Port Tourism)'의 가치를 구현하는 것이다. 그리고 연안크루즈가 중심이 되는 새로운 해양관광, 항구관광 프로그램은 선박을 활용한 연안크루즈 선상 활동 및 육지 연계프로그램으로 다각화하여 구상될 필요가 있을 것이다.[13]

Ⅲ. 국내 주요 연안크루즈 사례 비교

북항에 신규 취항하여 운영되는 연안크루즈는 부산에서의 첫 사례

---

13) 부산항만공사, 『부산항 북항 재개발사업 콘텐츠 개발 및 활용방안 수립 용역』, 2020와 부산광역시, 『시민공원-북항 연계 도심재생 마스터플랜 수립 용역』, 2017에 따르면, 대략 2022년 이후 북항 재개발 1단계~2단계는 '유람선' 위주의 운영을 하고, 2025년 이후 3단계~4단계는 '부정기여객선, 수상버스, 수상택시' 형태로 발전된다. 이런 구상은 시기가 정확하지는 않지만, 북항재개발의 큰 계획에 포함되었다.

는 아니다. 부산지역에는 이미 2개의 연안크루즈가 운영되고 있는데, '해운대 티파니 21'과 '남항 자갈치크루즈'가 그것이다. 그래서 북항의 연안크루즈는 기존 부산의 2개 연안크루즈 등과 중장기적으로 이용객 또는 고객층과 운항노선이 일부 겹치는 것이 불가피한 상황이다.

기본적으로 연안크루즈는 이용객의 대상, 속성, 취향을 깊이 이해해야 성과를 내는 서비스업이다. 따라서 북항의 연안크루즈가 성공하기 위해서는 이러한 기존 주요 사례들의 '공과(功過)'에 대한 검토가 필수적일 것이다. 또한 기존 부산의 연안크루즈 외에도 우리나라 서해안, 동해안 등에 대한 주요 유사사례에 대한 검토와 운영 프로그램, 문제점을 면밀히 분석하여 시사점을 도출할 필요가 있을 것이다.

그래서 이 장에서는 문헌연구 외에 현장조사와 사례분석, 전문가 및 실무자 인터뷰 등의 방법이 사용되었고, 주로 질적 방식으로 조사가 진행되었다. 북항 재개발 관계자와 해양관광업계의 회의 및 면담을 포함하여, 전국의 주요 연안크루즈 선사인 부산 티파니 21, 부산 자갈치 크루즈, 포항 영일만크루즈, 인천 뉴코스모스 선사 등에 대해서는 직접 방문조사가 이루어졌다. 그리고 추가적으로 각 사례들에 대한 전화 인터뷰와 이메일 인터뷰 방식으로 자료협조와 실태조사가 진행되었다.

1. 인천 월미도 '뉴코스모스 유람선'

인천 월미도 '뉴코스모스 유람선'은 2017년 7월에 취항한 신규 유람선으로 이전의 '(구)코스모스호' 명칭을 승계하였다. 2017년 신조된 새 유람선으로 취항하여, 우리나라 서해안의 대표적인 연안크루즈로 자리잡고 있다.

뉴코스모스호는 2016년부터 2017년 사이에 신조된 총 698톤 규모의 중형 유람선으로, 국내 연안유람선 중에서는 비교적 대규모 선박으로 평가되고 있다. 전장은 41미터, 선폭은 11미터의 크기를 가지고 있으며, 670명이 승선 정원이다. 뉴코스모스호 운영사는 인천 지역에서만 20년 넘게 유람선을 운행한 월미도해양관광 주식회사로 인천광역시 중구 월미문화로 21(북성동1가) 2층에 위치하고 있다.[14]

〈그림 4-2〉 인천 월미도의 뉴코스모스 유람선

* 자료: (주)월미도해양관광(현지조사, 2019)

뉴코스모스 유람선은 인천 월미도에서 '정서진 아라뱃길'과 이어지는 서해 바다와 섬들, 영종대교와 인천항 인근 등을 포함하는 다양한 해양관광 상품과 서비스를 제공하고 있다. 뉴코스모스 유람선은 가족단위 고객뿐 아니라 연인, 회사, 각종 단체모임을 통한 서비스로 인천과 수도권 시민들에게 만족도가 매우 높은 해상 관광유람선이다.

운항시간은 평일과 주말에 5항차로 운영하며, 시간은 계절에 따라 유동적으로 운영하고 있다. 채산성을 높이기 위해 비수기에는 운항시간을 조절하고, 겨울철에는 1항차를 생략하여 운영하고 있다. 뉴코스

---

14) (주)월미도해양관광, 현지조사 및 인터뷰 자료, ㈜월미도해양관광, http://www.wolmidocruise.com.

모스 유람선의 상설 프로그램은 크게 3가지로 구분된다. 즉 공연크루즈, 불꽃 크루즈, 디너 크루즈 등의 3가지 방향으로 서비스를 운영 중이다. 구체적인 서비스 내용은 다음과 같이 조사되었다.

'공연 크루즈'는 하계 성수기 평일과 주말에 선택적으로 운영하고 있다. 200인치 대형 스크린 영상쇼와 소규모 무대 공연 등을 하는데, 국내 라이브 가수 공연, 국악 공연, 마술쇼 등을 병행한다. '불꽃 크루즈'는 주말에 운영하는 서비스로, 선상 음악파티와 선상 나이트 프로모션, 레이저 조명쇼를 함께 운영하고 있다. 비용 대비 효율성 때문에 별도의 식사를 제공하지는 않으나, 매점 등을 운영하여 먹거리를 제공하고 있다. '디너 크루즈'는 예약제 및 패키지로만 운영하며, 주로 평일 예약 시간과 주말 시간에 운영하는 프로그램이다. 인천지역의 유명호텔인 인천올림포스호텔과 연계하여, 출장식 호텔연회인 아웃도어 케이터링 서비스로 운영하고 있다.

뉴코스모스 유람선의 비상설 프로그램은 '섬 여행 프로그램', '사회적 약자 프로그램' 등이 있다. '섬 여행 프로그램'은 계절별 패키지로 운영되는데, 비정기적으로 예약을 받는다. 원거리는 서해 5도인 백령도, 대청도, 소청도, 연평도, 우도 등지의 해역을 운행한다. 근거리는 인천 앞바다의 덕적도, 이작도, 승봉도, 자월도를 운행한다. 섬 여행 프로그램은 인천지역의 여행사인 '주식회사 섬투어'와 크루즈 선사가 제휴하고 있다. 그래서 상륙한 각 섬에서의 육상 관광은 여행사 가이드가 주관하고, 선사는 패키지의 수수료만 받는 것이 특징이다.

뉴코스모스 유람선의 '사회적 약자 프로그램'은 법정기부금 혹은 지정기부금 발행이 가능한 단체를 대상으로 운영하는 특화된 프로그램이다. 이는 장애인, 노인복지센터, 아동복지센터, 여성단체 등 사회적 약자 단체 및 기타 공익목적의 시설이나 시민단체(NGO) 등이 주요 대상이다. 이용단체는 현금 및 카드로 요금의 50%를 부담하고 기부금 영수

중 발행으로 나머지 50%를 부담한다. 따라서 단체 이용객 가격의 총 50%를 선사가 부담하되, 선사가 기부금 영수증을 받아 해당 금액을 일부 보전하는 방식을 취하고 있다. 이는 해양관광업계의 지역사회 공헌과 공공성 측면에서 호응이 높은 것으로 보인다.

2. 포항 영일만 '영일만크루즈'

경상북도 포항시 영일만 일대에서 운영되는 '영일만크루즈'는 2018년 7월에 취항한 신조 유람선이다. 2015년 설립된 (주)영일만크루즈 선사가 운영 중이며, 우리나라 동해안의 대표적인 연안크루즈로 평가된다. 취항 초기에는 '12국동 크루즈', '12 영일만크루즈'로 명칭하다가 2018년 7월부터 '영일만크루즈'로 공식 명명되었다. 크루즈의 소재지는 경북 포항시 남구 송도동 253-19번지이다.[15]

2018년에 신조된 '영일만크루즈'는 (주)포항연안크루즈가 기존 2015년까지 포항 영일만 일대에서 운항한 '러브크루즈'의 약 3배 크기로 총 969톤급에 855명이 탑승 가능한 규모이다. 과거 2016년과 2017년에는 747톤급의 '12국동 크루즈'를 임차해서 운항하였다. 그러다가 2018년 7월부터 새로 신조된 969톤급, 전장 52미터, 승선 855명 규모의 선박이 취항하여 운항 중이다.

국내에 있는 약 400여 척의 연안크루즈 중에서 가장 큰 대형 관광유람선인 '영일만크루즈'는 포항과 대구·경북 일대의 시민들을 대상으로 격조 높은 서비스를 제공한다. 국내 유람선사가 운영하는 연안크루즈 중에서 상위 3위 이내의 큰 규모이며, 최대급에 걸맞는 초호화 관광유람선으로 입지를 갖고 있다.

---

15) (주)포항영일만크루즈, 현지조사 및 인터뷰; (주)포항영일만크루즈, http://pohangcruise.co.kr.

〈그림 4-3〉 포항 영일만의 영일만크루즈

* 자료: (주)포항영일만크루즈(현지조사, 2019)

또한 다양한 공연 프로그램 개발을 통해 동해안 및 포항지역 해양관광 활성화에 선도적 역할을 수행하고 있다. 이 크루즈는 포항 영일만 동빈 내항을 출발하여 영일대 해수욕장과 환호공원, 포스코 신항, 송도 해수욕장 등의 연안선을 중심으로 1시간 30분에서 2시간 정도 순환하여 운항하고 있다.

포항 '영일만크루즈'의 상설 프로그램은 3가지 유형으로 운영된다. 일반 항차로 운영되는 '해상크루즈'는 매일 오전 11시 30분, 오후 2시와 4시 등 총 3차례 정도 운항한다. 둘째, '야경크루즈'는 토요일을 제외하고 오후 7시 30분 1차례 운항하며, 소요시간은 100분이다. 특히 주말에만 운영하는 '야경불꽃크루즈'는 토요일 오후에 운항한다. '선상디너크루즈'는 토요일 오후 7시 30분에 출항하지만, 미리 탑승해 디너만찬을 즐길 수 있다. 디너크루즈는 주말에 저녁 7시, 야경크루즈와 야경불꽃크루즈는 주말에 저녁 7시 30분 출항으로 모든 항차는 50명 이상 모객 후에 운영한다. 대부분은 현장 매표가 가능하나, 비싼 상품은 사전 예약제만 운영을 한다.

'영일만크루즈'는 주말과 저녁 프로그램을 특화한 것이 큰 강점으로 평가된다. 선내에서 펼쳐지는 외국인 선상공연과 오색찬란한 음악불꽃 등 다채로운 이벤트와 차별화된 서비스로 관광객들에게 포항여행의 즐거움을 제공하고 있다.

특히 '카페 앤 클럽 크루즈(Cafe & CLUB Cruise)'는 20~30대 젊은 층을 유인하기 위한 차별화된 서비스로 볼 수 있다. 이 서비스는 주말의 가족데이트, 젊은 연인의 이색데이트 장소로 특화가 되었다. 주간에는 바리스타가 운영하는 커피숍, 야간에는 클럽으로 변신하는 장소가 된다. 이 외에 대형선박의 특징을 살려 연회실 1, 2층 및 야외행사장 3층과 매점, 웨딩홀, 커피숍 등의 휴게시설이 있다.

'영일만크루즈'는 포항지역의 연안크루즈임에도 불구하고 선박 대형화 조건을 가장 적극적으로 활용하고 있다. 총원 700명 규모의 기업연수나 대형행사, 웨딩행사, 중형급 규모의 각종 공연행사가 충분히 가능하다. 600명을 수용하는 연회장 및 웨딩홀을 갖추어 최근 대형 불꽃놀이 행사, 5월 효도관광 행사, 노래자랑 행사 등을 유치하고 있다. 최근에는 포항 죽도시장, 포스코, 호미곶 등 지역의 특수성을 살린 인근의 육상 관광상품과 패키지로 연계를 하고, 연안크루즈 서비스 다변화를 도모하고 있는 것도 주목된다.

'영일만크루즈'는 여러 차례의 불가피한 운항 중단으로 타격을 입기도 했다. 예컨대 포항지진, 경주지진 발생으로 인하여 2017년 12월부터 2월까지 3개월 동안 휴항했다. 즉 영일만크루즈 취항 초기에는 개점휴업 상태를 겪었다. 2017년 말부터 2018년 초까지 6개월 정도 영업에 큰 타격을 입었으나, 2018년 4월부터 다시 재개하였다. 2020년 이후에는 코로나-19로 인하여 운항이 장기적으로 중단된 바도 있으나, 포항과 경북에서 대표적인 연안크루즈의 위상인 것은 분명하다.

3. 부산 해운대 '티파니 21(TIFFANY 21)'

'티파니 21(TIFFANY 21)' 유람선은 부산 해운대 지역을 거점으로 운영되는 고급 연안유람선으로 (주)부산해상관광개발이 운영선사이다. 티파니 21은 지난 2005년 10월에 취항하여, 해운대를 거점으로 부산의 가장 대표적인 고급 연안크루즈 유람선으로 인정받고 있다. 원래 '티파니(TIFFANY)'라는 말은 '비단실'을 뜻하며 '21'이라는 숫자는 과거 2004년 부산에서 개최된 APEC(아시아태평양경제협력체) 회의 21개 참가국 숫자를 지칭한다.[16)

'티파니 21(TIFFANY 21)'은 지난 십수 년간 통기타 라이브 공연, 저녁식사 등을 이용하며 부산의 절경과 바다를 한눈에 감상하는 해상투어 유람선으로 자리를 잡았다. 여러 곳의 인터넷 예약사이트를 운영하고 있으며, 실제 이용객의 약 90% 이상이 온라인 예약을 하고 있다.

현재 '티파니 21'은 연안크루즈 고급화를 유지하기 위해 호텔 패키지를 선보이고 있다. 즉 티파니 21 유람선 이용객에 대해 해운대 고급호텔의 숙박을 묶어서 정상가의 50% 할인정책을 시행하고 있으며, 그 효과는 좋은 편이다.[17)

'티파니 21'은 오랫동안 부산에서 가장 고급화된 연안크루즈 이미지를 지향했으나, 최근 고급 상품과 서비스를 대부분 없애고, 한시적 판매 위주로 전환하였다. 즉 초기부터 운영해 온 고가의 행사프로그램보다는 중·저가의 일반요금 프로그램 위주로 전환한 것이 최근의 특징이다.

---

16) (주)티파니21, 현지조사 인터뷰, 티파니21, http://tiffany21.co.kr.
17) 티파니21, http://www.haeundaecruise.com.

〈그림 4-4〉 부산 해운대 '티파니 21(TIFFANY 21)'

* 자료: (주)티파니21(현지조사, 2019)

승선과 관광프로그램은 처음에 다양하게 운영하였으나, 그 핵심이었던 런치와 디너식사가 채산성이 낮아져 순차적으로 폐지하였다. 즉 '티파니 21'이 내세웠던 가장 큰 특색이었던 런치투어와 디너투어는 최근 수익성 문제 때문에 2018년 6월부터 폐지한 것으로 나타났다. 그리고 2018년 7월부터는 전 항차가 일반항차로 전환된 상태이다. 야간 디너투어 같은 경우 선상만찬과 라이브공연이 포함되어 있었으나, 역시 이용객 대비 채산성이 매우 낮아서 선사에게는 만성적인 적자의 원인이 되었다.

최근에 '티파니 21'은 계절별로 운항횟수와 시간을 약간씩 조정하여 유지비와 비용 최소화 노력을 하고 있다. 부산의 여름 성수기와 바다축제 기간에 대비되어, 비수기와 동절기에는 이용객 편차가 큰 것으로 보기 때문이다. 게다가 '티파니 21'은 해운대 지역에 취항 15년 차가 넘어감으로 인해, 선박 노후화 문제도 제기되고 있다. 선박의 노후화로 이용객의 시설 만족도와 경쟁력은 저하되는 추세에 있는 것이 약점으로 지적된다.

4. 부산 남항 '자갈치크루즈'

'자갈치크루즈'는 부산의 대표 전통시장이자 관광지인 자갈치시장을 출발해 부산 남항 일대 및 부산 태종대와 송도 근해를 둘러볼 수 있는 관광유람선이다. 자갈치크루즈는 부산을 찾는 국내외 관광객들에게 전통시장의 활기차고 정겨운 정취와 함께 부산바다의 빼어난 경관을 보여주는 연안크루즈로 평가된다.

이 크루즈는 2018년 7월에 부산 중구 자갈치시장 남항 유람선 선착장에서 본격 취항하여, 운영 중이다. 최초 몇 달은 '남항관광유람선'으로 명명되었다가, 자갈치크루즈로 개명하였다. 부정기여객선 운영 선사인 주식회사 '신아비에스(신아BS)'가 소유 및 운영하고 있다.[18]

자갈치크루즈의 취항은 2014년에 준비하여, 실제 운항 준비에 4년 정도가 소요되었다. 참고로 부산항에서 2014년까지 남항과 자갈치 앞바다 등은 일반인에게 개방을 하지 않았다. 부산항 북항 제2항로로 수출·입 화물선 등의 안전 운항을 위해 일방 선박이나 관광유람선 운행이 원천적으로 금지되어 있었다.

이에 2014년부터 부산광역시가 주도하여 일반 항로개발에 나선 이후, 남항에 해상안전관리센터를 설치하고 자갈치 시장 쪽에 유람선 선착장 조성을 하였다. 부산시는 남항 관광유람선 취항을 위해 2014년부터 사업준비에 들어가 2015년 '남항해상안전관리센터'를 설치하고, 2017년 부산해양수산청과 협의해 유람선 운항을 위한 관련 규칙을 개정하였다.[19]

---

18) (주)신아BS-자갈치크루즈 인터뷰, https://jagalchi-cruise.com.
19) 부산광역시다이내믹부산, http://www.busan.go.kr/news.

<그림 4-5> 부산 남항 '자갈치크루즈'

* 자료: (주)신아BS-자갈치크루즈(현지조사, 2019)

자갈치크루즈는 자갈치시장 남항 선착장을 출발해 암남공원과 태종대 인근 해상을 돌아오는 코스를 약 90분 동안 운항하고 있다. 영도대교 비도개시 항로를 이용하며, 자갈치시장을 출발해서 송도 암남공원, 태종대, 자갈치시장을 경유하는 쉽고 간편한 항로를 운영하고 있다.

자갈치크루즈는 총 379톤 규모이며, 정원 303명을 태울 수 있는 3층 규모의 관광유람선으로 2017년에 신조되었다. 전장 37.6미터, 선폭 9미터의 3층 구조를 가진 중형급의 새 유람선이다. 자갈치크루즈의 경우, 특화된 프로그램으로는 저녁시간 '노을크루즈'와 '일몰(sunset)', '갈매기 먹이주기 체험', '불교행사'와 '물고기 방생기도' 등을 비상시적으로 운영하고 있다. 매년 1월에는 태종대 선상일출행사, 10월에는 부산불꽃축제 행사와 연계하여 특별한 서비스를 제공하고 있으며, 가격은 유동적이므로 사전 예약제로만 운영을 한다.

특히 부산자갈치 축제, 영도다리 축제, 부산항 축제와 연계하여 특별상품을 판매하는 것도 특징적이다. 그래서 자갈치크루즈는 부산지역에서 원도심 남항 쪽의 거점 연안크루즈로 해운대 쪽의 '티파니 21'과 함께 부산 연안크루즈의 쌍두마차 역할을 담당해 왔다.

자갈치크루즈는 부산 자갈치 시장 쪽에서 유람선에 곧장 탑승하는 방식으로, 이용객의 '접근성'이 좋은 것이 가장 큰 장점이다. 부산역, 중앙동, 남포동, 자갈치, 국제시장의 외지 방문객을 흡수하고 있으며, 도시철도 자갈치역과 자갈치 시장 안에서 도보로 이동 중에 바로 탑승이 가능한 편리함이 있다.

또한 저렴한 승선 가격과 새 유람선의 깨끗한 서비스도 강점으로 평가된다. 이용객 입장에서는 별다른 예약이나 사전 계획이 없이, 현장 매표 후 2시간 단위 시간대 별로 탑승이 가능하다. 저렴한 가격정책으로 누구나 부담 없이 탈 수 있는 유람선으로 큰 인기를 얻고 있다.

하지만 자갈치크루즈는 시작부터 가성비 위주의 운영을 해서 선착장 주변의 편의시설과 선상에서의 프로그램이 부족한 상황이다. 하루 4~5차례 운항되는 시간대에 비해 대기할 공간도 부족하여 여름과 겨울에는 대기시간이 덥거나 춥다는 불편사항이 있는 것으로 보인다. 이 외에 자갈치 시장 내에 탑승선착장이 위치해 있어, 전용 주차장이 없고 자가용 이용자는 인근 유료 주차장 이용하는 불편함도 있다. 전반적으로 자갈치크루즈는 저가정책을 견지하기 때문에, 편의성과 다양성이 부족한 것이 약점이다.

Ⅳ. 부산 북항 연안크루즈와 항구관광 활성화 방향

1. 연안크루즈 운항의 기본 방향

부산에서 북항 재개발 1단계가 완료되면, 2023년 이후의 어느 시점에 북항 항계 내에서는 연안크루즈가 운영된다. 그리고 연안크루즈 본격 운행과 함께 자체적인 수익을 창출해 나가야 하는 구조에 직면하게 된다. 또한 연안크루즈는 시민들과 외래 방문객을 위한 친수공간과 공공시설을 함께 활용하므로, 수익성과 공공성을 함께 추구해야 할 성격을 갖는다.

〈표 4-1〉 연안크루즈 운영의 사례 비교

항목	뉴코스모스 유람선	영일만 크루즈	티파니 21	자갈치 크루즈	부산북항 크루즈(안)
운항장소 (해역)	인천 월미도 (서해안)	포항 영일만 (동해안)	부산 해운대 (남해안)	부산 남항 (남해안)	부산 북항 (남해안)
취항시기	2017년 7월	2018년 7월	2005년 10월	2018년 7월	2023년 이후
선령 (운행기간)	3년	3년	14년	2년	0년
승선인원 (승무원포함)	670명	855명	254명	303명	500명 이상
규모(톤수)	698톤	969톤	298톤	379톤	500톤 이상
크기(전장)	41미터	52미터	37미터	38미터	40미터 이상
운영사	(주)월미도해양관광	㈜포항영일만크루즈	(주)부산해상관광개발	㈜신아BS	㈜부산드림하버(잠정)
프로그램 (주요 특징)	일반 4항차 (소형공연, 불꽃쇼)	일반 3항차 (주말상설디너쇼, 웨딩)	일반 5항차 (호텔숙박 패키지)	일반 5항차 (접근성, 가성비)	일반 5항차 (프로그램 특화 필요)

규범적으로도 향후 부산 북항 일대를 누빌 신규 연안크루즈는 운영의 '공공성'과 적절한 '수익성'을 조화시키는 운영을 요구받고 있다. 이는 부산지역의 경쟁 연안크루즈 선사 및 국내 주요 사례들을 비교, 검토한 결과를 토대로 최적의 운영방향과 프로그램이 마련될 필요성을 말해준다.

국내 연안크루즈 운영 사례와 부산 북항의 경우를 잠정적으로 비교한 결과는 선명했다. 사례분석을 토대로 북항 연안크루즈 운영의 연착륙과 향후 성공을 위한 기본 방향과 컨셉을 다음과 같이 제시할 수 있다.

첫째, 부산 북항의 연안크루즈는 초기부터 '부산과 북항'을 대표하는 항구관광 크루즈로서 이미지를 갖추되, "지나친 고급화 방향"은 신중하게 검토해야 한다. 기본적으로 연안크루즈 사업은 적은 규모라도 투자 대비 수익성이 보장되어야 하는 사업이다. 그런데 기존 부산 인근, 인천, 포항 등 연안크루즈 사례에서 높은 수익을 내는 곳은 거의 없는 것으로 조사되었다.

기본적으로 고가의 선박 건조비용, 숙련된 승무원, 식·음료, 선내·외의 관광컨텐츠 등 고정비와 운항비를 감당할 수 있어야 한다. 부산 북항의 미래 연안크루즈는 지금의 '티파니 21'과 '자갈치크루즈' 외에도 과거 '테즈락크루즈', '팬스타 21' 등의 실패사례도 참고해야 한다.

현재와 과거에 있었던 기존 부산 연안크루즈의 사례에 비추어 볼 때, 비용 대비 수익 채산성을 신중히 검토하는 것이 중요하다. 기존 부산의 사례로만 보면, 연안크루즈가 전용 레스토랑(런치, 디너) 유람선으로 운영되기에는 투자비용 대비 이용객의 지출 수준이나 환경적 여건이 미성숙한 것으로 판단된다.

특히 처음부터 '부산 최초의 파티 컨벤션 연안크루즈'를 자존감 높게 지향했던 '티파니 21'은 지난 10년간 고질적인 채산성 문제 때문에 많은 어려움을 겪어 왔다. 결국에는 자존심을 접고 일반항차만 운영하게 되었다. 인천과 포항의 경우도 고정적인 식사포함 상품은 기본적으로 높은 가격에 민감한 관광객들이 기피하고, 시간이 갈수록 채산성이 저하되는 경향을 보이고 있었다.

둘째, 부산 북항의 연안크루즈는 기존의 사례를 참고하여 선박의 크기와 현실성을 고려한 최적의 운영방침 설정되어야 한다. 부산의 북항에 취항하는 유람선의 크기는 해운대나 남항의 기존 크루즈보다 월등하지는 않을 것이다. 다른 지역의 유람선인 인천 월미도 뉴코스모스호, 포항의 영일만크루즈와 비슷하거나 작은 크기로 예상된다.

기존 사례들 보다 크기가 월등하지 않은 상황에서, 상설 무대나 식당의 무리한 인테리어는 비용과 유지 부담이 발생된다. 이에 상설과 비상설의 탄력적인 운항 프로그램, 공연과 식사의 외주 케이터링, 여행사와 연계한 육상 프로그램 등이 필요하다. 북항의 호텔숙박과 결합된 크루즈도 효과적일 것으로 판단된다.

　셋째, 부산 북항의 연안크루즈는 기본적인 선상 프로그램과 인근 "원도심 중심의 육상관광 프로그램"에 집중할 필요성이 있다. 기존 사례는 기항지 육상관광 방식으로 여행업체와 제휴하여, 태워만 주고 수수료를 징수하는 방식이 주류였다. 이에 단기적으로는 여행사와 제휴하여, 육상관광 수수료를 징수하는 방식이 적절할 것으로 보인다. 장기적으로 선사가 연착륙한 이후에는 직접 육상 관광을 운영해서 수익극대화를 도모해야 한다.

　그리고 향후 부산 북항 인근의 수변공원과 갖가지 놀이시설이 완비되면, 북항의 연안크루즈는 이와 연계한 운항이 효과적일 것으로 판단된다. 예컨대 북항 일대의 도보 관광 엔터테인먼트와 리모델링하는 북항 컨벤션 시설 위주의 컨셉을 지향하고 테마, 브랜드, 미래가치에 대한 단계적 관광 스토리텔링이 기획될 필요가 있다.

　넷째, 부산 북항의 연안크루즈 이용과 지역 제휴할인의 다양화 전략이 필요하다. 여기에는 북항 연안 유람선 탑승이나 크루즈 패키지 이용 후 승선권에 대한 교통할인 등이 있다. 부산역 KTX와 SRT 열차할인, 부산항국제여객터미널 여객선 할인, 부산시티투어버스 할인 등의 방안이 제안될 수 있다.

　다른 사례와 마찬가지로 북항 인접의 쇼핑 및 시설이용 할인을 위한 쿠폰, 바우처 제공도 좋을 것이다. 북항 원도심 전통시장과의 연계 할인, 인근 유료관광지 할인, 면세점 연계 할인정책도 북항 크루즈 활성화에 필요해 보인다.

다섯째, 북항 연안크루즈는 부산 시민과 사회적 약자를 우대하는 정책이 필요하다. 기존 인천이나 포항의 사례도 그러했다. 공공성을 위해 사회적 약자와 장애인, 군인과 경찰 등의 우대정책이 있어야 하며, 단체관광을 하는 초·중·고생 대상 해양교육 강화 차원의 견학제도, 기업제휴 단체행사, 선상세미나 등의 특별운항 정책도 검토되어야 한다.

2. 연안크루즈 운영 방향과 프로그램

1) '선상(船上)'에서의 특화된 프로그램

앞에서는 북항 연안크루즈의 기본방향과 틀을 제안하였다. 여기서는 더 나아가 보다 구체적인 연안크루즈 운영 방향과 프로그램을 제시해 보고자 한다. 우선 연안크루즈 이용객의 서비스 만족도는 '승선 전' 대기시간에서부터 결정된다. 그래서 연안크루즈 승선 이전부터 서비스 프로그램을 차별화하는 것은 이용객의 만족도를 높이는데 중요하다.

예컨대, 승선 이전에 제공할 수 있는 서비스로는 "배경음악(Background Music) 연출 서비스", "관광정보 및 안내 영상 서비스", "사투리 이벤트 행사 서비스", "대기시간 불편함 해소와 만족도 증가 서비스", "계절별 이용객의 요구사항 및 대응성 증대 서비스" 등이 있다.

연안크루즈와 바다, 항구관광의 설렘을 불러일으키는 배경음악, 친숙하고 흥을 돋우는 음악으로 승선을 통한 즐거움과 기대감을 증대시킬 수 있다. 바다와 해변에서 듣는 인기 대중가요, 여름휴가철 인기가요 등도 차별화될 수 있는 프로그램이다. 연안크루즈 관광에 대한 기본 이해, 부산의 유명관광지 소개, 육상과 연계된 유람선의 관광 프로그램을 집중 소개하는 것은 좋은 사전 서비스가 된다.

한편, 승선 이후에 '선상(船上)'에서는 전문 '케이터링(Catering) 서비스'의 차별화가 필요하다. 이는 아웃사이드 케이터링 제휴 방식을 통하여 선상에서의 이벤트 프로그램에 따라 다양한 식·음료서비스를 제공하는 방식이다.

여기에는 여러 유형의 특화된 서비스가 제안될 수 있다. 예를 들면, 와인이나 음료 시음 프로그램은 '커피·다과 케이터링'으로 각종 행사 유치에 적합하다. 아웃사이드 케이터링 방식으로 비정기적 사전 예약 행사를 하되, 기업 신상품 런칭 행사나 감사마케팅 등에 활용될 수 있다.

국내의 기존 연안크루즈는 야간에 운행을 하지 않거나, 차별화 프로그램이 부족한 것으로 분석되었다. 그래서 야간에 서비스 차별화를 위해서는 '디지털 미디어 파사드(Digital Media Facade)'를 적극 활용할 필요가 있다. 이는 최신 발광다이오드(LED: Light-Emitting Diode)를 활용한 디지털 미디어를 배의 외관에 적용하여, 선체가 거대한 스크린 역할을 하는 것이다. 또한 이것은 건물 외벽 등에 자주 활용되는 방식으로 실제 적은 비용과 유지비로 큰 홍보효과를 구현할 수 있다.

예컨대, "부산 밤바다 연안크루즈에 빛의 예술을 입히다"라는 주제로 지역의 바다와 역사, 시민의 요구를 소재로 삼은 영상광고나 스토리텔링에 기반한 독창적 영상 콘텐츠 제공 및 3D 영상쇼 등이 가능할 것이다.[20]

한편, 연안크루즈는 체험학습크루즈 프로그램으로 차별화를 꾀할 수도 있다. 기존 국내 연안크루즈나 유람선 운영 사례의 대부분은 오전과 제1항차 시간에 하루 이용객이 제일 적은 것으로 나타났다. 그래서 평일 오전에는 '체험학습 크루즈' 방식으로 프로그램 운행을 검토해 볼

---

[20] '디지털 미디어 파사드(Digital Media Facade)' 방식은 쉽게 말해 선박의 외벽와 실내 등에 LED를 설치하여 조명을 통한 미디어 기능을 구현하는 것이다. 선박 내부와 외부 전체를 시각적으로 아름답게 꾸미면서도, 동시에 정보도 적절히 전달하는 매개물이 되기 때문에 '디지털 사이니지(Digital Signage)'로서의 개념으로도 간주가 된다. 또한 디지털 미디어 파사드는 컴퓨터로 개별 조작해 영상이나 이미지를 상영하는 능동적 수단으로 활용되기도 한다.

필요가 있다.

근래에 초·중·고교 단체 체험학습의 수요가 증가하고 있다. 이에 연안크루즈는 프리랜서 전문강사를 초빙하여 부산의 항구와 원도심의 역사·해양문화 해설을 진행할 필요가 있다. 지역 대학이나 지방정부가 양성해 놓은 다수의 기존 부산역사·문화해설사들과 연계하는 방식도 고려해야 한다.

이 외에도 연안크루즈는 '부정기 특별행사 유치'를 통해 서비스 차별화를 도모할 수 있다. 여기에는 여름 휴가철 성수기를 활용한 선상 바다음악회, 선상 여름콘서트, 송년 콘서트 유치 등이 있다. 선상 위에서 특별한 분위기로 음악을 듣고 즐길 수 있는 이색적인 음악회는 한 여름밤의 낭만이나 밤바다와 좋은 연결 상품이 될 수 있다.

봄이나 가을철에 '책 읽기 좋은 계절'을 활용한 선상문학행사, 북콘서트(Book Concert), 유명인 토크콘서트(Talk Concert), 유명작가 신간발표회를 여는 것도 고려할 수 있다. 기존 사례에서 효과가 입증된 전국구 유명 축제와 연동한 행사도 수익창출의 매개체가 될 수 있다. 선상에서 축제 야경 및 대형 불꽃쇼를 관람하고 고급화 전략을 쓴다면 채산성이 있을 것으로 보인다.

마지막으로 '사회적 약자 프로그램'도 공공성의 측면에서 차별화된 기획이 가능하다. 기존 사례의 특징적인 사회적 약자 프로그램을 참조하여, 장애인 단체 등을 대상으로 공익행사를 진행하면 북항과 크루즈의 이미지 차별화에 도움이 될 것이다. 즉 인지도 상승, 사회적 기부, 공공성 이미지 제고를 위해 장애인, 노인복지센터, 아동복지센터, 여성단체 등 사회적 약자 단체를 위한 프로그램이 기획되어야 할 것이다.

이것은 비용을 선사가 부담하되, 선사가 기부금 영수증을 받아서 해당 금액을 일부 보전하는 방식이다. 사회적 약자를 위한 서비스는 큰 비용을 들이지 않고 공공성을 구현할 수 있으며, 사회 환원이나 공익

목적 사업 등에서 효과적일 것으로 예상된다. 그리고 이는 해외의 여러 사례에서도 항구의 공공성 증진을 목적으로 성공한 바가 있다.[21]

2) '육상(陸上)'에서의 특화된 프로그램

부산 북항에서 새로 운영될 연안크루즈의 장기적인 성공을 위해서는 '육상(陸上)'에서의 특화된 프로그램이 중요하다. 기항지 관광프로그램이 최근 연안크루즈 선택의 핵심요소로 부상하고 있기 때문이다. 전 세계적으로 부정기적 기항지 선정과 사전 예약제 형식의 육상관광 패키지를 운영하는 것은 이제 '선택'이 아니라 '필수'가 되고 있다.

부산 북항 일대에서 연안크루즈의 육상 기항지 관광은 여러 형태의 특화된 프로그램으로 운영될 수 있으며, 그 세부적인 구상은 다음과 같이 설명할 수 있다.

첫 번째 구상은 연안크루즈 원도심 도보관광 패키지로서 '부산항 근대 역사문화 스토리텔링' 프로그램을 운영하는 것이다. 이는 적어도 연안크루즈 운영의 중·장기적 관점에서 고려될 수 있는 구상이다. 부산항 근대 역사문화 스토리텔링은 북항 항구 및 근거리 원도심 도보관광 프로그램으로 부산이 품은 근대 역사의 시간 속으로 걸어가는 것을 주제로 삼는 것이다.

이것은 문화해설사나 가이드로 구성되는 스토리텔러와 함께 발로 걷는 부산 원도심 스토리 투어로도 정의될 수 있다. 2시간 내외의 도보 코스로 진행하되, 각 코스를 개발하고 이를 연계 운영하는 것이 효과적일 수 있다.

이 프로그램은 수학여행, 현장체험학습, 연수나 워크숍 등 단체방문

---

[21] Esichaikul, R., Chansawang, R. and Choksuvanich, W., *Problems and Obstacles of Developing Cruise Home Port in Andaman Tourism Cluster*, University of the Thai Chamber of Commerce Journal Humanities and Social Sciences, Vol.38, No.4, 2018, pp.81-106.

객에 대해 효과적으로 운영될 수 있다. 부산항 근대 역사문화 자산을 활용한 연안크루즈 도보관광 프로그램은 여러 형태의 아이템으로 구상될 수 있다.

〈표 4-2〉 북항 일원 도보관광: '부산항 근대역사문화 스토리텔링'

도보관광	세부 프로그램 (안)
A코스 (북항제1부두코스)	◇부산(본부)세관 70년, 세월의 흔적을 기웃거리다 ◇북항 1부두(원형보존) 역사 공부하기 (부산항뮤지엄/아카이브/홍보관 등) ◇연안여객터미널(복합라운지 리모델링) 돌아보기 ◇부산대교와 영도다리(도개행사) 구경하기 ◇롯데백화점(광복점) 휴식/쇼핑
B코스 (중앙동코스)	◇피란민의 애환, 중앙동 40계단을 오르다 ◇백산기념관, 백년어서원, 또따또가 예술골목 알아보기 ◇동광동 인쇄골목, 고갈비 골목 둘러보기 ◇용두산 전망대에서 부산을 내려다보다 ◇부산근대역사관, 미문화원(미영사관) 등 탐방하기
C코스 (남포동코스)	◇BIFF광장과 영화의 거리, 부산국제영화제의 발현지 ◇국제시장, 부산 최대의 전통시장 구경하기 ◇깡통시장(야시장), 역사와 사람 냄새 맡기 ◇자갈치시장, 오이소/보이소/사이소 전국 최대의 수산시장
D코스 (부산역코스)	◇초량왜관, 근대의 시간을 뛰어넘다 ◇차이나타운, 중국 상해거리를 부산역에서 만나다 ◇화교(華僑) 학교, 아이들과 같이 구경하기 ◇텍사스 골목? 러시아 골목? 외국 나들이
E코스 (초량코스)	◇산복도로 입구, 골목투어 하기 ◇(초량)이바구길 소풍가기 (이바구 할배, 이바구 할매 만나기) ◇초량전통시장, 수정전통시장 맛보기 ◇초량 매축지마을, 부산진역 등 탐방하기

* 비고: 필자 작성, 제안한 각 코스는 연안크루즈 도보 패키지로 운영 가능, 계절요인 및 방문객의 필요에 따라 2개~3개 코스를 선택적으로 연계 및 교차 가능.

육상관광의 두 번째 구상은 부산 북항 일대의 넓은 수변산책로를 연안크루즈가 적극적으로 활용하는 것이다. 시민에게 개방된 북항의 수변공간은 연안크루즈의 육상관광 프로그램으로서 차별화 될 가능성을 충분히 갖고 있다.

현재 북항 재개발 1단계 지역에는 수변녹지와 함께 시민들에게 쾌적한 친수공간을 제공하기로 예정되어 있다. 북항 일대의 수변생태공원을 도보로 둘러보기 위해서는 북항 제1부두, 제2부두 일대의 수변공원 산책로 둘레길 전체를 활용해야 한다.

〈그림 4-6〉 북항 해양문화지구와 친수공원의 수변산책로

* 자료: 부산항만공사(2017), 『북항 재개발사업-토지이용계획도』

예컨대, 스토리텔러나 문화해설사가 함께 부산 북항의 역사와 1, 2부두 재개발 과정을 설명하면서 북항 일대 수변공원 내의 각종 기념물, 경관수로, 건축기념물을 둘러보는 것이다. 특히 가족 단위 방문객, 현장체험학습 등 단체방문객 위주로 연안크루즈의 수변산책 서비스는 전망이 밝을 것으로 보인다.

현재 북항 1부두 옆에는 해양문화지구와 친수공원, 생태공원 조성이 되어 있다. 또한 계획상이지만, 이 구역을 가로질러 '노면전차(Tram)'도 다닌다. 북항 재개발 계획에 따라 북항 지역 남북으로 총 2.2㎞, 폭

28m의 규모로 바닷물이 통과하는 경관수로도 만들어졌다.

〈그림 4-7〉 부산 북항 친수공원의 조감도

북항 경관수로 내의 곤돌라 탑승이나 미니선박 운행이 시작되면, 도보관광의 흥미와 가치는 상승할 것으로 기대된다. 그리고 이 경관수로와 인접한 바다정원, 바람의 정원, 하버플라자, 피쉬마켓, 전망스트리트존 등도 연안크루즈가 활용해야 할 수변자원이 될 것이다.

육상관광의 세 번째 구상은 '오페라하우스'를 연안크루즈 관광패키지와 적극적으로 연계하여 부산항의 품격과 오페라 공연의 이미지를 알리는 것이다. 북항 재개발 부지 내에 '부산 오페라하우스(Busan Opera House)'는 건립이 확정되어 있고, 2030년 이후 운영된다. 부산 오페라하우스는 부산항 북항 재개발사업의 핵심 랜드마크이며, 부산 시민과 외지인의 관심이 높다.

2030년 이후에는 북항 오페라하우스 운영에 따른 공연관람과 연안크루즈의 패키지 상품을 구성하는 방안이 좋은 아이디어로 제안될 수 있다. 국내 유일의 "오페라와 바다: 품격 예술 크루즈 패키지" 상품을 개발한다면 그 성과는 적지 않을 것이다. 가칭 '부산오페라축제'와 연동한 한정 특별상품도 개발될 필요가 있다.

〈그림 4-8〉 부산 북항의 부산오페라하우스 조감도

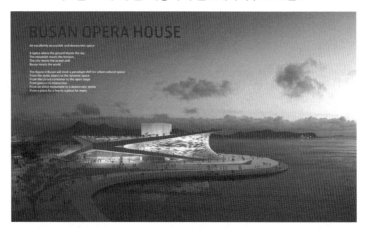

　참고로 대구 오페라하우스의 경우, 2003년 개관 이후 대구·경북지
역 전체의 공연·예술·문화 핵심 랜드마크로 성공적인 정착을 보여주
었으며, 외래관광객을 위한 축제행사와 여행패키지 상품을 동시 판매
중이다. 부산의 원도심을 아우르고 북항의 바다 해변가에 위치한 북항
오페라 하우스는 지리적 경관으로 인해 대구보다 더 나은 상품성을 갖
고 있을 것으로 보인다.
　육상관광의 마지막 구상은 국내 유일의 부산 '국립해양박물관'을 활
용하여 연안크루즈 관광패키지로 만드는 것이다. 북항 인근 영도의 국
립해양박물관과 아치섬 둘레길은 수변공원의 성격으로 정비가 완료되
어 있다.
　연안크루즈는 영도 동삼혁신지구 국립해양박물관 체험 및 일대를
도보로 관광하는 상품과 서비스를 만들 필요가 있다. 부산 영도 동삼
동 국립해양박물관 앞에는 연안 선착장이 완비되어 있으며, 기항지로
최적의 조건을 갖추고 있다.

〈그림 4-9〉 부산 북항 인근 국립해양박물관 일원

여기에 대해 구체적으로 제안을 하자면, 국립해양박물관(무료) 관람, 인접한 동삼동패총박물관(무료) 관람, 동삼혁신지구 수변공원(잔디광장) 일대 도보 걷기, 아치섬(조도) 둘레길 탐방, 조도섬(한국해양대학교 캠퍼스), 동삼 하리 수변공원, 하리해녀어촌 지역탐방 등을 만들 수 있다.

V. 맺음말

해항도시(海港都市), 항구도시(港口都市)에서 '항구'는 그 도시의 역사와 문화를 가장 많이 간직한 곳이다. 우리나라와 세계의 대부분 도시들이 그러하며, 부산도 결코 예외는 아니다.[22] 하지만 우리나라는 '관광'이란 개념 자체가 '육상관광'이나 '육지관광' 위주로 되어 있어, 연안크루즈와 '항구관광(Port Tourism)'의 개념은 다소 생소한 편이다.

---

[22] 우양호, 「항도 부산의 발전을 설명하는 두 가지 시각: 경제적 요인 대 정치적 요인」, 『항도부산』 36, 2018, 315-354쪽.

유럽이나 미주의 유명 항구에 가보면, 적어도 연안에 다니고 있는 배의 종류가 우리나라보다 다양함을 볼 수 있다. 현대식 연안크루즈 외에도 전통을 살린 유람선, 요트와 레저선박, 소형 보트나 곤돌라에 이르기까지 다양한 배들이 같은 공간에 다니고 있고, 여러 목적의 사람들을 끌어들이고 있다. 해외 선진국에서는 유서 깊은 항구의 역사·문화 자산을 활용하여, 각종 항구관광 상품과 다양한 서비스를 개발하고 있는 것이다.

부산 북항의 경우, 1876년에 개항한 우리나라에서 가장 오래되고 큰 항구이다. 지금 건국 이래 최대 규모의 항구재개발이 국책사업으로 진행되고 있다. 북항 1단계 사업 10년이 이제야 완료되었으며, 3단계까지 완전히 끝내려면 대략적으로 2040년까지는 계속 재개발과 재생작업이 진행된다. 그 핵심목적의 하나는 북항 재개발을 통해 부산의 해양관광을 활성화하고, 항구와 수변공간을 시민들에게 다시 돌려주려는 것이다.

부산 북항이 오랫동안 산업과 무역항으로서만 기능한 관계로, 일반 국민이나 시민들과는 '단절된 공간'이었기 때문이다. 환언하면, 부산 북

〈그림 4-10〉 부산의 해양문화 선상시민 아카데미

항의 과거 100년이 '항만'과 '물류'였다면, 미래 100년은 '사람'과 '관광'으로 가치가 새롭게 설정된 것이다. 그래서 지금 가장 중요한 것은 북항 재개발의 과정과 결과에 대한 국민적 호응과 시민의 관심이다. 여기서는 이런 맥락에서 새롭게 바뀌는 부산의 북항을 시민과 외래관광객에게 가장 효과적으로 알릴 수 있는 방법이 '연안크루즈 운영을 통한 항구관광'이라고 보았다.

이 장에서 제안한 여러 이슈와 방법은 부산의 항구재개발을 성공시키려는 목적이 아니라, 하나의 수단적 성격을 갖는다. 앞서 논의된 연안크루즈 운영을 통한 항구관광 활성화는 미래 부산 북항의 탈바꿈한 모습을 국내는 물론 전 세계에 알릴 수 있는 좋은 방법이 될 것이다. 물론 2020년대에 들어서도 부산의 연안유람선 이용객 수준은 연간 약 60만 명 수준으로, 아직 지역 연안크루즈 시장은 활성화가 이루어지지 않은 상황이다.

그래서 기존의 다른 사례에서도 연안크루즈 취항 초기에는 해당 지역민들의 관심과 협조가 크게 필요한 것으로 관찰되었다. 향후 북항 연안크루즈 이용객의 절반 이상은 부산 시민과 지역주민을 표적고객으로 설정할 필요가 있다. 그리고 부산시 정부와 지역 기업은 항구관광의 거점, 해양관광의 메카로 이들과 함께 부산 북항의 미래를 가꿔나가야 한다.

끝으로 여기서는 국내의 유사 사례와 현장조사를 통해 적어도 연안크루즈가 충분히 성공하기 위한 조건들을 만족시키는 곳이 '부산 북항 연안과 원도심' 지역임을 분명히 확인하였다. 우리나라에서 가장 크고 오래된 항구가 가진 역사적 자산과 자연적 풍광, 시민의 관심과 외래관광객의 유입 등에서 많은 잠재력과 가능성도 엿보였다.

그리고 이를 토대로 삼은 부산 북항 재개발과 연계한 항구관광의 세부방향과 활성화에 대해서 필자는 여러 가지 고민과 아이디어를 이 장에서 제안하였다. 따라서 향후에는 정부와 기업이 협력하여 부산 북항 연안크루즈 운영의 혁신과 서비스의 차별화를 도모하고, 이를 기반으로 삼아 우리나라에서 북항이 사실상 항구재생과 항구재개발 성공의 중심이 되어야 한다. 나아가 부산이 북항을 새로운 거점으로 조성하여, 장기적으로 우리나라를 대표하는 항구관광의 수도가 되기를 기대한다.

Ⅰ. 머리말

인류 역사상 전쟁이나 재난을 겪은 여러 나라들은 이로 인한 비극과 참상을 쉽게 잊지 못한다. 역사적으로 한반도에서 숱한 침략과 전쟁을 겪은 우리나라도 예외가 아니다. 외국인들이 느끼는 우리나라에 대한 이미지 중에는 과거 일제강점기와 6·25 한국전쟁이 다수 포함되어 있다는 사실을 아는 사람은 드물다.

이 때문에 근래까지 우리나라와 주변부에서는 과거 침략이나 식민지 전쟁의 피해자들에 대한 참회와 용서를 구하는 모습들이 종종 있었다. 더 나아가 가해자들과 화해와 상생의 길을 모색하고자 하는 각종 노력들도 지속되어 왔다. 물론 과거사와 식민 지배, 전쟁의 상처와 감정은 아직까지 완전히 치유되지는 않았다.

우리나라는 과거 전쟁과 식민지 기억을 품은 역사·문화적 자산들이 일제강점기, 6·25전쟁 등에 대부분 연계되어 있다. 그래서 사람들은 이러한 암울했던 공간과 유적들에 대해 부정적인 인식이 강한 편이다. 그런 결과로 전쟁이나 침략, 식민지배 등의 어두운 역사적 자산들이 그대로 방치되거나 자연 소멸되는 것이 하나의 빈번한 현상이었다. 정부와 사람들의 무관심 속에서 단지 역사적 상처와 어두웠던 과거라는 이유로, 상당히 많은 유산들은 알게 모르게 사라져 가고 있는 것이다.[1]

하지만 이와 관련된 최근의 세계적 추세는 우리와 크게 다르다. 외국에서는 예전부터 죽음이나 학살, 재해 및 재난, 슬픈 역사나 참사의 현장에 '다크투어리즘(Dark Tourism)'의 개념을 도입해 왔다. 학술적으

---

[1] 한숙영·박상곤·허중욱, 「다크투어리즘에 대한 탐색적 논의」, 『관광연구저널』 25(2), 2011, 5-18쪽; 임명섭·이현송, 「다크투어리즘 스펙트럼을 통한 콘텐츠 분석: 제암리 3.1 순국기념관 사례를 대상으로」, 『글로벌문화콘텐츠학회 학술대회논문집』, 2017, 171-174쪽.

로는 1996년에 이 용어가 처음 사용된 이래로, 20년 넘게 꾸준히 학술적 논의가 계속되고 있다.

다크투어리즘의 관점에서 이와 관련한 역사적 자산이나 유적지에 대한 관리나 정비도 잘 이루어지고 있는 편이다. 특히 2차 세계대전 참전국과 동아시아 식민국가들은 정부의 주도 하에 과거 어두운 역사와 아픈 기억을 체계적으로 보존하고, 하나의 문화자산으로까지 개발하고 있다.[2]

이렇듯 다크투어리즘이 도입된 흐름 속에서 우리도 이제 일제강점기와 6·25 한국전쟁에 관련한 자산을 보다 소중하게 다루어야 할 것이다. 이제는 더 이상 단순한 장소나 기념시설에 머물지 않고 외국인과 여행객들의 방문이 이어지는 목적지로 변화시킬 필요성이 커졌다. 설령 수치스럽고 슬픈 역사였기 때문에 애써 외면해왔더라도, 이런 유적과 자산들이 우리에게 소중함을 인식해야 한다. 역사적 비극의 재발 방지를 위해서도 이러한 유산을 보존·관리하고, 적극적으로 활용해 나가는 방안을 고민해야 하는 것이다.

그런데 최근까지 우리나라에서 최근까지 이런 고민과 노력들이 전혀 없었던 것은 아니다. 역사가와 향토학자들을 중심으로 근대 이전의 침략과 항쟁, 일제강점기의 수탈과 피해, 6·25전쟁과 죽음, 피란민의 삶 등에 관한 사건과 장소들을 되새김과 교훈의 대상으로 바라보는 시각은 꾸준히 확대되어 왔다.

그래서 다크투어리즘에 대한 담론이나 실험적인 노력은 우리나라에서 이미 시작되었다고 할 수 있다. 다만 역사적 비극의 자산들이 부산

---

[2] Tarlow, P, *Dark Tourism?: The Appealing 'Dark' Side of Tourism and More. In Niche Tourism*, Routledge, 2007, pp.61-72; Yan, B. J., Zhang, J., Zhang, H. L., Lu, S. J. and Guo, Y. R., "Investigating the Motivation?: Experience Relationship in a Dark Tourism Space: A Case Study of the Beichuan Earthquake Relics, China", *Tourism Management*, 53(2), 2016, pp.108-121.

과 같은 '해항도시(海港都市)'에도 많이 분포하며, 이것이 다크투어리즘 도입 문제의 중심에 자리할 수 있다는 관점은 아직 제기되지 않았다.

우리나라와 동아시아 곳곳에서 바다를 접한 해항도시는 군사적, 경제적 목적을 위해 자주 이용되어 왔다. 특히 우리나라는 반도국가로서 3면이 바다이자 동북아시아의 지정학적 중심이었으므로, 외세의 침략과 세력의 유입은 거의 바다를 통해 항구 쪽으로 가장 먼저 들어왔다.

부산이나 인천 등의 해항도시는 역사적으로 임진왜란과 일제강점기를 겪었고, 6·25전쟁 때는 군사적 거점, 수탈의 창구, 피란의 도시 등으로 불렸다. 주변국들의 침략과 전쟁, 피란과 구호 등도 부산과 인천 등의 주요 '해항(海港)', '항구(港口)'를 중심으로 이루어졌다. 그래서 해항도시는 이른바 '다크투어리즘'의 공간적 가능성을 진단할 수 있는 최적지 중의 하나로 생각된다.

이상의 논리에 따라 해항도시가 가진 역사·문화적 자산은 '다크투어리즘'이라는 새로운 개념과 관점에서 접근되어야할 개연성이 충분히 있다. 따라서 이 장에서의 논의 목적은 동아시아의 대표적인 해항도시(海港都市)인 싱가포르와 부산의 상호 비교를 통해 해항도시가 가진 다크투어리즘의 요소와 매력성을 진단하고, 향후 해항도시의 역사·문화자산에 적용 및 활용 가능한 함의를 도출하는 것이다.

II. 도시의 비극적 역사와 다크투어리즘

1. 비극적 역사와 다크투어리즘

'다크투어리즘(Dark Tourism)'은 원래 '어두운', 혹은 '암울한'이란 의미의 '다크(Dark)'와 '여행' 혹은 '관광'을 뜻하는 '투어리즘(Tourism)'을 합친 합성어이다. 이는 "여행이나 관광을 통해 과거 인간에 의해 끔찍한 일이 벌어졌던 장소나 재난·재해 현장을 돌아보는 행위"를 의미한다.

가장 비슷한 말로는 '블랙투어리즘(Black Tourism)'이 함께 사용되고 있으며, 역시 "어두운 면을 보거나 애도를 하는 관광 혹은 여행을 한다"는 의미를 가진다. 우리말로는 국립국어원에 의해 '역사교훈여행'으로 공식적으로 번역이 되어 있다.[3]

사람들은 여행이나 관광을 하면, 흔히 관광지나 휴양지, 축제나 행사 등이 있는 이른바 "밝고 기분 좋은 장소"로 찾아가게 된다. 하지만 다크투어리즘은 이와 반대의 의미를 갖는 개념이다. 즉 죽음이나 학살, 재해 및 재난, 슬픈 역사나 참사의 현장과 같이 "다소 차갑고 어두운 장소로 찾아가는 여행"을 말한다. 사람들이 전쟁이나 학살 등 비극적인 역사의 현장을 돌아보며 교훈을 얻는 것을 여행이나 관광과 접목시킨 새로운 개념인 것이다.[4]

해외에서 다크투어리즘은 여러 학자들에 의해 다각적으로 연구되어 왔다. 근래까지 학자나 문헌에 따라 다크투어리즘은 '그리프투어리즘(Grief Tourism)', '타나투어리즘(Thana Tourism)', '블랙스팟(Black Spot)' 등으로 종종 용어가 변용이 되기는 한 것으로 보인다. 하지만 그 통상적 의미는 넓게 보면 유사하게 파악된다.

이런 개념들과 관련된 주요 문헌으로는 Strange & Kempa(2003), Stone(2006), Tarlow(2007), Sharpley & Stone(2009), Yankovska & Hannam

---

3) 송희영·배은석·임동욱, 「문화콘텐츠를 통한 비극적 지역사의 다크투어리즘 활용 전략: 프랑스 방데를 중심으로」, 『예술경영연구』 34, 2018, 181-207쪽; Skinner, J, "Walking the Falls: Dark Tourism and the Significance of Movement on the Political Tour of West Belfast", *Tourist Studies*, 16(1), 2016, pp.23-39.

4) 김헌식·양정호, 「다크투어리즘의 세월호 참사에 대한 적용 방안 연구: 관련 콘텐츠의 설계와 구성 관점을 중심으로」, 『한국콘텐츠학회논문지』 14(9), 2014, 176-187쪽; 이정훈, 「여순사건 사적지에 대한 다크투어리즘 적용 방안」, 『한국지역지리학회지』 22(4), 2016, 826-842쪽; 장성곤·강동진, 「지속가능한 다크투어리즘(Dark Tourism)의 개념 정의와 전개과정 분석」, 『한국도시설계학회지』 18(2), 2017, 63-80쪽.

(2014), Magee & Gilmore,(2015), Lennon & Powell(2018) 등이 대표적이다. 우리나라에서는 최근에 들어서 다크투어리즘에 대한 학계와 학자들의 관심이 증가하고 있다.

원래 '다크투어리즘(Dark Tourism)'이라는 용어는 1990년대 영국 학자들에 의해서 처음 사용된 것으로 보인다. 국제 문화유산 저널인 "*International Journal of Heritage Studies*" 2권 4호에 실린 영국 글래스고(University of Glasgow) 대학 교수 Foley & Lennon(1996)의 논문이 그것이다.

제목은 "JFK and Dark Tourism: A Fascination with Assassination"이며, 이 논문에서 미국 케네디 대통령 암살의 유산과 흔적에 사람들이 관심을 주고 교훈을 얻으려는 행위를 분석하면서 다크투어리즘 용어가 처음 사용되었다. 저자들은 우선 인류의 역사를 고대와 근대의 시기로 구분에서 죽음이나 학살, 재해 및 재난에 관련된 세계적 관광지나 전시관을 논문에서 분석하고 있다. 그리고 다크투어리즘은 "세속화한 세계에서 사람들이 죽음을 받아들이는 하나의 형태"로 정의하고 있다. 나아가 과거의 불행한 사건, 재해나 대참사 등의 사건들 뒤에 나타나는 인간의 사고방식에 대해서도 논의하고 있다.[5]

뒤이어 Lennon & Foley(2000)의 저서 "*Dark Tourism*"에서는 이 용어에 대한 정확한 정의가 다음과 같이 되고 있다. "다크투어리즘의 진정한 의의는 과거사에 대한 근본적 성찰을 토대로 인류 보편의 인권적 가치를 확립하여 평화를 구축하려는 것에 있다. 여행객과 관광객은 다크투어리즘을 통해 단순히 역사적 사실을 전해 듣는 것을 넘어, 당시 상황을 간접 체험하면서 슬픈 역사가 반복되지 않도록 하겠다는 다짐을 하는 셈이다."

---

[5] Foley, M. and Lennon, J. J, "JFK and Dark Tourism: A Fascination with Assassination", *International Journal of Heritage Studies*, 2(4), 1996, pp.198-211.

이런 의미에서 다크투어리즘은 기존의 죽음이나 학살, 재해 및 재난에 관련된 현장을 통해 인간의 무지와 부도덕을 얼마나 자행했는지 보여준다. 그렇기 때문에 이 현장은 반대로 인간성과 윤리의 소중함을 이해하는 데 중요한 자료가 된다. 즉 '반면교사(反面敎師)', '타산지석(他山之石)' 등의 사자성어가 꼭 여기에 해당한다.[6]

상업적으로도 다크투어리즘의 개념은 다른 관광과는 차별화된 의미를 가진다. 다시 말하면, 이 개념은 원래 상업적 관광을 목적으로 생겨난 것은 아니다. 인류가 겪은 비극적 과거사를 기억하고 성찰할 수 있도록 기획된 교육적 프로그램으로서의 의미가 더 크다고 할 수 있다. 일반적인 관광은 휴식과 휴양, 오락과 레저활동의 일부로 정의되지만, 인류의 죽음이나 슬픔을 대상으로 한 다크투어리즘에서는 배움과 교훈의 수단으로 더 많은 정의가 된다.[7]

그런 맥락에서 현실적으로 다크투어리즘은 원래 '특수목적관광(Special Interest Tourism: SIT)'의 하나이다. 일반적인 대중관광은 여행을 결정함에 있어 '어디(where)'로 여행을 갈 것인가를 정하는 '장소(place)'가 중심이 된다. 하지만 특수목적관광은 '어떤 활동(what)'을 할 것인가를 먼저 고려한다.

그 다음에 그 활동을 어디에서 할 수 있는가를 부차적으로 정하는 것이 큰 차이점이다. 흔히 역사·문화관광, 교육관광, 환경관광, 비즈니스관광, 이벤트관광 등이 대표적인 특수목적관광이다. 그래서 다크투어리즘은 뚜렷한 '목적(what)'을 가진 관광객을 대상으로 한다는 점에

---

[6] Korstanje, M. E. and George, B, "Dark Tourism: Revisiting Some Philosophical Issues", E-review of Tourism Research, 12(1), 2015, pp.127-136.

[7] 장애옥·최병길, 「다크투어리즘 방문객의 동기와 특성: 제주 4.3평화공원 방문객을 대상으로」, 『관광레저연구』 23(1), 2011, 65-84쪽; 조아라, 「다크투어리즘과 관광경험의 진정성: 동일본대지진의 재난관광을 사례로」, 『한국지역지리학회지』 19(1), 2013, 130-146쪽.

서 과거 유적과 자산이 지역활성화와 도시발전에 적극 활용될 소지가 상대적으로 크다. 최근 학자들의 관심도 바로 여기에 집중되고 있다.[8]

2. 동아시아 해항도시와 비극의 기억

우리나라와 동아시아에서 바다를 면한 항구를 가진 '해항도시(海港都市)'는 다른 도시에 비해 역사적으로 아픈 기억을 많이 가지고 있다. 식민지배의 경험, 침략과 수탈, 전쟁과 학살 등은 깊숙한 내륙보다는 다른 나라와의 경계지역인 연안에서 먼저 일어났다.

동아시아에서 해항도시는 침략과 전쟁의 거점 혹은 식민지 경제시스템 건설에 있어서 중요한 전략적 위치에 놓인 도시이기도 했다. 서구의 침략과 과거 전쟁, 식민지 지배의 기억은 우리나라 국민과 동아시아인들의 마음 속에 아직도 생생하게 남아 있다. 이 때문에 우리나라, 일본, 중국은 여전히 서로의 전쟁과 식민의 과거사에 얽매여 상호 불신감을 지우지 못하고 있다.

해항도시에서는 자연재해나 전쟁, 기근 등에 따른 사람들의 이동도 빈번하게 이루어져 왔다. 특히 일제강점기 시절에 전략적 거점이었던 해항도시 부산, 인천 등은 전쟁의 국면을 거치면서 피란과 구호, 군사적 거점으로서의 중요한 요충지였다. 그렇기 때문에 부산, 인천 등의 주요 해항도시에는 역사적으로 이질적인 요소와 문화자산들이 혼재하고 있다. 민족이동, 전쟁과 정복, 포로나 식민지 지배에 의해 이민족의 문화가 강제된 경우는 물론이고, 사회 안정기에는 상업·무역이나 포교활동 등이 빈번했다.

따라서 해항도시는 사람들이 살아가는 '장(place)', 지역적 확대 속에

---

8) Dick, E. R, "Tales from the Haunted South: Dark Tourism and Memories of Slavery from the Civil War Era Tiya Miles", *The Journal of American Culture*, 40(3), 2017, pp.294-296.

서 이질적 문화의 다양한 측면이 이어졌다. 해항도시는 식민이나 전쟁, 침략과 지배를 통해 전혀 다른 사람과 관습들이 교섭하고 혼종되어, 전혀 다른 새로운 문화가 창출되는 장소로서의 의미가 있는 것이다.[9]

또한 Lennon & Foley(2000)에 의하면, 다크투어리즘(Dark Tourism)의 주요 형태로는 Battlefield Tourism(전쟁의 상흔), Cemetery Tourism(묘지 방문), Colonization of History(식민유산), Holocaust Tourism(대량학살유적), Disaster Tourism(재난지역답사), Prison Tourism(감옥관람) 등이 있다.

이 중에서 식민유산과 전쟁의 기억은 주로 강제노역, 항쟁과 방어, 학살, 피란, 수탈과 피해로 인해 생긴 공간이 핵심을 이루고 있다. 이러한 역사적 가치와 교훈적 매력이 세계적으로 알려지면서, 다크투어리즘에 대한 전 세계 여러 도시와 지역들의 관심은 급속도로 커져가고 있는 상황이다. 서구 열강과 강대국에게 주로 당해 왔던 동아시아 지역들에서는 더욱 그러하다.[10]

서구 열강의 식민지 통치와 침략전쟁, 제2차 세계대전과 한국전쟁, 베트남전쟁 등 전쟁의 참화가 끝이지 않았던 동아시아 해항도시 곳곳에는 아직도 어둠 속에 묻힌 다크투어리즘의 유적이 산재해 있다. 이러한 비극의 현장과 어두운 공간들을 보존하는 이유는 역사적으로 시리고 아픈 기억을 오래 유지하기 위해서이다.

무엇보다 어둡고 비극적인 특정 문제와 연관된 이슈를 알려주고, 보여주고, 체험하게 만들어 방문객의 공감을 유도하기 때문에 나름 의미와 매력이 있는 관광자원이 되고 있다. 각종 추모탑, 추모공원, 묘역,

---

9) Miller, D. S., Gonzalez, C. and Hutter, M, "Phoenix Tourism within Dark Tourism: Rebirth, Rebuilding and Rebranding of Tourist Destinations Following Disasters", *Worldwide Hospitality and Tourism Themes*, 9(2), 2017, pp.196-215.

10) Lennon, J. J. and Foley, M, *Dark Tourism*, Cengage Learning. EMEA, 2000, pp.1-14; Lennon, J. J. and Powell, R, "Dark Tourism and Cities", *International Journal of Tourism Cities*, 4(1), 2018, pp.1-13.

기념관 및 전시관, 박물관, 군사용 시설, 수용소나 감옥 등이 그것이다.[11]

이 장에서 상호 비교의 사례로 다루고자 하는 해항도시인 '싱가포르'와 '부산'도 예외가 아니다. 두 해항도시는 모두 역사적으로 의미가 있는 큰 전쟁의 상처를 가진 지역이고, 식민경험과 수탈, 피란과 희생의 역사를 장소적 자산으로 보유하고 있다. 즉 싱가포르와 부산은 다크투어리즘의 관점에서 과거 역사적 자산들이 가진 두 가지 정도의 공통점이 발견된다.

하나는 "전쟁과 식민지 침략에 의해 상당수 유적과 자산들이 형성"되었다는 것이며, 다른 하나는 이것들이 "과거에 피해자의 공간이었고 지금도 여전히 약자와 기억의 공간"으로 남아있다는 것이다. 물리적으로 싱가포르는 우리나라 부산과 면적이나 인구 면에서 거의 비슷한 해항도시이자, 하나의 도시국가이기도 하다.

특히 과거부터 동아시아의 주요 해항도시였던 싱가포르와 부산은 각각 영국과 일본의 손에 의한 전쟁과 식민지 역사를 공유한다. 그래서 이를 통한 지배·피지배층의 이중적 경관을 가지고 있다는 것도 중요한 공통점이다. 두 해항도시의 유산과 다크투어리즘은 단순한 관광이나 지역 활성화의 수단이 아니라 도시의 과거, 현재, 미래를 서로 이어주는 중요한 매개적 역할을 할 수 있다.

따라서 여기서는 해항도시와 다크투어리즘 도입의 가능성에 대해 모범적인 것으로 평가되는 싱가포르와 우리나라 부산의 주요 전쟁 및 식민지 유산들을 소개하고자 한다. 또한 두 도시가 가진 유산의 현재 상황과 실태를 서로 비교하고, 나아가 궁극적인 함의와 시사점을 함께 논의해 보고자 한다.

---

11) Magee, R. and Gilmore, A, "Heritage Site Management: From Dark Tourism to Transformative Service Experience?", *The Service Industries Journal*, 35(16), 2013, pp.898-917.

Ⅲ. 싱가포르의 전쟁·식민지 유산과 활용사례

1. 실로소 요새(Fort Siloso)

'실로소 요새(Fort Siloso)'는 1970년대까지 영국의 군사기지로 사용했던 곳으로, '센토사 섬(Sentosa Island)'에 위치하고 있다. 이 요새는 19세기 싱가포르 역사의 어두웠던 전쟁과 침략의 단면을 보여주고 있다. 싱가포르에 출입하는 배를 감시 감독하기 위한 목적으로 1880년에 영국군에 의해 건조된 곳이 이 요새이다. 크게는 대영 제국의 중요한 무역항으로 번성했던 싱가포르 항구를 지키기 위해 건설되었다. 영국군이 싱가포르의 입·출항로와 항구 주변의 석탄창고를 방어할 목적으로 설치했던 군사용 목적의 요새이기도 했다.

하지만 싱가포르가 독립한 이후, 1970년대 초반에 정부의 대대적인 지원으로 유적관광단지가 조성이 되었다. 유적으로서의 정비를 마치고, 1975년부터 외부에 선보여지기 시작한 이 요새는 그 면적이 총 40,000㎡에 달한다. 현재 지하터널과 탄약고 등이 존재하고 있는데, 주변에 울창한 산림으로 둘러싸인 이곳에서는 관람객들이 섬 전체와 해안 전망을 함께 내려다볼 수 있도록 조성되어 있다.[12]

센토사(Sentosa Island) 섬은 싱가포르의 대표적인 섬 휴양지이다. '센토사(Sentosa)'라는 말은 산스크리트어로 '만족(Satisfaction)'을 의미하는 단어에서 유래되었다. 실로소 요새는 센토사 섬 서쪽 끝에 위치하며 세계 2차 대전 당시 영국군이 일본군에게 끝까지 항전하던 격전지이자 마지막 보루였던 요새이다. 원래 센토사 섬에는 이곳 말고도 두 곳의 요새가 더 있었지만 현재는 이곳만 남겨져 있어 싱가포르 역사의 중요

---

12) 싱가포르관광청, http://www.visitsingapore.com/en_au.

한 장소로 많은 사람들이 방문하는 곳이다.

실로소 요새는 초창기 영국군의 방어요새였으나, 일본군이 승리하여 싱가포르를 점령하면서 포로수용소로 용도가 바뀐다. 그리고 일본의 지배에 저항한 영국 군인들 외에도 싱가포르의 다수 중국인들을 센토사 해변에서 처형된다.

실로소 요새에는 영국에서 일본으로, 이후 다시 영국의 지배로 이어진 싱가포르의 고단한 역사가 고스란히 재연되어 있다. 즉 싱가포르 개국의 역사 전반을 알 수 있는 곳으로, 독립 이전의 식민지 역사부터 서구 열강과 제2차 세계대전 일본과 대립된 역사까지를 모두 보여주고 있다.[13)

독창적인 점은 영국군이 일본군에 항복했고, 싱가포르에서 자국민과 이민자들이 당했던 치욕적인 사건과 흔적을 유적을 통해 전면 재구성하고 있다는 것이다. 일단 센토사 섬에서의 일본군과 포로들의 생활을 보여주는 밀랍인형과 각종 자료들이 전시되어 있다. 관광자원으로서 이 요새는 당시 사용되었던 주요시설과 대포, 화총 등이 그대로 남아 있다. 그리고 곳곳에 그 당시 군사시설로서의 지하터널과 탄약고 외에도 군인들의 생활을 담은 막사, 조리장 등이 복원되어 있으며, 각각의 역사적 배경과 의미에 대한 설명들이 상세하게 재현되어 있다.

실로소 요새 방문객들은 이곳을 통해 싱가포르 근·현대사 전체를 조망해 볼 수 있다. 또한 각 시설에 배려된 체험시간, 영상물과 상황극을 통해 시간을 거슬러 올라가는 상상을 할 수 있다. 관람객들은 주로 자가용보다는 대중교통과 도시철도를 이용하기 때문에 이와 연계한 이동과 관람, 편의와 배려가 상당히 잘 되어 있는 것도 장점으로 부각된다.[14)

---

13) Sharpley, R. and Stone, P. R.(Eds), *The Darker Side of Travel: The Theory and Practice of Dark Tourism*, Channel View Publications, 2009, pp.1-56.

2. 포트캐닝파크(Fort Canning Park)

'포트캐닝파크(Fort Canning Park)'는 과거 싱가포르가 일본 식민지 시절에 군사요새로 썼던 공간으로 역사·문화적 랜드마크 중의 하나이다. 포트캐닝파크가 성공한 다크투어리즘의 중요한 자산으로 주목받는 이유는 약 14세기부터 20세기까지 500년이 넘는 시간 동안 이곳이 싱가포르의 여러 다양한 역사의 중심에 있었음을 설명해주고 있기 때문이다. 즉 포트캐닝파크는 전쟁의 유적을 포함하여 영국 식민지 시대의 잔재, 말레이 통치자의 무덤, 고고학적 발굴품을 모두 볼 수 있는 복합공간이다.

포트캐닝은 원래 말레이어로 '부킷라랑간(Bukit Larangan)'이라고 부르는데, 이는 '금지된 언덕'이라는 뜻으로 "왕이 살던 곳에 백성들이 접근을 하지 못한 장소"였음을 뜻한다. 포트캐닝파크는 중세 시대에 말레이인 왕족과 '술탄왕(Keramat of Sultan Iskandar Sha)'이 싱가포르를 다스리던 궁궐이 있던 곳으로, 제2차 세계대전에 영국군이 싱가포르를 침략한 일본군에게 항복한 장소이기도 하다.[15]

세부적으로 보면, 18헥타르(hectare), 즉 18만m² 규모의 거대한 포트캐닝파크는 유명한 '보타닉 가든(Botanic Gardens)'과 함께 싱가포르에서 가장 큰 공원이다. 현재 문화관광이나 역사애호가들이 좋아할 만한 고대 유물과 식민지배의 유산, 전쟁의 흔적까지 두루 갖추고 있다.

각기 연관성이 적어 보이는 고대와 근대 사건들의 현장이었던 포트캐닝파크는 싱가포르 정부의 뛰어난 조경(Landscaping)과 스토리텔링(Storytelling)에 의해 연결되고 있다. 그래서 싱가포르 중심에 자리 잡은 유서 깊은 역사 유적지이자, 방문객들의 랜드마크로 자리 잡았다. 또한

---

[14] 싱가포르센토사섬실로소, http://www.sentosa.com.sg/en.
[15] 싱가포르관광청, http://www.visitsingapore.com/en_au.

싱가포르는 국가보호종(National Heritage)으로 지정된 나무 및 열대의 산림들과 유적들이 서로 어우러지도록 조성하고 있다.

소위 '도심의 푸른 오아시스'로 불리는 이 공원에서는 독특한 숲(Trees of the Fort)과 산책로(Fort Canning Spice Trail) 코스를 통해 방문객들에게 깊은 인상을 남긴다. 이렇게 조성된 코스를 걸을 때 싱가포르의 통치와 식민지, 전쟁의 역사를 종합적으로 알아보며 갈 수 있도록 배려되어 있다.

현재 포트캐닝파크는 누구나 24시간 방문할 수 있는 무료관광지이며, 시민들의 휴식공간으로 이용된다. 공연이나 축제, 결혼식 등의 장소로도 사용되고 있다. 이곳에서는 매년 세계에서 가장 큰 규모의 음악행사가 열리고 있으며, 자연과 도시가 잘 어우러져 있다는 느낌을 받을 수 있게 만들어진 공원이다. 그래서 포트캐닝파크는 '도심 속의 공원', '센트럴파크(Central Park)'라는 별칭도 가지고 있다. 이곳은 현지인도 즐겨 찾는 '도심에 숨겨진 보석 같은 공간'으로 인정되고 있다.

다크투어리즘과 직접 관련된 유적으로는 우선 19세기에 지어진 요새의 잔해인 '포트 게이트(Fort Gate)'가 있다. 이것은 19세기 약 600명의 인도 죄수들이 동원되어 건설한 요새이며, 그 내부로 통하는 문이 아직 남아있다. 이 요새는 산이 없는 싱가포르에서 군사적으로 중요한 역할을 했던 곳이다. 즉 바다와 외부로부터의 공격에 대비하고 도시의 안전을 감시하며 무엇보다 폭동과 같은 만일의 사태에 유럽인들의 피란처가 되도록 건설되었다.

방문객이 두꺼운 성문을 통과하면, 마치 몇백 년 전 과거를 생각할 수 있도록 경관이 조성되어 있다. 제2차 세계대전 당시 지하군사시설로 사용되었던 '배틀박스(Battle Box)'도 전쟁의 흔적이다. 약 9m 깊이의 지하비밀벙커는 1936년에 지어졌으며, 영국 연합군의 사령부로 이용되었다. 이 벙커는 연합군이 일본에 항복을 결정한 비운의 장소이기도

하다. 특히 군사목적으로 사용된 이 '배틀박스'를 싱가포르는 방문객의 필수 체험상품으로 적극 활용하고 있다.

포트캐닝 언덕 꼭대기에 자리잡아 영국 식민유적으로 분류되는 '래플즈 테라스(Raffles Terrace)'는 싱가포르 건국의 아버지라 불리는 영국인 '스탬포드 래플스(Stamford Raffles)'의 저택이 있었던 곳이다. 이후에도 이곳은 정부 관료들의 주거지로 사용되었으며, 19세기 분주한 영국 식민지 항구였던 싱가포르의 모습을 보여주는 옛 등대와 깃대(Flag Staff)도 있다. 이 외에도 국제무역의 중심지로 발전한 스토리를 전개하는 포트캐닝해양코너(Maritime Corner@Fort Canning), 호텔 포트캐닝(Fort Canning) 등이 있으며, 주변의 싱가포르국립박물관(National Museum)과도 연계되어 있다.

3. 크란지 전쟁기념관(Kranji War Memorial)

'크란지 전쟁기념관(Kranji War Memorial)'은 제2차 세계대전 중에 사망한 영국 및 다국적 전사자들을 추모하는 곳이다. 이곳은 싱가포르를 사수하기 위해 일본군에 대항하다 목숨을 잃은 영국, 오스트리아, 캐나다, 인도, 스리랑카, 인도, 말라야, 네덜란드, 뉴질랜드 등의 다국적 군인을 기리기 위한 기억의 장소이다.

도심에서 약 22㎞ 떨어진 조용한 지역에 위치한 크란지 전쟁기념관은 아름답고 고요한 언덕 위의 묘지이다. 흡사 우리나라 국립현충원, 부산의 유엔기념공원과 비슷한 성격을 갖는다. 이곳은 매년 11월 11일 싱가포르를 지키기 위해 목숨을 바친 사람들의 명복을 비는 추모식이 거행되고 있다.

역사적으로 1942년 2월 싱가포르와 연결된 조호르바루 해협을 일본군이 도하, 싱가포르 침공하면서 첫 격전지인 크란지 지역에서 큰 전

투가 벌어진다. 그때 생긴 군인사망자와 함락 이후의 전쟁포로, 무명의 민간인 사망자는 크란지 전쟁기념관으로 모아졌다. 1975년 싱가포르 정부는 이곳에 기념관과 기념비를 건립하고, 역사유적공원으로의 면모를 갖추었다.

또한 싱가포르 정부는 행정수반인 총리 직속으로 '연합군 군인묘지 위원회(Commonwealth War Graves Commission)'를 만들어 이곳을 체계적으로 관리·지원하고 있다. 크란지 전쟁기념관에는 무덤 없이 사망한 24,346명에 달하는 동맹국 군인의 이름을 기록, 전시하고 있다. 또한 기념관 옆에는 크란지 국군묘지와 싱가포르 국립묘지가 연계되어 있다.

크란지 전쟁기념묘지에는 약 4,500개 정도의 다국적 군인들의 묘비가 줄지어 있으며, 싱가포르 초대 총리(Encik Yusof Ishak) 및 2대 총리(Dr Benjamin Henry Sheares)의 묘지도 있다. 그래서 이곳은 자국 국민과 외국인에게 영국 식민지와 일본 전쟁교육의 장소로 활용되고 있으며, 싱가포르의 험난했던 현대사를 세계인에게 알리고 있다.[16)]

4. 워메모리얼파크(War Memorial Park)

'워메모리얼파크(War Memorial Park)'도 역시 전쟁기념공원으로, 싱가포르의 중앙 시내도심의 비치로드(Beach Road)를 따라 자리 잡고 있다. 이곳은 군인보다는 민간인 학살을 추도하는 공간이다. 제2차 세계대전 시기 민간인 희생자와 싱가포르의 주요 민족인 말레이인, 중국인, 인도인, 유라시아인의 통합을 기념하고 있다.

1942년 2월 15일부터 1945년 9월 12일까지 싱가포르 점령 당시, 일본

---

16) 싱가포르관광청, http://www.visitsingapore.com/en_au.

은 반일(反日) 감정을 가진 싱가포르 시민을 무작위로 처형했다. 이때 학살된 민간인의 수는 5만 명이 넘는다. 싱가포르 총리였던 리콴유(Lee Kuan Yew)에 의해 1967년부터 조성 및 개방이 되었으며, 매년 2월 15일이면 민간인 전쟁 희생자들을 추모하는 추도식이 정부의 관장하에 열린다.

워메모리얼파크 중앙에 있는 높이 70m에 달하는 '시민전쟁기념비(Civilian War Memorial)'는 거대한 위령탑으로 일본군에게 죽음을 당한 싱가포르 시민들을 추모하기 위하여 세워져 있다. 이곳은 학살된 민간인 유해가 대량으로 발굴된 곳이기 때문이다. 탑에 새겨진 4개의 언어는 중국어, 인도어, 말레이어, 영어로 되어 있으며, 각각 희생된 중국인, 인도인, 말레이시안, 유럽인을 표상한다.

싱가포르는 유적을 통해 이곳에 묻힌 억울한 사람들의 고통을 함께한다는 것을 상징하고 있으며, 학생 및 젊은 세대에 대한 교육과 추념의 장소로 적극 활용하고 있다. 물론 이곳은 1967년 이후부터 50년이 넘도록 싱가포르 정부의 체계적인 지원과 관리하에 운영되고 있다. 또한 싱가포르관광청 및 초급교육기관과 연계되어 관광 및 교육의 현장으로 적극 활용되고 있다.

5. 영국 식민지 지배의 유적

싱가포르는 130년 넘는 세월 동안 영국의 식민지였다. 1824년 영국과 네덜란드간의 조약에 의해 영국 식민지가 된 이후 1942년 일본에 의해 강점되기 전까지의 118년과, 제2차 세계대전 이후부터 1959년 자치정부 수립까지 14년간 2차례 통치를 받았다. 오늘날 싱가포르 영토는 대부분 이때 확정된 것이며, 싱가포르의 식민지 과거와 현재를 이야기함에 있어서 영국의 '래플스(Stamford Raffles)'는 언제나 빠질 수 없다.

래플스는 1775년 14세의 나이로 영국의 동인도회사에 들어가, 1811년 자바섬의 통치를 맡아 동남아이사 지역에 부임하였다. 1819년에 그는 말레이 반도의 남쪽 끝, 사람이 별로 살지 않았던 섬인 현재의 싱가포르의 해안에 상륙한 뒤 네덜란드와 충돌할 위험을 무릅쓰고 그곳의 싱가포르 항을 영국 식민지로 삼았다.

현재 싱가포르를 방문하면 래플스 시티, 래플스 거리, 래플스 호텔, 래플스 병원, 래플스 대학, 래플스 쇼핑센터 등과 같이 곳곳에서 래플스라는 이름을 보게 된다. 즉 래플스 이름의 건물과 장소는 영국 식민지 역사를 대변한다.[17]

그동안 싱가포르는 정치체제, 경제구조, 사회제도 등 다방면에 걸쳐 영국의 시스템을 도입하였는데 이로 인해 오늘날 아시아에서 가장 유럽적인 모습을 갖춘 도시가 되었다. Beach Road, South Bridge Road, Coleman Street, Thomson Road 등의 주요 도로명은 식민지 당시 영국에서 유래한 것이거나 싱가포르를 통치했던 저명한 영국인의 이름에서 따온 것이다.

그래서 그 이름만으로도 마치 영국 도시의 건물들, 거리와 같은 인상을 받게 된다. 물론 영어가 공용어라는 점도 영국 통치의 유산이다. 오늘날 싱가포르는 영국 식민지 유적을 통해 식민의 역사를 부끄러워하기보다는 국제사회에서 생존하기 위한 역사 특유의 '개방성'을 강조하고 있다.

래플스를 통해 선진 서구문물을 적극 수용한 도시의 강한 결단력과 추진력을 오히려 내세우고 있는 것이다. 싱가포르의 이러한 식민지 역사·문화자산의 능동적 해석과 변용은 다크투어리즘의 성공적 사례로 평가될 수 있다.[18]

---

[17] Stone, P. R., Hartmann, R., Seaton, T., Sharpley, R. and White, L, *The Palgrave Handbook of Dark Tourism Studies*, Palgrave Macmillan, 2018, pp.1-34.

Ⅳ. 부산의 전쟁 · 식민지 유산과 활용사례

1. 부산 6·25전쟁과 피란수도의 유적

1945년 해방 이후 부산은 일본인이 철수하고, 일본과 외국으로 강제로 끌려갔던 조선인들이 항구를 통해 귀국하던 도시였다. 얼마 후 1950년에 6 · 25전쟁이 일어나자 부산에는 대규모 피란민이 몰려들었다. 정부청사와 대통령, 관료들도 피란을 같이 해서 부산은 자연스럽게 '피란수도(避亂首都)'가 되었다.

전쟁 3년 동안에 부산은 대한민국 수도로서 실질적으로 제2의 인구를 가진 도시로 변했다. 그래서 전쟁의 유산과 피란의 흔적들이 여러 군데 산재하고 있다. 이러한 자산들은 한국전쟁의 상흔이 남겨진 역사의 현장이므로, 다크투어리즘으로 재조명 받을 수 있는 여지가 충분하다.

구체적으로 부산은 한국전쟁 기간 중에서 총1,023일 동안 2차례(1950년 8월 18일~10월 26일 · 1951년 1월 4일~1953년 8월 14일)의 피란수도였다. 중앙정부(官)와 서울의 관점에서 보는 '임시수도(臨時首都)'가 아닌, 전쟁으로 특수하게 수도의 기능과 역할을 맡았던 부산은 '피란수도(避亂首都)'라는 말이 더 적절하다. 그리고 최근 그 유산들이 새로운 관점에서 재조명되고 있다.

여기에는 임시수도 대통령 관저(경무대), 임시수도 정부청사(임시중앙청), 근대역사관(미국대사관), 부산기상청(국립중앙관상대), 부산항 1부두(부산항 제1부두), 부산시민공원(하야리아부대), 워커하우스(유엔지상군사령부), 유엔기념공원(UN묘지) 등의 역사 · 문화 자산이 해당된다.

---

18) Miles, T, *Tales from the Haunted South: Dark Tourism and Memories of Slavery from the Civil War Era*, UNC Press Books, 2015, pp.1-35.

부산이 가진 주요 자산들의 개요를 소개하면 다음과 같다.[19]

〈그림 5-1〉 부산의 임시수도 중앙청사

먼저 '임시중앙청(임시수도 정부청사·등록문화재 제41호)'은 경남도청으로 사용하던 건물을 6·25전쟁 당시 정부청사로 사용한 것이다. 전쟁이 끝난 후 다시 경남도청으로 되었다가, 창원으로 도청이 이전하면서 1984년부터 2001년까지는 부산지방검찰청 청사로 사용했다. 2002년 이를 부산 소재 동아대학교가 매입해 대학박물관(부민캠퍼스)으로 활용하고 있다.

'경무대(임시수도 대통령 관저·부산시기념물 제53호)'는 1926년 8월 10일 건립되어 경상남도 도지사 관사로 사용되다가 6·25전쟁으로 수도가 부산으로 이전하면서 대통령 관저로 사용이 되었다. 경남도청이 창원으로 이전한 뒤에 1984년부터는 임시수도기념관으로 재단장하여 관련 유물과 자료를 전시하고 있다.

19) 부산역사문화관광, http://tour.busan.go.kr/index.busan.

〈그림 5-2〉 부산의 임시수도 대통령 관저

〈그림 5-3〉 부산의 부산근대역사관

'미국대사관 겸 미국공보원(현 부산근대역사관·부산시기념물 제49호)' 은 일제강점기에 동양척식주식회사 부산지점 건물로 건립되었다. 미군 정 이후 미국문화원으로 사용되다 1999년에 반환, 2003년부터는 부산 근대역사관으로 개관했다. '국립중앙관상대(옛 부산지방기상청·부산시

기념물 제51호)'는 1948년 국립중앙기상대 부산측우소로 축조되어, 1992년 부산지방기상청으로 승격했다. 부산지방기상청이 옛 동래세무서 자리로 이전한 2002년 이후에는 기상관측업무만 담당하고 있다.[20]

'부산항 제1부두'는 경부선 철도 개통 이후, 부산항을 대륙 침략의 거점이자 식민지 수탈품의 수송로로 활용하기 위해 일제가 건립했다. 6·25전쟁 당시에는 유엔군의 군수물자·원조물품의 입항지였다. 다행히 북항 재개발 1단계 과정에서 제1부두 '피란과 수탈의 역사'는 국가와 부산시에 의해 최대한 보존되었다.

이 자리에 가칭 부산항역사박물관 건립 방침도 호재이지만, 제1부두의 역사와 자산들은 시민들에 대한 홍보도 절실하다. 이미 반세기 이상 시민과 일반인의 접근성과 관심에서 멀어져 있었기 때문에 이를 극복해야 할 숙제를 안고 있음은 분명하다.

〈그림 5-4〉 부산항 제1부두의 전경

유엔지상군사령부(현 부경대학교 내 워커하우스)는 미 8군사령부 지휘소로 6·25전쟁 당시 낙동강방어선의 지휘본부였다. '유엔묘지(현 유

엔기념공원·등록문화재 제359호)'는 6·25전쟁 중인 1951년 유엔군 전
사자 안장을 위해 유엔군사령부가 조성했다. 1955년 유엔총회에서 '유
엔기념묘지'로 지명한 세계 유일의 유엔묘지이며, 2001년 '재한 유엔기
념공원'으로 이름을 바꿨다.

'하야리아미군기지(현 부산시민공원)'는 1945년부터 미군 부대가 주
둔했으며, 1948년 정부 수립 후 미국 영사관과 유엔산하기구 등이 사용
했다. 6·25전쟁 직후 주한 미군 부산기지사령부가 들어섰다가, 2006년
부산시민공원으로 탈바꿈했다.[21]

이 외에도 부산 서구의 '감천문화마을'과 아미동 '비석문화마을'은 피
란민들이 정착하면서 생긴 마을이다. 감천문화마을은 피란민과 대순진
리회의 모태가 된 태극도 신도들이 산비탈에 만든 마을이다. 감천문화
마을은 마을의 재생이 성공한 케이스로 유명해지고 인정을 받았지만,
여전히 낙후된 환경과 피란 역사 자산으로의 활용은 미흡한 것으로 평
가될 수 있다.

비석문화마을은 일본인 묘지가
있었던 공간에 집을 지을 재료가
없어, 피란민들이 계단과 집의 축
대에 무덤의 비석을 사용한 데서
유래했다. 이 마을들은 외부에 잘
알려지지 않았지만, 피란민의 비
참하고 고단했던 생활을 말해준

〈그림 5-5〉 부산의 아미동 비석문화마을

다. 이 지역도 마을재생이 시도되었지만, 환경적 낙후와 원주민의 주거
문제 등이 오랜 세월 동안 해결되지 못하고 있다.

부산 시민에게 역사 유적으로 역시 주목받지 못했던 교회도 있다.

---

21) 부산광역시, http://news.busan.go.kr(부산이야기).

서구의 '부산영락교회'는 6 · 25 한국 전쟁 피란민에 의해서 세워진 전쟁의 아픈 역사가 담긴 교회이다. 서울영락교회 교인들이 1951년 한경직 목사를 중심으로 세워, 건립 60년이 넘은 부산의 대표 교회가 되었다. 1953년 1월 부산시 서구 부민동 1가 22번지에 대지를 구입하고, 1953년 7월 교회를 건축하였다. 1953년 10월 서울영락교회 당회는 다시 서울로 완전히 복귀하면서 이곳을 부산영락교회로

〈그림 5-6〉 부산 서구 부민동의 부산영락교회

개칭하였고, 교회에 부산 지역 성도들이 남아서 오늘에 이르고 있다.[22]

이상의 논의에서 주목되는 한 가지 사실은 최근 피란수도 부산의 여러 유산들이 우리나라 정부(문화재청)에 의해 관심을 받았다는 점이다. 예컨대, 부산시 정부의 발굴과 신청으로 2018년에 '유네스코 세계유산' 잠정목록 등재가 조건부로 확정된 것은 의미 있는 일로 평가된다.

부산시는 2015년부터 '한국전쟁 65주년'을 맞아 피란수도 부산의 역사를 재조명하기 시작했고, 관련 유산들의 위상과 가치를 알리기 위한 작업의 하나로 세계유산 등재노력을 진행했다. 게다가 우리나라에서 조선시대 이후의 근대 유산이 유네스코 세계유산 후보에 올라간 것은 '피란수도 부산'이 처음이다.

부산시는 2021년에 처음으로 피란수도를 '유네스코 세계유산 1차 등재'를 목표를 하였다. 물론 지난 수십 년간 피란수도 유적들에 대한 상

---

22) 부산광역시서구, http://www.bsseogu.go.kr.

대적 관심이 소홀했던 탓으로, 세계적인 명소나 관광자원화 단계까지 가기에는 아직 갈 길이 멀어 보인다.

2022년에는 우리나라 국가 문화재청 세계유산분과위원회 심의 결과, 국내에서는 유네스코 세계유산 '잠정목록'으로 선정되었다. 부산은 '피란수도 부산' 유적과 유산들에 대한 지속적인 보완연구과 보존관리를 통한 등재요건을 갖추어 나가면, 대략 2028년 이후에는 세계유산 등재가 가능할 수 있다. 부산시도 이러한 점을 목표로 하면서, 정책적으로 관심을 갖고 있다.

2. 일제강점기 수탈의 유적

일제강점기 식민지 수탈의 관문이었던 부산항을 상징하던 유적들도 지역 곳곳에 산재해 있다. 부산항은 전쟁에 강제동원하기 위해 일제가 조선인과 물자를 배로 실어 나른 창구였고, 나중에 다시 이들이 바다를 건너 본국으로 귀향할 수 있었던 유일한 통로였다. 일제강점기 수탈의 흔적과 주요 식민지 유산은 다수가 있다.

하지만 지금껏 관심이나 관리가 저조했던 점에서 생각을 한다면 '일본강제동원역사관', 이기대 자연공원 내의 '용호광산'과 '포진지', 우암동 '소막마을' 등을 거론할 수 있다. 이들 유산과 흔적들은 일제강점기 수탈의 관문이었던 '해항(海港)' 부산을 잘 보여주지만 기존에 많이 알려지지 않았다.

먼저 부산 남구에 있는 '일제강제동원역사관'은 1939~1945년 아시아·태평양전쟁 당시 전범국인 일본제국주의의 비인도적 강제동원 실태를 조사하고 기록한 자료들을 공개한 최초의 공간이다. 정부의 '대일항쟁기 강제동원 피해조사 및 국외강제동원 희생자 지원위원회'가 해방 70주년을 기념하여 2015년에 개관을 했다.

〈그림 5-7〉 부산의 국립 일제강제동원역사관

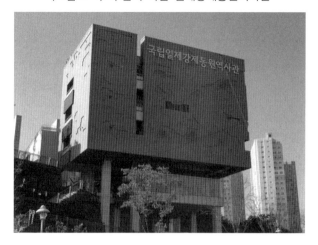

일제강제동원역사관은 일제강점기 강제동원의 실상을 규명함으로써 개관 이후 피해자와 유족을 위한 추도기념시설 및 강제동원 역사홍보, 평화와 인권의 역사를 기억하고 교육하는 역할을 하고 있다. 이 전시관은 국내 유일의 독창성을 인정받아 개관 이듬해인 2016년에 국립박물관으로 승격되었다. 하지만 전국적 인지도가 높지 않고, 주변 자원과의 콘텐츠 연계성도 크지 않다.[23]

부산 이기대 자연공원 내의 '용호광산과 일본군 포진지'는 부산 시민들에게조차 잘 알려지지 않은 곳이다. 용호광산은 일제강점기부터 구리를 채굴하던 곳으로 현재까지 갱도 7개가 발견되었다. 현재는 부산시에 의해서 갱도 한 곳에 대한 예비 현장조사만 이루어진 상태이다. 장기적으로 아직 이 유적을 활용하는 계획은 보이지 않는다.

이곳에서는 평상시에 알지 못했던 일제강점기 지역 수탈의 흔적을 엿볼 수 있다. 인근의 일본군 포진지도 러·일전쟁 이후 일본이 이기

---

[23] 국립일제강제동원역사관, http://museum.ilje.or.kr.

제5장 | 부산의 문화유산, 활용방식과 해외사례 비교 201

대 해안에 조선인을 강제 동원하여, 약 16년간에 걸쳐 만든 군사시설이
다. 현재는 길이 45m, 폭 14m, 높이 3m 규모의 인공동굴만 남았다. 해
방 이후, 인근 동네주민들이 젓갈을 보관하는 장소로 이용되다가 현재
는 겨우 원형만 유지하고 있다. 장기간 관리나 보존의 움직임은 없었
으며, 부산시와 남구청은 용호광산과 포진지를 이기대 공원 내의 관광
코스로 바꿀 구상을 최근에서야 시작하고 있다.[24]

남구 우암동(牛岩洞) '소막마을'은 일본으로 '소(牛)'를 수출하던 기지
가 있던 장소였다. 정확히 말하면, 일제강점기 일본이 우리나라의 소를
수탈하던 창구였다. 부산항에서 배에 싣기 전에 소가 전염병에 걸렸는
지 검사하기 위해 이곳에서 검역을 실시했다.

우암동 검역소는 1909년에 설립되어 '이출우(移出牛)' 검역소라 불렸
으며, 당시에는 소(牛) 막사를 비롯해 검역소, 해부실, 소각장 등 40동
정도의 건물이 모여 있었다. 해방 후에는 귀환동포와 한국전쟁 때 피
란민의 거주공간으로 바뀌었다. 이때, 소 막사에 피란민들이 들어가 산

---

24) 부산관광공사, http://bto.or.kr.

〈그림 5-9〉 부산 우암동 소막마을의 과거와 현재

다고 해서 이름이 '다용소(多用所)'로 변했다.

1960년대 경제개발이 본격화되면서 소막마을은 인근 지역에 조성된 공장, 항만 등으로 인해 외지에서 유입된 하층노동자들의 생활공간으로 활용되었다. 1980년대 이후부터 현재까지 이 지역은 빈민촌으로서, 낙후지역 재개발 논의 외에는 뚜렷한 보존이나 관심의 흔적을 찾기가 어렵다.

2018년 5월에 이르러 소막마을 건물 1동이 문화재청이 등록문화재 715호로 지정했다는 것은 그나마 다행스러운 일이다. 하지만 이 지역의 일제강점기 자산들에 대한 정부와 지역사회의 관심은 여전히 낮다.

일제강점기 수탈의 아픔을 간직한 이곳을 활용하려는 지역사회의 관심과 노력은 더 필요하다.[25]

3. 임진왜란과 교역의 흔적

부산에는 그간 주목받지 않았던 근대 이전의 전쟁 및 교역의 흔적들도 간직되어 있다. 그러나 일본과의 치욕의 역사를 간직했다는 이유로 아직까지 홀대받는 것으로 보인다. 특히 임진왜란 시기의 대표적인 예로 볼 수 있는 '기장 죽성리왜성(機張 竹城里倭城)'은 그간 소외되었지만 나름의 의미를 갖는 유적이다.

〈그림 5-10〉 부산 기장 죽성리왜성의 흔적

이 성은 왜장 '구로다 나가마사(黑田長政)'가 만들었으며, 조선과 명나라 연합군의 공격을 막고 남해안에 장기간 머물고자 쌓아 올린 일본식 축성 가운데 하나이다. 1963년에 사적 제52호로 지정되었으나, 일제강점기 지정문화재 재평가와 관련하여 등급이 조정됨에 따라 1997년에

---

25) 부산광역시남구, http://www.bsnamgu.go.kr.

사적 지정이 해제, 취소되었다. 이후 1999년에 부산광역시 기념물 제48호로 다시 지정되었다. 성의 둘레는 약 960m, 성벽높이는 약 4m이다. 이곳은 임진왜란과 정유재란에 왜군에 의해 수탈당하고 강제로 동원이 된 조상의 아픈 역사가 스며 있다.[26]

현재 왜성은 부산에만 총 11개가 조사되어 있다. 왜성은 대개 강이나 바다에 가까운 구릉을 택하여 수송·통신 등에 자유롭고 선박의 출입이 편리한 장소에 쌓았다. 죽성리왜성은 일본식 축성법의 전형적 표본으로 볼 수 있는데, '부산의 자성대왜성'과 형태가 비슷하며 '기장왜성', 소재지명을 따서 '두모포왜성(豆毛浦倭城)'이라 불리기도 한다.

또한 이 성은 울산의 서생포왜성과 부산의 자성대 및 동래왜성을 연결하는 요충지에 자리하고 있는데, 현재 성곽은 남아 있지만 주위는 밭과 민가로 사용되고 있는 상황이다. 현재 중심부의 대부분 성벽은 원형을 유지하고 있으나, 외곽 상당부분은 도로로 단절되어 흔적이 희미해 졌다.

이 외에도 부산 기장군 지역에는 삼국시대부터 지금까지 약 1,500년의 역사를 가진 문화유적들이 남아 있다. 향후 기장 대변항의 기장척화비를 출발해 죽성리왜성과 황학대, 기장읍성, 기장향교까지 전쟁과 기억을 재조명하고, 이들 문화관광 자산의 연계가 충분히 가능할 것으로 보인다.[27]

'초량왜관(草梁倭館)'은 조선 전기 부산포 왜관, 임진왜란 직후 설치된 절영도 왜관이다. 1607년(선조 40년) 조성되었으며, 왜관은 조선과 일본의 외교와 무역이 진행된 곳이다. 부산에는 절영도왜관·두모포왜관·초량왜관 등 세 곳에 왜관이 있었는데, 이들 가운데 초량 왜관은 약 200년 동안 가장 오래 존속하였다.

---

26) 부산향토문화백과, http://busan.grandculture.net.
27) 부산광역시기장군, http://www.gijang.go.kr.

부산의 초량왜관은 조선과 일본의 문물이 만나는 접점지역으로서의 역할을 했다. 덕분에 여기서 조선과 일본의 활발한 문화교류가 이루어졌다. 또한 초량왜관 운영을 위해 많은 비용과 노동력이 요구되었는데, 실제적으로 왜관과 가까이에 사는 부산 토착지역민의 부담이 가장 많았다.

초량왜관은 1876년 '강화도조약'으로 부산항이 개항될 때까지 존속하다가, 개항 이후 '일본인전관거류지(日本人專管居留地)'로 변모했다. 이곳을 통해 서구 신문물이 들어오면서 부산항 주변지역은 전통사회의 모습은 쇠퇴하고 새로운 근대 도시의 모습으로 변화해 갔다.

〈그림 5-11〉 부산 초량왜관의 묘사와 근대

지난 2000년에는 중구 광복동 용두산공원 쪽에 초량왜관터의 표석이 세워져 역사교육 및 관광자원으로 활용하려 하고 있다. 그러나 특별한

추가적 움직임은 없었다. 일본과의 무역 중심지로 활발한 역할을 했던 초량왜관 일대에 대한 외부인의 관심은 아직 저조한 편이다. 앞으로 부산지역과 부산 시민의 적극적 관심과 활용이 필요하다.[28]

V. 두 도시의 활용방식 비교: 다크투어리즘의 관점

지금까지 싱가포르와 부산이 가진 과거 전쟁·식민지의 주요 자산과 그 현황 및 관리실태를 개략적으로 소개, 논의하였다. 그런데 이론적 준거로 제시한 다크투어리즘의 관점에서 두 도시는 많은 차이를 보여주고 있다.

질문 하나를 던져보면, 문제는 더 간단해진다. "우리나라에서 가장 오래된 항도(港都), 대표적인 해항도시(海港都市) 부산이 싱가포르 혹은 다른 선진국과 같은 높은 수준의 역사·관광문화를 창출하는가?"라고 묻는다면, 선뜻 "그렇다"고 대답하기 어렵다.

부산을 처음 방문한 사람이 전쟁과 식민지 기억 등 어두운 과거의 역사를 생생하게 공부할 수 있는 현장을 현재 상황에서는 쉽게 찾을 수 없다. 기존의 화려하고 밝게 꾸며 놓은 관광지만으로는 해항도시 부산, 항도 부산의 식민지와 전쟁 역사를 제대로 이해할 수 없다는 것이다.

이에 부산은 소유한 전쟁과 피란, 식민지 자산에 대한 보존과 개발 프로그램이 일정한 질적 수준이 담보되면서 다양한 갈래로 개발되어야 할 필요가 있다. 보다 구체적인 평가와 활용에 대해서는 부산과 싱가포르를 다음과 같이 6가지 측면에서 비교, 논의할 수 있다.

---

28) 부산광역시동구, http://www.bsdonggu.go.kr.

첫째, 부산이 보유한 과거 전쟁이나 피란 관련 유산을 보면, 앞선 싱가포르와 비교할 때 실제로 '양'과 '질'에서 적지 않은 수준이다. 구체적인 근거는 최근까지 부산시가 지정한 총 87곳의 사적 및 300개 이상의 지정문화재 숫자와 그 종류를 통해서도 확인할 수 있다. 하지만 지역 주민과 외부인의 시각에서 보면, 이러한 유산과 흔적들이 얼른 눈에 띄지 않는다.

한마디로 다크투어리즘 자원으로서 특성화된 볼거리가 잘 드러나지 않는다는 것이 약점이다. 또한 유적과 자산들이 일정한 지역에 집약되어 있거나, 긴밀하게 스토리나 콘텐츠가 연계되어 있지도 않은 편이다. 그래서 부산의 역사·문화자산에 대해서 다크투어리즘의 관점에서는 성공적이라고 부를 만한 구체적인 내용이나 형태가 아직까지는 잘 보이지 않고 있다.

둘째, 앞서 논의된 부산의 유적과 자산들은 싱가포르와 달리 아직 다크투어리즘 관광의 대상이 아니라고 해도 결코 지나치지 않을 것이다. 왜냐하면 부산지역 상당수 유적 및 자산에서 선진국 수준의 역사·문화·체험 프로그램이 마련되어 있지 않기 때문이다. 즉 단순히 걷고 둘러보면서 '아, 과거에 이런 일이 있었다'고 안내문을 보거나 설명을 듣는 수준에서 벗어나지 못한 것으로 보인다.

이는 방문객이 그냥 자유롭게 보고 놀다가 가도록 하는 데는 적절할지도 모른다. 하지만 전쟁과 식민지 기억의 '다크투어리즘'과 '특수목적 관광'으로서, 부산의 아픈 역사와 교훈을 체험하고 생각하게 만드는 길과는 다소 거리가 멀다.

어둠과 상처를 관광자원으로 변모시키는 것은 경제적 상업주의에 매몰되어 있는가, 아니면 새로운 문화적 지식을 창출하고 도시를 질적으로 성장시키는가에 따라 두 얼굴을 가질 수 있다. 물론 싱가포르의 경우, 후자에 집중하고 있어 부산보다 상대적으로 깊은 인상을 준다.[29]

셋째, 부산은 싱가포르와 같이 기존에 주목되지 않았던 유적이나 자산들을 다크투어리즘의 측면에서 창의적으로 재해석하는 것이 필요하다. 부산이 가진 6·25전쟁 피란수도와 일제강점기 수탈의 유적, 임진왜란 전란의 흔적들은 그간 소수 전문가 외에는 일반인의 특별한 관심을 끌기 어려운 측면이 있었다.

그래서 이에 대한 문화적 원형 고증과 복원도 중요하지만, 그것의 본질적 의미를 외부인이 공감할 수 있게 알리고 전달하는 것이 더 중요하다. 피란민, 일제강점기의 생활상을 반영한 유산이 앞으로 추가될 필요성이 있으며, 피란수도와 일제강점기의 스토리텔링 및 기억에 관한 콘텐츠 개발이 필요하다. 물론 이러한 과정에서 부산의 어두웠던 과거들에 대한 관광자원화 시도는 싱가포르와 같이 신중에 신중을 기해야 한다.

넷째, 최근 부산이 6·25전쟁의 주요 피란유적을 국가와 정부를 통해 유네스코 세계문화유산으로 등재시키려 하는 시도는 매우 긍정적이다. 그러나 부산에서 나머지 소외된 역사 자산들은 이보다 훨씬 더 많은 것으로 보인다. 특히 부산에서 일제강점기 수탈의 유적과 임진왜란 유적은 상당수가 방치되고 오염되어서, 당장은 지정 신청조차 생각하지 못하고 있다.

부산이 가진 피란수도와 역사유적들의 유네스코 세계유산의 등재를 위해서는 다양한 요건 등이 필요하지만, 무엇보다 탁월한 보편적 가치(Outstanding Universal Value)를 인정받아야 한다. 나아가 등재 지침에 따라 역사·문화 유산의 영구적 보호를 위한 공간적 완충구역 설정을 필요로 한다. 부산이 기본적으로 이런 요건을 완비하려면 많은

---

29) Stone, P. R. and Sharpley, R, "Consuming Dark Tourism: A Thanatological Perspective", *Annals of Tourism Research*, 35(2), 2008, pp.574-595; Podoshen, J. S., Venkatesh, V., Wallin, J., Andrzejewski, S. A. and Jin, Z, "Dystopian Dark Tourism: An Exploratory Examination", *Tourism Management*, 51(3), 2015, pp.316-328.

시간이 걸릴 것이다.

싱가포르는 2015년에 영국 식민지 시절에 만들어진 '국립식물원 (Singapore Botanic Gardens)'을 세계문화유산에 등재시켰으며, 다른 유형유산과 무형유산의 등재도 해마다 추진하고 있다. 장기적인 안목과 긴 호흡으로 꾸준한 관리와 지원의 노력을 하고 있다. 반면에 부산에는 임진왜란 및 일제강점기 전쟁과 관련한 시설(성곽, 항구, 촌락 등)이 비교적 잘 보전되어 있고, 6·25 한국전쟁에 참전한 다국적 전사자를 추모하기 위한 유엔기념공원 등이 조성되어 있다.

그러므로 부산이 가진 하드웨어의 양과 질은 싱가포르에 비해 뒤지지 않으며, 가능성과 잠재력도 갖춘 것으로 생각된다. 앞으로 대중에게 알려지지 않은 전쟁·식민지 유산들까지 적극 활용하여 콘텐츠화 시킨다면, 다크투어리즘 관점에서 부산 역사·문화관광의 발전 가능성은 매우 크다고 볼 수 있다.

다섯째, 부산의 원도심 지역에 있는 상당수 유적과 자산들은 최근 단순한 경제관점에서 지역경제 활성화와 도시재생의 수단으로 활용되고 한다. 즉 지역경제 활성화를 위한 '테마파크'로 개발하려고 구상하거나, 상업관광의 대상으로 삼기 위한 의도를 종종 보이고 있다. 이러한 상황에 비추어 부산이라는 도시에 다크투어리즘이 제대로 활용되기 위해서는 기존 관광지의 활성화 방식으로 접근해서는 곤란할 것이다.

그간 부산에서는 "전통적 자산과 흔적을 어떻게 개발하는가, 정보는 어떻게 홍보하는가?" 등의 '관광객 상품화'에만 관심이 매몰되었던 점을 부인할 수 없다. 반대로 싱가포르는 자신들의 식민지와 전쟁 유적에 대해 "방문객이 무엇을 준비해야 하고, 어떤 마음가짐으로 관광해야 하는가?"에 대한 고민이 더 많았던 것으로 보인다. 앞선 소개와 논의에서 싱가포르는 '과거의 고통이 제거된 기억'으로 재현되는 단순한 전쟁과 식민지 역사를 방문객이 가만히 답사만 하게 놔두지는 않았다. 부산은 이런 점을 간과해서는 안 될 것이다.

여섯째, 부산은 민간기업이나 업자의 관광상품 개발에 동조하거나 상업주의적 의도에 말려들 것이 아니라, 지역문화 전문가들의 진지한 자문과 전통문화학자들의 체계적 논의와 담론을 장려하고 받아들여야 한다. 즉 해외의 선진 도시들과 같이 다크투어리즘을 새롭게 바라보고, 도시의 과거와 현재, 미래를 연결하는 매개역할을 할 수 있는 수단으로 활용해야 한다.

그런 점에서 싱가포르는 과거 역사적 파괴와 폭력을 경험하고 이해하려는 욕망을 지닌 관광객에게 충분한 정보와 매력을 제공하려 노력하고 있다. 또한 부산과는 조금 다르게 비극적인 역사를 방문객에게 스스로 발견하도록 만들고, 흥미와 호기심을 적극적으로 자극하려는 노력을 보여주었다.

이는 싱가포르에 대한 도시이미지와 재방문에도 많은 영향을 미치고 있다. 향후 부산이나 비슷한 처지의 도시들도 이런 점에 특히 주목해야 한다. 기존에 발굴되지 않은 전쟁 및 식민지 유산들의 내용과 특성을 재정비하여, 새롭게 다크투어리즘의 자원화 구상을 해내야 할 동기를 싱가포르는 제공하고 있다.

이상과 같은 비교에서 우리가 얻을 수 있는 결론은 명확하다. 그것은 현재와 같이 단지 지역의 역사·문화유산을 단순히 구경시키는 수준의 관광으로는 '전쟁과 식민지 기억의 다크투어리즘'을 구현할 수 없다는 점이다. 우리는 어두운 과거의 유산이 하나의 관광상품으로 대상화되는 것이 아니라, 아픈 상처와 교훈이 지켜가고 가꾸어가야 할 현재적 삶의 가치로 받아들여야 한다.

밝고 화려한 역사와 함께 이면이 어두운 역사를 지키고 가꾸는 것은 동시대의 문화를 더욱 풍부하게 만드는 방법임을 우리는 알아야 한다. 그리고 아픈 기억과 어두운 역사의 자산들이 새로운 문화창조의 주체로서, 그 체험의 깊이를 확보하는 단계까지 올라서게 해야 할 것이다.

Ⅵ. 맺음말

우리는 밝고 자랑스러운 역사·문화자산의 보존에 이미 많은 관심을 쏟고 있다. 반면에 슬프고 아픈 역사에는 관심이 상대적으로 소홀할 가능성이 많았고, 실제로도 그러했다. 하지만 이미 과거의 어두운 측면들도 도시의 훌륭한 자산과 관광자원으로 만들어지는 시대에 우리는 살고 있다.

이 장에서 소개한 싱가포르와 해외선진국의 사례에 비추어 보면, 과거 아픈 역사의 유산을 기반으로 삼는 다크투어리즘은 그 도시의 인지도와 발전의 중요한 원동력이며, 향후에도 전망 있는 관광 및 홍보의 한 형태가 될 것이다. 부산은 바로 이런 점에 크게 주목해야 한다고 본다.

현대인에게 관광은 '휴식'일 수도 있고 '놀이'라고 볼 수도 있지만, 반대로 '체험'이나 '학습' 혹은 '수양'일 수도 있다. 최근 선진국의 관광형태와 추세는 다변화되고 있는데, 그 중에서 중요한 축으로 자리 잡은 것이 '다크투어리즘'으로 보인다.

이러한 새로운 관광개념은 기존의 '놀고 즐기는 것' 보다 과거인의 '힘들었던 삶을 묵상하고 체험하는 것'을 더욱 가치 있게 여긴다. 방문객은 전쟁 및 식민지 유적과 현장을 보고 이 안에서 어둡고 비극적 사건에 대한 내용을 접하고 다양한 감정과 의식을 얻는다. 앞서 소개한 싱가포르가 가장 좋은 사례였다.

하지만 현재 부산의 전쟁 및 식민지 유산과 그 흔적들은 체계적인 관리가 되지 않고 있는 것으로 보인다. 재생과 보존의 관심이 최근 생기고 있는 곳에서 조차도 죽음과 고난, 피해의 소재를 단편적이면서 사실적으로 보여주는 것에만 중점을 두고 있다. 그래서 싱가포르에 비해 부산은 지역민과 외부 수요자를 위한 다크투어리즘의 요소가 상대적으로 부족한 것으로 보인다.

도시와 지역은 유적이나 자산의 역사성과 중요성을 내세우지만, 관광객은 스토리와 사연에 매력을 느끼고 방문하고 싶어 한다. 따라서 다크투어리즘을 성공적으로 구현하기 위해서는 역사적 자산과 사례를 방문객과 수요자가 원하는 요구에 정밀하게 대입시킬 필요가 있다.

이 장에서 화두로 삼았던 다크투어리즘의 취지에 따르면, 지역민과 방문객에는 '반면교사(反面敎師)'로 아픈 역사를 잊지 않으려는 새로운 관광형태가 되어야 한다. 그런데 누가 어떻게 만들어 나가느냐에 따라 '어두운 단면'만 남을 수도 있고, '세속적인 관광과 돈벌이'만 남을 수도 있다.

또한 특정한 지역에 다크투어리즘이 도입되기 위해서는 인근 주민이나 사건 관련자들도 중요한 이해관계자가 된다. 이들이 죽음과 고통에 관한 기억을 다루는 생소한 관광개념에 대해 수용적 인식과 태도를 보여야 한다.

이에 가장 중요한 점은 다크투어리즘을 구현할 때 현장의 아픈 역사와 기억을 그곳의 사람들과 함께 되새기며 관광자원화가 이루어져야 한다는 것이다. 그 지역만의 고유한 체험으로 다크투어리즘의 성공을 위해서는 지나친 상업적 관광자원화를 경계하고 주변의 2차, 3차 콘텐츠와 연계하는 것이 중요하다.

이를 위해서는 전문가의 참여와 역사를 비롯한 여러 학문간의 학제적 논의 등을 통해 철저한 고증을 거치고, 정확한 사실과 스토리를 구성해야 한다. 나아가 이를 토대로 선진도시의 사례와 같이 상처를 가진 유적과 자산에 대한 충분한 정보가 제공되어야 한다. 최근의 트렌

드인 가상현실과 증강현실 기술을 활용한 콘텐츠까지 도입하려 한다면, 내용적으로 아픈 기억을 되살리는 것인 만큼 섬세한 접근도 담보되어야 할 것이다.

끝으로 다크투어리즘 관점에서 전쟁 및 식민지 유적이나 자산은 시대의 변화에 따라 사회적으로 의미가 재조명되는 특성을 갖는다. 일반인은 물론 기존 전문가조차도 상대적으로 주목하지 못했던 부분이 많기 때문이다.

그래서 이 장에서 미처 다루지 못한 부산의 새로운 유적이나 자산들도 더 있을 것으로 사료된다. 특히 근래에 지진, 해일 등의 생소한 천재지변이 부산, 포항 등의 연안에 발생함에 따라 향후 재난유형의 사례도 국내에서 증가할 것으로 예상된다.

이에 부산시와 지역사회는 전쟁과 식민지 기억을 품은 개별 자산과 유적들이 가진 다크투어리즘을 구현하는 방식에서도 '장소의 상징성과 고유성'에 방점을 둘 것인지, '상업성과 위락적 목적'에 우선순위를 둘 것인지를 전략적으로 구분하는 노력을 해야 한다.

그리하여 앞으로 부산이 다크투어리즘과 관련된 역사·문화·재난 자산을 효과적으로 보존·개발하여, 지금보다 성숙한 답사관광지, 학술관광지, 학습관광지로 자리매김할 필요가 있을 것이다. 궁극적으로는 역사의 비극적 유산을 통한 다크투어리즘을 부산이라는 도시와 지역을 한 단계 성숙하고 발전시킬 수 있는 미래의 새로운 동력으로 삼아도 좋을 것이다.

제6장

부산의 해양산업,
일자리 창출과 발전방향

Ⅰ. 머리말

이 장에서는 부산의 미래 먹거리와 일자리 창출의 원동력으로서, 부산의 해양산업에 대해서 논의하려 한다. 즉 우리나라 최대 해항도시(海港都市)인 부산의 해양산업을 대상으로 주요 산업현황과 실태를 알아보고, 향후 해양산업의 지속가능한 발전과 해양일자리의 장기적 창출을 위한 정책현안을 모색하는 것이다.

우리나라 해양산업은 고부가가치 산업이자 미래의 경제성장동력의 하나로 각광받고 있다. 또한 해양산업은 새로운 해양일자리 창출의 가능성이 매우 높은 분야로 알려져 있는데, 그 중심에는 많은 인구와 자본, 바다와 항만을 가진 주요 해항도시(海港都市)들이 자리하고 있다. 해양 부산은 그 중에서도 가장 잠재력이 크다.

그래서 국가와 역대 정부들도 '미래 신경제'의 일환으로 부산과 남해안 권역에 대하여 해양산업의 큰 그림을 구상했었다. 부산과 경남이 있는 남해안에 천혜의 해양환경과 해양자원을 지속적으로 보전시키는 한편, 새로운 해양산업을 창출하고 해양산업을 미래 신성장 산업으로 육성하기 위해 정책적으로 노력해 왔다.

좀 더 구체적으로 보면 오래 전부터 정부는 부산, 인천, 울산을 비롯하여 동남권과 경남연안 및 남해안 지역 등에 해양산업을 특화하거나 이식을 하려 했다. 또한 남해권에 위치한 주요 도시들은 우리나라를 대표하는 해양산업 육성지역 및 해양중점 지역으로 스스로를 특화시켜, 수도권에 집중된 산업기능을 적극적으로 분담하는 역할자임을 자처해 왔다. 물론 부산은 그 중심에 있었다.

예컨대 부산의 경우, 21세기 해양수도로서의 위상정립에 필수적인 마스터플랜을 이미 2001년에 수립하였고, 중앙정부나 타 지역에 대응할 수 있는 전략계획인 '해양수도 21 기본계획'도 수립하여 시행해오고 있다. 또한 부산은 제2의 도시이자 해양수도의 위치로서 우리나라 해양문제 논의의 주도적인 위치를 점하고, 매년 세계해양포럼(WOF: World Ocean Forum)을 개최하고 있다.

세계해양포럼은 해양의 활용과 보전, 해양에 관한 국제적 협력과 관련해 세계적인 전문가들이 주요 현안을 논의하고, 미래의 올바른 방향을 제시하는 국제컨퍼런스이다. 지난 2007년 제1회가 개최된 후 매년 1회씩 부산에서 해마다 개최하고 있다.

세계해양포럼은 이제 전 세계적으로 권위 있는 국제해양회의로서 확고한 자리를 잡았다. 세계해양포럼은 21세기 세계 유일의 해양분야 전문가회의, 해양분야의 다보스 포럼(Davos Forum, 세계경제포럼)이라는 별칭답게 세계적인 석학들이 운집해 열띤 담론을 벌이고 있다. 특히 세계해양포럼에서 해양산업은 단골소재이다.

세계해양포럼에서 가장 의미를 둬야 할 부분은 환경, 특히 바다의 변화에 대비해 세계를 권역별로 나누어 공동의 자료 조사와 교환, 대응책 등이 미리 사전에 준비된다는 것이다. 바다는 전 세계로 열려 있는 만큼 어느 한 나라의 노력에 의해 통제될 성질의 것이 아니기 때문이다. 광활하게 넓은 바다의 문제를 포럼의 개최를 거듭하면서 서로 더 가까워진 바다로 볼 수 있게 만든다는 점은 이 회의가 미래에 우리나라와 부산의 자랑이자, 세계 최고 수준의 해양전문회의로 성장할 가능성을 충분히 보여주고 있다.

세계해양포럼 등과 같이 이미 우리나라 해양 및 지역전문가들 사이에서는 앞으로 해양산업의 부문별 계열화와 규모화를 통해 세계적인 수준의 해양산업을 특화, 육성해야 한다는 목소리가 나오고 있다. 그리고 이를 통해 경제적으로 바다를 면한 해항도시들의 신성장 동력을 확충하는 동시에 해양산업의 지속가능한 성장을 추진해 나가야 한다는 논리가 힘을 얻고 있다.

게다가 우리나라에서 대표적인 해양도시인 부산이 지향하는 미래 해양수도(Ocean Capital)의 모습은 "해양을 중심으로 각종 경제, 사회, 문화적 활동이 활발한 도시"를 의미하며, 동시에 "해양산업이 종합적으로 발달한 도시"를 전제로 한다.

이에 따라 부산은 지난 2009년 9월에 우리나라 최초로 "해양산업육성에 관한 조례"를 제정하여, 지역해양산업을 체계적으로 육성·발전시키는 획기적인 정책을 마련하였다. 우리나라 해양수도로서의 위상정립과 지역경제 활성화를 위해 부산시는 전국 최초로 해양산업의 활성화 조례를 통해 새로운 길을 찾은 것이다. 물론 여기에는 경제적으로 부산의 해양산업 비중이 타 지역보다 높은 원인도 있고, 다른 환경적 원인들도 작용하고 있다.

예컨대, 환경적으로 우리나라에서 2012년 여수세계해양박람회의 성공적인 개최, 2013년 해양수산부의 새로운 부활, 2014년 해양수산공공기관의 부산 이전(영도구 동삼동 해양특구 및 해양클러스터 구축), 2015년 국제해사기구(IMO) 사무총장 당선, 2030 부산 세계박람회 유치 운동 등의 호재들도 해양수도 부산으로의 발전에 긍정적으로 작용하였다.

한편, 정치적으로 부산은 역대 민선시정의 우선순위 공약으로 "부산의 좋은 일자리 창출"을 내걸었는데, 매번마다 거의 "해양산업 부문에서의 해양일자리 창출"을 우선적으로 공약의 실천사항에 천명하고 있다. 그 이유는 현실적으로 해양산업이 부산경제의 핵심이고, 일자리 직종과 잠재력이 무척이나 다양하기 때문이다. 이는 우리나라 연안에 있는 다른 해항도시들의 경우도 예외가 아니다.

단순히 선박(배)과 직접 관련된 직종만 예를 들더라도 모든 선박의 운항에 종사하는 해기사 및 도선사와 선적 화물을 하역하는 크레인기사 및 항만노동자, 선박의 화물 개수를 검수하는 검수사, 선박 화물량을 측정하는 검량사, 선박화물의 상태를 검사하고 기록하는 감정사, 선박설계사, 선박에 각종 필요한 물품을 판매하는 선박물품공급업자, 선박수리공 등 일일이 헤아릴 수 없을 정도이다.

그러나 과거 세월호 침몰사건, 원양어선 오룡호 침몰사건, 한진해운 파산 등등의 여러 사건으로 인해 경기와 일자리 여건에 가장 먼저 직격탄을 맞은 곳도 역시 해양산업 분야임은 부정할 수 없다. 또한 해항도시인 부산은 이러한 해양산업이 도시경제의 주축을 담당하고 있어, 여러 사건들의 파급효과가 더 클 것으로 추정된다.

부산은 우리나라 제2의 도시로서 '대한민국 해양수도'의 위상을 지향하는 데 비해서, 장기적 경기침체와 일자리 창출이 가장 이슈가 되고 있는 소위 '두 얼굴'의 지역이기도 하다. 따라서 이 장에서는 부산을 중심으로 해양산업의 주요 현황과 실태, 일자리 창출의 성과를 통해 진단해 보고, 다시 이를 중심으로 미래의 부산 일자리 창출과 해양산업의 발전적 전략에 대한 제언을 하고자 한다.

Ⅱ. 해양산업과 일자리 창출의 의미

1. 해양산업의 정의와 범주

일반적으로 해양산업은 "해양을 이용, 개발 또는 보전, 보호하는 모든 산업부문과 생산적 활동"을 총칭하는 개념이다. 외국에서도 해양산업에 대한 일반적인 지칭은 광의의 의미로 사용되는데, 해양산업(Marine Industries, Maritime Industries, Ocean Industries), 해양부문의 제반산업(Marine and Ocean Industries, Ocean Sector), 해양경제(Marine Economy, Ocean Economy) 등의 용어가 혼재되어 사용되고 있는 실정이다. 그러나 일반적인 사용의 빈도에서 보면 '해양산업(Marine Industries)'

이라는 용어가 가장 일반화되어 있다.

현실적으로 해양산업의 정의는 각 국가별 실정과 상황에 따라 다르게 지정되어 있다. 해양선진국의 사례만을 보자면, 먼저 미국의 경우 해양산업은 총 6개 부문에 23개 산업이 지정되어 있다.

세부적으로 해양생물자원산업 부문에는 양식업/종묘생산업, 어업, 수산물가공, 수산물 유통/판매업이 포함된다. 해양광업 부문에는 해사/골재 채취업, 해저 석유/가스 탐사 및 개발업이 포함된다.

조선업 부문에는 보트 건조 및 수리, 선박 건조 및 수리 등이 포함된다.

해양관광업 부문에는 위락/레크레이션 서비스, 음식업, 숙박업, 마리나산업, 캠핑장 운영, 해상경관 투어, 스포츠용품 판매업, 아쿠아리움 등이 포함된다.

해운업에는 화물운송, 여객운송, 해상운송 관련 서비스, 항해장비, 보관창고업이 포함된다. 해양건설업에는 해양플랜트사업이 포함되어 있다.

영국의 경우, 해양산업은 해운업, 해양관광산업, 해저유전산업(oil & gas), 해산물(seafood) 가공, 해양장비, 어업, 조선업, 방위조선업, 항만업, 양식업, 레저보트조선업, 크루즈산업, 연구개발(R&D)사업, 해양서비스업, 해양에너지, 보안 및 통제, 해양조사, 교육훈련, 해저기술, 해저굴착장비 등의 20개 부문에 대해 지정되어 있다. 호주의 경우, 해양산업은 해양관광산업, 해양석유정제업, 수산 및 수산가공식품업, 해운업, 조선업, 항만업 등 6개 산업이 지정이 되어 있다.

제도적으로 해양산업(Marine Industries)이란, "생물공업, 해양광업, 해양에너지산업, 해양토목·해양구조물산업과 같은 해양개발과 관련된 모든 산업"을 말한다. 국내의 해양산업은 전반적으로 초기단계에 있으며, 첨단기술의 발전과 함께 발전이 가속화되고 있다.

해양산업은 구체적으로 U-기반 항만물류산업, 조선·조선기자재산업, 물류·항만기술개발산업, 해양에너지개발산업, 해양바이오산업, 해양안전·환경기술개발산업 등으로 분류할 수 있고, 이러한 하위 해양산업들에 속하는 모든 기업체들을 해양산업체라고 통칭하고 있다.

2. 해양산업의 발전 및 파급효과

먼저 해양산업의 부흥을 통한 해양 일자리의 창출은 곧 해양산업의 지속가능한 발전과 관계가 깊다. 이에 해항도시와 도시산업의 지속가능한 발전의 측면에서 보면, 곧 해양산업의 발전효과는 도시의 현재와 미래에 상당히 중요한 현안이 된다. 특히 우리나라에서 부산, 울산, 인천 등의 주요 해항도시에는 해양산업의 집적수준(Industrial Intensity)이 높게 나타나고 있어, 이러한 산업기능의 집적을 더욱 강화할 수 있도록 지금보다 한층 강화된 시책이 필요하다. 만약 이러한 시책과 조치가 앞으로 가시화된다면, 구체적으로 다음과 같은 해양산업의 발전효과를 기대할 수 있을 것이다.

첫째, 해양산업의 집적과 연계효과에 관한 것이다. 우리나라 해양산업의 전국적인 비중으로 보면 국내 어느 지역보다도 가장 먼저 부산, 울산 등이 포함된 동남권역이 중앙정부에 의해 세계적인 해양관련산업의 중심지로 육성될 것으로 예측된다.

국가의 입장에서 해양개발이 중요하다면 과연 해양관련 기능의 육성을 위해서 어느 지역이 보다 적은 예산의 투입으로 효과를 극대화시킬 것인가를 전략적으로 고민해야 하는데, 그 산업비중으로 볼 때 동남권과 부산 및 울산, 인천과 수도권 등은 좋은 조건을 갖추고 있다.

특히 동남권과 부산 및 울산지역은 우리나라 최고의 해양산업 집적 도시들임이 분명하다. 또한 지역 내에서도 해양관련 산업의 긴밀한 연계관계가 형성되어 있으므로 부산과 울산을 거점으로 동남권과 남해안 지역에 우리나라 해양산업 기능을 집중시키는 것이 효과적이다. 이들 지역은 기존 산업구조와 인프라 측면에서도 세계적인 해양산업의 중심지로 도약할 수 있는 충분한 가능성을 갖고 있다.

해양인프라의 집적과 관련하여 특히 부산을 포함한 경남, 울산에는 지역에 집적된 산업 · 생산기능과 최근 지역으로의 이전이 완료된 해양 관련 국책공공기관(국립해양연구원, 국립해양조사원, 한국해양수산개발원, 한국해양수산연수원, 국립수산물품질검사원) 및 해양특구 클러스터 지정 등이 큰 장점이다.

그러므로 기존 정책지원과 집적이 가지는 효과가 결합된다면 해양 관련 과학기술, 지식의 생성, 축적, 이전 및 확산을 도모하는 데 있어서 지역이 중심적 역할을 충분히 수행할 것으로 기대되고 있다. 이렇게 함으로써 주요 도시는 경제적으로 우월한 경쟁력을 갖추는 동시에 국가적으로도 다른 해양경쟁국가들에 전략적 우위를 점할 수 있는 장점이 생기게 된다.

둘째, 해양산업이 가진 지역경제 및 일자리 파급효과에 관한 것이다. 주요 지방정부와 도시에서 해양산업의 육성과 활성화 정책이 이루어진다면, 그 지역경제의 구조에서는 파급효과의 확산이 증폭적으로 일어날 수 있다. 특히 해양산업 부문에서 우리나라가 자랑하는 항만물류, 조선 및 해운, 해양과학기술 등은 수익 체증적(increasing return)인 성격을 갖고 있다.

이러한 이유 때문에 그 성과 및 지식확산 시스템을 제대로 구축하게 된다면 그 경제적 파급효과는 클 것으로 기대된다. 물론 지역경제에 대한 해양산업의 높은 파급효과에도 불구하고 조선, 해운, 물류를 제외한 다른 해양산업 분야는 전반적으로 일자리 등이 열악하다는 지적이 많다. 따라서 고부가가치 지향의 해양산업부문 육성의 부족, 기업체 수에 비해 종사자가 절대적으로 적은 해양산업의 전반적인 영세성은 지속적으로 극복해야만 할 과제로 보인다. 이는 일자리 창출 측면에서도 중요한 정부와 기업 공동의 과제가 된다.

셋째, 해양산업을 통한 해양선진국으로의 중장기적 도약효과에 관한 것이다. 최근에 들어 우리나라 주요 도시의 강화된 해양산업 육성정책은 각 도시가 해양산업의 중심지로서 우리나라 해양선진국의 위상을 공고히 할 수 있는 토대를 마련할 것으로 기대된다. "해양을 지배하는 나라가 세계를 지배한다"는 말이 있듯이 해양산업에 대한 장악력을 키워나가기 위해서는 무엇보다 각 도시와 정부의 관심과 정책적 역량의 집중이 필요하다.

우리나라 연안지역은 지정학적으로 대륙과 해양을 잇는 매우 중요한 위치를 점하고 있기 때문에 기존 지역에 집적된 해양산업 인프라를 기반으로 해양개발의 핵심역량을 재집적시켜 세계적인 해양자원 확보와 선점을 위한 확고한 교두보로 삼아야만 한다. 그리고 해양산업의 일자리 창출과 양적 성장을 통해 도시의 경쟁력과 국가 해양력(sea power)을 제고시킬 필요가 있다.

3. 해양산업과 일자리 창출의 관계

일반적으로 일자리의 발생은 일자리의 창출 혹은 유지를 의미한다. 일자리 창출 유지의 의미는 노동통계의 관행에 기초한 것으로 일자리 창출과 일자리 유지는 서로 동일한 것으로 보고 있다. 일자리 창출정책의 목표는 경제성장과 고용증대를 동시에 추구하여 성장이 고용을 창출하고 고용이 다시 성장을 견인하는 그러한 경제성장 및 고용창출의 선순환 구조를 구축하는 것이다.

일자리 창출정책은 단순한 일자리 창출에 그치는 것이 아니라, 경제 및 산업정책상의 인력양성, 사회안전망 확충, 노사관계의 안정까지 다양한 범위의 정책들이 포함된다. 넓은 의미에서 일자리 창출정책은 경제정책 및 노동시장정책을 포괄하고 있다고 볼 수 있다.

이런 점에서 우리나라 정부의 일자리 창출정책은 크게 두 개념으로 집약할 수 있다. 즉 일자리를 노동의 파생수요로 인식하여 성장잠재력이 높으면서도 고용창출 효과도 큰 산업을 육성하는 제반 방안을 담고 있는 간접적인 일자리 창출정책과, 노동시장에서 노동수요를 진작시키기 위한 지원대책을 담는 직접적인 일자리 창출정책으로 구분할 수 있다. 따라서 우리나라 정부에서 기존에 발표한 일자리 창출 대책은 넓은 의미의 일자리 정책을 포괄하고 있음을 알 수 있다.

일반적으로 일자리 정책과 관련하여 정책을 수립하기 전에 정확하게 파악해야 하는 일은 실업문제의 구조적 특징이다. 먼저 해양산업의 노동시장에는 항상 구인과 구직자가 항상 존재하고, 실업의 종류에는 마찰적, 구조적, 경기적 실업이 있다는 교과서적인 사실을 전제한다면 100명의 실업자가 존재한다고 하여도 추가로 필요한 일자리가 100개가 아니라는 점이 중요하다.

그 중에는 일자리를 창출해야 해결될 것들이 있고, 기존에 있는 일자리들 간의 수급불일치를 조정해서 해결할 수 있는 것들이 있을 것이다. 각각의 개념에 비추어 보면, 구인구직 정보제공, 직업훈련 및 노동이동 지원, 경기적 실업 부분의 해결에 추가 일자리 창출이 필요하다. 여전히 수많은 구인광고가 나와 있으면서도, 그에 상당한 실업자가 존재한다는 사실이 노동시장에서 수급불일치에 대한 이해의 필요성을 시사한다.

그러한 맥락에서 해양산업 인력의 수급불일치 내용을 보면 직종별, 지역별, 학력별, 연령별, 임금별 등으로 나누어 질 수 있다. 그러나 무엇보다도 수급불일치의 가장 중요한 원인은 노동시장에서의 기업과 고용인력 간의 선행되어야 할 요건을 서로 충족하지 못한 데에서 오는 것이 대부분이라 할 수 있다.

이에 해양산업체는 원하는 인력을 확보하기 위해서는 무엇보다 고용할 인력에 대한 세부적이고 체계적인 지원을 하여야 하며, 그에 따르는 정보(기업정보, 임금, 복지 등)를 충분히 고용할 인력에게 제공하여야 한다. 또한 고용될 인력은 마찬가지로 자신이 원하는 업체에 취업하기 위해서 일반적으로 취업 시 제출하는 이력서 내용뿐만 아니라 자신에 대한 객관적이고 세부적인 정보(희망기업, 희망직종, 보유기능 및 기술 등)를 업체에 제공해야 한다. 그럼으로써 기업의 선택영역을 확대하고 판단할 수 있는 조건을 조성하여, 해양산업에 적합한 인력을 믿고 채용할 수 있는 여건이 마련되어야 한다.

Ⅲ. 해양산업을 둘러싼 환경과 일자리 현황분석

1. 해양산업의 상황에 대한 환경

해양산업의 지속가능한 발전을 담보하는 일자리 창출을 위해서는 이를 둘러싼 환경에 대한 검토가 전제되어야 한다. 즉 현재 상황에 대한 환경분석(SWOT)을 통해 해양산업 내부의 강점과 약점을 파악하고, 산업 외부의 기회와 위협을 대응시켜 해양산업이 일자리 창출에 갖는 의의와 취지를 쉽게 이해할 수 있다.

환경은 해양산업 내부와 외부의 모습을 동시에 파악할 수 있기에 장기적 안목에서도 예측이 용이하다. 게다가 결과 자체가 간단 명료하게 정리되기 때문에 일반인들에게도 해양산업의 현실과 문제점을 보다 쉽게 파악할 수 있게 한다.

여기에서는 우리나라 해양수도인 부산을 사례로 하여, 해양산업을 둘러싼 과거, 현재와 미래의 환경에 대해 세밀하게 분석을 하고자 한다. 가장 대표적인 해양도시인 부산의 주축산업인 해양산업을 둘러싼 환경에 대하여 강점, 약점, 기회, 위협(SWOT) 요인으로 구분을 하면, 구체적으로 다음과 같이 제시할 수 있다.

1) 현재의 강점(Strength)

해양산업이 갖는 현재의 강점요인으로 첫째, 동남권과 남해안에 위치한 부산은 우리나라의 해양수도이자 세계 10대 해양강국을 주도하는 선도도시이다. 우리나라 제1의 해양도시인 부산은 세계 10위권 해양력(sea power)의 토대인 조선분야에서 1위, 선박보유량 8위, 컨테이너 처리량 5위, 수산물 생산량 12위를 주도하고 있으며, 실질적인 우리나라의 해양수도 역할을 담당하고 있다고 해도 과언이 아니다.

둘째, 국가경제를 뒷받침하는 우리나라 제1의 수출입 해상관문 부산항은 개항한 이래, 제1의 국가항만으로서 그 역할을 충실히 수행해 왔다. 예를 들어 우리나라 수출화물의 약 70%, 수입화물의 약 70%, 환적화물의 약 94%가 부산항을 이용하고 있다. 부산항은 기본적으로 물류분야 국내 항만들 중에서 약 80%에 육박하는 화물 집중도를 보여주고 있으며, 평균 증가율도 매년 약 10% 정도로 전국의 10여 개 컨테이너 항만들 중에서 물동량 규모, 집중도 측면에서 단연 전국적 우위에 있다.

셋째, 부산지역 해운·항만·물류관련산업의 비중은 전국대비 약 30%를 차지하고 있으며, 해양산업은 전국에서 가장 높은 비중을 보여주고 있다. 부산항의 물류 규모의 확대와 이에 따른 산업활동 증대 및 기술수준 제고에 따라 해양산업은 여타 지역이나 도시에 비해 성장잠재력이 크다고 볼 수 있다.

넷째, 부산은 명실상부한 국내 1위의 해운·항만·수산세력을 보유하고 있으며, 최고의 항만물동량 처리도시, 선원송출도시, 선박보유도시로 평가되고 있다. 부산은 우리나라 제1의 수산도시이자 국내 최대의 수산 및 수산가공산업이 입지하고 있는 지역이다. 미국, 일본, 러시아, 중국, 우리나라 등 5개국의 수산물 생산 및 수입량이 세계 총량의 약 50%를 점유하고 있어, 부산은 지리적으로 동북아의 중심기지로서 수산물 국제교역에 유리한 조건을 가지고 있다. 따라서 부산은 항만/물류/해운 기능뿐만 아니라, 국내 수산업의 실질적인 메카로서의 기능을 수행하고 있다.

다섯째, 부산은 수산유통 부문에서도 부산공동어시장을 비롯한 9개소의 집하장으로 구성되어 국내 수산물 유통시설규모에서 45% 이상을 소유하고 있는 것도 강점이다. 냉동수산물 동결능력이 하루 4,500톤 이상, 냉장보관능력 90만 톤 이상으로 전국 대비 약 65% 수준이며, 수산식품업체 등 해양생물산업 연관업체가 700여 개 이상씩이나 입지하고 있기 때문에 물류 및 유통분야의 노하우가 축적되어 있는 것이 강점이다.

2) 현재의 약점(Weakness)

해양산업이 갖는 현재의 약점요인으로 첫째, 부산 시민의 해양산업에 대한 이해 및 관심 부족을 들 수 있다. 부산은 해양수도로서의 무한한 성장 잠재력이 있음에도 불구하고 역사적으로 내륙 중심적 사고와 유교사상의 영향으로 해양에 대한 진취성이 부족하였으며, 해양사상을 배척하는 경향이 강했다. 지금도 해양산업과 직접 관계되는 관련기관이나 관계자 정도만 그 시의성과 중요성을 인식하고 있는 정도이다.

둘째, 해양의 중요성에 대한 지역시민의 인식 부족과 함께 정부의 바다에 대한 정책적 관심이 적었다. 해양공간의 다양한 경제적 활용에 대한 사회적 관심도 낮았으며, 지역에서는 바다를 주로 단순한 어업공간이나 화물선 운항 중심의 물류공간으로만 여겨왔다.

셋째, 부산의 해양산업은 조선, 해운항만, 국방(해군)의 터전이자 수산, 광물, 에너지 자원의 보고로서 개척하고 육성해야 할 중요한 영역이었다. 그럼에도 불구하고 육지중심에서 해양시대로의 변화에 능동적으로 대응하지 못해 왔던 측면이 있었다. 즉 우리나라는 임해지역의 난개발을 비롯하여 삼면이 바다인 반도국가이면서도 지금까지 내륙지향적 국토정책을 추진해 온 약점이 있다.

넷째, 해양산업체(기업)의 전반적인 영세성으로 부산을 비롯한 해양산업분야 업체들 대부분이 중소·영세기업으로 집계되고 있다. 이들은 현재 자금·인력의 부족과 취약한 유통망으로 인해 외국업체나 소비자의 욕구를 충족시킬 수 있는 수준의 제품개발 능력이 취약한 실정에 있다.

다섯째, 부산은 대표적인 해항도시임에도 불구하고 정부와 기업, 그리고 시민 사이의 소위 '해양협치(海洋協治)'와 해양산업의 '거버넌스(Governance)' 수준이 아직은 미약하다. 즉 정부 주도의 연안관리와 산업시책의 일방향성이 계속되고 있으며, 이에 대해 기업은 영세성과 여력의 부족, 시민은 관심 부족으로 인한 참여와 협력이 해양선진국에 비해 원활하지 못하다는 약점이 있다.

3) 미래의 기회(Opportunity)

미래의 기회요인으로 생각할 수 있는 점은 먼저 동북아시아 지역에서 연안도시들의 네트워크가 형성되고 있다는 것이다. 국제적으로 최근 부산과 일본의 후쿠오카 초광역 경제권 형성이 점차 현실화되어 가고 있으며, 인천은 중국 쪽의 상해 및 청도 등과의 국제교류가 긴밀해지고 있다. 게다가 부산과 인천 등은 국제항구와 고속철도가 만나는 관문(Asian Gateway)으로서 해운, 물류, 조선산업을 중심으로 한 동북아 해양산업의 거점으로의 발전이 전망되고 있다.

이에 부산 신항만 개장에 따른 북항의 전면 재개발사업이 2040년까지 국비사업의 일환으로 추진 중이며, 지역해양자원과 각종 산업의 연계를 통한 해양산업 활성화가 예상되고 있다. 그리고 부산지역과 인근 경남지역은 우리나라 조선산업의 발상지이자 제1의 조선(기자재)산업 단지가 입지하고 있는 것이 기회로 여겨지고 있다.

같은 맥락에서 부산은 2010년부터 국제수산물류·무역기지(감천항) 조성으로 인해 세계적인 수산교역기지로의 도약을 꿈꾸고 있으며, 여타 국제조선해양산업전, 국제수산무역엑스포의 지속적 개최로 국제적인 인지도와 해양산업의 지속가능한 발전정책을 강화하고 있다. 국가적으로는 중앙정부 컨트롤타워인 해양수산부가 폐지되었다가 다시 부활되었고, 여수세계해양박람회의 성공적인 개최와 2030 부산세계박람회의 유치 운동으로 인한 해양이미지와 국제인지도의 상승도 앞으로 해양산업의 발전에 좋은 기회가 되었다.

4) 미래의 위협(Threat)

해양산업과 해양일자리의 미래 위협요인으로 보이는 것은 우선 여전히 우리나라에서 해양산업에 대한 안정적인 국내수요 및 성장기반이 취약하다는 점을 들 수 있다. 우리나라의 경우, 좁은 국토와 부족한 자본으로 인해 해양산업에서 가장 중요한 관건이라고 할 수 있는 내수시장이 현재로서는 적은 실정이다. 즉 해양산업의 부가가치 창출은 거의 전적으로 해외시장에 의존해야 하지만, 필요한 국제시장 정보와 마케팅 능력이 아직 부족한 실정에 있는 등 성장기반이 취약한 상황이다.

또한 해양산업은 전반적으로 수산업 등 1차 산업에서 3차 서비스 산업까지 연계된 종합산업으로서 다양한 분야의 협력이 필연적이다. 그러나 우리나라의 경우 중앙 및 지방정부의 부처는 물론이고 관련기관, 대학 등 모든 분야의 상호협력체계가 미흡하다. 부산도 비슷한 상황이다.

부산은 지역수준(Local Level)에서 산·학·연·관 협력체계나 해양거버넌스(Maritime Governance)를 내실 있게 구축을 하고 있는 경우가 거의 없는 실정이다. 설령 그것이 있다고 해도 실질적인 협력적 운영은 아직 미흡한 상태이다. 이 외에도 기타 요인으로 부산은 도시인구의 장기적 감소와 급속한 노령화, 미래 젊은 산업인재의 수도권과 해외로의 유출현상도 해양산업 발전의 위협요인이 될 수 있다.

〈표 6-1〉 부산의 해양산업을 둘러싼 주요 환경(SWOT)

강점(Strength)

- 해양산업과 관련된 기존 도시 인프라 및 업체의 집적과 노하우 축적
- 부산항 등의 양호한 지정학적 입지조건
- 국내 최대의 해양산업 수요 및 공급지
- 세계 5위권 규모의 항만 및 부산의 국제적 인지도
- 세계적 규모의 대형조선소(현대, 삼성, HJ)가 인근 관할지역에 인접하여 위치
- 도심에 인접한 거대항만과 경쟁력 높은 수려한 해변 경관을 보유
- 해양산업전반의 고른 발전잠재력 보유(수산업 등)
- 전국 제일의 해양수산 관련 교육/연구기관 보유(동삼해양특구/국책공공단지)

약점(Weakness)

- 조선, 해운, 물류를 제외한 다른 해양산업 분야의 전반적인 열악함
- 해양선진국에 비해 고부가가치 해양 핵심기술의 부족
- 해양산업 업체의 소규모와 영세성, 특히 동종기업간 인적, 물적 자본격차가 존재
- 해양분야 종합기획 조정기능 취약
- 항만물류중심의 편향적 해양정책 추진
- 우리나라 해양수도로서의 위상에 비해 해양산업에 대한 시민들의 낮은 관심도
- 정부↔기업↔시민 사이의 해양협치와 해양산업거버넌스 수준이 취약

- 여수세계박람회 개최 완료, 2030부산세계박람회 유치 운동 등으로 정부와 국민적 관심 고조
- 부산시의 해양산업 강화정책 역동적 추진(국제조선해양산업전, 국제수산무역엑스포의 지속 개최)
- 국가 및 지역해양산업 경쟁력의 핵심요소인 해양과학기술에 대한 관심이 증대
- 부산신항만을 축으로 한 동북아 중심항만 발전 가능성(특히 부산-후쿠오카 초광역경제 권의 가시화)
- 부산시 미래전략산업에서 해양산업의 높은 비중과 정책적 관심
- 국제수산물류 · 무역기지(감천항) 조성으로 세계적인 해양수산 교역기지화 가능
- 해양수산부 및 중앙/공공기관의 부산 이전으로 인한 해양R&D 기능 집적화

┌─────────────────────────────┐
│   위협(Threat)   │
└─────────────────────────────┘

- 과거 해양수산부 통폐합의 부정적 경험으로 인한 미래 해양산업의 구심점 미약
- 부산, 울산 등과 인접한 경상남도에서 조선산업(조선소 현대, 삼성 등) 위주의 집중 육 성정책 실시
- 중앙정부의 육지중심의 예산배정과 정책추진(수도권 및 내륙 중심적 사고와 오랜 전통)
- 동아시아 해양선진국(중국, 일본, 동남아시아)의 해양산업 육성정책 강화
- 중국, 일본 등 해운, 물류, 조선 등 해양산업 국제적인 경쟁의 심화
- WTO, FTA 체결로 국내시장 개방에 따른 국내 해양산업의 경쟁력 위기
- 해양산업 관련 고급인재의 타지역 유출 심화
- 부산 및 주요 대도시 인구의 지속적 감소와 노령화

2. 우리나라 해양산업의 일자리 정책과 비전

과거 우리나라 중앙정부와 해양수산부는 해양산업 분야에서 총 40,000개 정도의 일자리를 창출할 계획을 추진하였고, 일정한 효과를 내기도 하였다. 해양수산부는 부산을 포함한 전국 주요 해항도시와 연안에 분포한 해양산업 분야에서 무려 15,000개 이상의 해양일자리를 창출하겠다고 밝혔다.

이러한 해양일자리는 대부분 부산과 경남, 울산 등 동남권과 남해안 권역을 대상으로 하고 있다. 이미 해양수산부는 해양마리나 산업 육성 등 13개 정책을 통해 중앙 및 지방정부 주도로 4,000개 이상의 일자리를 전국에서 만들어낸 바 있다. 이는 해양 분야에서 가시적인 경기부양의 성과도 보인 바 있었다.

구체적으로 해운항만과 해양수산 일자리 창출이 목표로 설정되었고, 정책적으로 예산이 투입되어 진행되었다. 세부적으로 크루즈 산업 활성화, 선박관리 사업 활성화, 선원복지 고용센터, 항만배후단지 운영, 항만보안시설 등이 내용이었다. 해사분야에서는 선박평형수 처리설비 및 세계시장 선점 과제를 통해 일자리를 창출한다는 목표가 제시되어 추진되었다.

항만분야에서는 신규부두 개장, 항만재개발 등의 일자리가 계획되어 진행을 하였다. 이 외에도 동북아 해양관광 레저특구 조성, 해양장비개발 및 인프라구축, 마리나산업 육성, 해양생물자원관 등이 추진되었다. 그리고 해양수산부는 앞으로도 지속적인 해양일자리를 새롭게 창출한다는 방침이다.

이러한 정부의 해양산업 일자리 창출정책은 크게는 해양수산분야에서 경제활성화를 위한 성장 모멘텀(Growth Momentum)을 강화하고, 해양수산 부문의 신산업 기반을 구축하고자 하는 보다 큰 목적을 갖는다. 즉 해양산업 분야에서 물류 및 금융의 융합을 통한 창조적 일자리 구현을 도모하고 있다.

노후화된 항만 재개발, 크루즈 선박관리산업의 전략적 육성, 선박평형수 처리설비 및 전자항법장비(e-Navigation)의 세계시장 선점 지원, 해양바이오 에너지 등 미래전략산업 기술개발, 여수세계해양박람회대회장(Expo부지)의 해양관광특구 재활용 조성 및 마리나산업 육성, 수산식품산업 육성, 신개념 양식산업화 등 수산업의 고부가가치화 및 특화어항 개발 등은 장기적으로 추진이 되었다.

Ⅳ. 해양산업과 일자리 창출의 성과와 한계

1. 해항도시 부산의 해양산업 분석

국가와 해양수산부는 다른 산업부문과는 달리 해양산업에 대한 근거법령이나 규정도 없으며, 해양 분야에서 유관 산업들의 고유한 통계자료 역시 전혀 생산하지 않고 있다. 다만 부산은 지역차원의 해양산업을 정확하게 파악하고 체계적으로 육성·발전시킴으로써, 해양산업 분야의 일자리 창출을 오히려 적극 도모하고 있다. 그래서 우리나라 해양산업은 국가나 중앙정부보다 부산을 중심으로 한 도시와 지역차원에서 주도적으로 관심을 가지고 있는 것으로 설명된다.

일례로 과거 2009년부터 부산은 우리나라 해양수도로서의 위상을 높이고 지역경제 활성화와 국가경쟁력 강화에 이바지하기 위해 '해양산업육성조례'를 선도적으로 제정하였다. 이를 통해 해양산업을 체계적으로 분류하고, 연관된 산업정책을 체계적으로 수립하기 위해 노력하고 있다.

그리고 전국에서 부산만이 유일하게 해양산업의 분류와 현황에 대한 공식적인 자료를 조례로 규정하여 2011년부터 생산하고 있다. 국가(중앙)보다 도시(지방)인 부산에서 먼저 특정 산업의 근거법령을 정비하고, 관련 통계를 주도하여 작성하는 것은 극히 이례적인 일로 평가된다. 부산은 그만큼 해양산업 활성화에 관심이 깊었다고 판단할 수 있는 대목이다.

<표 6-2> 부산 해양산업육성조례의 정책적 분류

대분류	중분류	소분류
해운·항만물류	운송업, 하역업, 보관 및 창고업 등 6개	29개
수산	어업, 양식업 등 7개	29개
해양과학기술	해양바이오관련산업 등 3개	9개
조선	선박건조업, 조선기자재 제조업, 선박 및 조선 기자재수리업 등 5개	15개
해양관광	해양레저 스포츠업, 숙박 및 음식업 등 3개	10개
기타 해양산업	해양문화, 해양관련 공공행정, 해양환경업 등 5개	14개

부산의 해양산업 사업체 수는 약 2만 5천 개 수준이며, 영업기간은 10년 미만의 업체가 전체 해양사업체의 60% 이상을 차지하고 있다. 사업체 수는 해양관광산업이 해양산업 중 가장 큰 비중을 차지하고 있으며, 수산업, 해운·항만 물류산업, 조선업, 기타 해양산업, 해양과학기술산업 등의 순으로 나타나고 있다.

부산지역 해양관련 사업체의 구·군별 구성비는 중구가 전체의 17% 정도를 차지하는데, 주로 해운 및 항만물류업체가 몰려 있기 때문이다. 그 다음으로 조선 및 기자재업체가 많은 영도구, 해양관광 및 레저업체가 많은 해운대구, 수산업체가 많은 서구 등의 순으로 나타나고 있다. 최근 사업체 수 증가가 가장 큰 곳은 강서구인데, 여기에는 서부산권 개발과 맞물려 조선플랜트와 해양과학기술단지가 조성되었기 때문이다.

해양관광산업의 매출액은 해양관광산업의 사업체 수에 비해 매우 낮은 것으로 나타난다. 이는 해양관광산업의 대부분을 차지하고 있는 사업체가 숙박 및 음식업이며, 사업체의 영세성에 기인한 것으로 추정된다. 반면에 해양과학기술산업의 경우 사업체 수와 매출액 모두 타 해양산업에 비해 가장 낮은 비중을 나타내지만, 매출액은 꾸준히 증가하는 추세에 있다. 해양산업을 영위하는 사업체 형태로는 단독사업체가 대부분을 차지하고 있다.

〈표 6-3〉 부산의 해양산업 매출액 규모(개, %)

매출액 규모별 해양사업체수

규모	사업체수
1천만원 미만	795
1천~5천 미만	6,891
5천~1억 미만	5,034
1억~5억 미만	7,059
5억~10억 미만	1,913
10~30억 미만	2,521
30~50억 미만	756
50~100억 미만	602
100억 이상	578

* 자료: 부산광역시. 부산해양산업조사 재구성.

부산 해양산업 부문의 기존 일자리를 의미하는 종사자 수는 약 20만 명 수준이다. 2010년 이후부터 종사자는 해마다 약 2% 수준 내외로 꾸준히 증가하고 있다. 이 중에서는 해양과학기술산업 부문의 종사자수가 증가하고 있는 것이 긍정적이다.

종사자 현황을 기준으로 해양산업 내에서는 해운·항만물류산업의 종사자수가 가장 많으며, 해양관광산업, 조선업, 수산업, 기타 해양산업, 해양과학기술산업 순으로 보인다. 부산의 해양산업 1개 사업체 당 종사자수는 평균 6명 수준으로, 부산시에서의 해양사업체의 규모가 조금씩 커지고 있는 것으로 추정되고 있다. 이는 반대로 과거의 영세성을 조금씩이나마 벗어나고 있다는 점에서 긍정적인 신호로 풀이된다.

구체적으로 해운·항만물류산업 평균 종사자 수는 11.3명, 수산업은 3.9명, 해양과학기술산업은 13.0명, 조선산업은 10.6명, 해양관광산업은 3.2명, 기타해양산업은 20.7명 등이다. 해양과학기술산업의 경우, 사업체 수와 매출액 모두 타 해양산업에 비해 가장 낮은 비중을 보이지만, 종사자 수는 매년 증가하여 관련부문의 비중이 높아지고 있다. 기타 해양산업은 높은 평균 종사자 수를 보이는데, 이는 부산으로 이전한 해양관련 공공기관 종사자 수가 포함된 것에 기인한 것으로 추정된다.

사업체 숫자를 기준으로 해운·항만 물류산업 관련 사업체 중에서는 해운 및 물류업체가 대부분을 차지하고 있으며, 수산업관련 사업체 중에서는 수산물 유통 및 판매업체가 다수를 차지하고 있다. 해양과학기술산업 관련 사업체 중에서는 해양바이오 관련업이 있고, 그 밖의 해양과학기술 분야 연구개발업 등이 있다.

〈그림 6-1〉 부산의 해양산업 업종과 종사자

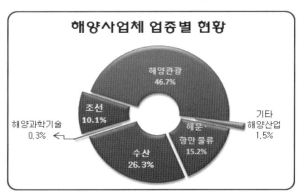

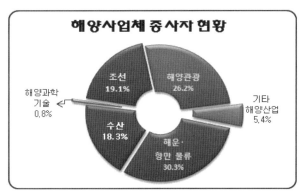

* 자료: 부산광역시. 부산해양산업조사 재구성.

조선업 사업체 중에서는 조선·기자재 제조업, 선박 및 해양관련 기자재 수리업 정도가 있다. 해양관광산업 관련 사업체 중에서는 숙박 및 음식점업이 대부분을 차지하며, 기타 해양산업 관련 사업체는 해양 관련 공공행정, 해양개발업 등으로 나타나고 있다.

이러한 부산지역의 종사자와 사업체의 현황 및 사례로 볼 때, 해양산업의 일자리 창출 여력은 전반적으로 경기의 영향을 받기는 하겠지만 대체로 긍정적인 수준이다. 부산의 해양산업이 약 2000개 이상의 신규 고용으로 연간 2%~3%의 꾸준한 성장을 해온 점을 볼 때, 기존 해양산업의 해양일자리에 대비하여 향후 약 1만개 정도의 일자리 창출 여력은 갖춘 것으로 평가할 수 있다.

이는 부산에서 정책적으로 장기 계획된 일자리 창출의 약 10% 수준에 해당하는 수치이다. 구체적으로는 수산업, 조선업 등의 기존 전통 해양업종보다는 항만물류 등의 서비스 산업과 해양과학기술 및 해양관광레저산업, 해양금융 등의 신해양산업 부문의 일자리가 크게 늘어날 것으로 전망된다.

이러한 까닭에 해양경제수도를 추구하는 부산은 정책적으로 "일자리와 지역경제 활성화"를 위한 맞춤형 해양일자리 창출 사업을 전개하고 있다. 해양산업 부문에 대해서 부산은 대표적인 지역 일자리 창출 전문기관과 협업을 강화했다. 예를 들면 부산고용포럼, 부산테크노파크, 부산경제진흥원, 지역해양 관련대학(한국해양대학교, 부경대학교, 동서대학교 등)과 함께 지역 실정에 맞는 일자리 창출 아이템을 발굴하고 있다.

특히 기존 해양산업의 일자리 문제에서 최대 난관인 청년층 취업지원과 중소기업 사이의 '부조화(mismatch)' 해소를 위해서 부산은 매년 정책 사업비를 편성하고 있다. 이를 통해 매년 해양산업에서 최소 1000명 이상의 고용창출을 위한 각종 정책사업을 전개하고 있다. 물론 그러한 인위적 정책의 성과는 장기적인 관점에서 진단되어야 할 문제이지만, 일단 해양산업의 일자리 창출에 대한 지역사회 각계의 관심과 지원은 과거보다 훨씬 진일보된 것으로 풀이될 수 있다.

2. 해항도시 일자리 창출의 성과와 한계

1) 성과 및 기대효과

우리나라 대표 해항도시이자 해양수도로서의 부산은 인근 경남지역과 울산 등을 제외하더라도 자체적인 해양산업의 집적 수준이 높게 나타나고 있어, 향후에도 해양산업 기능의 집적을 더욱 강화할 수 있도록 한층 강화된 해양산업 일자리 육성정책이 필요하다. 만약 이러한 조치가 앞으로 가시화된다면, 구체적으로 다음과 같은 성과를 기대할 수 있을 것이다.

첫째, 부산에서 해양산업의 육성과 일자리 활성화 정책이 이루어진다면, 그 지역경제 파급효과의 확산이 증폭적으로 일어날 것으로 기대되고 있다. 특히 해양산업에서 부산이 자랑하는 항만물류, 해운업, 해양과학기술과 연구개발(R&D) 등은 수익 체증적인 성격을 갖고 있기 때문에, 그 성과 및 지식확산 시스템을 제대로 구축하게 된다면 미래의 파급효과는 클 것으로 기대되고 있다.

둘째, 부산은 기존 지역의 산업구조와 인프라 측면에서도 세계적인 해양산업의 중심지로 도약할 수 있는 충분한 가능성을 갖고 있다. 부산을 포함한 경남, 울산지역에 집적된 기존 해양산업의 다양한 기능 및 부산에 이전 완료된 해양관련 공공연구기관(한국해양연구원, 한국해양수산개발원, 국립수산물품질검사원, 국립해양조사원) 등이 결합되어 시너지 효과를 낸다면 해양관련 과학기술, 지식의 생성 · 축적 · 이전 및 확산하는데 부산이 중심적 역할을 충분히 수행할 것으로 기대되고 있다.

셋째, 부산시의 강화된 해양산업 육성과 일자리 정책은 부산이 해양산업의 중심지로서 우리나라 해양수도의 위상을 공고히 할 수 있는 토대를 마련할 것으로 기대된다. '해양을 지배하는 나라가 세계를 지배한다'는 말이 있듯이 해양산업에 대한 장악력을 키워나가기 위해서는 무엇보다 부산시의 일자리 창출과 정책적 역량의 집중이 필요하다. 부산지역은 지정학적으로 대륙과 해양을 잇는 중요한 위치를 점하고 있기 때문에 기존 지역에 집적된 해양산업 인프라를 기반으로, 일자리를 늘리면서 해양개발의 핵심역량을 집적시켜 나가야 한다.

넷째, 해양산업의 전국 비중으로 보면 우리나라 어느 지역보다도 부산이 포함된 동남권역이 세계적인 해양관련 산업의 일자리 중심지로 육성될 것으로 예측된다. 국가의 입장에서 해양개발이 중요하다면 과연 해양관련 기능의 육성을 위해서 어느 지역이 보다 적은 예산의 투입으로 효과를 극대화시킬 것인가를 전략적으로 고민해야 하는데, 기존의 산업비중이나 종사인력으로 볼 때 부산은 우리나라 최고의 해양산업 집적도시임이 분명하다.

또한 동남권 지역 내에서도 해양관련 산업의 긴밀한 연계관계가 형성되어 있으므로, 부산을 거점으로 해양산업 기능과 인력을 집중시키는 것이 타당하다. 이렇게 함으로써 부산의 입장에서는 해양수도로서의 경쟁력을 갖추는 동시에 국가적으로도 전략적 우위를 점할 수 있는 장점이 생길 수 있을 것이다.

2) 한계와 과제

해양산업의 발전과 일자리에 대한 각계의 성과나 기대효과와는 달리, 최근 해양산업 부문에서 일자리 창출과 산업육성을 위한 국가와 부산의 자체적 노력이 갖는 일정부분 한계점도 존재하고 있다.

첫째, 해양산업의 주력 산업인 항만물류, 조선과 제조업종 등에서 향후 장기 경기전망이 그리 밝지 만은 않은 편이다. 이러한 이유 때문에 일자리의 여력은 있지만, 그 확충의 속도가 단기간에 빨리 이루어지기가 쉽지 않을 전망이다.

주기적으로 이루어지는 부산광역시의 해양산업조사에 따르면, 해양산업 전체를 볼 때 세계적 경쟁상황이나 경기가 나빠질 것이라는 전망이 우세하며, 변화가 없을 것이라는 전망도 많아 전반적으로 부정적인 전망이 우세하다. 경기와 일자리 전망이 가장 비관적인 해양산업 분야는 수산업이며, 가장 긍정적인 분야는 해양과학기술산업 부문으로 점쳐지고 있다.

이와 관련하여 부산의 해양산업 발전을 위한 현안은 해양산업 전체를 보면 가격 경쟁력 향상, 서비스 경쟁력 향상 등이며, 특히 일자리의 잠재력이 기대되는 해양과학기술부문에는 전문화 및 특화분야의 집중 육성, 기술경쟁력 확보 등이 지속적인 발전을 위한 현안이 되고 있다.

해운경기 침체 및 리스크 관리 어려움으로 민자 항만 경영이 나아지지 않고 있는 것도 일자리 창출의 숙제가 되고 있다. 해양산업체 CEO들과 전문가들이 말하는 해양산업의 항목별 중요도에 품질경쟁력과 가격경쟁력이 높았고, 부산의 상대적인 경쟁력 수준은 품질경쟁력과 기술경쟁력이 높았다. 부산의 경쟁력 수준이 가장 낮은 분야는 R&D투자와 가격 경쟁력으로 가격경쟁력이 중요도는 높으나, 지금의 경쟁력 수준은 낮은 것으로 평가되고 있다.

따라서 가격경쟁력을 높이려면 업체들이 일자리 및 시설확충을 통한 규모의 경제가 우선적으로 달성되어야 하는데, 여기에는 국가적 관심과 지원이 필수적으로 요구된다.

〈그림 6-2〉 부산 해양산업 중요도 및 경쟁력

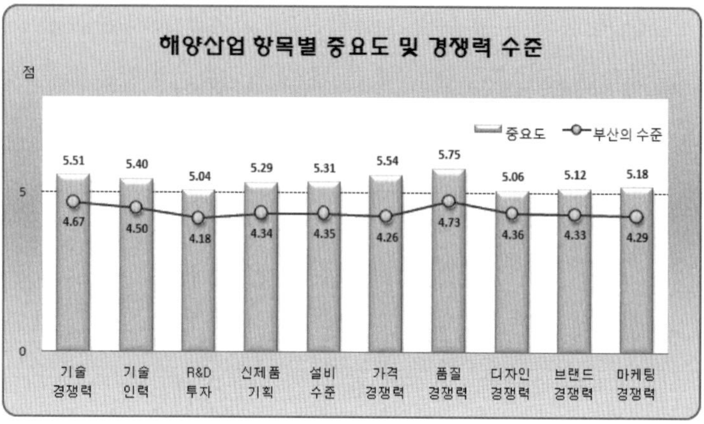

해양산업 항목별 중요도 및 경쟁력 수준

* 자료: 부산광역시. 부산해양산업조사 재구성.

둘째, 부산에서는 해양산업의 높은 비중과 장점에도 불구하고 조선, 해운, 물류를 제외한 다른 해양산업 분야의 전반적인 열악함은 지속적인 산업발전과 일자리 창출의 장애가 되고 있다. 이는 부산과 성격이 비슷한 다른 해항도시 및 연안도시들도 예외가 아니다. 부산을 비롯한 우리나라 대부분의 연안지역에서 고부가가치를 지향하는 해양산업 육성이 부족하고, 기업체 수에 비해 종사자가 너무 적은 영세성은 지속적으로 극복해야 할 과제로 보인다.

특히 해양산업에서 나타나는 업체들의 소규모화, 집단화 현상은 일자리 대부분이 중소기업에서 창출됨을 의미한다. 즉 인력이 새로 확충되는 만큼 일자리의 양을 늘리고 질을 높이려면 중소기업의 역할이 매우 중요하다. 다른 부문보다 해양산업에서 특히 비중이 높은 중소기업이 스스로의 경쟁력을 높이고 좋은 일자리를 많이 만들 수 있도록 국가와 도시는 최선을 다해 지원해야 한다.

셋째, 중앙정부의 관심과 지원을 해양산업 전 분야에 뿌리내리기에는 아직 한계가 있어 보인다. 과거 세월호 침몰 사건 및 해양·수산분야의 '관피아(해피아)' 사건, 한진해운 파산 사건 등에서 보는 바와 같이 사회적 관행은 여전하다. 일하는 방식의 변화는 업계 전반에서 여전히 미흡한 실정이다. 해양산업 분야에서는 아직 중소·중견 기업의 창의적 혁신역량 부족 및 구조적 환경의 미흡으로 다소 역량과 자원이 편중되었다는 점을 지적할 수 있다.

게다가 역사적으로 우리나라의 뱃일은 '특정한 부류들의 일이자 삶'으로 치부되어 왔다. 해양산업의 발전이 나라 전체의 경쟁력을 좌우한다는 작금의 현실을 국가와 지방권력이 직시하지 않는 한, 특정한 시기에 쏟아져 나오는 정책들은 임시방편적인 조치에 그칠 공산이 높다.

넷째, 해양플랜트나 해양과학, 바이오, 자원개발 등과 같이 미래 성장동력으로 설정된 해양산업 분야에서 새로운 부가가치를 창출할 수 있는 핵심 요소인 전문인력이 부족한 약점도 있다. 이로 인하여 첨단 IT산업 등과 같은 인접 산업과의 동반성장이나 융합이 아직은 어려운 것으로 평가된다.

게다가 기존의 융합이 주로 기술융합 위주였고, 연구개발(R&D) 전략도 주로 여기에 맞추어 추진되었다. 그러나 융합은 수요자의 니즈(needs)와 시장흐름을 먼저 고려하는 동시에 기존 사고와 발상의 전환, 창의적 아이디어와 경쟁력 있는 생태계 조성 등과 같은 방식을 더 강조하고 있다. 따라서 부산의 역할도 해양산업에 대한 직접적인 지원보다는 창의적 인재의 양성과 활발한 창업이 가능하도록 하는 비즈니스 여건 조성에 주력해야 할 것으로 보인다. 나아가 해양 신(新)산업분야에서 중점적으로 추진되는 새로운 인재양성정책은 지속가능한 해양산업의 부가가치 창출에 기여할 중요한 수단이 될 것이다.

V. 맺음말

이 장에서는 해양산업 부문에서 부산을 중심으로 그 주요 현황과 실태를 알아보고, 향후 지속가능한 발전과 일자리 창출을 위한 도시와 정부의 역할을 모색하고자 하는 목적을 가졌다.

여기에서 주장하는 바는 간단하다. 그것은 우리나라에서 일자리가 만들어지는 곳은 결국 지방과 지역으로, 해양산업과 같이 특화된 일자리 수요를 얼마나 충족시키느냐가 국가적으로 일자리 정책의 성패를 좌우할 수 있다는 점이다. 아울러 해양산업 분야의 부흥을 통한 획기적인 해양일자리의 창출은 장기적으로 연안과 바다를 접한 모든 곳에서 지역경제의 활성화에 큰 기여를 할 수도 있다.

해양산업의 일자리 창출은 여러 산업 중에서 한 특정 분야의 효과라기보다는, 최첨단 하이테크 기술이 집적되어 고부가가치의 상품으로 다시 변화되는 전방위적 성격과 함께 미래 수익과 성장동력 창출의 돌파구 역할을 할 수 있기 때문이다. 이에 해양산업의 지속가능한 발전과 일자리 창출에 대해 앞으로 남은 국가와 부산의 현안과 과제를 생각해 보는 것으로 이 장을 맺음하려 한다.

첫째, 일자리 창출을 위해서는 해양산업의 기업 활동에 장애가 되는 규제가 획기적으로 개선되어야 한다. 예를 들어 선박 내 직무상 사고 등의 처리절차 신설, 수산업에서 바닥식 패류양식장의 해적생물 제거용 도구 사용기준 마련, 선박안전법 상 안전점검사업장에 대한 현장점검 축소 등은 현 정부의 규제개혁 차원에서 시급하다. 중기적으로는 해양바이오, 크루즈와 레저 등 신해양산업 부문의 진입요건을 완화시키고, 수요자 중심의 인 · 허가 제도개선 등이 현 정부의 규제개혁 속도에 보조를 같이 맞추어야 한다.

장기적으로는 다른 산업과 마찬가지로 해양산업 분야에서도 자유롭게 기업 활동을 하고 높은 수익을 창출할 수 있도록 환경을 만들어주고 그 업종에서 경쟁력이 생기도록 해주어야 한다. 그렇게 하면 일자리 창출과 지속가능한 발전이라는 성과는 저절로 따라오게 될 것이다.

둘째, 해양산업의 발전과 일자리 창출을 위해서는 해양·수산분야 유망산업의 육성이 무엇보다 중요하다. 여기에는 고부가가치 신산업인 해양플랜트 및 해양과학 및 바이오, 해양금융서비스산업의 전 주기적 역량을 강화하고 해양 신재생에너지 자원개발기술의 상용화, 수산양식업의 미래전략 산업화를 위한 기반기술 개발, 선박 서비스업과 제조업의 동반성장 등이 주요 과제로 제안될 수 있다.

기존의 해양산업에서 조선과 항만물류 등이 주력산업이 될 수 있었던 것은, 아무 것도 없던 지난 시절 해외에서 기술과 자본을 들여와 우리 것으로 만들어 내었기 때문이다. 해양신산업으로서 해양플랜트 및 해양과학 및 바이오, 해양금융서비스산업 역시 선진국의 기술과 지식 등을 벤치마킹하고, 국가와 도시가 적극적인 지원을 하여 어느 정도 높은 수준에 올려놓아야 한다. 그렇게 하지 않고 지금과 같은 상황에서 창조경제와 일자리를 만들자고 주장하는 것은 어불성설과 다르지 않다.

셋째, 부산에서 해양산업 분야의 일자리 창출을 위해서는 국가와 도시, 중앙과 지방의 협업을 통한 성장의 주요 장애요인을 해소하는 것이 시급하다. 구체적으로는 해운과 금융의 융합을 통한 불황 극복 및 성장기반 조성이 반드시 필요하다. 특히 대형선사의 회사채 차환 및 중견·중소선사의 신규 회사채 발행에 대한 정부 지원이 가장 우선되어야 한다.

같은 맥락에서 항만 하역시장의 안정화를 통한 항만물류 산업 정상화도 시급한데, 효율적인 항만 운영을 위해 부두 운영회사의 정책금융 지원과 대외여건 변화에 따른 항만 경쟁력 강화도 필요하다. 특히 항만 민자사업의 경영 정상화를 위한 사업 재구조화 등 방안 마련하고, 주요 선사와 해운업체들의 유동성 확보를 위해 해지 지급금 발생 이전에 저금리 자금을 재조달하는 지원이 있어야 한다.

넷째, 부산 항만과 도시의 새로운 일자리 창출을 위해서는 해양산업의 저성장 업종에 신규 진입자를 위한 성장 사다리가 구축되어야 한다. 특히 해양산업체 중에서 상당수인 영세기업에 대한 정부의 성장판 지원은 상당히 중요한데, 이는 선박 현대화 지원 확대 및 연안화물에 대한 전환교통, 보조금·유류세 지원 등 영세선사의 경영개선이 우선되어야 함을 뜻한다.

물론 장기적으로는 연구개발(R&D) 기반의 기술혁신 및 산업 발전체계의 고도화도 필요하다. 특히 영세업체가 많은 수산업의 '자본→창업→브랜드 개발'에 따른 성장단계별 지원체계가 마련되어야 하는데, 기술력과 사업성을 보유한 기업이 담보 없이도 자금을 조달할 수 있도록 소위 '부산형 해양산업 공공기술평가 체계'를 구축하여야 한다.

다섯째, 해양산업은 지역의 주도와 국가의 지원 하에 지속가능하고 경쟁력 있는 수평적 산업생태계의 조성과 유지가 필요하다. 예컨대, 조선해양기자재의 경우 중소·중견 기업 중심의 창조적 제품 및 서비스 개발을 위한 기반 조성이 필요하고, 기업 간 협력을 통하여 수평적이면서 지속 가능한 산업 생태계를 조성해 나가야 한다. 기존의 조선해양 분야 최종재인 선박 및 해양플랜트의 경쟁력 확보 위주의 전략에서 범위를 좀 더 확대해 나갈 필요가 있다. 즉 조선해양 기자재 부문은 물론이고, 금융, 법률 및 보험 등과 같은 보완산업과 창의적 인재양성 등이 요구된다.

또한 조선해양산업 전체 생태계의 공동자산을 확충하여 생태계 경쟁력을 확보해 나가는 전략과 접근이 시급하다. 이러한 노력을 통해 해양산업, 특히 제조업에서 대기업과 중소·중견 기자재업체간 공동의 혁신능력 강화 및 미래 먹거리 마련이 가능하고 새로운 성장동력 확보 및 일자리 창출에도 기여할 수 있을 것이다.

여섯째, 해양산업에서는 지역의 특성을 감안한 맞춤형 일자리 창출과 이를 위한 청년고용 대책을 마련하여야 한다. 일례로 해양산업의 비중이 높은 부산이나 인천, 울산, 남해안 지역에서만큼은 최소한 '해양인력양성센터'나 '해양산업인력개발센터' 등을 유치하도록 노력하고, 연계 가능한 기관·단체를 최대한 활용하여 특성화된 일자리 창출에 기여할 수 있어야 한다.

대규모 해양산업박람회나 국제산업전시회의 개최를 통해 학생들의 해양산업 취업을 촉진하기 위한 캠페인을 전개하는 것도 하나의 방법이다. 장기적으로는 해양기업과 해양인력을 체계적으로 관리하는 정보시스템(인력DB은행)을 구축하여 정보를 서로 제공하여 줌으로써, 지역인력의 안정적 구직과 기업의 안정적 고용이 이루어질 수 있는 체계를 설계하고 그에 따른 효과를 지속적으로 모니터링, 점검해 나가야 한다. 그렇게 함으로써 해양산업의 다양한 분야에 인력활용이 가능한 시스템 구축을 도모하고, 기업 및 인력간의 맞춤형 일자리 창출 및 지원을 해나가야 한다.

끝으로 해양산업은 원래 바다를 대상으로 한 산업이기에 제조분야와 서비스업의 '현장성(field)'이 무척 강하다. 그러므로 이 분야의 현장전문인력을 양성하기 위해서는 선진국의 주요 훈련기관에서 시행하고 있는 훈련프로그램 및 운영방법을 벤치마킹 하는 방안이 중요할 수 있다. 주요 해양선진국의 훈련기관들은 현업에 곧장 투입할 수 있는 실무형 해양인력을 양성하는데 목표를 두고, 현장전문가를 훈련교사로 적극 활용하고 있기 때문이다.

또한 해외의 해양선진국은 해양전문인력의 훈련과정 중 다양한 실습기회를 제공함으로서 양성되는 인력들의 현장 적응력을 획기적으로 높이고 있다. 따라서 정부의 해양산업 발전구상과 일자리 지원정책 역시 교육프로그램의 현장성을 강화할 필요가 있으며, 교육이수 산업인력에 대한 현장경험 기회를 어떻게 지금보다 더 많이 제공할 것인가에 대한 고민도 필요하다. 그러하다면, 우리나라에서 보다 장기적인 해양산업의 발전과 국부(國富) 창출의 밑그림은 보다 높은 현실성을 갖게 될 것으로 본다.

제7장

부산의 해양관광, 연안크루즈의 블루투어리즘

Ⅰ. 머리말

이 장에서는 국제 해양관광도시를 지향하는 부산을 대상으로 새로운 연안크루즈 운영방식을 통한 블루투어리즘 활성화 구상을 해 볼 것이다. 이 장에서 정의하는 블루투어리즘은 바다와 사람을 중심으로 한 해양관광의 고도화를 뜻한다. 기존의 해양관광이 육지적 관점과 땅위에서 바다 쪽을 바라보는 관광이었다면, 블루투어리즘은 해양의 관점에 따라 바다 위에 서서 육지 쪽을 바라본다. 이것은 바다와 수변공간에 관련된 능동적이고 인간적인 관점의 활력과 체험을 중시하는 해양관광의 속성이다.

세계의 주요 해양도시들은 저마다의 경관과 특색을 살려, 관광객을 모으고 시민의 삶의 질을 높이고 있다. 수변공간을 친수공간으로 바꾸고, 산업 중심의 항구를 시민과 관광 친화적 모델로 재생하려 노력하고 있다. 그 이유는 단순하고 명료하다. 일단 기술과 정보화의 진전, 소득과 여가시간의 증가로 인해 현대인이 갖는 생각이 달라졌다. 답답한 도시와 육지를 벗어나 바다나 섬, 해안가와 수변공간을 찾아 나서는 해양관광의 수요가 과거에 비해 늘었다. 도시민들과 여행객들에게 바다여행, 해양관광이 인기를 끌면서 바다와 연안에서의 특색 있는 휴가나 여가시간에 대한 선호도가 크게 증가했다.

게다가 2020년 초부터 약 3년이 넘게 코로나-19 팬데믹이 휩쓸면서, 사람들은 오랫동안 사회적 거리두기와 비대면 상황에 갇혀 살았다. 감염병 창궐로 발생했던 사회적 혼란을 비롯하여, 개인들의 심리적 위축과 우울감도 높아졌다. 이에 바다가 가진 뛰어난 자연경관을 동경하고, 해양으로의 휴양이나 체험형 관광 등에 대한 사람들의 욕구는 과거보다 더욱 커졌을 개연성이 있다. 포스트 코로나-19 시대에 해양관광은 사람들의 억눌렸던 여행욕구와 맞물려 새로운 기회를 잡을 수 있다.

물론 해양관광이 양과 질에서 사람들의 눈높이를 맞추고, 차별적인 수요들을 받아들일 준비가 되었는지에 대해서는 논의가 시급하다.

해양관광의 사회적 수요와 욕구가 증가한 것은 비단 우리나라만의 상황은 아닌 것으로 보인다. 세계의 유수한 해양도시와 관광지들이 겪는 공통적인 현상이라고 생각된다. 물과 바다가 가진 자원이 풍부한 세계의 해양도시들은 저마다 독특한 해양관광 콘텐츠를 만들어 냈고, 이를 관광의 새로운 부흥에 적극적으로 활용하고 있다. 그 주요한 수단의 하나는 연안크루즈를 통한 해양관광(Coastal Cruise Tour)의 활성화 문제이다.[1]

세계적으로 유명한 해양도시들은 연안크루즈를 이용해서 해양과 연안의 곳곳을 바다로 누비면서, 그 도시의 특색 있는 문화와 장소를 관광객에게 연결시켜 주고 있다. 하지만 우리나라는 연안크루즈와 해양관광, 블루투어리즘(Blue Tourism)이라는 개념 자체가 아직 생소한 편이다. 이미 해외에서는 해양도시와 연안을 중심으로 크루즈와 해양관광이 복합적으로 활성화된 곳이 많다.

이와 관련되는 예를 들자면, 미국 샌프란시스코(San Francisco)와 마이애미(Miami), 호주 시드니(Sydney)와 브리스번(Brisbane), 독일 함부르크(Hamburger Hafen), 덴마크 코펜하겐(Copenhagen), 네덜란드 로테르담(Rotterdam), 일본 오사카(Osaka), 싱가포르 하버프런트(Harbour Front), 중국의 홍콩(Hong Kong)과 마카오(Macau) 등의 해양도시들이 대표적이다. 열거된 도시들은 모두 수변과 항구를 대상으로 하는 연안크루즈와 체험형 블루투어리즘으로 큰 성과를 내고 있다.[2]

---

[1] Yang, J. C. "A Comparative Evaluation of Main Cruise Ports in Korea, China and Japan in Northeast Asia", *World Environment and Island Studies*, 6(1), 2016, pp.63-70; Tyrrell, T., Kim, S. G. and Chang, Y. T, "Marine Tourism Resource Development in Korea", *Marine Resource Economics*, 14(2), 1999, pp.165-174.

[2] Esichaikul, R., Chansawang, R. and Choksuvanich, "Problems and Obstacles of Developing

이런 선진 해양도시에 관광객으로 다녀온 우리나라 사람은 자연스레 국내 해양관광의 경우와 스스로 비교해 봤을 것으로 생각된다. 그러면 우리나라 해양관광이 블루투어리즘의 방향으로 나아가야 하는 이유는 무엇인가? 일단 블루투어리즘의 주체는 '사람'이며, 수요자와 공급자로 구분한다. 수요자는 외지인과 시민으로 구성된 관광객, 그리고 공급자는 이들에게 해양관광을 안내하고 유도하는 현지인이나 전문가라고 볼 수 있다. 그리고 바다는 관광의 객체가 아니라 주체가 된다.

그런 측면에서 블루투어리즘은 '바다와 사람을 중심으로 한 해양관광의 고도화'를 뜻하는데, 실제 이것은 연안의 크루즈를 이용한 해양관광의 활성화 및 다양화 문제와 밀접한 연관을 갖는다. 해양도시의 특성을 가장 잘 대변하는 차별화된 관광수단이 연안크루즈이기 때문이다. 오늘날 연안크루즈를 통한 블루투어리즘의 성공은 세계적인 해양관광 도시로의 도약, 국가적으로는 관광대국으로 가는 필수 조건이 되고 있다. 이 장에서는 이러한 방향과 가능성에 가장 근접해 있는 해양도시가 바로 '부산'이라고 보았다.

장기적인 관점에서 우리나라 최대 해양도시인 부산에서는 새로운 해양관광의 개념의 도입이 관심을 끌 것으로 예상된다. 그래서 여기서는 부산을 대상으로 하여, 연안크루즈 해양관광 방식을 통해 새로운 블루투어리즘 활성화를 위한 구상을 해보려 한다. 즉 연안크루즈라는 기존 해상관광 및 해상교통수단의 변화를 통해 부산의 블루투어리즘이 장기적으로 성공할 수 있는 여러 배경과 조건들을 살펴볼 것이다. 이는 해양관광 국제도시를 지향하는 부산의 이미지, 그리고 글로벌 해양도시로서의 장기적인 발전구상과도 그 맥락이 크게 다르지 않을 것으로 보인다.

Cruise Home Port in Andaman Tourism Cluster", *University of the Thai Chamber of Commerce Journal Humanities and Social Sciences*, 38(4), 2018, pp.81-106; 황진희·홍장원·강수미, 「연안 크루즈 산업의 성장 잠재력과 발전전망 연구」, 『KMI-기본연구보고서』, 한국해양수산개발원, 2014, 1-151쪽.

II. 연안크루즈와 블루투어리즘의 특성

1. 연안크루즈의 의의와 특징

크루즈(Cruise)는 사람들이 여가와 휴식을 즐기기 위해서 선박(Ship)을 이용하여 일정 시간 동안 여행하는 것을 뜻한다. 크루즈를 이용하는 목적은 순수하게 관광이나 여행의 목적으로 선박 안의 각종 시설을 이용하고, 기항지에서의 연계된 프로그램을 즐기는 것이다. 그래서 크루즈의 관광서비스는 해상 서비스와 육상 서비스로 크게 구분된다. 크루즈는 '해양관광의 꽃'으로 일컬어지며, 육상관광과의 연계도 중요시하므로, 항구나 연안도시의 관광시스템 전체를 발전시킨다.

연안크루즈는 우리가 아는 일반적인 대규모의 크루즈가 아니다. 국내 연안에서 운영되는 크루즈는 일반인에게 '관광유람선' 정도로 알려져 있다. 통상적으로는 500톤 급 미만의 선박이지만, 실제 국내에서는 200톤 미만의 유람선 수준으로 종종 운영된다. 우리나라 연안에서 이런 유람선 수준의 소형 선박은 약 90% 이상을 차지하고 있으며, 이마저도 작고 영세한 민간업체들이 대부분이다. 그래서 국내의 연안크루즈는 해외와 달리 관광객의 이목을 끄는 매력적인 해양관광 수단이 되지 못하고 있다.[3]

연안크루즈는 제도적으로도 명확한 신분이 아니며, 아직은 부분적인 사각지대에 놓여 있다. 연안크루즈 용어는 법적 단어가 아니며, 국내에서 확정된 제도 용어라고 볼 수는 없다. 다만 연안크루즈는 현행법상 일반관광유람선 범주에 포함되어 있다. 국내 관광진흥법과 그 시행령

---

3) 김기태, 「우리나라 크루즈항별 발전방향에 대한 탐색적 연구」, 『한국항만경제학회지』 30(2), 한국항만경제학회, 2014, 51-75쪽.

상으로 보면, 업종별로 관광유람선업은 일반관광유람선과 크루즈 형태로 나누고 있음이 확인된다(관광진흥법 시행령 제2조 3항). 특히 크루즈업은 국내 해운법에 근거해서 해상여객운송사업의 면허를 받은 업체가 숙박 및 각종 편의시설을 선박에 구비하고 관광객을 유치하는 업종으로 정의하고 있다. 여기에는 해외를 오갈 수 있는 국내의 대형 크루즈 선박이 주로 포함된다. 제도의 세분화가 요구된다고 볼 수 있는 대목이다.

선박 자체로만 보면, 국내에서는 연안크루즈 선박이 제도적으로 '유선(遊船)'과 '여객선(旅客船)'의 개념에 포함된다고 봐야 한다. 유선은 법규상 "5톤 이상의 선박 혹은 5톤 미만인 경우에는 13명 이상의 사람을 태울 수 있는 선박"으로 정하고 있다(유선 및 도선사업법 시행령 제3조). 그리고 여객선은 '여객의 운송'을 총칭하는 선박으로 13명 이상의 승객이 운송 가능한 선박이다. 이때 정기여객선은 같은 구간을 항상 공시된 시간표에 따라 항해해야 하는 선박이다. 반면에 주유여객선은 관광수역을 주유 혹은 순항(巡航)하면서 항해의 출발점과 도착점이 같은 경우이다(선박안전법 제2조 10항). 결과적으로 연안크루즈의 법적 지위는 주유여객선과 가장 유사한 개념이 되는 것이다.[4]

실무적으로 연안크루즈의 운항지역은 국내 연안과 섬에 한정된다. 이용객은 주로 기항지 도시나 휴양지, 자연풍광이 뛰어난 곳에 내려서 육상관광을 같이 즐긴다. 연안크루즈나 유람선은 그 크기에 따라 관광상품이나 서비스의 구성도 많이 달라진다. 예컨대, 숙박이나 케이터링(Catering) 서비스가 가능하기 위해서는 선박이 적어도 수천 톤 이상의 크기가 되어야 한다. 해운법의 여객운송사업에 의하면, 유람선 선박의 기준은 2천 톤급 이상이다.[5]

---

[4] 정복철, 「국내 크루즈 산업 발전을 위한 정책적 제언」, 『해양관광학연구』 12(2), 한국해양관광학회, 2019, 33-50쪽.

그런데 실제로 200톤 미만의 소형선박들이 항구와 연안 주변에서 크루즈로 운항이 되고 있다. 앞서 밝힌 바처럼 연안크루즈의 대부분은 소형유람선 수준이며, 선내와 기항지에서 다양한 프로그램을 즐기는 수준은 아니다. 따라서 국내 연안크루즈는 선내와 기항지에서 다양한 서비스를 즐길 수 있는 블루투어리즘 단계까지는 올라서지 못한 것으로 이해된다.

2. 블루투어리즘의 의의와 특징

블루투어리즘(Blue Tourism)은 '바다와 수변공간에 관련된 능동적이고 인간적인 관점의 활력과 체험을 중시하는 관광 혹은 여행'을 뜻하는 개념이다. 관광학과 해양관광 분야에서 파생된 개념인 블루투어리즘은 우리에게 조금 생소한 단어이다. 이것은 농촌과 산림을 대상으로 하는 그린투어리즘(Green Tourism)과 대별되는 개념이다. 자연휴양림과 산림욕, 농촌생활, 귀농체험 등을 중심으로 하는 그린투어리즘은 대중에게 상대적으로 익숙한 상황이다. 관광학에서는 육지와 바다, 농촌과 어촌 등을 중심으로 하는 생태관광의 한 범주로 묶어서 그린투어리즘과 블루투어리즘을 서로 비교하기도 한다.[6]

블루투어리즘의 의미가 좁게는 어촌과 사람 중심의 생태관광을 의미하기도 하지만, 넓게는 어느 도시의 항구와 수변공간 전체를 대상으로 하는 개념이다. 우리나라에는 어촌 중심의 체험마을 관광 정도에 블루투어리즘 용어를 좁게 적용하고 있다. 하지만 이것은 해외에서 처

---

5) 유순호·김경숙, 「크루즈관광객의 라이프스타일, 선택속성 및 행동의도 간의 영향관계」, 『관광레저연구』 29(10), 한국관광레저학회, 2017, 131-149쪽.

6) Tonazzini, D., Fosse, J., Morales, E., González, A., Klarwein, S., Moukaddem, K., & Louveau, O, *Blue Tourism. Towards a Sustainable Coastal and Maritime Tourism in World Marine Regions*, Eco-Union(Barcelona), 2019, pp.1-80.

음 생긴 용어와 개념에 대한 오해의 소지가 작용한 결과이다. 블루투어리즘은 생태체험관광의 하나이긴 하지만, 해양과 관련된 보다 인간(人)중심적이고 능동적인 관광을 지칭한다. 관광을 하는 사람은 해역과 연안에 머물면서 바다의 경관과 해풍, 해양문화와 해양관련 유적 등을 음미한다. 또한 연안지역에 분포하는 각종 해양생활과 해양자원을 학습하며, 현지인들과 접촉하고 교류하는 새로운 관광의 개념이다.[7]

하지만 블루투어리즘은 그 개념을 한 단계 더 확장시킨다. 일반적으로 우리가 사용하는 용어인 '해양관광(Marine Tourism)'이 육지와 육지적 관점을 중심으로 '땅위에서 바다를 바라보는 관광'이라고 한다면, 블루투어리즘은 그 반대로 이해할 수 있다. 즉 여기에서 정의하는 블루투어리즘은 바다와 해양의 관점에서 '바다 위에 서서 육지를 바라보는 개념'으로 이해된다. 보다 직접적으로 생각해 보자면, 사람이 바다 위에서 육지를 보며 해풍, 기온, 바다색, 맑은 공기 등을 누리고 해양공간 및 수변공간의 모든 자산과 문화를 누리고 음미하는 관광이 블루투어리즘이다. 이런 관점을 가장 충실히 반영하는 수단은 선박과 선상을 갖춘 연안크루즈이다.[8]

같은 맥락에서 블루투어리즘은 해양과 연안에서의 해양관광과 해양레저, 해양체험활동 등의 모든 범주를 일컫는 말이다. 그래서 선진국형 해양관광과 블루투어리즘은 동일시되는 개념으로 종종 쓰이기도 한다. 하지만 엄밀히 말해서 블루투어리즘은 해양관광의 수요자 중에서도 특히 높은 품질의 관광 서비스를 요구하는 경우에 적용된다. 바다와 항구를 깊이 느끼고, 연안의 지역사회를 알고 싶어 하고, 직접 체험하고

---

7) 이정철, 「우리나라 해양레저관광 발전방안: Blue Tourism을 중심으로」, 『해양관광학연구』 14(3), 한국해양관광학회, 2021, 27-46쪽.

8) Sharafuddin, M. A. & Madhavan, M, "Thematic Evolution of Blue Tourism: A Scientometric Analysis and Systematic Review", *Global Business Review*, 35(1) 2020, pp.1-15.

싶어 하는 사람들에게 블루투어리즘은 새로운 개념으로 자리할 수 있다. 그래서 공급자 입장에서 보자면, 블루투어리즘은 수요자의 마음과 욕구에 근거해서 지역의 해양자원을 재발굴하고 재조명할 필요성을 말해준다.[9]

선진국형 블루투어리즘의 실현은 해양관광에 대한 새로운 이미지를 제고할 수 있다. 해양관광 브랜드의 가치를 높여주고, 해양관광 분야의 다양성을 꾀할 수 있으며, 차별화된 생태관광이나 에코투어리즘(Eco-Tourism)이 도입될 수 있다. 기존 해양도시와 연안의 육로관광객과 이해관계자를 끌어들이면서 지역사회 전체의 소득과 경제에도 다양하게 기여할 수 있다. 해외 선진국과 글로벌 해양도시에서는 이미 개별적이고 자유롭게 바다와 사람을 만끽하며, 해양문화에 의한 학습과 치유를 누리는 진일보한 관광을 지향하고 있다. 해양관광의 선진화 개념인 블루투어리즘을 통해서 연안사회와 해양도시의 발전 측면에서도 많은 효과를 보고 있다.[10]

그런데 아직 국내 유람선과 크루즈 업계는 블루투어리즘의 개념을 도입하지 않았다. 업체 규모가 영세한 이유에 더해서 운영상의 채산성 및 수익성과 깊은 연관을 갖기 때문이다. 운항거리가 짧은 국내 유람선이나 연안크루즈는 규모가 클수록 인건비와 유류비 등의 운항비용 증가가 수반된다. 기존 유람선 운영선사들은 규모를 키우고 서비스의 고급화를 시도했지만, 대부분 오래 가지 못했다. 연안크루즈 선사들은 아직 국내 해양관광의 인식과 이미지가 해외 선진국과 같이 고급화되지 못한 것으로 보고 있다. 따라서 연안크루즈와 블루투어리즘을 결합

---

[9] Kabil, M., Priatmoko, S., Magda, R., & Dávid, L. D, "Blue Economy and Coastal Tourism: A Comprehensive Visualization Bibliometric Analysis", *Sustainability*, 13(7), 2021, pp.36-50.

[10] Guinand, S, "Post-Tourism on the Waterfront: Bringing Back Locals and Residents at the Seaport", In *Tourism and Gentrification in Contemporary Metropolises*, Routledge, 2017, pp.207-232.

하기 위해서는 구조적인 문제점을 인식해야 할 필요가 있다. 국내 크루즈 업계의 고질적인 영세성과 채산성 개선 과제가 극복되어야 하는 문제를 안고 있는 것이다.[11]

포스트 코로나-19 시대에는 부산의 해양관광이 블루투어리즘의 길로 가야 한다는 점이 중요하다. 그러기 위해서는 부산의 특색 있는 해양관광의 정체성과 블루투어리즘의 본질을 이해하는 것이 첫걸음이다. 실천적으로는 해양관광의 새로운 패러다임인 연안크루즈와 해양관광의 결합이 상당히 중요하다. 기본적으로 연안크루즈는 관광객의 대상과 속성, 요구와 취향을 깊이 이해해야만 그 운영의 성과를 내는 서비스 업종이다. 그런 면에서 부산의 연안크루즈가 만성적인 적자와 운영난을 겪고 있는 것은 새로운 블루투어리즘 개념의 이해와 서로 무관치 않아 보인다.[12]

해외의 유수한 선진국형 사례를 참고하면, 부산에서 블루투어리즘의 성공을 위해서 가장 우선시해야 할 방향은 명확하다. 그것은 부산이 가진 크고 작은 항구를 중심으로 해서 연안의 특색에 맞는 콘텐츠를 확립하고 조정하는 것이다. 부산의 긴 연안이 갖고 있는 다양한 콘텐츠를 연안크루즈 항로로 연계하고, 분절된 해안을 결합시키는 것이 중요하다. 물론 부산의 각 항구와 연안지역에서 특색 있는 각각의 콘텐츠를 발전시키는 주역은 시민이 되어야 할 것이다. 그리고 부산시와 각 지역의 기초자치단체들은 정책적으로 해양관광 하드웨어와 소프트웨어에 대한 지원을 강화해야 한다. 필자는 이런 구상의 방향을 갖고서, 부산의 연안크루즈 상황과 여건을 토대로 해양관광의 블루투어리

---

11) 최창호·임영태, 「중소해양도시 크루즈관광 여건 및 활성화 방안: 여수시를 중심으로」, 『한국항만경제학회지』 29(2), 한국항만경제학회, 2013, 113-136쪽.
12) 허양례, 「연안크루즈 관광 참여자의 선택속성에 관한 연구」, 『Tourism Research』 40(2), 한국관광산업학회, 2015, 357-378쪽.

즘 활성화 방안을 제안해 보려 한다.

Ⅲ. 연안크루즈 해양관광의 상황과 여건

1. 부산 연안크루즈 운영의 환경

오랜 세월동안 해양도시 부산에서는 연안크루즈 운영의 활성화가 이루어지지 못했다. 물론 연안크루즈 운영이 부산에서 전혀 없었던 것은 아니다. 부산 연안에서는 과거 유람선 수준의 연안크루즈 운영이 몇몇 민간업체들에 의해 이루어졌던 바가 있다. 그러나 이들 업체는 모두 채산성과 경기의 영향을 크게 받았다. 과거 부산에는 테즈락크루즈, 팬스타21, 누리마루호 등의 연안크루즈가 장기적인 적자와 운영난으로 인해 사라진 사례들이 존재하고 있다.[13]

여수에서 운영되고 있는 연안크루즈인 미남호도 원래는 부산의 연안크루즈 선박으로 운영하려 했었다. 하지만 부산에서 연안크루즈 취항은 쉽지가 않았고, 영세한 기존 유람선들의 포화상태로 인해서 여수로 옮겨 갔다. 부산 시민과 부산을 찾는 관광객들은 관성적으로 육상 이동을 선호했고, 연안크루즈 이용에 대한 인식과 홍보도 부족했다. 국내 최대의 해양도시 부산에서는 연안크루즈 해양관광의 잠재력이 있는 것으로 평가되었지만, 실제 업계 현실에서의 도전은 쉽지 않았다.[14]

현실적으로 부산 지역의 등록 유람선은 해운대 미포와 남구 용호만,

---

13) 남형식, 「부산항 크루즈 활성화 및 경쟁력 제고 방안 연구」, 『해항도시문화교섭학』 21, 한국해양대학교 국제해양문제연구소, 2019, 283-312쪽.
14) 양승훈·강형철·곽대영, 「한국적 크루즈의 포지셔닝과 상품화 방안에 관한 연구: 부산 연안크루즈를 중심으로」, 『관광연구저널』 24(2), 한국관광연구학회, 2010, 321-334쪽.

영도 태종대 등을 합치면 30척 수준이다. 하지만 30톤 미만의 초소형 선박이 26척 이상이고, 나머지 4척은 100톤 미만이다. 부산은 '티파니21'과 '자갈치크루즈'가 등장하기 전에 이들 유람선들이 해양관광객 대부분을 소화했었다. 소형 선박은 낙후된 선착장과 짧고 단순한 운항코스 등으로 이용객의 만족도를 높일 수 없었다. 짧게 배를 타고 난 뒤에는 다시 찾는 경우도 거의 없었다. 오히려 연안크루즈라고 부를 수 없는 부산의 영세하고 작은 유람선들은 지난 수십 년 동안 부산 해양관광의 낙후성을 그대로 보여주는 역할을 했다고 봐야 할 것이다. 2005년 이후가 되어서야 부산 일대에서 연안크루즈로 이름을 붙인 사례가 처음 등장했다.[15]

현재 부산 일대에서는 연안크루즈가 두 곳에서 운영되고 있다. 하나는 부산 해운대를 거점으로 하는 '티파니21(TIFFANY 21)'이며, 다른 하나는 부산 원도심의 남항과 자갈치를 거점으로 하는 '자갈치크루즈'이다. 이들 두 곳은 모두 민간선사들이 운영해 왔다. 현재 부산의 연안크루즈는 해운대와 자갈치를 모항으로 삼아 중형급 선박을 이용하여, 단편적으로 운영되고 있는 실정이다. 짧고 단순화된 항로와 프로그램으로 인해 부산의 연안크루즈 총 이용객은 매년 50만 명 미만에 머물렀다. 부산은 수도권이나 전라남도 여수 등지의 연안크루즈 이용객 숫자도 넘어서지 못하고 있다. 보다 구체적으로 부산 연안크루즈 운영과 여건을 설명하면 다음과 같다.

먼저 티파니21의 경우에는 부산해상관광개발 주식회사가 운영 중인데, 2005년에 처음 취항하였다. 부산에서 가장 먼저 취항했던 중형급 연안크루즈인 티파니21은 부산 해운대 동백섬에 모항이 있으며, 해운대와 광안리 연안 일대에서만 운항을 하였다. 선박의 크기는 298톤이

---

[15] 우양호, 「부산 북항 연안크루즈와 항구관광 활성화 방향」, 『항도부산』 40, 부산광역시 시사편찬위원회, 2020, 519-552쪽.

며, 승선인원은 254명이다. 처음에 티파니21은 디너투어와 야간운행도 하였고, 고급화 전략을 사용해서 많은 해양관광객을 유치하였다. 티파니21은 오랫동안 부산 해운대의 명물이 되었고, 시민과 관광객들의 사랑을 받았다. 하지만 이용객이 점차 감소하여 지금은 거의 최소한의 일반운항만 하고 있다. 특히 코로나-19로 인해 2년 넘게 운항을 하지 못했고, 2022년 이후에서야 다시 영업을 재개하였다. 티파니21은 해운대의 계절적 요인에 따라 이용객의 편차가 심하다는 한계가 있고, 취항 20년이 임박하여 선령의 노후화 문제도 안고 있다.

자갈치크루즈는 부산 남항 지역을 거점으로 하여, 2018년부터 운항을 시작한 연안크루즈이다. 민간선사인 신아BS 주식회사가 운영하고 있으며, 보다 대중적이고 저렴한 연안크루즈를 지향한다. 선박의 크기는 379톤이며, 승선인원은 303명이다. 자갈치크루즈는 부산 자갈치시장 안에 터미널과 모항이 있으며, 송도와 태종대 일대를 운항하는 유람선이다. 초기부터 저렴하고 일반화된 가격정책을 쓴 탓에 이용자가 많았으나, 코로나-19 상황 이후부터는 운영난을 겪었다. 부산역과 남포동 원도심 일대의 관광객을 목표로 운항하였으며, 프로그램과 이용객의 다양화된 요구를 수용하기에는 부족하다는 평가를 할 수 있다.

해운대의 티파니21과 함께 남항의 자갈치크루즈는 부산 연안크루즈 해양관광의 양대 축으로 자리해 왔다. 하지만 부산의 연안크루즈 선사들도 영세성과 채산성의 취약점을 크게 벗어나지 못했다. 일례로 자갈치크루즈와 티파니21은 전부 고정된 선석을 확보하고 있지만, 선착장과 대기장소가 매우 영세한 수준이다. 해운대와 자갈치를 찾는 연안크루즈 승객에게 대기와 휴식을 위한 공간이 필요하지만, 현장에서는 임시매표소 수준의 공간으로 운영되고 있다. 연안크루즈가 탑승 전부터 서비스가 시작된다는 점을 고려하면, 부산 연안크루즈 선사들의 질은 높지 않다. 이것은 다시 이용객 감소와 수익성 악화라는 악순환으로 계속 반복되고 있다.

2. 항구와 수변공간의 강점과 약점

연안크루즈 해양관광의 활성화를 통한 블루투어리즘 구현에 있어서 해양관광과 육상관광 사이의 양적, 질적 연계는 매우 중요한 사안이다. 이미 개발된 코스도 중요하지만 연안크루즈 해양관광 기항지 코스 운영을 통한 새로운 연계의 방법이 중요할 수 있다. 필자는 그동안 부산의 기존 관광코스가 양과 질에서 다른 지역에 비해 뒤처져서 해양관광이 활성화되지 못한 것은 아니라고 본다. 그런 점에서 부산의 각 연안의 지역별 항구와 수변공간의 강점과 약점을 면밀하게 살펴보는 것은 중요한 의미가 있다.

블루투어리즘 관점에서 부산 항구와 수변공간의 강점과 약점은 연안크루즈 항로가 실제 운영되고 있는 곳을 중심으로 살펴봐야 한다. 즉 해양관광이 이루어지고 있는 해운대와 동부산 일대의 강점과 약점, 원도심 북항과 남항 일대의 강점과 약점으로 크게 구분하여 볼 수 있다.[16]

첫째, 해운대와 동부산 일대의 수변공간이 가진 강점은 뛰어난 접근성과 관광·숙박시설, 다양한 해양축제 인프라 등으로 볼 수 있다. 즉 해양경관과 해안시설 정비의 측면에서 우수한 해양관광 자원을 갖고 있다. 해운대와 광안리 일대는 부산의 해양관광 자원 인프라에서 해수욕장, 수상레저와 마리나, 요트시설 보유 등의 강점을 보인다. 또한 도심에서의 접근성에 있어서 편리한 교통망으로 인해 우위를 보이고 있고 정주여건이 좋은 편이다.

---

[16] 부산광역시부산문화관광, http://mtour.busan.go.kr, 2023.

부산의 대표적인 부촌인 해운대와 광안리 일대는 시민들이 많이 거주하고 있으므로 다양한 분야에서 관광 하드웨어를 보유하고 있다. 해운대와 동부산 일대에는 부산의 주요 해수욕장도 위치하고 있으며, 여름 성수기에는 해운대, 송정, 광안리가 전국의 방문객이 찾는 휴양·레저의 명소가 되었다. 해양축제로는 부산바다축제, 해운대 모래축제와 북금곰수영대회, 기장 멸치축제와 미역·다시마축제, 광안리 어방축제 등이 있다. 부산국제영화제, 부산불꽃축제도 해운대의 명물이다. 해운대와 동부산 앞 바다는 자연환경적 조건에서 연안 해상교통의 입지를 좌우하는 조석간만 차이가 적은 것도 장점이다.[17]

둘째, 해운대와 동부산 일대의 수변공간이 가진 약점은 해변으로의 주거시설 집중과 인구밀집도가 높아서 생기는 각종 문제로 볼 수 있다. 우선 정주인구 증가로 인한 지속적인 수질과 연안환경관리 상의 어려움이다. 수영강을 주변으로 하는 해운대와 광안리 일대에는 연안에 가까울수록 오염도가 증가하는 문제점을 갖고 있으며, 지속적인 정주인구의 증가로 연안혼잡도와 육상오염원의 위협이 존재하고 있다. 또한 해양레저와 해양관광에 있어서 기존 업체의 영세성이 남아 있고, 마리나 시설과 해변 거주지가 가까워 신규 인프라 투자에 제도적 한계를 노정하고 있다.

해운대와 동부산 일대의 수변공간에서는 해양관광의 지속 가능성 측면에서 구조적 한계점을 보이고 있는 측면도 존재한다. 부산의 해운대와 동부 연안은 과거 개발 논리로 인하여 경관이 훼손되었거나, 획일적으로 매립이 이루어졌다. 해운대는 바닷가 주거지와 초고층 아파트 건설로 인해 해양관광지로서의 가치가 적지 않게 감소했다. 특히 주거지의 근접과 지가 상승으로 인해 연안의 선박계류장 확장이나 접

---

17) 부산광역시다이내믹부산, http://www.busan.go.kr/news, 2023.

안시설의 입지 확보도 용이하지 않다는 약점이 있다. 해운대와 광안리 등지의 해수욕장 위주로 운영되는 해양관광은 여름에만 치중되는 경향이 있어, 계절적으로 큰 편차가 나타난다는 한계도 갖는다. 부산에 집중되는 여름 관광객의 과밀화와 혼잡으로 인해서, 해양관광의 만족도 제고에 한계가 있다.

셋째, 원도심 북항과 남항 일대의 수변공간이 가진 강점은 전통적인 해양문화자산이 풍부하고, 역사 및 스토리가 있는 해양문화자원을 보유한 것이다. 부산의 원도심 일대에는 낚시터와 어장, 부산의 토속음식과 지방문화, 해양관련 특산품 등의 해양관광자원이 풍부하다. 자갈치시장과 국제시장을 중심으로 부산의 전통시장들이 북항과 남항의 원도심 일대에 분포하고 있다는 것은 해양관광의 강점이다. 원도심 북항과 남항 일대에는 부산항축제를 비롯하여 영도다리축제, 자갈치축제, 고등어축제, 붕장어축제 등이 있다. 2022년에 1단계 사업을 마친 북항재개발 사업을 비롯하여 국립해양박물관, 국제여객터미널 등도 운영되고 있다. 원도심 북항과 남항 일대에 시설물 건립이나 재정비가 마무리 단계에 있다는 점은 해양관광 활성화를 위한 강점으로 작용한다.[18]

넷째, 원도심 북항과 남항 일대의 수변공간이 가진 약점도 있다. 일단 다른 해양도시와 차별화된 다양한 콘텐츠 발굴이 지지부진하다는 점을 들 수 있다. 부산역, 도시철도 등의 대중교통을 이용한 관광 접근성은 좋은 편이지만, 육상으로 유입되는 외래관광객 수요를 부산의 해양관광과 연계하는 것이 미흡하다. 특히 유람선이나 연안크루즈 노선 부족 등으로 도심과 해상관광의 연결성이 크지 않다는 것은 약점으로 지적된다.

또한 기존 원도심은 전통시장 위주의 관광패턴으로 인해 고급화된

---

18) 부산항만공사, 부산항(북항) 항만재개발 사업계획 변경, 2018.

쇼핑관광과 부가가치 창출에는 한계가 있다. 원도심 재생과 북항의 정비가 해양관광에 특성화되지 못한 점도 약점이 될 수 있다. 특히 원도심 남항, 북항, 감천항 등지에서는 해양수질 기준의 강화도 시급한데, 오래 전부터 항만이 시민과 관광객을 위한 친수공간이 아니었던 이유때문이다. 이런 관계로 부산 해양관광의 도약을 위해 원도심과 북항일대를 위주로 기존 수출과 수입 및 군사목적의 임해시설을 근본적으로 정비하여 연안과 해양생태를 복원할 필요성이 있다.

전반적으로 부산의 동쪽과 서쪽, 두 연안지역 모두 연안크루즈 해양관광의 활성화하기에는 현재의 강점보다는 약점에 대한 보완이 더 필요해 보인다. 부산 원도심과 북항, 남항 등지에는 토속문화와 원도심을 가진 다른 오래된 해양도시들과의 해양관광 인프라 차별화가 부족하다는 약점을 안고 있다. 이와 반대로 부산 해운대와 광안리 등지의 동부산 쪽에는 현대식 관광·숙박시설을 가진 강점이 있지만, 연안크루즈 해양관광의 단순한 내용과 항로의 확장성에 일정한 문제가 있다.

부산 앞바다 곳곳에는 공유수면과 관련한 정부와 법의 규제도 가득하다. 그리고 전국 최대의 수산업협동조합과 수산시장이 부산 원도심쪽에 있는 가운데, 해운대와 송정, 기장 등에 산재한 어촌들 주변에는연안 어장과 공유수면이 많이 분포한다. 특히 어민들은 연안관광에 대해서 어선 충돌문제나 마을어장의 사유재산이라는 인식도 크게 갖고있다. 바다가 공유자산이기 때문에 생기는 이런 규제와 조건은 민간업체의 크루즈 해상관광 투자를 계속 어렵게 만들고 있다.[19]

---

19) 우양호, 「공유자원 관리를 위한 제도적 장치의 성공과 실패요인: 부산 가덕도 어촌계의 사례비교」, 『행정논총』 46(3), 서울대학교 한국행정연구소, 2008, 173-205쪽.

3. 항구와 수변공간의 개선과 변화

부산은 우리나라 최대의 무역항 기능을 담당해 왔고, 무역과 물류의 정상적인 운영을 위해서 관광용 연안크루즈의 운영은 외면 받았다. 남항과 감천항 등은 수산업 기능으로서 해양관광과는 거리가 있었다. 과거에 부산항 전역은 항만과 물류, 수산업 중심의 항구였기 때문이다. 고도성장기 부산의 항구와 수변공간의 개념에 있어서 시민과 사람의 중요성은 낮았던 것이다.

하지만 지리적으로 부산의 중심을 차지하고 있는 옛 북항 일대를 중심으로 최대의 국책사업인 북항 재개발이 계속되고 있다. 이미 10년이 넘는 항구재생과 재개발을 통해서 북항 일대는 시민 친화적인 친수공간으로 크게 변화되었고, 장기적으로는 2040년까지 부산항은 세계적인 미항으로 다시 태어날 전망이다. 연안크루즈 해양관광의 관점에서 부산 항구와 수변공간의 개선과 변화 조짐은 구체적으로 다음과 같이 정리된다.[20]

먼저 부산 연안크루즈 운영에 일대 전환점이 된 사건이 있었다. 그것은 2020년 이후에 부산항의 주축을 이룬 북항과 원도심 연안을 대상으로 해양수산부와 부산광역시 행정규칙의 개정으로 인하여 연안크루즈 운영이 전면적으로 가능해졌다는 점이다. 해양수산부와 부산해양수산청은 2019년 5월에 '부산항 항법 등에 관한 규칙'을 전면 개정하였다. 부산의 옛 항구인 북항 연안 일대에서 관광용 연안크루즈 운항이 가능하게 된 것이다. 원래 북항은 대형상선의 출입으로 인해 일반 어선이나 유람선 운항은 수십 년 동안 금지되었다. 그런데 부산 신항만의 이전 완료와 북항 재개발로 인해 친수공간이 생겨, 연안크루즈 관광정책

---

[20] 부산항만공사, 부산항(북항) 항만재개발 사업 발표자료(공개용), 2019.

에도 큰 변화가 생긴 것이다.[21]

부산항에서는 원도심 중앙동과 부산역을 기준으로 하여, 연안여객터미널 일대에서 연안크루즈 선착장이 별도로 건설된다. 북항 재개발 친수사업의 일환으로 국비와 일부 민간투자가 되었다. 또한 모든 부산항 연안의 연안크루즈 운행에는 큰 지장이 없을 만큼의 충분한 항로가 확보가 되었다. 북항 인근에는 새로운 연안크루즈가 취항하기로 허가가 되었고, 2023년 이후에 신규 취항을 위해서 민간선사가 입찰과 협약을 통해 새 선박을 건조하였다. 부산항만공사는 2019년에 부산항 북항 옛 연안여객부두 운영 민간사업체와 실시협약을 체결하였다. 부산드림하버 컨소시엄은 부산 북항 내에서 운항되는 최초의 연안크루즈 취항으로 지역관광업계의 기대를 모았다.[22]

이러한 상황에 근거하면, 장기적으로 부산의 연안 3개의 기항지에서 연안크루즈가 운영된다. 해운대의 티파니21, 원도심과 북항의 크루즈, 남항의 자갈치크루즈가 부산을 대표하는 연안크루즈로 활동하기 때문이다. 또한 부산 연안권에서 이들을 서로 연결하는 운영도 가능한 상황이 되었다. 나아가 연안크루즈 간의 연결과 종합적인 해양관광 프로그램을 구상할 필요성도 생기게 되었다. 예를 들자면, 부산 남항 인근의 자갈치시장과 국제시장, 태종대와 용두산공원 등을 기점으로 관광을 시작하여, 좁게는 원도심 인근 해역으로의 해양관광 코스 확대가 충분히 가능해진다. 즉 부산 북항으로의 수변공원과 친수공간, 부산역과 원도심 산복도로, 용두산 및 자성대 공원 등을 연안크루즈 관광벨트로 이을 수 있다.

또한 기존 부산의 해운대 및 광안리 쪽의 명소들과 북항 및 남항의 연안크루즈 벨트가 서로 힘을 합친다면, 광범위한 해양관광벨트를 구

---

[21] 부산해양수산청, 부산항 항법 등에 관한 규칙(2019 전부개정), 2023.
[22] 부산광역시, 북항 일원 그랜드 마스터플랜(Grand Master Plan), 2016.

축할 수도 있을 가능성이 생겼다. 부산의 새로운 블루투어리즘(Blue Tourism)의 개념도 이러한 환경 위에서 구현이 가능할 것으로 보인다. 부산 연안크루즈의 모항 및 기항지로 삼을 수 있는 3대 거점은 해운대, 북항, 남항으로 설정하고, 부산에서 각 지역별 연안크루즈가 서로 연계되어 해양관광의 주축이 되는 새로운 패러다임은 여기에서 출발한다. 나아가 연안크루즈 선박을 활용한 선상활동과 육상의 차별화된 연계 프로그램 구상도 이러한 점들에 근거할 수 있을 것이다.

4. 연안크루즈 업계의 개선과 자구책

부산 연안크루즈 해양관광의 중심은 역시 지역의 민간선사일 것이다. 과거 이들 선사는 이용객 증대를 위해 다양하고 꾸준한 노력을 기울여 왔지만, 다양하고 현실적인 문제들을 안고 있다. 현재 부산의 연안크루즈 해양관광을 책임지고 있는 민간업체인 티파니21과 자갈치크루즈는 코로나-19 이후에도 만성적인 채산성 악화에 시달리고 있다. 게다가 기존 선사들은 부산에 다른 신규 크루즈나 유람선이 취항하면, 이를 견제하고 반대하는 경향이 강하다. 기존 남항의 자갈치 크루즈가 취항할 때도 해운대 쪽의 이용객과 관광대상층이 비슷하다는 논란이 있었다.

북항 수변에 신규 취항허가가 되어 있는 연안크루즈도 사정은 다르지 않다. 북항의 연안크루즈는 자갈치크루즈와 운항노선이 부분적으로 겹친다. 영도와 태종대 쪽으로의 항로 중복이 불가피하고, 일부 운영상의 부작용이 예상되고 있다. 부산시와 부산항만공사 등이 밝히는 부산에서의 연안크루즈 사업목표는 연간 이용객 숫자가 약 100만 명, 재이용객 비율 15% 수준 정도로 잡고 있다. 하지만 민간선사들의 역량만으로 이 수치가 실현되기에는 어려움이 있고, 해양관광 활성화에 대한 시민의 기대치에는 부족하다. 부산을 찾는 관광객을 해양관광 쪽으로 끌어당기는 것은 연안크루즈 민간선사와 업계의 중요한 현안이다.

현안을 풀기 위한 단기적인 구상으로 부산 연안크루즈 해양관광 이용객의 다변화가 필요하다. 연안크루즈는 지금과 같이 주간 경관 감상으로 운영이 가능하다. 반대로 야경 상품으로도 운영이 가능하다. 주요 수요층은 외국인 방문객, 가족단위 방문객, 기업연수 등이 효과적이며, 단체방문객 위주로 유치하는 것이 운영에 득이 될 것으로 보인다. 물론 연안크루즈 이용객의 다변화에는 항차를 늘리는 문제가 있고, 유류비와 인건비 등의 채산성 문제가 걸림돌이다. 연안크루즈 선사 간의 통합이나 협업의 필요성은 바로 이 지점에서 발생한다.

해양관광 이용객 다변화를 위한 추가적인 대안으로는 인근 국제여객터미널 크루즈로 입항하는 외국인 관광객과 모객이 연계될 필요성을 구상할 수 있다. 코로나-19 직전에 부산항에 국제크루즈로 입항하는 외국인 관광객은 연간 85항차 정도에 약 24만 명 수준이었다. 이중에서 순수 외국인 관광객 및 외지인 관광객은 대략 14만 명 수준으로 집계되었다. 따라서 부산 연안크루즈 해양관광은 국제크루즈 입항 외국인 관광객의 절반 이상을 잡아야 한다. 약 7만 명 이상의 신규 유치를 목표로 적극적인 모객마케팅을 해야 할 것으로 보인다. 이와 함께 인근의 부산항국제크루즈터미널이나 외국크루즈 선사와 동시기항도 모색하고, 외국인크루즈 단체관광객과의 연계 서비스도 다른 선진항구의 사례를 참조해서 개발할 필요가 있다.

다른 한편으로 부산 연안크루즈 해양관광은 만성적인 채산성과 적자 보전을 위한 자구노력과 정책적 지원이 필요해 보인다. 우선 자구노력의 일환으로는 우선 민산선사들이 운항 스케줄 편성과 프로그램 비용 투입에 신중을 기해야할 것으로 보인다. 예컨대, 런치투어, 디너투어 등의 선상식사 프로그램은 도입을 검토하되, 정확한 하루 이용객에 대한 예측이 중요할 것이다. 고가 요금의 식사와 공연 포함 상품은 비용효율화를 위해서 철저히 외주와 아웃사이드 케이터링 서비스로 지향할 필요가 있다. 또한 초기에 식당 전용 구조와 뷔페식 인테리어는 사후변경과 철거가 어렵고, 선체 훼손이 불가피하므로 적정선을 유지하도록 노력해야 한다. 장기적으로는 연안크루즈 관광객의 요구와 수요에 따라 운항횟수를 탄력적으로 조정하되, 여름 극성수기에는 주·야간 특별항차를 만들고 계절적 요인도 반영해야 한다.[23)]

마지막으로 부산 연안크루즈 해양관광은 선상 프로그램의 다양화도 어느 정도 필요해 보인다. 예컨대 해외 선진도시들의 연안크루즈를 보자면, 다음과 같은 특화된 사례들이 있다. 연안크루즈의 출장연회 프로그램은 '패밀리·프렌들리 케이터링'이나 '파티공간 스타일링'으로 활용된다. 이는 가족행사, 동창모임, 각종 학교나 기업단체행사 등에 활용될 수 있다. 최근에는 앉아서 먹는 뷔페 보다 고급손님들이 핑거푸드라는 간편하고 퓨전화된 음식으로 변화하고 있다. 이에 외국 음식시음이나 음식문화 체험 프로그램은 '리셉션 케이터링'으로 볼 수 있으며, 육상에서의 행사나 공연 후에 선상에서의 케이터링 파티로 연결할 수 있다.

연안크루즈 해양관광의 야간 콘텐츠에는 내국인 및 외국인 관광객의 시의적 요구를 즉시 반영하여, 대응도와 민감성을 높일 수도 있다. 맞춤형 디지털 미디어 콘텐츠의 적시 변화도 가능하여, 선상결혼식이나 대형모임은 물론 일반 개인의 수요까지 폭넓게 적용할 수 있다. 연안크루즈 기항지에서는 기다리는 따분함을 극복하고 부산과 항구에 대한 친숙감을 증대시키기 위해 경품 추첨, 참여형 이벤트, 무료 식음료 서비스 제공도 고려될 수 있다.[24)]

---

23) 문보영·양승훈, 「연안 유람선 안전의 서비스 전략화」, 『관광학연구』 40(1), 한국관광학회, 2016, 185-198쪽.

장애인이나 몸이 불편한 승객에 대한 서비스 직원의 별도 응대 매뉴얼을 제작하고, 유인매표소와 별도로 무인발권 키오스크(Tiket Kiosk) 설치하는 것도 승선 전 대기시간의 쾌적성을 증가시킬 수 있다. 더 나아가 연안크루즈 운항은 체험학습 크루즈 프로그램으로 새로운 차별화를 도모할 수 있다. 부산의 지역대학과 지방정부가 함께 연안크루즈 선사와 협업하고, 지역 활성화 사업으로서 공공성 전략을 쓴다면 가능한 일이다. 해양관광과 해양교육을 연결한다면 연안크루즈의 충분한 성공 가능성을 발견할 수 있다.

Ⅳ. 연안크루즈 블루투어리즘의 구상과 가능성

1. 연안크루즈 업계의 협업과 통합 구상

부산에 적합한 블루투어리즘의 구상은 기본적으로 '사람(人)' 중심의 관광패러다임에 입각해야 한다. 블루투어리즘의 기본은 기존의 공급자 중심의 해양관광 시책이 아니라, 수요자와 인간 중심의 해양관광 정책이다. 해양관광 블루투어리즘 개념의 출발은 관광을 즐기는 사람의 욕구 충족과 능동적 활동, 현지 주민과의 소통과 지식의 폭넓은 공유 등에 있다. 그래서 여기서는 부산 시민과 부산을 찾는 관광객의 시각과 블루투어리즘의 관점에서 여러 갈래의 구상을 했다. 이를 토대로 부산의 연안크루즈 해양관광이 앞으로 어떻게 달라져야 할지를 고민하였다. 구상과 고민은 다음과 같이 구체적으로 제시할 수 있다.

---

[24] Kim, Y. J. and Kim, S. G, "Overview of Coastal and Marine Tourism in Korea", *Journal of Tourism Studies*, 7(2), 1996, pp.46-53.

우선 부산형 연안크루즈 해양관광 업체 사이의 항로(航路) 공유와 적극적 협업이 필요하다. 기존 연안크루즈 해양관광은 항로가 너무 짧고 단순하여, 이용객의 만족도가 낮은 고질적 문제가 있다. 이는 부산의 해양관광 이슈 전체에서 가장 중요한 문제로 볼 수 있다. 해운대 쪽의 티파니21, 남항 쪽의 자갈치크루즈, 북항의 신규 크루즈가 항로를 연결하고 공유하여, 환승을 자유롭게 할 필요성이 크다. 티파니21, 자갈치크루즈, 북항크루즈는 각각 모항과 항로를 해운대, 남항, 북항 수역만으로 한정하고 있다. 지역별로 보면 동부산 쪽과 원도심 쪽으로 크게 나뉘어 있다. 그런데 이들 크루즈의 부산 연안 항로는 서로 겹치지 못하게 엄격히 조정된 상황이다. 그런 와중에도 북항과 원도심 및 남항의 영도 쪽은 항로가 일부분 겹치기도 한다.

기존 부산의 연안크루즈 민간선사들은 수익성과 고유의 항로 운영권 때문에, 기존의 짧고 좁은 항로를 고수하고 있다. 연안크루즈 해양관광이 부산권 연안 내에서 철저하게 나뉘고 분절된 상황인 것이다. 이것은 부산을 찾는 해양관광객의 나눠먹기와 수익성 감소의 악순환으로 계속 이어지고 있다. 물론 이런 사실은 민간선사는 물론이고, 부산의 해양관광 업계도 이미 인지하고 있을 것이다.

역설적이게도 항로의 분절 상황은 장기적으로 부산 북항, 남항, 해운대 사이에서 연안크루즈 운영상의 조율이나 협의의 필요성을 시사한다. 따라서 여기서는 부산 전체 연안크루즈 업계의 협업과 통합 구상의 방식을 〈표 7-1〉과 같이 잠정적으로 제시하였다.

민간선사 차원에서 보더라도 북항, 남항, 해운대의 연안크루즈 항로를 서로 통합하고 공유할 수 있을 개연성은 충분하다. 티파니21, 자갈치크루즈가 공통적으로 채산성이 낮고, 어느 쪽에서도 뚜렷한 수익을 내고 있는 곳이 없기 때문이다. 향후에 부산의 각 민간선사가 가지고 있는 현재의 기항지를 전부 공유하고 협업이 된다면, 이야기는 크게 달라진다. 부산을 대표하는 연안크루즈선 사이의 연결을 통해 환승무료 또는 환승할인을 한다면, 적지 않은 시너지 효과가 기대될 수 있다. 물론 이러한 연안크루즈 해양관광 업계의 협업을 위한 중재자와 유인책은 부산시와 정부, 부산 시민들이 맡아줘야 할 것으로 보인다.

<표 7-1> 부산 연안크루즈 업계의 협업과 통합 구상

연안크루즈	항로	기항지	운항시간
티파니21	동백섬→해운대→오륙도→이기대→광안대교→광안리→동백섬	해운대 동백섬 (현행)	약 1시간 (현행)
북항크루즈	북항(구)연안부두→부산항대교→태종대→오륙도→광안리 →오륙도 신선대 앞→크루즈터미널→부산항대교 → 북항(구)연안부두	(구)연안부두 (예정)	약 1시간 (예정)
자갈치 크루즈	자갈치→남항대교→영도→태종대→송도→자갈치	자갈치시장 (현행)	약 50분 (현행)
통합크루즈, 가칭 부산크루즈 (안)	동백섬→해운대→오륙도→크루즈터미널→부산항대교→북항(구)연안부두→남항대교→영도→태종대→송도→자갈치 (순환항로는 역순)	모항 및 경유 기항지로 통합 (상기 3개소)	약 2시간 (환승무료와 할인)

* 비고: 통합크루즈는 부산 크루즈 3사의 협업을 가정한 항로를 구상한 것임

2. 육상관광과의 통합적 연계 구상

부산의 연안크루즈 해양관광은 새로운 관점에서 육상관광과의 통합적인 연계가 필요하다. 그래서 부산 연안의 크루즈 민간업체와 부산의 육상관광에 대한 연계적 지원이 강화되어야 한다. 2019년부터 부산해양수산청은 '부산해양관광 하나로패스 할인권' 시범사업을 국비사업으로 추진하였다. 이 사업에는 현재 ㈜팬스타라인닷컴, ㈜엠에스페리, 미래고속㈜, ㈜신아비에스 등 부산의 크루즈 업체 대부분이 참여하고 있다. 그리고 부산지역 해양레저관광과 육상관광의 참여업체는 약 20개 수준으로 결코 적지 않은 숫자이다.

이런 지역업체들이 부산해양관광 하나로패스를 통해서 전부 힘을 합치면, 연안크루즈 블루투어리즘의 활성화를 기대할 수 있다. 이미 부산해양관광 하나로패스를 스마트폰으로 가진 사람은 누구나 부산의 요트 및 크루즈, 서핑, 해상케이블카 등을 다양한 할인으로 이용할 수 있다. 그런데 아직 부산 연안크루즈 해양관광과 육상관광 사이의 분절과 간극은 존재하고 있다. 해운대 쪽과 원도심 쪽의 해양관광 연결도 원활하지 않다. 부산시와 부산관광공사의 홍보가 부족한 탓인지, 부산을 찾는 여행객들은 부산해양관광 하나로패스에 대한 인지도가 높지 않다.

문제는 연안크루즈 해양관광과 육상관광의 연결성을 대폭 강화하고 운영의 묘를 살리는 것이다. 즉 해운대와 광안리의 호텔 및 숙박시설, 원도심 북항과 남항 주변 호텔 및 숙박시설, 육상 관광시설과의 협약을 크게 늘려야 한다. 이를 통해 연안크루즈 이용객의 부산 정주형 전략을 수립할 필요성이 있다. 부산 연안 전체를 한 번에 돌 수 있는 연안크루즈를 통해 정주시간이 길어지면, 해양관광을 통한 부가가치 창출과 지역 활성화 효과도 증대되기 때문이다. 부산의 해양관광 업계는 앞으로 부산해양관광 하나로패스 종합 플랫폼 강화를 통해 별도의 비용 없이 홍보와 편승효과를 기대할 수 있다.

부산 연안크루즈 해양관광의 기항 거점별로 보면, 해양관광과 육상관광의 연결성 문제는 더욱 중요해진다. 현재 갖고 있는 부산의 각 연안구역별 특성만으로도 충분히 해양관광의 차별화가 가능한 것으로 볼 수 있다. 해운대 쪽의 기항지는 기존의 고급화된 숙박과 마리나, 해수욕장, 쇼핑 등을 즐길 수 있는 곳으로 육상관광과 연계하는 것이 적절하다.

이미 해운대 지역은 전국적으로 유명하며, 부산과 인근 경남의 시민들도 주말이나 공휴일에 쇼핑이나 숙박을 목적으로 많이 방문하는 명소가 되었다. 부산 남항의 기항지는 자갈치와 국제시장을 중심으로 전통시장 투어 및 BIFF광장과 영화의 거리 등을 특화시키는 것이 적절하다. 따라서 연안크루즈가 부산 동쪽 기항지인 해운대 및 광안리와 함께 원도심 남항 일대의 반경 2㎞ 정도를 관광과 도보순환코스로 각각 운영한다면, 해양관광객의 호응도가 높을 것으로 보인다.

북항의 경우는 연안크루즈 해양관광과 육상관광의 연계 잠재력이 가장 큰 곳으로 예상된다. 북항재개발 1단계 구역과 옛 제1부두 지역을 연안크루즈 기항지로 보면, 원도심 도보관광의 물리적 범위는 왕복거리 3㎞ 이내의 북항 근거리 접경지역이 해당될 것이다. 그런데 북항재개발 1단계지역에서는 옛 항구와 원도심 부산역을 곧바로 연결하는 '보행자 전용통로'가 이미 건설되었다. 수변공간인 부산항 국제여객터미널과 부산역 환승센터, 초량 차이나타운 특구를 공중과 지하보행통로 방식으로 연결한 것이다.

부산역과 북항 연안에 보행자 전용 통로가 완공됨에 따라 항구와 원도심은 누구나 걸어서 24시간 건너다닐 수 있게 되었다. 또한 북항 수변에는 경관수로도 완성되어, 제2부두 북쪽에 조성되는 마리나 구역과 친수공원이 서로 어우러져 이색적인 풍광을 연출할 것으로 보인다.

북항은 근거리 도보 이동거리 안에 초량왜관, 차이나타운, 중국 상해거리와 화교(華僑) 학교, 텍사스 골목, 산복도로 이바구길, 초량전통시장과 수정전통시장 등이 있다. 이미 관광자원은 충분한 갖춘 편이다. 부산 원도심 항구가 품은 근대 역사 알기, 과거 시간 속으로 걸어가 보기, 부산 원도심 스토리 투어 등은 연안크루즈 연계상품으로서 충분한 구상이 가능하다.

3. 해상 대중교통의 분담 구상

해양관광 선진국의 연안크루즈는 단순한 관광유람선의 역할 외에도 연안 해상 대중교통 수단의 역할을 겸비하는 경우가 많다. 그 이유는 복잡한 도시의 육상교통을 분산시키고, 시민과 관광객의 이동권 선택에 대한 폭을 넓히기 위해서이다. 그런 점에서 부산 연안크루즈 해양관광은 해상 대중교통의 분담 역할도 새롭게 겸비해야 한다. 이것은 부산 연안크루즈 업계의 확장과 지속 가능성을 위한 충분조건이 아니라, 반드시 이행되어야 할 필요조건으로 생각된다.

해상 대중교통이라 함은 부산시와 정부가 장기적으로 계획하고 있는 '수상버스'나 '수상택시'를 의미한다. 미래에 부산 연안에서는 수상버스나 수상택시가 도입될 것이 예상된다. 문제는 이것을 어떻게 도입하고 운영하느냐의 부분인데, 민간사업자 공모가 유력해 보이지만 여기에는 숨은 함정이 있다. 그래서 이 책에서는 기존의 연안크루즈를 서로 연결하여, 해상 대중교통의 일환으로 삼아야 한다고 주장한다.

만약 부산시나 정부가 부산 연안에서 수상버스나 수상택시를 별도로 운영한다면, 일단 민간사업자를 유치하고 운항구역을 한정시켜야 한다. 그럴 경우 낙동강이나 수영강 일대까지를 포함하더라도 운항 구간이 극히 짧고, 사업성이 없어져서 민자 유치에는 한계가 있다. 게다가 기존의 연안크루즈 항로와 겹치는 것도 불가피하고, 해양관광 크루즈 지역 업계의 반발과 갈등도 무시할 수 없을 것이다. 수상버스나 수상택시는 대중교통의 공공적 성격도 가지므로, 만성적인 적자로 인해 추후에 정부의 재정 지원이 추가될 가능성도 존재한다.

불확실한 채산성과 비효율을 떠나, 수상버스나 수상택시는 안전문제가 더 크다. 선박의 소형화에 따른 바람과 조류, 날씨의 영향도 많이 받아서 실제 운항에는 큰 부침이 있을 것으로 본다. 대부분 100톤 미만의 소형 선박은 300톤 이상의 연안크루즈 선박에 비해서 해상 안전문제가 별도로 발생한다. 그래서 정부와 부산시는 수상버스나 수상택시의 도입을 정책적으로 검토한 바 있으나, 해상 대중교통수단으로 실제 도입을 단행하는 것에는 매우 신중해야 할 것이다. 특히 수도권에서 서울시의 주도로 한강변에 수상택시가 도입되어, 장기적으로 운영차원의 여러 가지 어려움을 겪었던 과거의 사례를 부산은 크게 참고해야 한다.

그런데 만약 부산을 찾는 해양관광객이 연안크루즈만 타고서 해운대와 북항을 거쳐 남항까지 오거나, 반대쪽으로 한 번에 갈 수 있다면 육상에 대한 연안 해상교통의 분담도 가능해진다. 이것은 연안크루즈 해양관광 선진도시들이 이미 활용하고 있는 방법이다. 즉 동부산에서 서부산까지 부산 전역의 연안 해상을 누비는 기존 3개 선사의 크루즈선이 활성화된다면, 부산 시민과 외래 관광객들이 연중 이용할 수 있는 해상버스나 수상택시의 역할도 충분히 수행할 수 있다.기존 3대의 연안크루즈가 하루에 7항차 내외로 각각 운영되므로, 이를 통합하면 해운대, 북항, 남항의 각 기항지별로 하루 30분 단위의 운항이 가능하다.

부산의 연안크루즈 선사들이 해상버스나 수상택시의 대중교통 역할을 겸비한다면 선사의 운영 수입 증가와 고질적인 채산성의 개선에도 큰 도움이 될 수 있다. 이것은 정부나 지방자치단체가 예산을 별도로 써서 해상대중교통을 인위적으로 활성화하려는 정책보다 효율적이라고 평가된다. 따라서 공공성을 띄는 수상버스나 수상택시를 정부 예산을 들여서 새로 만들기 보다는 부산의 기존 연안크루즈 항로의 연계를 통해 이러한 역할을 맡기는 것이 적절해 보인다.

4. 제도적 개선과 지원 구상

연안크루즈 해양관광 활성화를 위한 부산 연안에 대한 규제 완화와 제도적 개선도 필요하다. 지금은 중앙정부가 해양관광에 대한 정책적 관심이 높지 않고 규제가 엄격한 편이다. 법적으로 유람선은 어선에 비해 인·허가 절차가 까다롭고, 면세유 등의 정책 지원이 되지 않는다. 연안크루즈는 민간사업자 입장에서 초기 투자비가 많이 들고, 시장으로의 신규 진입이 쉽지 않다. 그런 상황에서 부산 북항, 남항, 해운대 등에서 3곳의 연안크루즈가 운영되는 것은 새로운 기회일 수 있다. 부산은 해양관광업에 대한 규제를 완화하여 연안크루즈 서비스업 시장의 진입 장벽을 낮춰주고, 선사의 운영에 드는 비용부담을 완화시켜주어야 한다.

더 구체적인 제안을 하자면, 연안크루즈 운영비 구조에서 가장 많은 비중을 차지하는 것은 유류비와 인건비이다. 국제 유가와 국내 물가의 영향에 민감한 유류비는 곧 선사의 채산성과 직결되고 있다. 인건비 구조도 채산성을 높이기 위해서 저임금의 여성승무원 비중을 높인 곳이 많다. 남성은 모두 항해사와 기관사이며, 이들을 제외하면 선상 서비스 업무는 여성이 대부분이고 신분상으로도 정규직원이 아니다.

코로나-19의 장기화로 직격탄을 맞았던 약 3년의 시기, 부산 연안크루즈 승무원의 대부분은 해고나 무급 휴직으로 방치되었다. 인건비 절감이 엮인 승무원의 신분과 인적 구성은 곧 접객력과 서비스 질에 깊이 관여된다. 민간업체는 채산성 문제로 인해 스스로의 개선에 한계가 있다. 이에 정책적으로 부산의 해양관광 진흥을 위한 연안크루즈 유류비와 인건비에 대한 일부 지원은 생각보다 중요한 과제이며, 해양관광 활성화의 기폭제가 될 수 있을 것이다.

다른 관점에서 부산 연안에는 각종 해상사고 방지를 우선시하는 지나친 규제 중심의 장치들이 많이 있다. 이것은 연안크루즈 해양관광 활성화의 분명한 저해요인이 되고 있다. 공유수면에 대한 규제를 비롯하여, 부산 연안 항로에서 아직 관광목적의 선박은 가장 후순위로 밀려 있다.

연안크루즈 해양관광의 도약과 블루투어리즘의 구현을 위해서는 정부와 지방자치단체가 사람과 수요의 관점에서 접근해야 한다. 2019년에 '부산항 항법 등에 관한 규칙'을 전면 개정해서 부산 북항의 해양관광항로를 개방한 것은 고무적인 사건이었다. 하지만 연안크루즈 선사들의 협업과 통합을 위해서는 관광항로 규제가 추가적으로 완화될 필요가 있다. 정부와 부산시가 여전히 촘촘한 연안해상의 규제를 풀어서 기항지의 다변화와 운항 여건을 높여준다면, 해양관광 고도화에 큰 도움이 될 것으로 본다.

Ⅴ. 맺음말

우리나라에서는 아직도 해양관광이라고 하면, 대다수가 바닷가에서 보내는 단순한 시간을 상상한다. 바다를 보면서 수변을 그냥 걷거나 수산물 정도를 시식하는 것이 보통이다. 아니면 유람선이나 요트를 타고 짧은 시간 해상에서 보내는 시간이 일반적인 해양관광의 이미지로 보인다. 이것은 지극히 육지적 관점의 해양관광이다. 해외의 선진 해양도시와 같이 블루투어리즘의 개념과 인식이 국내에는 정착하지 못했다. 심지어 해외에서는 블루투어리즘 관광이 계속 진화하고 있다.

해양관광의 블루투어리즘 구현은 해양의 관점과 수요자의 입장에서 생각하고, 바다 위에 서서 연안 쪽을 새롭게 바라보는 것이다. 그동안은 육지 안에서 바다 쪽을 보기만 했다. 그래서 우리는 블루투어리즘의 요소로서 조금 더 심층적이거나 질적으로 고급화된 해양관광을 누리지 못했다. 해변과 항구에서의 여가, 수변공간의 자원을 다양하게 이용하는 해양레저, 체험형 여행 등을 접하기도 어려웠다. 블루투어리즘의 관점에서 해양관광의 질적 수준은 아직 초보적 수준으로 판단된다. 여기서는 연안크루즈가 이런 현실을 극복할 수 있는 좋은 도구가 된다고 보았다.

부산은 우리나라 최대의 해양도시이면서 제2의 거대도시의 면모를 갖고 있다. 국내에서 가장 오래된 항구와 다양한 수변공간을 가지고 있는 것이 강점이다. 부산의 해운대와 광안리는 이미 전국 최대의 해양관광지가 되었고, 남항과 자갈치는 유명한 수산전통시장과 각종 원도심 관광자원을 갖고 있다. 근래 부산항에서는 국내 최대의 항구재생 사업인 북항 재개발이 장기간 진행되었다. 이미 북항 재개발의 1단계가 2022년에 끝났고, 부산의 옛 항구가 시민들과 관광객에게 일부 개방이 되었다. 이제 시민과 관광객 누구나 북항 수변구역에 들어갈 수 있게 되었다. 이런 상황을 기반으로 부산시와 정부는 부산세계엑스포(Busan World EXPO) 유치를 위해서 많은 노력도 했다. 2030 부산세계엑스포의 계획 부지도 북항 수변으로 확정되었다.

앞으로 부산은 글로벌 해양관광도시로서 세계 각지의 방문객을 맞이할 준비를 할 것이다. 그런 점에서 연안크루즈 해양관광을 통한 도시의 통합적인 블루투어리즘은 부산의 기존 해양관광 패러다임에 대한 더 큰 고민과 보완을 필요로 한다. 부산과 같이 항구의 역사가 깊은 해양도시는 도시 특유의 해양문화와 역사를 가지고 있기 때문이다. 해양과 도시의 문화, 역사, 철학, 예술을 반영한 부산의 고유성 확보는 상당히 중요한 문제이다. 정체성과 고유성의 발견은 도시의 가치를 되찾는 것이고, 해양관광 콘텐츠의 개발은 이것을 바탕으로 해야 하기 때문이다. 블루투어리즘과 해양관광 활성화의 관점에서는 국내에서 부산항이 거의 선두주자이기에, 그러한 실험적 정책에 대한 부담은 적지 않을 것이다. 하지만 이 장에서 구상한 연안크루즈 해양관광 활성화를 위한 항로 협업 및 연계 프로그램 등의 구상은 정책적으로 고려해볼 만하다.

특히 연안크루즈는 부산의 대표적인 해양관광 상품으로 반드시 자리 잡아야 함을 거듭 제안한다. 부산의 다양한 장소를 육지가 아니라 바닷길로 누비는 연안크루즈의 연결과 통합, 협력의 활성화는 해양관광의 핵심적 사안이 되어야 한다. 연안크루즈는 부산 시민의 삶의 질 향상과 더불어 부산 관광객의 만족도를 한층 더 높일 수 있으며, 나아가 다른 여러 관광사업과 연계할 수 있는 확장성을 갖기 때문이다. 부산은 새로 구상되는 연안크루즈를 세계적인 관광명물로 만들어, 해양관광이 운신할 공간을 넓혀야 한다. 이와 함께 부산 지역 해양관광 업계의 고질적인 문제인 계절적 편중성과 낮은 재방문율을 해결해야 한다.

부산은 우리나라 최대의 해양관광 플랫폼을 갖고 있으므로, 잠재력과 가능성은 충분하다. 부산은 연안선 길이가 약 380km로 전국 대도시 중에서 가장 길며 항구와 수변, 어촌과 도심이 혼재한 보기 드문 유형의 도시로 정의된다. 부산에는 하드웨어적으로 무역항, 연안항, 마리나 항만, 국가어항, 지방어항, 해수욕장, 관광·숙박시설 등이 다수 산재해 있다. 소프트웨어적으로는 해양 관련 대규모 행사와 축제도 전국에서 제일 많이 보유한 도시이다. 특히 이러한 자원은 부산의 연안과 수변에 고루 산재해 있는데, 이것을 서로 꿰고 연결시키는 것이 부산 해양관광의 핵심이다.

이런 점에서 여기서는 부산의 맞춤형 해양관광 구상으로 연안크루즈의 연계와 협력을 통한 블루투어리즘 개념의 도입을 잠정적으로 제안했다. 이는 부산이 가진 해양관광 인프라의 분절성을 극복하게 만들고, 시너지 효과와 상생을 실현시킬 수 있다. 물론 여기서는 시론적인 문제 제기와 탐색적 아이디어 구상 단계로서 일정한 의미를 찾고자 한다. 즉 해양관광 수단으로서 부산에 맞는 크루즈의 혁신과 통합 방법, 기항지 운영 계획을 이 글에서는 상세히 제안하지 않았다. 따라서 향후에 부산이 연안크루즈 해양관광의 국내 중심지로 발돋움을 할 수 있도록, 필자의 취지에 동의하는 후속 연구의 다양한 고민과 구상을 기대해 본다.

제8장

부산의 다문화,
이민자 가족과 적응 지원

Ⅰ. 머리말

이 장에서는 부산의 다문화 가족 증가와 이민자의 적응 문제 등을 다루려 한다. 다문화와 이민자에 대한 처우, 지원 정책 등은 부산이 과연 국제화가 잘 된 도시인가, 포용적인 글로벌 도시인가를 결정하는 아주 중요한 문제이다. 나아가 다문화 현상과 이민자들에 대한 부산과 부산 시민의 관심 및 대처는 미래 부산의 모습과도 크게 연관이 있다고 본다.

근래에 급증한 한국으로의 이주민 유입은 문화 간 국경의 완화를 가져왔으며, 이로 인해 한국사회가 고수하던 전통적인 단일민족의 신화가 위협받고 있다. 오늘날의 한국사회는 국경의 소멸과 개방을 통한 국가정체성의 재발견과 조정이라는 시대적 도전에 직면하고 있다. 도시와 지방도 예외가 아니다.

국제화는 우리가 잘 알고 있는 외국(지역, 도시)과의 외향적인 국제통상 증진과 각종 국제교류사업의 확대만을 의미하는 것은 아니다. 이는 외부(outbound), 외향적 국제화(outward internationalization)일 뿐이며, 지방이나 도시가 국내·외의 다른 곳들과의 각종 상호작용을 통해 지구적, 보편적인 수준으로 전환하는 것을 말한다. 국제교류와 국제통상은 외향적 국제화의 전형이며, 내향적 국제화에 대한 높지 않은 인식으로 인해 우리는 주로 이러한 외향적인 국제화에만 주의와 관심을 기울여 왔었다.

내부(inbound), 내향적 국제화(inward internationalization)는 생경한 단어일수도 있는데, 이는 '안으로부터의 국제화'를 뜻한다. 즉 국가와 지역사회가 방문외국인(foreingers)뿐만 아니라 특히 거주외국인(foreign residents)과의 공존을 지향하면서 외국인이 살기 좋은 지역과 도시환경을 조성하기 위해 물리적 환경과 시민의 의식까지 향상시켜 나가는 개념을 말한다. 다문화 가족에 대한 관심과 지원의 문제가 대표적이다.

우리나라에서 다문화 사회와 정책문제는 그 역사가 매우 짧고 빠르게 변하고 있는 상황이다. 특히 다문화 사회의 빠른 진전과 이민자의 급증은 사람과 문화사이의 이질적 성격에 기인하여 당초부터 민주적이면서 효율적인 협조 및 관리체계가 확립되지 않으면 좀처럼 나아지기 어려운 것일 수도 있다.

인구가 많은 대도시 부산과 같은 지역사회(local community)에 있어 다문화 사회로의 변화와 정책문제는 다양한 이해관계자(stakeholder)가 관련되어 있을 뿐만 아니라, 그 핵심대상인 시민과 거주외국인의 의식 문제도 중요하게 관련되어 있다. 서구 다민족, 다인종 사회의 오랜 경험에 비추어 보면 더욱 그러하다.

부산과 같이 지역차원에 있어서 다문화 사회로의 이행과 각종 문제 해결은 이제 정부뿐만 아니라 그 지역사회의 정책공동체(policy community)가 함께 문제를 인식하고 해결하려는 노력과 협조가 없이는 좋은 해결방안이 도출되지 못하는 상황에 놓여지게 되었다. 이러한 상황의 연장선상에서 앞으로는 정부의 거주외국인 정책과 다문화 행정분야에 있어서도 거버넌스 모형(governance model)이 새로운 대안, 개혁의 방향으로 제시될 필요가 있다.

이른바 부산은 '다문화거버넌스(multicultural governance)'의 구축을 통해서 각종 문제를 해결해 나가야 한다는 것이다. 또한 효과적인 다문화 사회 이행을 통한 사회통합과 국익증진은 곧 지역차원에서 출발해야 한다는 것이 이 장의 취지이다.

지역사회의 지속 가능한 발전(sustainable development)은 전통적인 정부주도의 다문화 정책 방식보다는 지역차원의 거버넌스의 구축을 통한 보다 합리적인 문제해결방식으로 달성할 수밖에 없다는 의견도 많은 설득력을 얻는다. 지금 좋은 다문화 사회 구축을 위한 지혜를 많은 학자들이 내놓고 있으나, 이 장의 내용은 부산에서 또 다른 관점에서의 확인과 시도인 것이다.

여기서는 우리나라 대표적인 해항도시(海港都市)이자 국제교류 도시인 부산시 지역을 대상으로 다문화 정책의 문제점과 발전방향을 다문화거버넌스 관점에서 다루고자 한다. 구체적으로는 다문화 행정과 정책에 대해 이해관계자의 측면과 다문화거버넌스 구축의 관점에서 그 실태와 문제점을 파악해 보고, 이를 토대로 미래 다문화거버넌스의 발전방향을 제시해 보고자 한다.

이러한 취지는 국제도시 부산이 앞으로 다문화거버넌스 구축의 조건을 이해시켜주는 학술적 의의만을 가질 뿐만 아니라, 부산과 비슷한 처지에 놓인 우리나라 다른 도시들의 다문화 정책에도 간접적인 시사를 할 수 있을 것이다. 그리고 실제적 차원으로 부산의 다문화 정책 수립 및 이민자 대처 문제의 해결방식에 있어 실마리를 제공할 수 있다. 장기적으로는 부산이 이민자와 상생하는 정책을 만들고 다양한 논리적 토대를 제공하는데 있어서도 도움을 줄 것으로 보인다.

Ⅱ. 부산의 다문화와 이민자 가족의 개념

1. 이민자 가족의 범주와 처우

거주외국인에 대한 내향적 국제화는 일반적인 국제교류(자매결연, 우호협정)나 국제무역·통상·투자유치 등의 외향적 국제화에 대응하는 개념으로, 여러 방편을 통해 거주외국인들에 대한 적응을 돕고 지원하는 국제화의 또 다른 축이자 방법이다. 예컨대, 국가나 지역 내의 정주외국인에 대한 사회적인 인권, 복지, 교육 등의 전반적 대책과 단기체류 근로자 및 유학생들을 대상으로 하는 한국문화체험과 지원대책이 대표적인 내향적 국제화의 실천분야라 볼 수 있다.

내향적 국제화는 "어느 도시에 적극적인 거주외국인 대책이 실시됨으로서 외국인 친화적인 지역사회를 포함하여 지역주민의 의식과 생활양식, 제도관행이 보다 지구적이고 보편성을 지닌 단계로 진입하는 상황"을 의미한다.

◆ 거주외국인(foreign residents)이란?

현재 우리나라에서 '거주외국인', '정부외국인' 또는 '외국인주민'의 개념에 대한 제도적 정의는 다음과 같다.
① 한국국적을 가지지 않은 자(90일 이상 체류자)로 외국인근로자, 결혼이민자, 유학생, 국내거소 신고 재외동포, 기타 외국인,
② 한국국적 취득자로 혼인귀화자, 기타사유 귀화자,
③ 외국인주민 자녀들로 외국인부모, 외국인과 한국인 부모, 한국인부모를 둔 자녀를 말한다.

흔히 다문화 가족, 이민자 가족(immigrant family)은 "서로 다른 국적과 문화의 남녀가 이룬 가족이나 그런 사람들이 포함된 가족"을 의미한다. 또한 생태적으로 이민자 가족이란 "국제결혼 등을 통해서 서로 다른 인종의 상대를 만나 결합한 가족"을 의미한다.

제도적으로는 현재 우리나라 국적법 제3조 및 제4조에 따라 "대한민국 국적을 취득한 자와 같은 동법 제2조부터 제4조까지의 규정에 따라 대한민국 국적을 취득한 자로 이루어진 가족"이 곧 이민자 가족이다. 간단히 말해 현실적으로는 국제결혼가족(한국인 아버지와 외국인 어머니, 한국인 어머니와 외국인 아버지), 외국인근로자가족(외국인 근로자가 한국에서 결혼, 본국 결혼으로 형성되어 국내로 이주), 새터민 가족

(북한이탈주민), 입국재외동포가족 등이 모두 이민자 가족에 포함된다.

각 지역에서는 기존의 다소 차별적 의미가 담긴 국제결혼가족, 이중 문화가족 등으로 불리던 것을 새로운 개념의 이민자 가족으로 부르게 되었다. 따라서 기존에 국제결혼가족, 이중문화가족 등으로 불리던 의미를 이민자 가족으로 파악하는 것이 일반적이다.

최근까지만 해도 우리나라에서 지역차원의 이민자 정책들은 상당수 그 논리적 토대가 미약하였던 것으로 파악된다. 우리나라 이민자 정책은 초기부터 중앙정부 중심으로 간헐적으로, 그것도 각 부처 간 느슨한 연계방식으로 이루어져 왔다.

그러나 여러 크고 작은 문제는 국가전체 보다는 오히려 지역적 차원에서부터 발생하고 있다. 실제로 지역의 차원에서는 그간 외국인노동자, 결혼이민자, 북한이탈주민 등의 소수집단들을 위해 무엇을 어떻게 해야 하는지에 관하여 관심이 낮았다. 이러한 저조한 관심은 곧 정치, 제도, 행정과 정책의 차원에서 그대로 드러나고 있다.

내재적 국경(embedded borders)이란?

국경현상을 규정하는 것은 내재적 국경(embedded borders)과 실재적 국경(actual borders)의 끊임없는 상호작용이다. 실재적 국경이 물리적인 국경과 이에 직접적으로 대응하는 국가의 정책 및 갈등을 의미한다면, 내재적 국경이란 한 사회의 구성원들이 국경에 대해 갖고 있는 이미지 및 태도, 국경 관련 교육, 이주민 정책, 국경이슈에 대한 담론 및 다문화 현상 등 구성원들이 일상 속에서 느끼고 생각하며 실행하는 국경을 의미한다. 즉 내재적 국경은 실질적으로 국경을 넘나드는 행위 혹은 정책은 아니지만 한 사회의 구성원들의 국경에 대한 인식과 경험을 지배하는 요소들이다.

내재적 국경(embedded borders)의 개념의 도입이 중요한 이유는 이를 통해 기존 국경 개념에서 간과되었던 사회적 국경, 심리적 국경, 문화적 국경, 국경 인식 등의 미시적 요소들을 포함시킬 수 있다는 것이다. 내재적 국경의 인식을

통해 우리는 지리적인 국경에 집중되었던 관심을 더욱 포괄적인 국경현상으로 확장시킬 수 있다. 그리고 내재적 국경과 실재적 국경의 개념화를 통해 미시적 국경현상과 거시적 국경현상을 통합하고 동시에 내재적 국경과 실재적 국경을 연결하는 사회적 행위주체(social actors)를 국경현상의 핵심적인 설명인자로 본다.

불법체류노동자나 결혼이민 문제는 국가적 해결사안으로 치부되어, 지방에서는 그 정부역량을 넘어선 관할권(jurisdiction) 이외로 이슈로 정의되어졌다. 이에 부산을 비롯한 우리나라 대다수의 지방과 도시는 이민자의 유입으로 발생되는 지역의 여러 문제점에 대해 굳이 국가의 시책보다 관심을 더 가질 필요는 없었던 것이다.

오랜 서구의 경험에 의하면, 다문화 사회는 여러 국가와 민족의 정치, 경제, 문화, 기술, 교육 등의 분야가 혼재되어 모든 다양화의 수준이 세계적 수준으로 되어 간다는 긍정적인 면이 있는가 하면, 다른 한편에서는 이문화와 타자간의 접촉으로 인한 혼란과 갈등이 야기될 수 있는 가능성도 함께 갖는다. 그럼에도 불구하고 다문화 사회로의 성공적 이행과 정책적 효과를 담보하기 위해서는 결국 정부와 공적부문을 통하지 않으면 안 되게 되었다.

내국인과 거주외국인의 생활관계에서 지방의 일선 이민자 정책 및 서비스가 직접 접촉점 역할을 하기 때문에 지역차원에 발생하는 모든 이주민의 문제들은 실상 국가전체로 귀착된다고 보기 때문이다. 따라서 다양한 이민족 및 다문화가 존재하는 지역사회의 통합을 위한 내국인의 역할정립과 지역적 다문화 토대의 구축이 필요하다. 이는 우리나라 이민자와 다문화 공생의 규범이기도 하지만, 근래 전 세계적으로 보이는 다문화 사회나 이민자 정책의 트렌드이기도 하다.

다문화 선진국에서 내향적 국제화에 충실히 해야 하는 이유는 이러한 규범이 외향적 국제화에 적극적으로 대응하는 전제조건이기 때문이다. 이에 최근 내향적 국제화의 의미가 더욱 각별해진 것은 주지의 사실이다. 즉 다민족, 다인종을 가진 외국의 경험에서 볼 때 지방의 국제적 경쟁력은 이 두 가지 국제화 개념이 상호보완적인 관계가 있기 때문에 적절히 조화를 이루면서 진행되어야 한다는 것이 정설로 여겨져 왔다.

2. 이민자 가족에 대한 새로운 시각

1) 이민자 가족의 현실적 위치

이민자 가족 이주자 및 이주민 집단은 주류사회로부터 정치·경제적 차원 및 문화적 차원으로 소수자, 즉 마이너리티의 위치에 놓여 있는 경우가 흔하다. 우리 사회가 이민 소수자와 다문화 공생을 위한 새로운 해법을 찾기 위해서는 이들 삶의 보편성을 외면한 채 특수성 안에만 갇혀 있을 수도 없으며, 그 반대일 경우도 마찬가지이다.

우리나라는 일제의 식민지와 한국전쟁과 냉전을 거치면서 급속한 산업화와 도시화가 이루어졌고, 1990년대 이후의 이주노동자와 국제결혼을 통한 '이민자 가족'의 등장 등으로 사회문화적 변동이 빠르게 진행되고 있는 중이다. 따라서 이러한 변화 속에서 이민자 가족의 삶에 대해서는 거대담론이 아니라 구체적 실상에 대한 접근이 필요하다.

다문화에서 이민자 가족의 문제에 관한 상당수 기존 이론들은 우리나라에 사는 이민자들에 대한 우리 '안(內)'에서부터의 포용과 화합을 묵시적으로 전제한 것은 아닌지 진지하게 생각해볼 때인 것 같다. 현실세계에서도 지방자치시대에 각 지방과 도시가 저마다 국제화, 세계화 수준이 높다고 주장하는 현 시점에서, 실제로 우리나라 해항도시를 대상으로 이민자 가족에 대한 의식적 수준을 점검하고 그 선결조건은 과연 무엇인가에 대한 질문을 던져볼 필요가 있다. 이는 이민자 가족 중심의 이문화적 가치를 최근 급변하는 사회의 다문화 추세에 적용해야 한다는 새로운 논의를 강제시킨다.

2) 다문화 공생의 새로운 해법

최근 이민자 가족에 대한 사회적 관심이 높아지고 있기는 하나, 각각의 영역에서 단편적인 처방들이 대부분인 것이 현실이다. 근래 이민자 급증에 의한 우리나라 지역사회의 다문화 현상은 필연적으로 이문화 간의 접촉과 갈등의 가능성을 내재한다는 아젠다의 특성에도 불구하고 새로운 해법의 제시는 매우 드문 편이다.

그러한 이유는 이민자 가족 아젠다에 대한 새로운 처방의 필요성에 대한 학계의 인식도 부족했거니와, 이민자 가족에 대한 '관리와 지원' 측면에 사회적 초점이 맞추어져 있었기 때문이다. 이는 기본적으로 이민자 가족이 직면하는 여러 문화적, 일상적 문제에 대한 효과 높은 처방을 어렵게 만들었으며, 무엇보다 이들 이민자들의 생애와 삶에 대한 근본적 이해가 없는 해결책에도 공공의 인력과 예산이 낭비된 측면이 없지 않았다.

우리나라에서 지난 2010년부터 매년 국가적으로 이민자 가족에게 약 1,500억 원 이상의 공공예산이 대략 150개 이상의 사업에 걸쳐 장기로 집행되고 있다. 하지만 아직 이민자 공생 및 다문화 사회로의 올바른 진전이나 뚜렷한 성과는 나타나지 않고 있다. 이민자 가족에 대한 우리 사회의 공공적 지원은 막대한 재정편성에도 불구하고 지금껏 그 효과성은 가시적이지 못한 것이다.

그래서 앞으로 우리에게 더욱 중요해진 당위성은 상대방의 입장을 헤아리지 않고 베푸는 무심한 선의는 무의미할 수도 있음을 빨리 인식하고, 지금 이민자들의 생활과 삶에 대한 입체적이고 정확한 문제의 진단과 새로운 해법을 제시해야 한다는 점이다. 예를 들면, 가족 내부의 커뮤니케이션이나 심리적 문제에서 출발하여 제도와 환경, 사회구조적 문제에 이르기까지 다양하며, 이를 밝혀내는 정형화된 방식은 아직 나타나지 않았다.

같은 맥락에서 한국사회에서 이민자 가족에 대한 공공적 지원은 분명 많은 수고와 재정이 소요되고 있지만, 그 성과가 당장 눈에 보이지 않고 있다. 그럼에도 불구하고 정부와 학계는 장기적으로 이 땅에 살고 있는 이민자들의 생활과 삶에 대한 입체적이고 정확한 문제의 진단과 새로운 해법을 제시해야만 한다. 예를 들면, 이민자 가족 내부의 커뮤니케이션이나 심리적 문제에서 출발하여 제도와 환경, 사회구조적 문제에 이르기까지 그 범주는 다양하며, 이를 밝혀내는 정형화된 방식은 아직 나타나지 않았다.

이민자 및 다문화 연구와 문화학 분야에서 사용하는 방법론의 세계적인 추세는 다학문간 융합과 학제적 접근이다. 특히 행정학, 사회학 등의 인접 사회과학과 인류학의 학제간 협력(interdisciplinary collaboration)은 기존 이민자 연구분야에서 우수한 성과를 보이는 것으로 알려져 있다. 특히 현지조사에 얻은 자료들을 분석하는 데에 사회통계적 방법을 사용하는 일은 미국을 중심으로 한 현대인류학에서 이제 학제적으로 독립된 이론적 분과의 하나로 자리 잡았고, 최근 인류학에서의 문화혼종 현상에 대한 이문화의 교차비교는 이제 통계적 분석을 포함하는 것이 당연한 일이 되었다.

우선 인류학에의 참여관찰이나 사례연구 혹은 생애사, 구술사 연구 등과 같은 질적 방법론의 사용은 인류학이 사회과학과 분명 다른 점이다. 계량분석이나 통계와 달리 수량화할 수 있는 변수들의 범위가 제한되어 있기는 하지만 인류학적 자료와 방법론의 성격으로 인해 참여관찰과 자료의 질적인 분석(qualitative data analysis)은 여전히 인류학적 현지조사의 근간을 이루고 있다.

반면에 최근 사회과학에서 행정학 및 정책학자들은 서베이와 통계분석에 많이 의존하고 있고, 광범위하고 정교한 통계적 방법들을 추구한다. 물론 사회현상을 너무 중립적으로 수치에 의해 계량화한다는 맹점이 있고, 학계에서는 행정학이 점점 계량에 함몰되어 간다는 자성의 목소리도 있다. 그러나 행정학의 계량분석은 인류학과 달리, 조사결과를 일반화하는데 있어서 많은 장점을 가지고 있다.

다른 한편으로 우리 사회의 이민자에 대한 논의는 아직까지 소규모 개별논의에 주로 집중되어 있어, 융합적 시도나 연구는 그다지 활성화 되어 있지 않다. 또한 이민자의 각종 아젠다에 대한 다른 학문과의 소통에 있어서 자기 학문에 대한 폭넓은 설득력의 결여는 학문 간의 또 다른 장벽을 만들고 있다.

특히 우리 주변 이민자 가족이 갖는 대한 수많은 문제에 대한 학제 간 소통의 부족은 학문 간에 필요한 사실관계에 대한 이해와 방법론적 설명이 서로 부족하기 때문이다. 이는 지금 이문화적 혼종 현상에 대한 학제간 통합, 특히 사람(人)의 존재를 연구하는 인문학과 사회(社會)현상 및 행동을 다루는 사회과학이 서로 융합되어야 할 필요성을 대변한다.

3. 부산의 이민자 가족 지원실태

우리나라 대표적인 국제도시, 해항도시인 부산의 이민자 가족의 현황과 실태를 현황자료를 이용해 구체적으로 살펴볼 필요가 있다. 우선 부산은 외국문물에 개항한 지가 100년이 넘은 유서 깊은 교류의 역사를 가지고 있으며, 외국과의 국제무역을 통해 지역발전이 장기간에 걸쳐 이루어진 특징이 있다. 기존 문헌에서는 우리나라 대도시와 연안지역에서 문화적 혼종의 속도가 상대적으로 빠르게 진행되고 있다는 보고도 있다.

무엇보다도 부산은 지금 동북아시대 국제수도를 지향하고 있으며 전국적으로 대표적인 다문화 선도 도시를 정책적으로 표방하고 있다. 그러나 서울이나 수도권, 내륙권 등의 다른 지역과 달리 지방의 대도시인 부산은 해항도시 차원의 올바른 이민자 정책에 관한 논리적 토대가 아직 충분치 못하다는 약점도 있다. 그러므로 현 단계 이민자 가족의 공생과 적응에 대한 고찰은 해항도시 부산과 비슷한 상황에 놓여있는 우리나라 다른 지역과 도시의 이민자 가족 지원에도 좋은 참고가될 수 있다.

부산에서 이민자 가족은 상대적으로 인구밀도가 높은 사하구, 부산진구, 해운대구, 사상구 등에 주로 밀집되어 있으며, 비교적 전역에 고르게 분포하는 편이다. 일단 부산이라는 대도시 안에서 지역별로 이민자 가족의 숫자가 전반적으로 고르게 분포, 증가하고 있다는 것은 이민자 가족의 지원과 정착의 환경으로서 해항도시의 중요성이 그만큼 커졌음을 의미한다.

동시에 지방자치시대에 이민자 가족에 관한 다양한 의제와 문제의장이 내용적으로 확대되었음을 뜻하기도 한다. 즉 지방행정과 정책의관점에서 이민자 가족에 대한 지원은 해항도시의 내부를 변화시키는것이며, 행정관료 및 이민자 가족 주변 이해관계자의 의식과 행동을국제적, 보편적 수준으로 전환시키는 것이다.

그러나 아쉽게도 지금껏 부산이라는 거대도시는 지금까지 이민자가족을 주로 관리의 대상이자, 오직 외부인(outsider) 혹은 타인(stranger)으로서의 의제(agenda)로만 다루고 있는 것으로 판단된다. 이민자 가족에 대한 각종 지원을 통해 지역사회의 통합과 세계화를 완전하게 실현하기 위해서는 지역에 사는 시민이 외국인을 진정한 지역구성원으로 인식(membership)하는 과정이 필수적이다.

이민자의 수용이나 다문화 사회로의 정책적 지향이 사회적 이슈가 되고, 이제 이민자 가족과의 공존을 지향하는 다양한 정책적 해법들이 제시되고는 있다. 그러나 그 효과성이 여전히 낮은 것은 이들의 정착 문제에 대한 근본적인 관심과 이해가 전제되지 않은 이유일 것으로 생각된다. 근래에 부산시 정부는 '다문화 가족 행복플러스 플랜'이라는 이름으로 이민자 가족의 지역사회 정착을 위한 프로그램을 연차별로 지원하였다.

<표 8-1> 부산의 이민자 가족 거주 현황

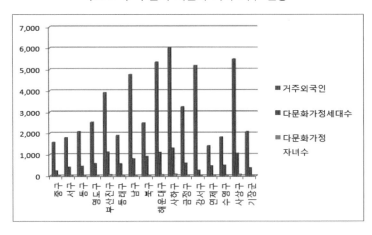

구체적으로 이민자 가족의 지원 인프라를 강화하기 위해 다문화가족지원센터를 지속적으로 확충하고 있으며, 거버넌스 기구로서 외부전문가가 포함된 다문화가족지원협의회와 결혼이민자 대표회의를 운영하였다. 최근에는 이민자 가족의 주요 구성통로인 국제결혼중개업체 지도·관리를 강화하고 있으며, 이주노동자와 결혼이민자의 안정적인 정착 및 자립역량을 강화하는 각종 시책을 펴고 있다. 그리고 이는 이

민자 가족의 정착에 일정한 도움을 주고 있는 것으로 파악하고 있다.

무엇보다 부산의 경우에는 지역사회에 살고 있는 이민자 가족의 안정적인 정착과 건강한 가족생활을 지원하기 위하여 한국어교육, 다문화통합교육 및 상담, 취업연계 및 교육지원 등 종합서비스를 제공하고 있으며, 이민자 자녀들의 건강한 성장환경 조성을 위해서도 노력하고 있다. 그러나 다문화 가정, 이민자 가족의 지역 정착을 위한 부산의 정책과 행정상의 전담인력과 예산은 여전히 부족한 수준인 것으로 파악된다.

구체적으로 부산의 일선 자치구에서는 이민자 가족지원업무를 기존 복지담당부서와 보건소에서 대부분 겸하고 있으며, 별도의 인력은 추가되지 않고 예산도 소액에 머물러 있다. 부산의 이민자 정책 예산현황을 들여다보면 문제가 더 심화된다. 이민자 가족 관련 예산은 보건·복지·여성분야에 편성된 수준으로 전체 예산의 극소수에 그친 것으로 보인다.

물론 부산에서는 부산국제교류재단, 부산글로벌센터, 다문화가족지원센터, 북한이탈주민정착센터 등에 눈에 띄는 이민자 정책기구의 지속적인 편성이 이루어지기는 하였다. 하지만 수도권은 인구성장 및 외국인노동력 수혈과 함께 점점 많은 수준의 이민자 상담인력, 다문화 전문인력을 일선에 배치하고 있으나, 아직 부산은 기초자치단체의 재정자립도 문제와 함께 다른 정책과의 우선순위에서 그 중요도가 떨어지고 있는 것은 명백해 보인다.

최근 부산에서 정부 차원의 복지정책은 저출산, 고령화, 양극화 문제가 주요 이슈이며, 이민자 가족에 대한 관심과 여력은 아직 부족하다는 점을 어느 정도 인정하고 있다. 고위당국자나 의회가 이민자 가족에 대한 관심이 낮은 가운데, 조직이나 예산배정에서 우선순위가 밀린다는 사실도 누구나 파악할 수 있다. 특히 본청과 자치구 담당공무원의 보직도 대체로 2년 미만으로 정해져 있어 실무자들조차도 이민자 가족의 성격과 생활상에 대한 전문적 식견이 불가피하게 낮아짐을 쉽게 추정할 수 있다.

결국 부산이 인구 및 재정규모가 크고 대표적인 국제교류도시임을 감안한다면, 이민자 가족 관련 정부 차원의 현황과 지원의 규모는 그리 양호한 수준이 아닌 것으로 보인다. 만약 독립적인 인력과 지원이 가능하다면, 이민자 가족에 대한 보다 다양한 지원 사업을 주도할 수 있다. 이는 이민자와 다문화 공생사회 실현을 위한 질적이고 장기적인 준비이지만, 그 효과의 무형성(intangible benefits)으로 인해 당장은 정책우선 순위에서 미루어질 가능성이 많은 것으로 보인다. 따라서 부산은 향후 이민자 가족 지원을 위한 공공부문 인력과 예산부터 시급히 확충할 필요가 있을 것이다.

4. 부산 이민자 가족의 적응과 공생의 요인

1) 이민자의 인구사회학적 특성

실제로 우리나라 지역사회에서 이민자 가족이 일상생활을 하면서 겪게 되는 각종 문화접변과 부적응 양상은 크다. 그런데 그동안 이들이 가지고 들어온 인구사회학적 배경을 충분하게 고려하면서, 현상을 심층적으로 이해하려는 노력은 드물었다. 이는 앞으로 이민자 가족의 적응을 지원하는 여러 정책이나 프로그램이 인구사회학적 특성을 반영해야 할 필요성이 높음을 시사해주고 있다.

기존 문헌에 의하면, 이주생활을 하는 이민자 가족 적응에 중요한 인구사회학적 배경에는 출신국가, 경제수준, 교육수준, 종교여부, 거주기간 등이 주로 다루어지고 있다.

첫째, 이민자 가족에서 지역사회 적응의 수준과 정착속도는 출신국가(country of origin)별로 많은 차이를 보여주고 있다. 대개 국제결혼을 통해 이주노동자나 결혼이민자로 구성된 이민자 가족의 경우, 출신국가에 따라서 국내이주의 역사도 일정한 차이를 보여주며, 이주의 동기나 목적도 약간씩 차이를 나타낸다. 즉 이민자 가족에서 다수를 차지하는 동북아시아의 중국, 일본, 동남아시아의 태국, 필리핀, 베트남, 기타 러시아 및 구미국가 등의 출신유형은 모두 지역사회에 적응하는 정도의 차이를 보일 수 있다.

기존 이론이나 문헌에 따르면, 지역사회에 비교적 잘 적응하는 이민자 가족은 대략 일본, 중국(조선족 포함), 유럽계 등이고, 지역사회에 적응하는 노력과 시간이 상대적으로 많이 필요한 쪽은 동남아시아 국가 출신의 이민자 가족으로 파악이 되고 있다.

둘째, 이민자 가족에서 경제수준(economic level)은 지역사회 적응에 매우 중요한 요인이다. 경제적 환경은 이민자 가족의 정착문제에 있어서 가장 많이 언급되고 있는 요인이며, 곧 적응과 부적응을 유발시키는 핵심적인 조건이다.

이민가정은 경제적인 자원이 풍부하고 풍족한 생활을 할수록 현지에서의 적응력이 높다는 것이 국제적인 정설이 되고 있다. 특히 이민자 가족에서 부모의 경제적 지위는 곧 자녀의 경제적 지위와 밀접한 연관이 있다는 것은 우리나라는 물론이거니와, 이주의 역사가 오래된 서구에서도 이제 낯선 가설이 아니다.

셋째, 이민자 가족에서 이민자의 교육수준(education level), 즉 기존의 학력(academic background)은 지역사회의 적응과 밀접한 연관이 있다. 일반적으로 이민자의 학력수준은 출신국가 만큼이나 다양하다. 게다가 이민지역에서 다문화 가족을 구성하는 이주노동자나 이주여성의 경우, 본국에서의 학력수준에 따라서도 언어습득 정도가 차이가 나는 것으로 알려져 있다.

여러 국가 중에서 학력이 높은 집단은 일본, 중국한족, 러시아나 구미유럽계 쪽이 많고, 학력이 낮은 집단은 베트남, 필리핀 등의 동남아시아계가 주로 많은 것으로 나타나고 있다. 교육수준이 낮으면 그만큼 일상생활에서 다른 학습능력과 지식습득의 효율이 저하되고 지역사회의 적응이 어려울 수 있다. 반대로 부모의 학력이 높은 이민자 가족에서는 이웃에 대한 응대와 자녀의 학교생활에서 상대적으로 높은 적응력을 보이는 것으로 보고되고 있다.

넷째, 이민자 가족에서 종교(religion)나 신앙(religious faith)의 여부도 이민국 정주의 성공에 제법 비중 있는 요인으로 다루어지고 있다. 일반적으로 종교는 심리적으로 안정을 주고, 일상생활에서의 안녕과 보호를 제공해주며, 타지 생활에서의 어려움을 심리적으로 잘 극복하게 도와주는 역할을 한다. 소수자에게 종교는 자신과 타인 사이의 연대감을 강화시켜주기도 하며, 삶의 의미나 목적을 알려주는 길잡이 역할도 한다.

그러므로 사회적 소수자인 이민자 가족의 경우, 본국에서 이민자가 가져온 종교의 의미는 더욱 각별해진다. 일부 문헌들은 이민자 가족이 종교행사 참여와 종교단체의 피지원 등을 통해 최소한의 사회적 지지 획득이 가능하다고 본다. 따라서 이민자 가족의 삶과 이주지 정착에는 대체로 각 나라의 여러 종교적 배경이 일정 부분 작용하는 점이 많다는 점은 분명하다.

다섯째, 우리나라에서의 거주기간은 이민자 가족의 적응과 정착에 많은 연관을 가지고 있다. 기존의 다수 문헌이나 보고에서 이민자나 이민자 가족의 입국 이후 거주기간 혹은 체류기간이 그들의 적응의 정도와 많은 관련성을 보여주고 있기 때문이다.

모국을 떠나 국내에 오래 거주할수록 높은 적응도를 보이며, 이는 이주노동자나 결혼이민자의 경우에 두드러지게 나타난다. 그러므로 거주기간과 적응은 대체로 비례관계인 경우가 많아, 이것을 부산 지역사회 적응문제와 결부시켜 살펴보는 것도 중요한 의미가 있을 것이다.

2) 이민자의 커뮤니케이션 특성

이민자 가족의 커뮤니케이션(communication) 문제는 최근 이주민의 적응을 문화적 문제에 국한하여 해결하려는 경향에서 벗어나, 사회적으로 일상적인 대인관계와 적응속도를 결정짓는 요인으로 이론적으로 그 중요성이 확대되고 있으며, 세부적인 근거는 다음과 같이 소개된다.

첫째, 이민자 가족의 지역사회 적응에 있어서 가장 큰 어려움은 언어기술(linguistic technique)과 소통언어(communicative language)의 문제이다. 이민자 가족이 공통적으로 처음 직면하는 가장 중요한 문화적 차이가 바로 이 문제이다. 이때의 언어적 기술과 의사소통은 어휘구사 수준, 언어의 명확성, 제스처의 기술성, 의사전달의 자신감 등을 포괄적으로 뜻한다. 기본적으로 의사소통에 관한 듣기, 읽기, 말하기, 쓰기 기술이 미숙하면 대인관계의 질을 떨어뜨리는 원인이 된다.

또한 언어의 문제는 가족 내의 문제로 국한되지 않는다. 혈연, 지연, 학연 등 지역사회의 중요한 관계형성의 통로를 결여한 채로 가족 외부에서 관계를 맺을 기회가 거의 없는 이민자 가족은 자신감 없는 언어능력에 기인한 여러 가지 갈등으로 인해서 사람들과의 접촉을 꺼리게 된다. 언어문제와 의사소통의 어려움으로 인해 이민자 가족은 심지어 가족 내에서도 고립되어 있는 경우가 나타나기도 한다. 자신의 자녀보다 한국어 의사소통 능력이 떨어지는 경우, 부모의 역할을 제대로 할 수 없을 뿐 아니라, 일상생활에까지 불편함을 겪게 되는 것은 이민자 가족만의 특징적인 현상의 하나이다.

둘째, 이민자 가족의 커뮤니케이션은 외부활동 참여(participation)나 능동성(activity)이 어느 정도인가에 의해 좌우되기도 한다. 이민자 가족에는 스스로의 친목모임 및 참여활동이 매우 중요한데, 여기에서 지역 사회 적응에 필요한 각종 정보와 문화의 상당부분을 습득하게 된다. 그리고 이민자 가족은 여가활동이나 문화생활을 통해서 타인의 사고와 타문화의 양식을 이해하는 것이 효율적이라는 주장도 있다. 특히 평소 집에만 있는 것보다 능동적인 야외활동을 하는 가족이 지역사회에 빠른 융화가 이루어진다.

전반적으로 이민자 가족의 신체와 정신적 건강을 중재하는데 있어서 중요한 부분을 맡는 것은 다른 사람들이나 집단과의 연결망(network) 구축이며, 이것은 곧 외부와의 소통과 참여인 것으로 이해된다. 부녀회, 반상회와 같은 주민자치활동 및 취업, 봉사활동 등을 통한 지역사회활동의 자발적 참여가 이민자 가족의 일상 적응에 중요한 이유가 바로 여기에 있다.

셋째, 이민자 가족의 조기정착에 가장 필요한 것은 지역사회 안팎의 지리(geographical position)를 잘 알고, 공간적 인식을 명확하게 하여 생활에 필요한 시설을 이용하는 것이다. 즉 일상생활 영위에 필요한 지역사회 내의 다양한 편의시설 및 공간 등을 이용할 수 있는 능력은 적응에 대단히 중요하다고 볼 수 있다. 지역사회에서 이민자 가족의 일상생활에 보다 직접적으로 영향을 미치는 것은 소비와 편의시설, 여가시설, 긴급 상황에서 요구되는 의료시설 등이다.

반면에 교육, 문화, 의료, 사회참여 등 지역사회에서 제공되는 다양한 혜택에 대한 이용기회가 배제되는 것은 이민자 가족의 부적응에 중요한 영향을 미친다. 이민자 가족이 새로운 지역사회 내에서 일상생활과 밀접한 공간 및 편의시설들에 익숙해지거나 이에 대한 이용법을 익히는 것은 자연스러운 생활적응(life adaptation)의 한 단면이기도 하다.

3) 이민자의 심리적 특성

지역사회는 심리적 측면에서의 공동의 관심과 연합을 뜻하기도 하므로, 이민자의 정착과 공생에 관한 많은 이론들은 이민자 가족의 심리적 적응을 특별히 강조하고 있다. 심리적 특성은 곧 새로운 문화적 맥락에서 심리적인 복리나 양호한 정신건강, 만족감을 느끼도록 하는 것을 의미한다.

이는 심리 내적인 결과로서 개인적 정체성, 좋은 정신건강, 그리고 새로운 문화환경에서의 개인적인 만족감과 성취 등이다. 지역사회 적응에 도움을 주는 이민자 가족의 심리적 특성에는 자기정체성과 효능감, 타문화 이해와 유연성, 타인신뢰와 정착의지 등이 다루어지고 있다.

첫째, 이민자 가족에서 느끼는 자기정체성(self-identity)과 효능감(self-efficacy)은 적응에 중요한 요인이다. 자기정체성이란 자기 존재의 동일성과 독특성을 지속시키고 고양시켜 나가는 자아의 자질(trait)이다. 이민자 가족은 지역사회에서 소수 이민자 집단으로 생활을 해 나가면서, 자신이 어떠한 사람들인지 혹은 주변의 다른 사람들이 자기들을 어떻게 생각하고 있는지에 관해 많은 혼돈을 느끼는 것이 일반적이다.

최근 이론이나 문헌들에서는 이민자 가족이 자신들 스스로를 한국인으로 느끼는 정도가 주변인들이 이민자 가족을 한국인으로 느끼는 정도보다 크다는 보고가 있다. 이것은 자기정체성에 있어서 이민자 가족이 처한 환경 간에 적합함(fit)을 증진시킬 수도 있지만, 반대로 그렇지 않을 수도 있다는 것을 뜻한다.

이민자 가족의 자기정체성이나 자기효능감은 새로운 환경에서의 태도, 가치, 신념, 정신건강에서의 변화를 의미하고, 이것은 이후의 우울증, 스트레스 등 심리적 결과와도 밀접한 연관이 있다. 또한 이민자 가족이 출신국 문화와 전혀 다른 생활에 부딪혔을 때 지역사회에 대해

위축감을 가지고 심리적인 벽을 쌓지 않도록 자신감을 갖는 것이 중요하다고 말하는데, 소수자 적응에 관한 다수 문헌은 이것을 자기효능감 혹은 자긍심으로 정의하고 있다.

둘째, 이민자 가족에서 심리적으로 타문화의 이해도(multicultural understanding)가 높고 유연함을 갖춘 경우는 그렇지 못한 경우보다 적응의 속도가 높다는 결과가 있다. 역사적으로 이민자 가족의 적응에 관한 이론이나 문헌은 그들이 사회의 소수자라는 점과 상대적으로 열악한 환경에 처해 있다는 점을 강조해 왔다. 물론 이민자 가족이 심리적으로 자신의 뿌리가 되는 문화(original culture)를 뒤로하고, 새로운 곳에서 다른 문화를 자신의 문화로 만들어 일생 생활에서 편안함을 느끼기까지는 여러 시행착오를 거치는 시간이 필요하다.

게다가 이민자 가족은 지금껏 서로 다른 나라에서 다른 가치관을 가지고 살아왔기 때문에 적응의 과정에서 많은 스트레스를 받게 된다. 이러한 스트레스는 지역사회에서 여러 가지 문제를 야기하는데, 이민자 가족에서 다른 문화에 대해 유연한 입장을 가진 사람일수록 문제를 쉽게 극복할 수 있다는 것이 일반적이다.

셋째, 이민자 가족의 지역사회 적응은 타인에 대한 신뢰(trust)와 정착에 대한 자기의지(willingness for resettlement)에 따라 영향을 받기도 한다. 내국인, 원주민들의 눈에 비친 이민자 가족의 이미지는 대부분 그들이 얼마나 지역사회에 정착할 의지가 있으며, 공생을 위해 그만큼의 봉사와 공헌을 할 것인가의 문제와 다르지 않다. 이민자 가족에 대한 부정적 이미지를 해소하고 다문화 포용을 위한 정착지원을 확대하더라도, 정작 수혜자들의 신뢰나 정착의지를 이끌어내지 못하면 실패할 가능성이 많다.

이주민과 원주민 관계에서의 신뢰형성과 정착의지의 조작적 의미는 곧 새로운 환경의 변화를 수용하고 거주 지역사회에서 심리적으로 적절하고 편안하게 살려는 노력이다. 지역사회에서 진정한 공생공동체를 구현하기 위해서는 심리적으로 먼저 신뢰를 바탕으로 주민의 인식과 이민자 가족의 정착의지가 상호조화를 이루어야 한다는 것은 많은 학자들의 공통된 주장이기도 하다. 따라서 이민자 가족의 한국 사람에 대한 이해도, 신뢰도, 거주희망과 정착의지의 수준이 높다면 적응문제의 상당부분은 해소된다.

4) 법적 · 제도적 특성

세계적으로 이민자 가족에 대한 법적 · 제도적 장치(institutional arrangement)는 이들의 적응과 정착을 담보하는 가장 기본적이고 공식적이면서, 공공적 지원의 배경으로 작용되는 중요한 기제(mechanism)라는 의견이 많다. 최근 우리나라 다문화가족지원법 제3조(국가와 지방자치단체의 책무)에서는 국가와 지방자치단체가 이민자 가족 구성원이 안정적인 가족생활을 영위할 수 있도록 필요한 제도와 여건을 조성하고 이를 위한 시책을 수립 및 시행하도록 정하고 있다.

특히 2012년부터 이민자 가족의 법 개념적 범위가 확대되었고, 지역별로 다문화가족지원센터, 다문화가족지원협의회가 운영되고 있다. 무엇보다 이민자 가족의 입장에서는 이러한 각종 법과 조례의 실효성, 제도의 체감성을 통해 적응과 정착의지를 갖는다는 점이 중요하다.[1]

보다 세부적으로 법 · 제도를 근거로 행해지는 2차적인 정책 · 프로그램상의 지원도 중요한데, 그 이유는 이민자 가족에 대한 처우에 관한

---

[1] 정부의 재한외국인처우기본법(법률 제8442호, 2007.5.17. 제정)과 이민자 가족지원법 (법률 제8937호, 2008.3.21 제정), 거주외국인지원표준조례안, 외국인 지역사회통합 업무추진 지침 등을 근거로 각 지방정부는 다문화가족지원조례, 거주외국인지원조례, 외국인인권조례, 외국인투자유치 및 지원조례, 외국인학교지원에 관한 조례 등을 만들었으며, 이는 실제 지역사회에서 이민자 가족 정착지원의 인력과 예산상에서 중요한 근거조항이 되고 있다.

노력의 실질적 주체와 접점이 지방정부와 일선 공공기관들이기 때문이다. 여기에는 사회적응 지원뿐만 아니라 사업의 평가를 기간별로 나누어, 현 단계의 문제점을 다음 단계의 사업 추진과정에 충분히 반영하는 것까지 포함된다. 이민자 가족이 스스로 느끼는 이러한 공적 지원제도의 수준, 정책과 프로그램의 실효성, 만족도 등은 실제 적응과정에 많은 도움이 된다고 한다.

5) 정부와 공적 지원의 특성

지방자치법 상에 각 지방정부는 법적으로 각자의 법인격을 가진 독립행위자이므로, 이민자 가족에 대한 각종 정책이나 업무는 개별 행정구역 단위로 추진되고 있다. 그러므로 기존 문헌에서 이민자 가족에 투입되는 지방정부의 자원(resources), 즉 인력과 예산(human and budget)의 규모는 이민자 가족에 대한 각종 지원책의 성패를 가늠하는 동시에 성과에도 차이를 보여주는 원인으로 알려져 있다. 일반적으로 규모가 큰 도시나 지방정부의 경우 상대적으로 인구가 많고 지역경제가 크며, 전반적인 행정적 역량(capacity)도 좋다.

지역사회를 관장하는 지방정부가 각종 가용자원의 측면에서 상대적인 우위를 가지면, 그만큼 이민자 가족에 대한 지역사회의 여건이 호의적일 수 있다. 일각에서는 다문화를 올바른 방향으로 역동하는 힘(force)을 바로 그 업무를 전담하는 정부조직의 역량과 효율성에서 나오는 성과로 파악하기도 한다. 이민자 가족에 대한 공공부문 인력과 예산의 충분성은 그래서 결코 무시할 수 없는 요인이 된다.

다른 한편으로 지역사회에서 정부에 의한 공적 지원시설과 서비스 체계(facilities and service system)는 이민자 가족을 위한 보다 실질적이고 체감성 있는 적응요소이다. 현재 대부분의 지방정부는 이민자 가족 정착지원을 위해 이민자 가족지원센터 이외에도 건강가정지원센터, 사회복지관, 문화원, 대학, 주민자치센터 등에서도 다양한 전문프로그램을 시행하고 있다.

그리고 국제교류센터, 글로벌센터, 국제문화복지센터, 다문화체험교실, 사랑방, 어울림 마당 등 다양한 이름으로 이문화 전용공간(space)을 만들었다. 각종 언어능력 향상과 맞춤형 생활지원서비스도 이 공간들을 토대로 이루어지고 있다.

이에 대해 보다 구체적인 예를 들면, 방문 및 외국인 전용안내, 근로, 혼인, 비자, 교육, 주택, 취업, 의료, 방재에 걸쳐 다국어상담과 정보교환이 제공되며, 최근에는 연·기금, 생활복지, 단체결성 및 시민권으로 서비스가 확대되고 있다. 따라서 이러한 공적지원시설의 규모, 시설과 서비스 질이 높을수록 다문화 적응수준도 높아지게 된다.

6) 지역문화와 환경적 특성

지역사회라는 상위체계는 환경적으로 이민자 가족의 외부에 있으면서, 가정생활에 기능적으로 영향을 미치는 사회단위라 할 수 있다. 이민자 가족은 그들이 새로 정착한 지역사회라는 '환경 속의 인간(person-in environment)'이기 때문이다. 환경적으로 이민자 가족의 적응에 영향을 미치는 요소로는 지역문화의 특성, 지역주민의 태도, 자원봉사와 시민단체 등이 거론되고 있다.

첫째, 지역문화의 특성(characteristics of local culture)은 곧 지역문화의 개방성(openness), 관용성(tolerance), 다양성(diversity), 친화성(friendship)이 이민자 가족과 깊은 연관이 있음이 여러 문헌에서 나타나 있다. 즉 원래부터 지역문화가 외국문화에 대해 열려 있고, 타인과의 상호작용에 대한 관심이 많으며, 관용과 포용력이 높다면 자연스럽게 이민자 가족과 편안하고 조화로운 관계가 가능하다.

특히 지리적 특성이나 문화유산에 영향을 받는 지방문화의 고유한

속성은 중요한 사회자본(social capital)의 구성요소이자, 지역주민의 내면의식에 자리 잡고 있는 사고의 기저를 형성한다. 지역문화의 이러한 특성들은 기존 토착문화에 의한 차별과 편견을 예방할 수도 있다는 전제에서, 그 결과상의 차이도 이문화에 대해 충분히 발생시킬 수 있다.

둘째, 지역주민의 태도는 사람들이 원래 비슷한 것을 먹고 같은 언어를 쓰며 비슷한 행동을 할 때 좀 더 편안하고 가깝게 느낀다는 상식에 근거한다. 토착적인 지역주민의 의식적 뿌리는 너무도 길고 강하기 때문에 이민자 가족을 이웃으로 맞이하게 되면 어떤 가치관과 태도는 받아들이고 또 어떤 것은 거부하면서 그 문화권과 소통하게 된다.

의식과 태도(consciousness and attitudes)는 주민이 기존의 그들만이 아닌 다문화적 수준에 맞춰 나가는 것이다. 여기에는 기본적으로 이문화에 대한 이해(consideration)와 감수성(sensitivity)이 포함된다. 따라서 이민자 가족을 이웃처럼 생각하는 토착주민의 넓은 사고와 태도, 내·외국인간의 상호존중과 이해도, 감성적 교류는 이민자 가족의 적응에 상당히 중요한 요인으로 판단된다.

셋째, 이민자 가족에 대한 지역사회의 자원봉사와 시민단체가 가진 역량(capacity of local civil society)은 최근 중요한 적응요인으로 등장하였다. 이민자 가족 지원을 하는 자원봉사자와 시민종교단체는 환경적으로 지역사회 다문화 지수를 높이는 중요한 가용자원(available resources)이자, 정부가 지역사회의 다양한 협조를 구할 수 있는 토대가 된다.

우리나라에서 시행되는 이민자 가족 지원사업 상당수가 지방정부 및 지역NGO 등 시민사회와 활발하게 연계되어 추진되고 있는 것도 이런 이유 때문이다. 아직 전국적으로 이민자 가족에 대한 자원봉사나 시민단체의 활동이 성숙된 것은 아니지만, 이민자 가족에 대한 이들의 활동역량이 중요한 기제로 작용하는 것은 기존 문헌에서 충분히 밝혀지고 있다.

7) 이민자 가족의 적응과 공생 요인

이상의 논의에 따르면 현재 이민자 가족과 다문화 공생에 영향을 미칠 것으로 논의된 것은 크게 이민자와 이민자의 가족 내부적으로는 인구사회학적 특성, 커뮤니케이션 특성, 심리적 특성이 있고, 외부적으로는 제도적 특성, 지방정부 특성, 지역환경적 특성의 범주로 분류할 수 있다.

〈그림 8-1〉 이민자 가족 적응과 다문화 공생의 종합적 요인

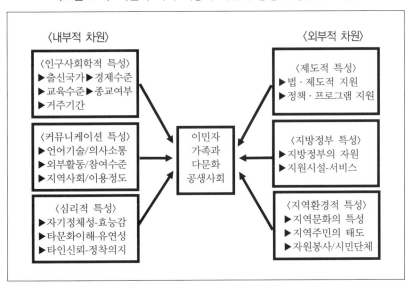

먼저 인구사회학적 특성에서는 출신국가, 경제수준, 교육수준, 종교여부, 거주기간이 제시되었고, 커뮤니케이션 특성에서는 언어기술과 의사소통, 외부활동의 참여수준, 지역사회의 이용정도가 제시되었으며, 심리적 특성에서는 자기정체성과 효능감, 타문화에 대한 이해와 유연성, 타인에 대한 신뢰와 정착의지가 제시되었다.

또한 이민자에 관한 제도적 특성에서는 법·제도적 지원, 정책·프

로그램 지원이 있고, 지방정부 특성에서는 지방정부의 자원, 시설과 서비스 체계가 있으며, 지역환경적 특성에서는 지역문화의 특성, 지역주민의 태도, 자원봉사와 시민종교단체가 주요 요인으로 제시된다. 이러한 요인의 종합적인 관계는 앞으로 이민자 가족의 지역사회 적응과 다문화 공생의 수준을 높이기 위해 과연 우리가 현실적으로 어떠한 요인을 강화하는 것이 좋은지를 발견하도록 도와줄 것으로 기대된다.

Ⅲ. 부산 이민자 가족과 다문화 공생의 현실

1. 이민자 가족의 사례 추출

여기서는 부산의 지역사회 현장에서 살고 있는 이민자 가족을 중심으로 표적집단면접(FGI: Focus Group Interview)을 통해 실태를 살펴보고자 한다. 다문화의 공생 상황, 이민자 실태를 살펴보는 대상으로 '부산'을 선정한 이유는 지리적으로 우리나라 국제도시, 해항도시가 다문화 공생의 가장 좋은 표본이기 때문이다. 즉 최근 우리나라 대도시와 연안지역에서 두드러지는 이주 및 이문화 혼종의 경향에 대한 대비, 항구도시로서의 교류의 역사와 개방성, 수도권이 아닌 지역에서의 다문화 공생의 중요성 등 여러 가지를 들 수 있다.

심층면접 참여 이민자 가족의 인적 특성을 살펴보면, 성별로는 남성이 2명, 여성이 6명이었고, 연령은 28세~43세로 분포되었다. 이 외에 학력, 출신국가 및 국내 이주기간, 종교 등도 비교적 골고루 분포되어 있다. 면접에 참석한 거주외국인의 직업은 남성의 경우 이주노동자, 여성의 경우 결혼이민자로 구성되었다. 따라서 이러한 인적 분포는 앞에서 밝힌 바와 같이 논의의 중요한 수단으로서 사용될 질적 자료수집의 설계 시 조사표본의 대표성과 타당성 확보를 위한 충분한 예비조사의 결과라고 할 수 있다.

〈표 8-2〉 심층면접에 참여한 부산 이민자 가족의 특성

사례	성별	연령	출신국가	학력	국내이주기간	종교	혼인여부	자녀수	거주지(부산)
1	남	41세	중국	고졸	11년3개월	무교	기혼	2명	연제구
2	여	43세	일본	대졸	9년2개월	불교	기혼	1명	동구
3	남	36세	베트남	고졸	3년6개월	천주교	기혼	1명	해운대구
4	여	28세	태국	고졸	4년2개월	불교	기혼	2명	영도구
5	여	32세	캄보디아	중졸	5년1개월	무교	기혼	0명	수영구
6	여	29세	필리핀	고졸	8년2개월	천주교	기혼	2명	기장군
7	여	33세	우즈베키스탄	고졸	7년2개월	이슬람	기혼	1명	사상구
8	여	30세	러시아	고졸	8년2개월	기독교	기혼	1명	서구

2. 부산 이민자 가족의 일상과 시각

인터뷰는 부산의 지역사회를 사례로 이민자 가족에 대한 부분적이고 지엽적인 이해보다는 이민자 가족의 삶의 기억과 정착과정을 생활세계의 한 단위로 간주하고, 이를 일상적 생활세계의 차원에서 이해시킨다. 즉 이민자 가족뿐만 아니라, 내국인 주민의 문화적 생활공간도 이들과 연계된 생활 문화적 차원에서 새로이 바라보게 한다. 이민자 개인의 욕망이 실현되는 장소는 지역사회이고, 그 지역사회는 곧 이문화가 실현되는 곳이기도 하기 때문이다.

보다 구체적으로 타자로서의 개인과 더불어 이주사회와 문화는 항상 서로 동시적 공간 속에 놓여 있고, 이러한 공간 속에서 새로운 문화와 규범이 재생산된다. 나아가 규범은 반복을 거쳐 제도로 고착되고 일상화되어 결국 개인을 규제하는 틀로 존재하게 된다.

이미 지역사회에 흔히 나타난 이민자 가족과의 공존현상을 우리가 하나의 새로운 생활세계로 간주하고 받아들일 때, 그 속에서 새로운 규범과 창의적 가치, 그리고 미래지향적 행위 규범을 발견할 수 있는 것이다. 따라서 해항도시 이민자 가족의 삶과 정착, 그리고 이의 원인을 규명하기 위해 현재 그들을 심층 면접한 결과와 그 해석은 다음과 같이 제시할 수 있다.

먼저 이민자 가족의 생활 안팎의 평소 상황에서 중요한 것은 가족 안팎의 대화와 의사소통으로 나타나고 있다. 이민자 가족은 어휘구사 수준이 높고 명확하며, 언어나 제스처의 기술성, 의사전달의 자신감이 더해질수록 생활에서의 정착이 빠르고 잘 이루어진다고 생각된다. 이 주사회에서 말을 잘 하는 것은 곧 그 이민자 가족의 경제적 생활, 문화적 소통, 자녀의 교육에도 영향을 미치므로 원활한 언어적 의사소통은 지역사회의 정착과 적응속도에 매우 중요하다는 것이 공통된 주장이다.

이민자 가족이 대화와 의사소통의 원활함을 바탕으로 생활에서 다양한 외부활동 모임에 능동적인 참여를 하며, 기타 여가활동이나 가정 바깥의 활동을 많이 할수록 정착과 지역사회에 대한 조화의 수준이 높아지게 된다. 외부의 여가활동이나 문화생활을 통해서 타인의 사고와 타문화의 양식을 이해하는 것이 효율적이라는 것이다. 다음의 인터뷰를 살펴보면 이러한 사실을 뒷받침한다.

> "우리에게 가장 절박한 것은 언어가 안 통한다는 거예요. 처음에는 말하기가 좀 무섭기도 하고, 겁도 나고 막막하지요. 이런 순간들을 매번 슬기롭게 극복하려면 가족들의 따뜻한 관심과 배려가 필요해요. 품어서 안아주고, 함께 고민하면서 문제를 해결하는 수밖에 없어요. .....(중략)..... 제가 아는 같은 나라에서 결혼해 온 동생이 한국인 남편과 부부 싸움을 하고 집으로 와서 도와 달라는 전화를 받고 가봤는데, 결국 언어가 잘 안통해서 생기는 문제더라고요. 외국에서 온 네가 무조건 참고 따

라와야 된다고 생각하는 것은 문제가 있어요. 부부 사이에 자기나라의 문화를 존중해 주고 동등한 인격체로써 서로 신뢰하고 관심과 배려로 이끌어주면 서로 싸워도 갈등은 쉽게 풀리겠지요".(사례번호 2)

"한국말 많이 할 수 있는데 알아듣는 부분도 있고, 못 알아듣는 부분도 있어요. 말하기는 문제없어요. 근데 듣기도 어느 부분은 문제 있거든요. 쓰기는 받침이 있는 거 많으니까 진짜 어려워요. 집에서는 한국말 안 하거든요. 아이랑 남편이랑 항상 영어로 얘기해요. 그런데 한국말 무슨 말인지 한국말 못 알아들어서. 그리고 말할 때 표준말로 맞췄잖아요. 또 아줌마들 할머니들 만나면 사투리를 많이 따라 해요. 저는 표준말보다 사투리말 많이 배웠어요. 근데 공부할 때는 사투리 사용 안 하잖아요. 학교에서 다르고 그래서 너무 머리 복잡해요. …..(중략)….. 좀 불편할 수 있는데 요즘엔 좀 그런 불편한 것이 없어지고 직장 다녀보니까 좀 느는 것 같기도 해요".(사례번호 6)

이민자 가족은 이주로 인해 생긴 새로운 정착지의 언어적, 비언어적 의사소통방법을 배우고 미묘한 문화적 기준과 새로운 가치방향을 습득하는 것이 일상적이다. 이러한 점은 부산의 이민자 가족에게 제공되는 대부분의 필수서비스가 한국어 교육에 집중되어 있다는 사실에서도 잘 나타난다.

그런데 비영어권인 우리나라에서 살아가는 이민자 가족들은 대부분 영어를 집에서 조금만 사용하다 보니, 다른 나라의 이민자 가족에 비해 한국어 습득속도가 느린 것으로 알려져 있다. 게다가 해항도시 부산이라는 지역사회 차원에서 실시되는 대부분의 이민자 가정에 대한 상담, 교육, 의료, 봉사서비스는 상시적 맞춤식이 아닌 일시적 집합식으로 이루어지고 있다.

이제는 모국과 이민국 사이에 필요한 언어와 의사소통 교육의 질적 수준을 근본에서부터 제고해야 한다. 그리고 다양한 외부활동으로 인해 이민자 가족은 일방적 수혜자로서의 위치가 아니라, 무엇인가를 지역사회에 기여하고자 하는 주체임이 지역사회에 지금보다 널리 인식되어져야 한다. 다음의 사례도 역시 이와 같은 사실에 대한 실제적 근거가 되고 있다.

> "나는 아직 아이가 없어서 낮에 활동하는데 자유가 있어요. 그래서 아침에 가까운 주민센터 안에 있는 다문화 센터 가고 마치면 오후에는 동네에 복지관 가요. 일주일 공부하면 한글, 컴퓨터 수업하거든요. 복지관 가면 요리도 하고요. 만약에 월, 수 한글 수업하면 복지관에서는 화요일 요리하고 다른 날 이렇게 시간 짜면서 하거든요. 이런 다양한 활동이 정착하는데 도움이 많이 되요. 이제 혼자 마트나 구청에도 잘 다녀요. 다른 사람도 직접 서류를 뗀다거나 관공서 이용이라든지 시장, 병원을 혼자 다닐 수 있다든지, 그러면 아주 생활을 잘 하고 있다고 말할 거 같아요."(사례번호 5)

다른 관점에서 보면 위의 사례는 부산 이민자 가족의 정착문제에 있어서 전통적으로 가장 많이 언급되는 경제문제와 교육문제도 포함하고 있다. 이는 앞으로 많은 시민이 사는 부산 지역사회에서도 이민자 가족의 가계생활과 자녀교육이 미래의 주요 현안이 될 것임을 강하게 시사하고 있다. 지금 이민자 가족의 경제문제와 교육문제의 취약성으로 인해, 향후 우리는 이들의 빈곤과 부적응으로 인한 미래의 사회적 비용 증가에 대비하는 전략을 마련해야 한다는 것만은 분명해 보인다.

특히 기초생활수급, 사회취약계층에 위치하고 있는 이민자 가족의 빈곤은 다음 세대로 대물림될 가능성도 있고, 이민자 가족의 거주기간이 늘어나면서 이혼, 사별, 별거 등에 따른 해체가족도 늘어 취약계층의 새로운 사각지대가 생기고 있다. 그러므로 향후에는 이를 예방하기 위해 이민자 가족의 자활능력을 제고할 수 있는 적극적 대안이 마련되어야 한다는 점을 알 수 있는데, 이에 대해서는 다음의 심층면접 결과를 살펴보면 보다 잘 알 수 있다.

> 제가 아는 부부가 2군데 있는데, 모두 돈 문제를 말하고 있어요. 나는 이럴 때는 돈보다는 부부간, 가족의 화합이 중요하고 언어습득이 우선이라고 말해 줍니다. 물론 상황에 따라서는 다를 수 있지만 .....(중략)..... 내가 발전해야 돈을 벌 수 있는 것 아닌가요? 나는 내 처지와 비슷한 사람들에게 일단 한국어를 열심히 공부해서 직장을 높여 잡으라고 말해줍니다.(사례번호 1)

> 저는 솔직히 한국에서 지금 한국 와서 결혼하고부터는 나는 국적 없는 사람이라고 그렇게 생각하거든요. 왜냐하면 내가 할 말은 중국말이 편하지만 내가 앞으로 한국에서 살아야 하니까, 내가 한국사람처럼 생각해요. 자기 나라에 대한 자부심이 강한 사람이 우리나라에 대한 자부심도 있어서 적응을 잘하거든요. 그러니까 자부심이 높은 사람이 새로운 생활에도 무리가 없다고 해요. 내가 봐도 내가 한국사람이다. 이렇게 주위에서 한국사람 다 됐네. 이런 소리를 들었을 때 느낌이 "아! 나도 한국 사람이 다 됐나보다."라고 생각해요. 한국에 대한 이해와 노력을 스스로 하려는 자체가 중요하다고 생각합니다.(사례번호 3)

한편, 심층면접의 분석결과로부터 얻을 수 있는 일차적인 결론은 이민자 가족의 정착을 위한 무형적 특성으로 타인신뢰와 정착의지, 타문화에 대한 이해와 유연성이 심리적으로 중요하다는 점이었다. 이는 이민자 가족의 한국인(사람)에 대한 이해도, 신뢰도, 거주희망 수준이 높을수록 이민자 가족의 사회적 정착이 촉진될 수 있음을 의미한다. 그리고 이민자 가족의 한국문화의 이해도와 선호도, 타문화에 대한 수용성이 높을수록 정착이 촉진될 수 있음을 의미한다. 이민자들이 가진 개별적 주관과 가치관의 중요성은 다음의 여러 사례들에서 확인할 수 있다.

"직장에서 점심을 먹을 때 된장, 고추장 한국 요리 잘 먹으니까 나한 테 이제 한국사람 다 됐다고 해요. 요리 잘하고 잘 먹을 때 그때 한국사 람보다 낫네. 그런 전 이제 한국사람이라고 말합니다."(사례번호 1)

"한국 사람은 좋은 것도 있고, 나쁜 것도 있어요. 나는 어른이라 지내 기가 괜찮아요. 저는 힘든 거 없어요. 왜냐하면 신랑 댁 우리 남편이 형 제 많아서 며느리도 많고 반찬하고 할 때. 설거지 할 때 같이 도와줘요. 그래서 좋아요. 반찬도 같이 하고. 서로 도와줘요. 작게는 혼자 장보러 가는 것. 시어머니, 남편 손잡고, 자기 혼자 살 수 있는 것을 보면 적응 한 것 같아요. ......(중략)..... 지금 6살 아기 있는데 나중에 아기가 초등 학교 가면 한국 아기하고 사이 안 좋게 되는 게 조금 걱정이에요. 왜냐 하면 엄마가 외국인이라서 부모가 조금 달라서 교육이나 이런 거 직접 많이 시켜주세요. 한국 선생님과 아이에 대한 문제를 상담할 정도면 적 응이 되었다고 생각해요".(사례번호 4)

"동네 주민센터 엄마들 모임에 나가면 이런 말을 많이 들어요. 남편을 이해하고, 남편들도 먼 곳에서 온 부인들을 더욱 사랑으로 감싸주었으면 좋겠다. 문화가 다르다는 이유로 서로 싸우고, 심지어는 도망을 가는 경 우도 있는데, 문화가 같아도 싸움은 생긴다고 하던데요. 서로 조금씩 참 고, 상대방을 이해하는 마음으로 풀어갔으면 좋겠어요."(사례번호 6)

일반적으로 심리적 요인에서 위의 사례와 같은 이러한 발견들은 새 로운 지역사회에서 타문화를 경험하며 심리적으로 잘 지내는 것으로, 주로 일상생활에서 유능감을 의미하기도 한다. 그리고 부산에서 이민 자 가족이 한국 문화에 대한 이해도, 선호도, 수용성이 높으면 순종 (submission), 타협(compromise), 일치(consensus) 등의 여러 가지 방법을 사용하게 되고, 이를 통한 사회적 정착은 훨씬 쉬워진다는 기존의 견 해가 많다. 그런데 실제로 여러 가족들의 인터뷰 현장에서 이것이 구 체적으로 증명되고 있는 점도 특징적이다.

"태국에 있을 때 돌아가시는 날에 제사는 하는데요. 음식 만들어 갖고 절에 가서 절을 하고 그랬는데 한국은 집에서 자주 음식하고 제사 하잖아요. 그래서 지금은 제가 한국 요리 관심 많아졌어요. 그래서 식당 일하러 갔어요. 요리하려고. 저는 제가 왜 하는지 모르겠어요. 여기서는 사진하고 음식에 여기 종이에 또 한자로 적는 것도 신기해요. 우리 집은 조금 식구 많아요. 제사 때 모이면 16명 정도 되거든요. 태국에선 가족들이 모여서 같이 식사하고 같이 일하고 하는데, 한국하고 차이나는 건 보통 여자들이 다 하니까 저도 그냥 하는데 힘들어요. 항상 새벽에 끝나고 모두 돌아간 뒤에 씻고 들어가서 자니까요."(사례번호 4)

"한국남자와의 결혼은 지금 생각해보면 예측도 못했던 운명이었던 것 같아요. 다만 친척 언니가 대만사람과 결혼해서 저도 화교집안이나 중국사람과는 결혼할 수도 있을 거라는 생각은 어려서부터 해보긴 했지만 이렇게 한국남자와 결혼할 줄은 전혀 몰랐죠. .....(중략)..... 처음 한국에 들어와서 3개월만에 아이를 임신했어요. 그런데도 남편과 함께 하루 30분씩 한국어와 베트남어를 같이 공부했어요. 다행히 제가 언어습득능력이 좀 빠른 것 같아 독학이 큰 도움이 되었어요. 남편이 적극적으로 도와줘서 큰 어려움이나 불편 없이 중요한 시기를 잘 극복할 수 있었어요."(사례번호 3)

"아마 누구나 한국에 오면 1년에서 2년 정도 되어서 고향집에 제일 가고 싶단 말이에요. 자기 집이나 친정에. 그래서 어떻게 해서든 갑니다. 가면 뭐하고 올 거야 물으면 맛있는 것도 먹고. 근데 한달 안에, 보름정도 있으면 와요. 된장이나 김치가 먹고 싶어서 도저히. 엄마가 고행음식 해 준 게 옛날에 먹던 맛이 아니에요. 맛이 별로 없어요. 한국산지 5년 지난 친구도 그렇다고요. 나만 그런 게 아니에요. 그 만큼 한국에 적응이 되었다는 거겠죠".(사례번호 7)

지금 부산의 지역사회에는 이민자 가족을 일상에서 도와주는 많은 사람과 장소들이 있다. 환경적으로 지역사회의 자원봉사와 시민단체의 존재와 더불어 지역사회 차원의 이민자 가족 지원시설과 서비스 체계의 요인도 이민자 가족의 정착에 경험적으로 많은 도움을 주고 있는 것이다.

구체적으로 지역사회에 산재해 있는 일선 이민자 가족 지원시설의 규모나 숫자, 다문화 지원서비스의 질(quality) 등이 이민자 가족의 정착과 많은 관련이 있으며, 자원봉사자의 방문과 지원의 수준이 높을수록, 지역사회에서의 다문화 관련 시민종교단체 활동이 활발할수록 이민자 가족의 정착이 현실적으로 잘 이루어질 가능성을 시사하였다. 지역사회의 각종 지원이나 프로그램 등에 대해서 이민자 가족들은 다음과 같은 긍정과 부정의 말을 일부 조심스럽게 표현한다.

"처음에 한국 와서 국적 신청 할 때요. 필요한 서류들을 이것 떼라, 저것 떼라, 그런 거 보통 접수하잖아요. 그런데 가면 서류 하나 떼도 뭐를 적어야 되요. 그게 제일 좀 힘들어요. 구청이나 동사무소 이런데 출입국이나 서류 도와주는 사람 있으면 좋겠어요. ......(중략)..... 출입국사무소에서 센터나 말을 배울 수 있는 곳이나 상담을 할 수 있는 곳을 바로 연결해 줬으면 우울증이 안 생겼을 것 같은데...여기도 적응 못하고 저기도 적응 못하고 왔다 갔다 하고 있어요".(사례번호 5)

"제가 처음 한국 왔을 때 베트남 날씨가 더 따뜻해요. 한국은 날씨 좀 추워요. 계속 감기 걸리거든요. 병원가면 말은 못하고 그냥 손, 발 이렇게 하는데 의사선생님도 알아듣는지 모르겠어요. 근데 약을 줘요. 약을 주면 먹고 또 안 나아요. 링거도 맞고 주사도 맞고 그러면 괜찮아요. 근데 며칠 있다 또 아파요. 그러니까 병원가면 옆에 누가 통역 봐주면 좋겠어요."(사례번호 3)

"동네 주민센터에 나와서 교육받는 프로그램에 참여하는 그런 경우가 사람들 관계에서 좋은 것 같아요. 취업을 위해서 배우러 다닌다던가 센

터에서 프로그램에 참여한다던가 그런 것 말예요. 같이 배우는 외국사
람들이 저한테 문화센터 다니라고 그래요. 언어가 문제가 아니고 한국
사람은 속은 모르겠지만 겉으로 잘 대해주고 이렇게 많은 사람 만날 수
있는 문화센터 같은 곳은 좋다고 해요."(사례번호 8)

    물론 부산의 각 지역사회에서 인구 및 재정규모가 큰 도시들은 이민
자 가족의 지원에 여유가 있을 것이다. 그러나 이민자 가족들의 목소
리를 듣자면, 대부분 지역에서 이민자 가족과 관련한 정부의 지원 수
주은 그리 양호한 수준이 아닌 것으로 보인다. 만약 독립적인 인력과
지원이 가능하다면, 이민자 가족에 대한 보다 다양한 지원사업을 주도
할 수 있다.

    이는 이민자와의 다문화 공생 지역사회 실현을 위한 질적이고 장기
적인 준비이지만, 그 효과의 무형성(intangible benefits)으로 인해 당장
은 정책우선 순위에서 미루어질 가능성이 많은 것으로 보인다. 따라서
향후 이민자 가족 지원을 위한 공공부문 인력과 예산부터 시급히 확충
할 필요가 있을 것이다.

    그리고 부산에서 앞으로 좋은 다문화 사회 실현을 위해서는 이민자
가족들 대상의 비교문화 이해프로그램과 함께 내국인의 다문화 이해프
로그램을 균형적으로 병행해야 한다. 또한 부산에서는 건강한 이민자
가족을 더 많이 발굴하고 이를 수범사례로 홍보하여, 상호 동등한 신
뢰와 문화적 이해도를 함께 높여나가야 할 것이다. 이러한 필요성을
뒷받침하는 증언들은 다음과 같이 나타나고 있다.

    "저는 한국인과 일본인으로 국제결혼 했기 때문에 한국과 일본의 다
리가 되어야겠다고 생각해요. 친구들 보니까 다른 나라의 이주여성 모
습들을 보니까 자꾸 마음이 아팠어요. 이런 현상은 무조건 언니가 되야
겠다. 나중에 오는 같은 나라 사람한테 앞서서 내가 어떻게 해야겠다.'는

그런 마음이 있었어요. 그래서 사회적으로 그냥 내가 힘들다. 아니다 뭔가 내가 사회적으로 해야겠다고 다짐했어요. 그 때부터 힘이 났어요".(사례번호 2)

"저는 처음 몇년 동안 그냥 회사 다니잖아요. 아저씨, 아줌마들하고 일만 하고. 너무 재미 없었어요. .....(중략)..... 근데 지금은 회사 공장가면 사람들이 자주 말 걸어 와요. "니 무슨 일 있나, 와 그라노?" 물어봐요. 이야기하면 잘 이야기 해주고요. 그런 사람 말들이 도움이 됐어요. .....(중략)..... 베트남, 중국, 일본친구 다 있는데요. 다른 나라 친구들하고 자주 모이고 같이 수업하고 하는 게 저는 도움 되요. 이야기 나누니까 '아, 나만 그렇게 사는 게 아니다. 그 친구도 그렇구나. 이런 차이구나' 뭐 이렇게 생각하니 지금은 힘이 나고 편안해졌어요."(사례번호 3)

같은 맥락에서 부산의 자원봉사와 시민단체의 존재와 더불어 지역사회 차원의 이민자 가족 지원시설과 서비스 체계도 이민자 가족의 정착에 경험적으로 많은 도움을 주고 있다. 우선 이민자 가족 지원을 위한 자생적 민간단체(NGO, 종교단체)들은 지역사회의 다양한 가용자원을 활용하고, 시민거버넌스(civic governance)적인 측면에서 중요한 요소로 판단이 된다.

이에 이민자 가족의 증가속도에 비해 여전히 턱없이 부족한 시민사회와 민간단체, 종교단체 등의 지원역량에 대한 투자를 지속적으로 확대해나가야 할 것이다. 그러하다면 이민자 가족에 대한 지원의 효과성은 분명히 있을 것이다. 이에 대해서는 다음의 심층면접 결과를 살펴보면 보다 잘 알 수 있다.

"우리 아이들이 학교 다니니까 엄마들하고 대화가 좀 필요한데요. 아직까지는 그건 마음에 많이 걸려요. 학교 가서 아이들 나올 때까지 기다리고 있을 때 서로 그냥 서서 이야기하는데 저는 아직 쉽게 말을 잘 못해요. 그게 되게 마음에 걸리거든요. 그런데 서로 어려운 거, 정보 나누면서 모여서 내가 말하는 것, 내가 뭐하고 싶은 것 이렇게 하는 게 좋다, 이렇게 하는 거 안 좋다, 서로 많이 알아주는 것, 그거하고 싶은데... 이렇게 고민하는 거 말하는 게 너무 좋아요".(사례번호 4)

"한국 사람들은 동네 반상회도 있고, 부녀회도 있고, 계모임도 하고 그런 것이 많이 발달되어 있어요. 그러니깐 우리를 많이 이해하고 닮아지는 것 같아요, 그런 모임이 정착에도 도움이 될 것 같아요. 방문지도사 선생님들도 타국사람들이랑 모임을 만들어 주려고 노력해요. 저 같은 경우도 자국끼리는 만남을 자제하고 밥을 먹더라도 동네 사람들과 같이 밥을 먹으려고 노력하고...그러면 어쩔 수 없이 한국말만 쓰게 되고 친해지게 되더라고요."(사례번호 7)

"집에서 가까운 교회에 나가는데, 여기서 알게된 봉사자들이 많아요. 이 사람들은 나의 가정생활, 어려운 일, 가족 간 의사소통 문제 등 다양한 문제로 상담을 받아줘요. 나의 이야기를 다 들어주고 문제를 해결해주면 정말 찾아간 보람이 있어요. ......(중략).... 한국 엄마들은 자녀교육 정보 습득이 외국인들보다는 빠른 것 같아요. 그래서 (외국인) 엄마들이 이런 부분에 고민이 많아요. 그래서 제가 육아모임을 통해 나의 육아경험은 물론 유아들의 각종 정보를 인터넷이나 책자 등을 통해 자료를 주고, 나도 받고 있어요".(사례번호 2)

"한국 와서 작년부터 교회에 다시 갔는데, 처음에 목사님 말씀 무슨 한국말인지 몰라 많이 졸리거든요. 지금은 괜찮아요. 자주 들으니까. 처음에 가면 스트레스인지 마음이 안 편하고 불편하고. 이제는 교회에서 목사님 말과 노래 들으니까 마음이 편해졌어요. 생활에 큰 힘 되고 있어요."(사례번호 8)

이상의 내용을 종합적으로 보면, 부산에서 이민자 가족이 살아가는 지역사회와 동네의 현장을 방문하면서 많은 점을 인지하였다. 특히 서로 다른 환경에서 살거나 일하고 있는 이들의 삶의 현실을 직접 보지 않고는 설명하기 힘든 부분이 너무 많다는 결론을 내릴 수 있다. 이렇게 부산의 여러 곳곳을 다녀보지 않았다면, 우리나라 도시에서 기존의 다문화 공생의 논의들만을 별 고민 없이 온전히 받아들이는데 머물렀을 것이다.

물론 자료에서 나타나는 주장이나 수치는 전반적인 경향과 정보를 제시해준다는 면에서 중요하지만, 새로운 진단과 처방을 위해서는 향후 이민자들이 생활하는 삶의 현장에서 학문간의 장점을 융합시킨 학제적 접근도 크게 필요하다는 점도 재확인할 수 있다.

이런 점에서 앞선 이민자 가족들에 대한 현장조사가 갖는 가장 큰 의의는 현 단계 부산 이민자 가족이 가진 문제점에 대해서 제3의 길, 즉 별도의 근거자료와 대안을 제안한다는 것이다. 그것은 이민자들은 오랜 인생사를 겪은 사람들이며, 우리는 이들의 관점에서 공감되지 않았던 부분에 대해 사회적 관심을 쏟아내야 한다는 주장과 크게 다르지 않을 것이다.

지금 이민자 가족의 증가현상에 대처하는 부산 차원의 각종 정책이 수립, 시행되고 있으며, 현 정부까지의 각종 다문화 시책들의 추진에 있어서 일부는 가시적인 성과도 보여주고 있다. 그렇지만 지역사회에서 순혈주의와 단일민족적 가치에 익숙한 우리사회에서 이민자 가족에 대한 경험은 그동안 별로 없었으며, 이로 인한 초기의 이민자 가족에 대한 정책적 지원과 활동은 그 범위와 효과가 제한적이었다. 지금 부산 지역사회에서 좋은 다문화 사회 구축을 위한 지혜를 많은 학자들이 내놓고 있으나, 실제 이민자 가족의 삶과 속사정을 경험적으로 들여다보려는 시도는 많지가 않은 것이 아쉬움이라 할 수 있다.

Ⅳ. 부산 이민자 가족과 다문화 공생의 처방

1. 이민자에 대한 새로운 접근

부산은 이민자 가족의 증가속도가 상식보다 빠르게 진행되고 있으며, 이민자 2세 자녀들의 문제에 대한 정부의 관심과 지원이 시급히 필요하다. 지금 다문화 사회가 압축적이면서 급속하게 진전되어 가는 상황에서 부산의 공적 예산과 시민사회의 역량은 하루가 다르게 증가하는 다문화 현상을 제대로 이해하지 못한 측면도 없지 않다.

이민자 가족의 적응과 정착문제는 국가적 해결사안으로 치부되어, 지역사회의 역량을 넘어서는 것으로 인식되었기 때문이다. 그러나 점차 세대화, 집단화되는 이민자 가족에 대한 차별과 편견의 문제는 중요한 이슈로 부상하고 있다. 오히려 이민자 가족의 가정폭력, 이혼, 범죄 등의 여러 크고 작은 문제는 지역사회 밑바닥으로부터 발생하고 있다.

지금까지 종래 우리 사회의 다문화 문제와 연관된 정부나 공공부문의 대응은 주로 새로운 제도적 장치나 정책방안 마련, 조직 신설 등과 같은 지원체계의 개선에 초점을 두어 왔다. 그런데 이것은 우리 사회의 다문화 수요에 대한 정부와 공급자 주도의 다소 편향된 조치였다는 지적에서 자유롭지 못한 것 같다. 특히 동네나 지역사회 수준으로 내려올 경우, 이민자 가족에 대한 정책과 생활실태 사이의 괴리는 더욱 커진다.

부산 지역 이민자 가족의 증가와 이로 인한 사회적 수요 증가라는 현상의 변화에 비해서 정부나 지역사회의 적절한 대응과 처방은 상대적으로 지체되고 있는 것이다. 간단히 말해, 바람직하고 좋은 다문화 사회로 가는 가장 근본적인 처방책은 이민자 가족의 일상적 적응에 관심을 갖고, 그들의 일상생활을 들여다보는 것에서부터 시작되어야 한다.

이에 부산은 기존 관리 일변도의 소극적인 이민자 가족 대책을 시급히 수정하고, 외국인과의 공존을 지향하면서 시민의 세계화의식을 향상시키기 위한 조치가 필요하다. 환언하면, 정부와 시민사회에게는 이민자 가족의 이민자(immigrants) 신분을 내국인과 같은 시민(citizens)의 신분으로 끌어안고 진정한 다문화 사회로 나아가기 위한 초석을 다지는 그러한 공동의 노력이 필요해 보인다.

이민자 가족의 역사가 오래된 미국, 호주, 유럽의 각 지역과 일본 등은 다문화 공생사회로의 전환과정에서 지역사회(동네)의 참다운 포용과 역할을 강조하고 있다. 이러한 이민자 가족에 대한 지원과 정책의 틀은 지역사회에서 다양한 유형의 네트워크 체제의 구축을 통해 진행되는 풀뿌리 로컬거버넌스(local governance)에 기반을 두고 있다는 점에서 중요한 의미를 던져준다. 우리에게 도래한 이민자 가족의 문제는 그들을 중심으로 생활주변 이해관계자를 서로 관련시켜 총체적으로 파악해보지 않는다면 타당한 해결책을 찾기 어렵다는 사실도 짐작할 수 있다.

이민자 가족의 삶과 생활상 이슈, 그에 관한 논의 토대가 많은 서구 선진국에서는 이민자 공생과 다문화 사회의 본질적 양면성에 대한 다양한 관점과 이슈를 발굴해 왔다. 이 가운데 특히 이민자의 사회 정체성을 규명하는 일은 학제간 기법에 의해 참신하고 혁신적인 방법론을 제공하는 것으로 평가되고 있다. 이민자 가족의 정착과정과 그 생활세계의 문제를 학제적 접근법을 활용하여 분석해야 하는 이유는 무엇보다 인문학과 사회과학이 가진 서로의 장·단점 때문일 것이다.

사회과학은 객체와 주체, 투입과 산출과 같은 이분법적 사고의 한계를 가지며, 사회현상을 행위의 결과(outcome)로 파악한다. 반대로 인문학은 현상의 원인에 대한 넓은 통찰적 시각과 심층적 이해를 제공하지만, 사회과학이 가진 구체적이고 처방적인 대안의 제시까지는 이르지 못하는 경우가 많다. 따라서 각 학문의 이미지, 보유된 장점을 기반으로 향후 부산을 비롯한 우리 사회에서 이민자나 이민자 가족에 대한 학제적 연구의 중요성은 점차 커질 것으로 본다.

2. 이민자의 심리적 특성에 대한 이해

부산에서 다문화 공생을 위한 이민자 가족의 정착과 지역사회 적응에 현실적으로 영향을 미칠 수 있는 가장 중요한 요인은 앞의 현장조사에서 드러났다. 그것은 심리적 특성의 차원으로 타인신뢰와 정착의지, 타문화에 대한 이해와 유연성의 요인이었다. 이에 대해 앞으로 지역사회는 심리적으로 먼저 신뢰를 바탕으로 주민의 인식과 이민자 가족의 정착의지가 상호조화를 이루도록 도와주어야 한다.

특히 부산시 차원에서 지역사회와 정부는 앞으로 이민자 가족이 사람과 문화의 다양성(diversity)에 대한 개방(openness)과 관용(tolerance)을 갖추고 이웃 및 지역사회와의 친화성(friendship)을 갖추도록 하는 것이 중요하다. 지역에서 여기에 대한 다양한 교육이 이루어지고 있다. 하지만 보다 더 중요한 점은 교육과 지원의 대상이 이민자 가족에게 한정되기보다는 내국인을 대상으로 문화의 긍정성에 대한 지속적이며 다양한 홍보를 통하여 다문화 지역사회에 대한 이해의 양방향(two-way)적 접근을 해야 한다는 것이다. 여전히 부산 지역사회 인구의 95% 이상은 내국인이기 때문이다.

앞으로 부산이 열린 다문화 지역사회 실현을 위해서는 이민자 가족 대상의 비교문화이해 프로그램과 함께 내국인의 다문화이해 프로그램을 균형적으로 병행해야 한다. 또한 지역사회에서는 건강한 이민자 가족을 더 많이 발굴하고 이를 수범사례로 홍보하여, 상호 동등한 신뢰와 문화적 이해도를 함께 높여나가야 할 것이다.

지역사회에서 상이한 문화들의 교섭과 교차는 결코 평등(equality)한 상태에서 이루어지지 않는다. 이문화의 교섭과 교차는 본질적으로 권력(power)적 성격과 차등성(inequality)을 가지고 있다. 주류사회의 전통, 관습, 문화에 기반을 둔 내국인 다수집단의 정체성과 이에 포함되지 않는 이민자와 그들 가족 소수집단의 정체성 사이의 불평등은 소수집단인 이민자 가족와 다문화 공생규범에 대한 배제(exclusion)의 문제만 심화시킬 가능성을 키운다.

3. 이민자의 의사소통 특성에 대한 이해

부산에서 이민자 가족의 지역사회 적응을 위한 커뮤니케이션 특성 차원에서는 언어기술과 의사소통 및 외부활동의 참여수준이 매우 중요한 요인이었다. 즉 이민자 가족은 새로운 정착지의 언어적, 비언어적 의사소통방법을 배우고 미묘한 문화적 기준과 새로운 가치방향을 습득하는 것이 중요함을 다시금 현장조사로 증명하였다. 지금 이민자 가족에게 제공되는 대부분의 필수서비스가 한국어 교육에 집중되어 있다는 사실도 이를 뒷받침한다.

그런데 비영어권인 우리나라에 살아가는 이민자와 그 가족들은 대부분 영어를 집에서 조금만 사용하다 보니, 다른 나라 이민자나 그 가족에 비해 한국어 습득속도가 느린 것으로 알려져 있다. 게다가 지역사회 차원에서 실시되는 대부분의 다문화가정 상담, 교육, 의료, 봉사서비스는 상시적 맞춤식이 아닌 일시적 집합식으로 이루어지고 있는 실정이다.

이제는 지역부터 다문화 언어와 의사소통 교육의 질적 수준을 제고해야 한다. 그리고 다양한 외부활동으로 인해 이민자 가족은 일방적 수혜자로서의 위치가 아니라, 무엇인가를 지역사회에 기여하고자 하는 주체임이 지역사회에 지금보다 널리 인식되어야 한다.

4. 이민자의 인구학적 특성에 대한 이해

이민자 가족의 경제수준, 교육수준, 거주기간은 지역사회 적응에 중요한 인구사회학적 배경조건이 되고 있다. 이민자 가족의 정착문제에 있어서 전통적으로 가장 많이 언급되는 경제문제와 교육문제는 앞으로 우리가 사는 지역사회에서도 미래의 주요 현안이 될 것임을 강하게 시사하고 있는 것이다. 지금 이민자 가족의 경제문제와 교육문제의 유의미성으로 인해, 향후 우리는 이민자 가족의 빈곤과 부적응으로 인한 미래의 사회적 비용 증가에 대비하는 전략을 마련해야 한다는 것만은 분명해 보인다.

특히 기초생활수급, 사회취약계층에 위치하고 있는 이민자 가족의 빈곤은 2세대로 대물림될 가능성도 있고, 이민자 가족의 거주기간이 늘어나면서 이혼, 사별, 별거 등에 따른 해체가족도 늘어 지원의 새로운 사각지대가 생기고 있다. 그러므로 향후에는 이를 예방하기 위해 이민자 가족의 자활능력을 제고할 수 있는 적극적 대안이 마련되어야 한다.

예를 들어 이민자 가족의 자산형성 프로그램, 맞춤형 직업훈련교육, 창업형 자립모델 등의 기회를 보다 확대시키되, 지역사회 차원에서 먼저 다문화 친화기업을 발굴하여 홍보하고, 장애인 고용촉진 수준의 일정한 정부 인센티브가 사업체에 제공되는 것도 바람직할 것이다. 또한 이민자 가족의 인구사회학적 특성에 맞는 기초적인 요구를 먼저 파악하고, 이에 대한 보다 현실적인 맞춤서비스가 지원되어야 한다.

물론 이민자 가족의 학력은 높다 하더라도 이주국가인 우리나라 지역사회에서는 이른바 '숙련의 이전 장벽'이 존재해서 바로 취업이나 이

직을 할 수 없는 문제가 남아 있다. 그러나 상대적으로 고학력 전문직이 저학력 저숙련직 보다 상대적으로 이주사회 적응에 유리하다는 결과는 빈번하게 보고되고 있다.

5. 부산 이민자의 맞춤형 지원책 강구

환경적으로 지역사회의 자원봉사와 시민단체의 존재와 더불어 지방정부 차원의 이민자 가족 지원시설과 서비스 체계도 이민자 가족의 적응에 경험적으로 많은 도움을 주고 있다. 이는 지역사회에 산재해 있는 일선 지원시설의 규모나 숫자, 다문화지원서비스의 질(quality) 등이 이민자 가족의 적응과 많은 관련이 있음을 시사한다. 즉 자원봉사자의 방문과 지원의 수준이 높을수록, 지역사회에서의 다문화 관련 시민종교단체 활동이 활발할수록 이민자 가족의 적응이 현실적으로 잘 이루어짐을 뜻한다.

우선 이민자 가족 지원을 위한 자생적 민간단체(NGO, 종교단체)들은 지역사회의 다양한 가용자원을 활용하고, 시민거버넌스(civic governance)적인 측면에서 중요한 요소로 판단된다. 이에 이민자 가족의 증가속도에 비해 여전히 턱없이 부족한 시민사회와 민간단체의 지원역량에 대한 투자를 지속적으로 확대해나가야 할 것이다.

지역의 교육종사자, 사회복지사, 상담전문가, 의사, 간호사 및 의료직 전문가, 조리사, 이·미용사, 기타 생활서비스 업종의 다양한 전문인력은 훌륭한 인적자원이므로, 이들의 효율적 활용을 위한 방안이 구체적으로 모색될 필요가 있다. 또한 앞으로의 이민자 가족 서비스는 복지관, 평생교육원, 주민자치센터를 위시한 어머니회, 청년회, 여타 지역사회 자원봉사단체와의 다양한 연계를 통해 이루어져야 할 것이다. 지역사회 통합을 위해 외국인주민 밀집지역의 환경개선사업도 이들과의 네트워크 방식으로 지원되어야 한다.

　이민자를 위한 다문화가족지원센터는 이민자 가족지원과 서비스의 최일선에서 전국 약 200여 곳이 도시와 농어촌 지역에 산재되어 있다. 지역사회가 수행해야 할 이민자 가족 지원의 기능은 장기간 국가에 집중되어 있었고, 그나마 여러 부처에 다원적으로 분산되어 있어 일관된 정책의 수행이 어려웠고 지금도 역시 그러한 편이다. 따라서 앞으로는 가족 및 가구 단위의 통합적 접근이 필요하고, 다문화가족지원센터를 중심으로 지역사회의 정책네트워크를 종합, 조정해야 할 필요성이 크다.

　그리고 나아가 부산과 같은 특정한 도시의 경우뿐만 아니라 국가와 전체 지역사회에서는 이러한 여러 다문화가족지원센터 간의 이용환경 상에 생기는 불평등이나 자원배분의 불균형 심화를 방지할 대책도 사전에 마련되어야 한다. 이민자 가족의 안정적인 생활적응을 통해 지역사회의 참된 구성원으로 정착시키기 위해서는 지역주민과 정부의 지속적인 애정과 관심이 필요하며, 다문화에 대한 열린 의식이 지역사회 밑바닥에서부터 조성되어야 한다는 점은 분명해 보인다.

V. 맺음말

　부산 지역사회의 다문화 가정 끌어안기, 이주민 가족 지원, 내향적 국제화는 투자나 노력에 대한 산출이나 성과가 당장은 보이지 않으며, 거주외국인이 많아지고 다양해질수록 의제의 폭도 점점 넓어진다. 이에 우리는 당분간 내향적 국제화에 대한 사회적 관심과 논의의 폭을 실천적으로 좁혀나가야 할 터이며, 가시적 성과의 조급한 요구보다는 차분한 인내와 배려가 여느 때보다 필요하다. 다문화 사회, 내향적 국제화 말 그대로 안에서의 문제이며, 겉으로 표시가 나지 않으므로 가시적인 성과에 매달리기보다는 장기적인 안목에서 보다 다양한 공생의 방법을 찾아볼 필요가 있는 것이다.

그러므로 다문화 수준, 내향적 국제화 수준을 판단할 때는 눈에 보이게 하거나, 순위를 매기는 것에 관심을 두기보다는 진화된 지역사회의 모습, 각 분야별로 의미 있는 정책판단이 쌓여 나가야 한다. 내향적 국제화는 다문화 사회를 위한 절차만이 아니라, 성과 그 자체이기도 함을 잊지 말아야 한다.

부산이 미래의 올바른 다문화 사회의 발전을 위해서는 지금보다 지역 시민사회와 수혜자인 거주외국인의 의식과 역량이 크게 제고되어야 한다. 이른바 거버넌스 구축은 이해관계자들의 대등한 관계가 중요하며, 정부의 진정한 파트너로서 역할하기 위해서는 정부 바깥쪽 다른 이해관계자들의 역할인식과 역량함양이 전제되어야 하기 때문이다. 이를 위해 부산의 거주외국인과 시민들은 접촉과 학습을 통해 다문화 문제에 관심을 높이고, 참여의식과 자치역량을 함양하여야 한다.

특히 다문화 관련 시민단체(NGO)는 지금보다 전문성과 대표성을 제고하여 공익과 사회적 책임성을 수호하되, 문제해결의 합리적 대안을 제시하고 책임도 공유할 수 있어야 한다. 지역의 거주외국인과 함께 스스로의 문제해결을 위한 동기체계도 고안하여 평등한 성원권(membership)을 가진 진정한 사회의 주요 파트너로 성장해 나가야 한다.

궁극적으로 지금 부산을 만들고 가꾸는 우리는 진정한 다문화 공생 사회의 실현을 위해 이렇게 작지만 큰 실천규범을 고려하여 이민자 가족 지원, 안으로부터의 내향적 국제화를 차분히 추진해 나가야 할 것이다. 어차피 앞으로 부산 시민의 일상생활에 밀접하게 다가올 다문화 사회는 그 인종, 종교, 문화의 다양성과 혼교성 때문에 각 주체들 간의 합리적인 담론과 논쟁은 불가피하기 때문이다.

부산의 국제화 혹은 세계화 문제에 있어서 기존 외향성과 양적 확대에 비해, 안으로부터의 인식변화 및 내실화가 부족했음을 우리는 인지해야 한다. 2020년대를 지나 2030년 이후에는 부산이 과거보다 적극적인 다문화 공생과 내향적 국제화 수준을 전략적으로 향상시키는 방안을 고민할 때이다.

그럼으로써 향후 국제도시, 다문화 도시로서의 상호 균형과 조화를 추구하고, 부산이 주요 선진도시처럼 진정한 포용도시가 될 수 있을 것이다. 결론적으로 부산은 이민자(immigrants) 신분을 내국인과 같은 시민(citizens)의 신분으로 끌어안고, 진정한 다문화 사회로 나아가기 위한 초석을 다질 수 있을 것으로 본다. 또한 부산이 원하는 동북아시아 중심도시와 글로벌 국제도시가 되려면, 그렇게 해야만 함을 제언하고자 한다.

Ⅰ. 머리말

이 장에서는 부산의 국제교류와 초국경 협력의 가능성에 대해 생각해 본다. 이것은 현재와 미래의 이야기이다. 세계화 시대 도래에 따라 우리나라를 포함한 동북아시아 주요국가의 도시는 저마다 세계도시(global city)를 지향하고 있다. 각각의 도시는 지역적 차별성과 정체성을 보유하면서도 다른 나라 도시와의 연계 네트워크를 형성하기 위해서 노력하고 있다.

예컨대, 오래 전부터 동북아시아 협력의 최종 비전으로 '동북아경제공동체(Northeast Asian Economic Community)'라는 용어가 종종 사용되어 왔으며, 이것이 동북아시아 국가협력의 궁극적 지향점이라는 데는 별 이의가 없는 것으로 보인다. 문제는 이러한 지역공동체에서 연상되는 이상과 현실 사이의 거리감 때문에, 공동체 비전이 실제적인 협력을 증진시키는 확실한 구심점 역할을 아직 하지 못하고 있다는 것이다.

또한 우리나라가 속한 동북아시아는 세계적으로 국가별 교류의 용이성과 상호보완성이 높은 지역인 동시에, 여전히 국가단위의 제도화되고 조직화된 협력이 제대로 없었던 지역이기도 하다. 우리나라와 중국, 일본의 경우에 지금껏 경쟁과 협력을 표방하는 틀 속에서 진일보한 교류협력이 필요함을 인정하면서도, 국가단위의 이익과 명분 충돌로 인하여 그 교류와 협력기반을 다지지 못하고 있다.

동북아시아에서 교류에 관한 국가차원에서의 큰 틀이 마련되기가 쉽지 않다는 가정이 만약 옳은 것이라면, 이제는 그 전략적 수준(strategic level)을 낮추어 볼 필요가 있다. 즉 도시와 지역차원에서의 실질적 교류에 관심을 가지고, 이로부터 그 성과를 국가로 확대하는 방법을 생각해야 할 것이다.

이러한 상황에서 부산과 같은 우리나라를 대표하는 연안의 해항도시(sea port cities)들은 여전히 국가 간 가교 위치에서 경제와 문화, 교역전략상 중요한 역할을 담당하고 있다. 최근 동북아시아 주요 국가들은 자국 내 해항도시를 수단으로 국가 간 주요 교역을 진행하고 있으며, 이는 단일화가 될 수 있는 지역과 권역별로 빠르게 발전해 가고 있다.

예컨대 부산과 후쿠오카 간의 초국경경제권 구성, 인천과 상해의 황해경제권 논의 등이 그러한 예이다. 미래에 구상되고 있는 이러한 동북아시아 공동체의 구체적인 모습은 각 나라의 해항도시를 중심으로 지금의 선언적 담론이나 단순한 협력체제보다 한층 결속력 높은 구성체(structure)를 의미하게 된다.

특히 부산과 후쿠오카의 월경한 교류사례는 근래 가장 두드러진 모범사례로 평가되며, 양 도시 간의 매우 구체적이고 실질적인 교류성과는 동북아시아 국가들에게 도시 네트워크의 당위성과 그 실현가능성을 강하게 시사하고 있다.

이러한 배경에서 이 장에서는 부산과 후쿠오카의 양자교류(bilateral interchange)를 사례로 월경한 도시 간의 국제교류 수준과 현황을 점검하고, 그 성공조건을 분석해 보는 것이다. 그리고 그 결과에 기초하여 도시 국경을 초월한 협력(cross-border cooperation)을 설명할 수 있는 현실적인 요인을 발견하고, 이를 통한 여러 가지 함의를 도출할 수 있다. 나아가 이런 시도는 부산과 여건이 비슷하고, 지속 가능한 발전을 위해 향후 국경을 초월한 교류와 협력이 필요한 도시들에게는 이를 활성화시킬 수 있는 논리적 토대와 전략적 요소도 시사할 수 있다.

Ⅱ. 도시의 국경을 초월한 국제교류와 성공조건

세계적으로 초국경 협력이나 국제교류에 관하여 학자들이 논의한 결과를 살펴보면, 도시 교류의 성공조건으로 여러 요인들이 다루어지고 있다. 대체적인 논의의 흐름은 국제교류의 수준이나 활성화 문제가 '주어진 상황이나 조건(condition)' 및 '스스로 교류역량을 갖추는 것(internal capacity)'에 맞추어지고 있다. 기존 문헌에서 거론되고 있는 주요 논거를 종합해 보면, 도시의 생태·지리적 조건, 문화·정서적 조건, 경제적 조건, 정치적 조건, 행정적 조건, 국가적 환경조건 등의 범주로 유형화시킬 수 있다.

1. 생태·지리적 조건

국경을 초월(cross-border)한 도시 단위 국제교류의 성공조건으로 가장 먼저 생태·지리적 조건을 생각할 수 있다. 여기에는 구체적으로 '지리적 접근성(access)'과 '왕래의 빈도(mobility)', '기후와 지형경관(climate and landscape)' 등이 논의되고 있다. 우선 지리적 접근성은 국제교류의 성공에 중요한 조건이 될 수 있다. 물리적 측면에서 다루어지는 지리적 접근성은 원래부터 변화될 수 없는 고정변수(constants)인데, 이는 인접한 국가나 지역 간 소통과 협력을 만드는 중요한 원인이 되기도 한다.

그러므로 도시 간의 국제교류에 있어서도 양호한 지정학적 위치는 사람과 물자의 수송비(transfer cost)를 줄여주고, 이동의 수월성으로 인해 교류의 성공을 담보할 수 있다. 현실적으로도 모든 지방과 국가는 지리적으로 이웃한 곳과 좋은 관계를 갖는 것이 경쟁력의 원천이 되고 있다.

예컨대 국내·외적으로 행정구역 통합과 광역경제권 형성이 그러한 예이고, 남북경제협력논의가 그러하며, 유럽연합(EU)의 탄생 경험이 이러한 점을 잘 보여주고 있다. 인천－상해, 부산－후쿠오카 등 다양한 형태의 경제통합을 구체화하는데 지리적 접근성의 요소가 중요한 고려 대상이 된다는 것은 이미 잘 알려져 있다.

지리적 조건에서 도시 사이에 나타나는 왕래의 빈도도 국제교류의 성공조건이 될 수 있다. 상식적으로 지리적 접근성이 좋을수록 왕래가 빈번할 수도 있지만, 현대도시의 이동상황과 국제교류의 사안에 있어 서는 반드시 그렇지만은 않다는 것이 정설이다.

오늘날 과학기술 및 통신과 교통수단의 발달로 과거보다 타 국가나 지역 간의 이동성과 접근성이 좋아졌으나, 실제 국제교류의 수준이나 뚜렷한 방문목적(purpose of visit)을 가진 사람들에 의한 왕래의 빈번함 에 비례한다는 점은 널리 알려진 사실이다. 예를 들어 동아시아 주요 국가들은 다수의 도서(섬)를 보유하고 있거나 항만을 비롯한 나라별 주요도시가 해안선을 따라 형성돼 있어서 동아시아 지역은 해양을 통 한 왕래나 교류가 편리하였다.

이 때문에 동아시아 권역은 오래 전부터 동남아시아 국가연합(ASEAN), 동북아자치단체연합(NEAR) 등의 협력기구가 형성되었고 다른 곳보다 교류가 구체화되어 왔다. 오늘날 국경을 초월한 지역 간의 비공식적인 왕래는 곧 교류의 시작과 성공을 보장하는 중요한 촉매가 되고 있는 것이다.

기후와 지형(경관)의 유사성도 도시 교류에 중요한 요인인데, 이는 기본적으로 도시들의 자연적인 조건이 서로 유사하고, 도시의 인공물 이나 경관 등의 물리적 여건이 비슷할수록 교류의 성공가능성이 높아 진다는 것이다.

왜냐하면, 국제교류를 활성화시키는 도시의 생태적 조건으로서 기후나 지형은 시민의 삶의 양식과 가치관, 의식구조를 좌우하고, 인구의 규모와 질적 구성에까지 영향을 미칠 수 있기 때문이다. 유럽과 구미 사례에서 기후와 지형이 비슷한 도시들이 상호교류를 할 경우에는 서로의 처지와 환경을 이해하는 수준도 높아지므로, 이는 곧 교류의 지속가능성을 생태적으로 담보하는 지렛대 역할을 하게 된다.

2. 문화·정서적 조건(cultural and emotional conditions)

도시의 생태·지리적 조건이 눈에 보이는 대표적인 유형적 요인들(tangible factors)이었다면, 국제교류의 성공을 위해서는 보이지 않는 문화, 정서적 조건도 상당히 중요한 무형적 요인들(intangible factors)로 다루어지고 있다. 여기에는 상대 도시에 대한 '문화적 이해도', '감정적 우호성', '상호호혜와 존중감' 등이 언급되고 있다.

우선 상대도시에 대한 문화적 이해도는 국제교류 상의 필수적인 전제조건(precondition)이 된다. 어느 한 도시가 다른 외국도시에 대한 국제교류를 추진함에 있어서는 상대방의 문화적 특성과 그 정서를 충분히 고려해야 한다. 즉 우리 입장만 중요한 것이 아니라, 상대방이 어떤 문화와 정서를 가진 나라와 지역인지도 함께 고려하고, 그에 대한 교류내용의 접근과 방식도 달라져야 한다는 것이 중요하다. 예컨대, 미국의 도시들은 외국도시와의 교류에 있어 초기단계부터 민간의 역할이 상당한 비중을 차지하고 있을 뿐만 아니라, 실제 교류 과정에서도 큰 역할을 수행하도록 되어 있다.

일본의 경우는 처음부터 국제교류의 관행상 직접적인 접근보다는 교류를 희망하는 간접적인 표현이 훨씬 더 호의적으로 받아들여질 가능성이 높다고 알려져 있다. 일본의 국제적 외교문화는 공식적 교류가 어디까지나 충분한 사전 교감이 이루어진 후 나타나는 자연스러운 절차로 판단하고 있기 때문이다.

반면 중국은 우호교류협정이라는 공식적 교류협정 먼저 체결한 후 자매결연을 체결하므로 상호 공식적, 제도적인 교류라는 목표를 당연시하는 문화가 나타나고 있다. 이렇듯 국가와 도시별로 다른 문화적 차이에 대한 이해는 교류의 활성화, 성공가능성과 깊은 연관을 맺고 있다.

도시 교류에는 우호적인 감정도 상당히 중요하다. 특히 개인주의(individualism)보다 집단주의(collectivism) 문화가 지배적인 동양권 국가들의 국제교류에 있어 상대방에 대한 일반국민의 정서나 사회·문화적 상식들(common sense)은 결코 무시할 수 없는 중요한 요인이 되고 있다.

이는 도시가 교류대상 국가나 도시를 사전에 선정하는 과정에서 중요하게 고려되고 있으며, 특히 국제교류의 지속적인 유지를 위해서는 문화나 정서상의 호감이 중요하고 심리적 차원에서 신중을 기해야 할 필요성이 높아지고 있다. 즉 이들 요소가 긍정적으로 작용한다면 교류나 협력이 원활하게 진행되어질 수 있는 반면 그렇지 못한 경우에는 정체나 부진한 상태가 될 가능성이 높다. 상대방에 대한 우호적인 감정은 곧 교류관계에서 신뢰(trust), 열정(passion), 상상력(imagination)을 유발하고 궁극적으로는 최고(best)와 최선(brightest)의 결과를 추구하게 만든다.

도시 간의 국제교류에 있어서 상호호혜성과 존중감은 국제교류의 형성과 성공에 영향을 미치는 주요 변수로서 많은 학자들에게 관심을 끌고 있다. 원래 국가적 외교의 관례와 마찬가지로 국경을 초월한 도시 사이의 교류에 있어서도 서로 다른 상대방에 대한 상호신뢰와 존중(mutual trust and respect)을 전제로 하기 때문이다.

둘 혹은 셋 이상의 도시 간에 국제교류를 통한 파트너십과 협력사업의 원활한 추진을 위해서는 서로 다른 도시에 포함된 참여 주체간의 상호 사전적 네트워크 형성도 상당히 중요하다. 예컨대 상호호혜와 존중감의 증진을 위해 국내외 외국도시 간 제도적이고 본격적인 형태의 국제교류를 하기 이전부터 민간수준에서 비공식적 차원의 교류를 하고 있었거나, 정부 간 교류의 분위기나 역사적 토대를 이미 가지고 있다면 신뢰성(dependability) 측면에서 이후의 국제적 교류와 네트워크의 구성은 더욱 용이해질 수 있다.

또한 세계의 각 도시들은 근래까지 상호호혜와 우호적 교류증진 목적을 위해 국제도시관리연합(ICMA), 지방자치단체국제연합(IULA), 자치단체국제환경협의회(ICLEI), 유럽자치단체협의회(CEMR) 등의 기구를 결성하였다. 이러한 교류관련 국제기구 또는 도시연합기구의 형성을 통해 참여지역과 도시 사이의 상호 호혜와 교류의 기반을 조성하는 사례를 늘려가고 있다.

3. 경제적 조건(economic conditions)

현재 대부분의 도시의 국제교류는 경제적으로 도시 외적인 부가가치의 생산이 그 주요한 목적이 되고 있다. 그리고 이러한 경제적 이유들은 도시 교류의 실제적이고 중요한 이슈가 되어가고 있다. 국제교류를 통하여 지역산업과 경제를 자극하여 지역경제의 활성화를 도모하고 있는데 그 수단은 주로 국제무역과 물자교류의 양적 증대를 위한 관세장벽과 수출입 제한제도의 철폐 등이다.

특히 2차 산업과 3차 산업이 발달한 거대 도시일수록 교류의 상대도시는 가장 큰 수출대상이자 해외투자의 시장이며 많은 기업이 진출할 수 있는 이점이 있는 곳이 된다. 이러한 상황에서 최근 실질적 성과를 중시하는 교류형태로서 경제협력 사업을 우선적으로 추진하는 사례가 조금씩 증가하고 있다. 이러한 경제적 교류의 선결조건으로는 도시들이 가진 산업구조의 동질성, 경제규모의 유사성, 기업과 시장상황 등이 있다.

첫째, 도시의 교류를 촉진하는 경제적 조건으로는 산업구조의 동질성(homogeneous industrial structure)이 높아야 한다. 도시경제이론(urban economic theory)에서는 도시지역의 외부로 재화와 용역을 생산, 판매하는 기반활동(basic activities)이 곧 도시의 성장과 발전을 좌우하는 것으로 본다. 특히 수출을 대상으로 하는 기반산업은 외부도시와의 교역(trade)에 기본적으로 의존한다.

이에 아시아에서는 글로벌 경제성장을 견인하던 제조업 기반의 산업도시들이 급격한 쇠퇴를 경험하고 있으며, 각 도시는 3차 서비스 산업의 육성을 통해 산업구조를 고도화하여 경쟁력 있는 도시로의 변화를 꾀하고 있다. 이 과정에서 과거 동종 산업이 발달한 도시, 혹은 현재 비슷한 산업구조를 가지고 있거나 향후 서로 유사한 산업구조로의 변화를 모색하는 도시들은 상호 교류 시에 경제적 시너지 효과를 극대화할 수 있다는 것이 정설이다.

둘째, 경제수준과 규모의 유사성(similarity in economic size)도 도시교류에 중요한 요소인데, 유럽연합(EU), 북미자유무역협정(NAFTA), 아시아태평양경제협력체(APEC) 등의 지역경제 통합체 성격을 가진 국제경제기구는 기본적으로 경제발전 수준이나 규모의 유사성을 전제하고 있다.

경제수준이나 규모의 문제는 도시 사이의 교류나 통합(economic integration)으로 인한 상호이익이 존재하기 위해서 반드시 고려되는 요소이다. 경제적 규모나 생활의 격차가 큰 도시들 간에는 실제 교류가 이루어지더라도 그 유지와 진행에는 무리가 따르는 것으로 보고되고 있다.

셋째, 기업과 시장상황의 여건(business conditions)도 도시의 상호교류에 많은 영향을 줄 수 있다. 특히 오늘날 도시의 국제관계에서 민간 교류의 많은 부분은 기업인, 바이어 등의 경제인사들이 핵심적 역할 (key person)을 하는 경우가 많다. 그런데 국제교류에 있어 이들 경제 인이나 재계인사들은 경기변동(business fluctuations)이나 시장여건(market condition), 기업사정(business situation) 등에 따라 그 활동이나 기여의 범위가 달라진다.

도시 사이의 국제교류는 양호한 경제적 환경이 뒷받침되어야 하지 만, 기업들의 경영여건이나 상시장의 경기상황이 좋지 않을 경우에도 새로운 활로의 모색을 위해 교류를 할 수도 있다. 그렇지만 전반적으로 기업사정과 시장상황은 좋건 나쁘건(hot or cold) 관계없이, 도시 간 국제교류에 기업과 시장의 상황은 많은 영향을 미치는 변수인 것만은 분명해 보인다.

4. 정치적 조건(political conditions)

정치적 조건은 도시정치의 특성과 성향의 문제로 특히 민선자치와 지방분권 이후 중요해진 국제교류의 요인이다. 도시의 교류와 정치 사이에 어떤 직접적이고 구체적인 관계는 없더라도 어느 정도 간접적인 관련은 있으며, 지속적인 국제교류의 촉진제 역할을 한다는 주장도 있다. 예컨대, 도시나 지역에서 나타나는 정치인의 성향, 지역민주주의나 정치제도(분권이나 자치)의 수준은 교류의 중요한 요건이 된다.

구체적으로 우선 도시나 국가 간 국제교류의 초기단계에서 정치인에 의한 정치적 동기부여는 중요한 역할을 한다. 도시정치이론(urban political theory)의 주장과 같이 정책이나 의사결정구조에서 중요한 위치를 차지하는 것은 바로 기성정치인(politician)이다. 이들은 자신에게 투표한 지역주민에 대한 대응성(responsiveness)이 높기 마련이며, 자신의 임기 안에 일정한 정치적 성과를 보여주려 노력하게 된다. 그러한 가운데 도시의 국제교류는 일부 정치인의 치적을 높이는 손쉬운 방법으로 이용되기도 했다.

그러나 '지방의 세계화' 기치를 내건 김영삼 정부 이후 정치인의 국제화 인식도 많이 변화되었다. 국제화시대의 국가경쟁력은 바로 도시와 지역의 국제경쟁력과 직결된다고 해도 과언이 아니게 된 것이다. 정치인에 의한 국제교류는 장기적으로 이벤트나 전시행위라는 비판을 받기도 하지만, 최소한 단기적으로는 인적 경로를 만들고 시작하는 주요 방법이 되기도 한다.

도시의 국제교류는 각 도시의 민주주의(democracy)나 정치제도(political system)와도 밀접한 연관을 가진다. 즉 지역민주주의가 정착되고 자치와 분권의 수준이 높을수록 국제교류의 조건은 양호하다고 할 수 있다.

어느 도시가 다른 도시와 국제교류를 활성화하기 위해서는 정부만이 아니라 다른 행위자를 위한 충분한 교류의 영역과 공간이 확보되어야 할 것이다. 그런데 이를 정부 단독으로 제공할 수는 없으므로 다른 민간부문과 지역사회의 관심과 협력이 절대적으로 필요하다. 즉 국제교류의 활성화를 위해서는 지역에서 보다 많은 행위자, 민간교류의 주체들이 생겨나고 이들의 활동성과가 오히려 지역에 피드백으로 제공될 수 있어야 한다.

또한 국제교류에 관한 시민사회와 민간부문의 기대와 요구에 대해 정부가 민감하게 부응할 수 있어야 할 것이고, 다양한 유인을 제공해야 할 것이며, 그 방법으로는 시민, 기업과의 대화, 협력, 네트워크가 필요할 것이다. 민주주의와 자치에 기반을 둔 정부와 기업, 시민 간의 네트워크의 구축 및 확장정도는 국제교류의 의제설정(agenda setting)은 물론 결정상의 투명성, 개방성과도 연결되는 것으로, 여기에 다른 행위자로 하여금 국제교류 네트워크에 대한 참여가 쉽다는 것을 의미한다.

한 도시가 다른 도시와의 국제교류의 관계 형성과 유지에 있어서, 매번 특정한 이슈가 떠오를 때마다 이것을 지역의 다른 행위자들에게 위임(referral send)할 수 있는 대상이 있어야 한다. 이는 같이 의논할 수 있는 절차를 마련하여 문제해결에 쉽게 접근할 수 있음을 뜻하기도 한다.

5. 행정적 조건(administrative conditions)

오늘날 도시의 국제교류는 공식적으로 정부활동(government action)이며, 이는 행정적 요소와 절차의 중요성을 말해준다. 이러한 행정적 조건으로 먼저 도시의 행정수장이자 공식적으로 도시를 대표하는 시장, 단체장(head of the local government) 및 관료(bureaucrat)의 행위는 국제교류에 있어서 가장 중요한 행정 절차상의 요인이 된다.

어느 도시에서 국제교류나 마케팅의 수요가 있을 경우, 도시정부를 구성하는 단체장의 적극적인 리더십이나 관료의 전문성, 교류마인드 등에 따라 그 성과는 많은 차이를 보여줄 수 있다. 나아가 정부에 관한 요인 중에서 최고관리자인 시장이 관심과 의지를 가지고 있는가에 따라 교류수준이나 성과에는 커다란 차이가 날 수 있다. 이것은 바로 단체장의 개인적 특성과 성향(personal character)의 문제로 특히 민선자치 이후 더 중요해진 국제교류의 요인이다.

어느 도시나 지역에서 민선단체장의 개인적 성향이 어떠한가, 지도력(leadership) 및 비전(vision)이 어떠한가 등은 중요한 문제이다. 이에 따라 "우리 지역발전과 시민의 이익을 위해 과연 국제교류가 필요한가?"라는 기본명제가 영향을 받게 될 것이 분명하기 때문이다. 그리고 다시 그런 경향에 따라 구체적인 교류목표와 세부내용까지도 설정되는 그러한 순환적 구조를 가질 수도 있다.

도시 교류에는 행정조직과 기구의 구성, 예산과 재정문제도 현실적으로 상당히 중요하다. 이와 같은 이유로 도시와 지방의 국제교류를 체계적으로 확산, 정착시키기 위해서 우선 기본적인 인력과 예산의 개선을 통한 교류시스템의 정비가 필요하다는 의견이 많다. 도시가 국제교류를 위한 별도의 기관이나 부서(exclusive organizational system)를 안배해야 하는 논리적 당위성은 일단 교류의 기본적인 전문성(expertise)과 역량(competency) 강화문제를 논외로 하더라도, 행정조직에서 고정비용(fixed costs)이 큰 필수업무는 규모의 경제(economies of scale)를 누릴 수 있게 그 기능을 독립시키는 것이 효율적이라는 주장에 기반하고 있다.

만약에 도시나 지방행정조직에서 인사, 경제, 사회, 문화, 관광, 예술, 체육 등의 부서에 국제화 및 교류업무가 각기 분산되어 있다면 업무의 중복 및 비효율성으로 인한 손해를 감수하게 된다. 따라서 일정규모 이상의 도시에서 이러한 국제교류업무를 하나의 전담조직에서 관장하게 된다면, 규모의 경제효과를 바탕으로 저렴한 비용으로 많은 성과를 창출하는 것이 가능하게 된다. 또한 이러한 내부적 효율(efficiency of internal operation)은 시민에 대해서도 비슷한 인력과 비용으로 보다 질 높은 국제서비스나 교류의 편익을 제공받게 만든다.

6. 국가적 환경 조건(national conditions)

국경을 초월한 도시들 사이의 교류현상은 개별지역 단위의 '진공상태(vacuum)' 속에서 배타적으로 일어나는 것은 아니다. 도시가 국가의 하부단위(unit)라는 점은 분명하기 때문에, 도시의 교류는 상부체제로서의 국가의 영향을 받지 않을 수 없다.

특히 우리나라와 같이 중앙집권적 체제에서 자치와 분권적 체제로 구조적인 탈바꿈을 한지 얼마 되지 않은 국가의 경우 도시 교류는 국가의 영향을 크게 받는다. 이러한 국가적 환경조건에는 국가의 행정, 재정상의 지원, 국가적 외교관계 등이 있다.

우선 도시에 대한 국가(중앙정부)의 지원은 도시의 국제교류의 수준과 활성화에 많은 영향을 미칠 수 있다. 세계적인 추세로 볼 때, 우리나라를 포함한 국가별 중앙정부는 정도의 차이는 있지만 자국 내의 각 도시들에 대해 국제교류를 장려하기 위한 각종 정책적, 재정적 지원을 하고 있는 것이 현실이다. 그리고 이는 규범적으로 바람직한 현상으로 평가되고 있다.

특히 서구에 비해 동북아시아에서 대도시 권역은 상호 교류의 주체로서나 경쟁적 행위자로서의 역량이 여전히 부족하며, 따라서 이러한 국제경쟁력이나 교류역량은 국가의 정책과 지원에 의해 큰 영향을 받고 있다. 전 세계적으로 도시나 지방에 대해 이러한 국가적 교류지원을 하는 이유는 상호발전, 경제적 이익증대, 지식기술과 정보 공유, 정치적 갈등해소 및 분쟁예방 등의 사안에 걸쳐 실로 다양하게 나타난다. 그러나 공통적인 지원의 이유도 나타나는데, 그것은 지방의 재정자립도가 낮은 상황에서 당장 성과가 나타나지 않는 국제교류는 도시나 지역단독으로 쉽게 결정할 수 있는 문제가 아니기 때문이다.

국가(중앙정부) 차원에서의 국제협력이 공식외교라고 볼 때, 도시 사이의 우호협력이나 자매결연은 국가외교를 뒷받침하고 협력기반을 조성할 뿐 아니라 국가 전체의 외교역량 증진에도 크게 기여하는 것으로 알려져 있다는 이유도 크다.

같은 맥락에서 국가의 상위적 외교관계도 국제교류에 중요한 환경인데, 일단 지역이나 도시단위에서의 국제교류는 그 대상국가의 상위 외교관계와도 밀접한 연관을 가진다. 근래 국가에 대한 상대적 자율성을 확보해 나가는 추세이지만, 여전히 도시는 국가체제에 소속된 하나의 구성단위라는 것은 사실이기 때문이다. 또한 상대 국가에 대한 서로간의 이미지는 도시 단위로 소급, 적용되어지는 경향성도 일반적이다.

　예를 들면, 우리나라 국민들이 상식적으로 느끼는 일본, 중국, 미국과의 외교관계에 대한 인식은 상당한 차이가 있다. 그리고 이러한 국가별 외교에 대한 찬반입장과 이미지 차이는 이들 국가에 속한 특정 도시와의 교류에도 상당한 영향을 미칠 수 있는 것이다.

　우리나라 국제교류의 현황에서 그 대상 국가는 중국, 미국, 일본에 집중적으로 편중되어 있고, 러시아, 베트남, 호주, 멕시코 등의 소수 도시가 산재해 있다. 그 이외 제3세계 국가나 도시와의 교류관계는 거의 없거나 극소수에 그치고 있다. 특히 남미지역과 중동지역과의 외교나 도시교류가 상대적으로 없다는 점은 우리나라 대부분의 국제교류가 지금껏 문화적 동질성이 높은 국가와 정서적 우방에 지나치게 치우쳐 왔다는 점을 우회적으로 말해준다.

Ⅲ. 부산과 후쿠오카의 한·일 국제교류

　부산의 경우, 세계적으로 맺은 자매결연과 우호교류 도시는 다양하다. 특히 동아시아 지역에서는 중국, 일본, 대만, 베트남, 인도네시아, 캄보디아 등에 많은 교류도시를 가지고 있다. 이러한 가운데 특징적인 점은 부산의 전체 교류도시들 중에서 시카고(미국), 중경(중국) 2곳을 제외하면, 26곳 모두 각 국가의 연안이나 해양에 인접한 도시들이라는 사실이다.

〈표 9-1〉 부산과 세계 외국도시 사이의 국제교류

교류국가명	교류도시명	공식일자	비고
중국	중경시(Chongqing)	2010-12-02	우호교류
중국	천진시(Tianjin)	2007-07-23	우호교류
중국	심천시(Shenzhen)	2000-05-17	우호교류
중국	상하이시(Shanghai)	1993-08-24	자매결연
일본	후쿠오카시(Fukuoka)	1989-10-24 2007-02-02	행정협정 자매결연
일본	시모노세키시(Shimonoseki)	1976-10-11	자매결연
일본	오사카시(Osaka)	2008-05-21	우호교류
베트남	호치민시(Ho chi minh)	1995-11-03	자매결연
인도네시아	수라바야시(Surabaya)	1994-08-29	자매결연
대만	까오슝시(Kaohsiung)	1966-06-30	자매결연
아랍에미리트연합	두바이시(Dubai)	2006-11-13	자매결연
러시아	블라디보스톡시(Vladivostok)	1992-06-20	자매결연
러시아	상트페테르부르그시(St. Petersburg)	2008-06-11	자매결연
스페인	바르셀로나시(Barcelona)	1983-10-25	자매결연
터키	이스탄불시(Istanbul)	2002-06-04	자매결연
미국	시카고시(Chicago)	2007-05-06	자매결연
미국	로스엔젤레스시(Los Angeles)	1967-12-18	자매결연
캐나다	몬트리올시(Montreal)	2000-09-19	자매결연
멕시코	티후아나시(Tijuana)	1995-01-17	자매결연
브라질	리우데자네이루시(Rio de Janeiro)	1985-09-23	자매결연
칠레	발파라이소시(Valparaiso)	1999-01-27	자매결연
남아프리카공화국	웨스턴케이프주(Western Cape)	2000-06-05	자매결연
뉴질랜드	오클랜드시(Auckland)	1996-04-22	자매결연
호주	빅토리아주(Victoria)	1994-10-17	자매결연
캄보디아왕국	프놈펜시(Phnom Penh)	2009-06-11	자매결연
인도공화국	뭄바이시(Mumbai)	2009-11-19	자매결연
그리스	데살로니키시(Thessaloniki)	2010-03-08	자매결연
모로코	카사블랑카시(Casablanca)	2011-04-26	자매결연

부산은 소위 그 나라의 거점도시이자 국제적으로 유명한 해항도시, 항만도시들과 전략적이고 긴밀한 국제교류를 하고 있는 것이다. 이러

한 배경에는 각 해항도시들이 가진 항만이나 무역항의 존재, 교역도시로서의 유사한 특성들이 반영되었고, 여러 방면의 교류와 소통의 필요성이 상호 공감되었기 때문으로 풀이된다. 그리고 이 중에서도 후쿠오카는 지리적으로 가장 근접하고 부산과 유사한 해양도시 혹은 항만도시이자, 실천력 있는 행정협정 및 교류협의기구를 공동 구성한 유일한 외국도시인 것이다.

부산과 후쿠오카의 초국경 경제공동체 합의는 동북아시아 지역에서의 실질적인 첫 시도이며, 이제 국경을 초월한 도시들의 상호교류가 실질적인 성과를 이끌어내기 위한 단계에 서 있는 상황으로 평가된다. 이런 시점에서 지난 세월 동안 두 도시 교류의 원인과 현황은 다음과 같이 정리된다.

먼저 한일해협을 사이에 둔 부산과 후쿠오카, 두 도시의 초국경경제권 교류에 있어 실제적 성공조건이자 영향을 미쳐온 요인들은 산업구조의 동질성, 행정조직과 예산, 국가의 외교관계, 민주주의와 정치제도, 지리적 접근성, 단체장과 관료, 상호호혜와 존중감 등이다.

이는 두 도시의 경제 및 산업구조가 비슷할수록, 별도의 행정조직과 예산이 편성될수록, 국가적 외교환경이 우호적일수록, 민주주의와 자치의 수준이 비슷할수록, 지리적으로 가까울수록, 시장이나 공무원의 관심과 의지가 높을수록, 상호호혜의 원칙과 존중감이 클수록 교류의 성공가능성이 높음을 뜻한다.

생태·지리적 차원에서 지리적 접근성(access)은 동북아시아 권역인 한국, 일본, 중국의 도시와 지역교류에 있어서 중요한 요소임이 확인되었다. 실제로 멀리 있는 국가보다는 지리적으로 인접한 도시들의 지정학적 위치가 교류의 현실에서는 더 중요하게 다루어지고 있다. 용이한 접근성에 기반한 잦은 소통구조와 만남은 실질적인 구속력을 갖지 못하더라도 교류의 성공에 있어 언제나 중요할 수 있기 때문이다. 다만 서울, 동경, 오사카, 북경, 상해, 홍콩 등의 인접 대도시권역과 차별화되기 위해서는 부산-후쿠오카 간 이동비용, 이동시간, 각종 규제들이 지금보다 더 간소화되어야 할 것이다.

문화·정서적 차원에서는 상호호혜와 존중감이 중요한 데, 두 도시의 교류협력이 급속히 진전된 배경에는 공감적 교류가 저변에서 기존에 계속 진행되고 있었다는 점과 부산-후쿠오카 포럼 등을 통해 각계의 오피니언 리더들이 상호 이해의 폭을 다년간 넓혀왔기 때문으로 추정된다.

월경한 도시 간 국제교류의 목적은 상호 공동발전에 있으므로 상대지역의 비교우위 분야와 보완관계에서 조화로운 협력방안을 강구해 나가는 것이 무엇보다 중요하고, 이것은 반드시 상호 폭넓은 동기와 합의에 의거해야 한다. 예컨대 일본의 느리고 신중한 문화와 한국의 빠르고 급한 문화를 상호 이해하고 조화시키는 것은 보이지 않게 중요하다.

한·일 해협의 부산과 후쿠오카, 두 도시는 가깝지만 상당한 차이가 있기 때문에 상대를 먼저 배려하는 마음가짐으로 상대방과 문화·정서적인 보조를 맞추면서 나가는 것이 중요할 것으로 보인다. 그리고 두 도시가 현존하는 제약요인을 극복하고 초국경경제권을 완성하기 위해서는 무엇보다 교류의 간접비용(indirect costs), 낭비요인(waste factors)을 줄여주는 무형의 호혜성과 신뢰의 구축이 앞으로도 계속 큰 의미를 가질 것이다.

정치적 차원에서 민주주의와 자치의 수준은 교류의 성공에 중요한 역할을 해 왔고 앞으로도 그러할 것으로 보인다. 초광역 경제권교류 초기부터 부산과 후쿠오카는 도시자치와 분권의 수준이 높았고, 중앙정부의 통제가 적은 상태에서 자발적인 교류가 이루어졌음은 이 결과에서 재확인되었다. 또한 이는 두 도시의 교류사례가 국가적 필요나 중앙의 권유나 필요에 의해서가 아니라 도시 내부에서부터 발생한 자생적인 욕구였다.

향후에는 이러한 민주주의와 자치를 바탕으로 국경을 초월한 교류의 거버넌스가 파생되어야 한다. 이를 위해서 두 도시는 민간부문과 시민들을 정부의 교류정책에 형식적으로 참여시키는 것이 아니라, 하나의 중요한 축(axis)으로 인정하여 실질적인 파트너십 형성을 위한 노력이 필요하다. 민주와 자치에 기반한 교류과정은 그 자체도 중요하겠지만, 그 과정에서 지역의 다양한 인사와 시민들의 협력과 관심이 집중됨으로써 우선 하나의 교류공동체로서의 거버넌스 경험을 만들어 보는 것도 필요하기 때문이다.

경제적 차원에서 산업의 구조와 유사성은 초국경경제권 구축에 아주 중요한 요소인데, 이는 부산과 후쿠오카는 최근 산업구조의 개선을 위한 경제교류가 성공적으로 진행되어 왔으며 향후에도 '규모와 권역의 경제'를 달성하고 지역발전의 경제기반을 마련하기 위한 가능성이 높다는 것을 뜻한다.

다른 한편으로는 부산과 후쿠오카는 유사한 산업구조를 가지고 있기는 하지만, 서로의 시너지 효과나 이익을 담보할 수 있는 보완관계는 분명치 않다. 이는 나중에 초국경 경제권의 결실(fruit)에 대한 서로 다른 입장을 낳을 수도 있다. 산업구조에 있어 두 도시는 앞으로 부산의 항만물류, 수산업, 전통제조업과 후쿠오카의 기술, 자본, 서비스, 판매력의 이점을 결합할 방법을 모색해 나가야 한다.

예컨대 교류의 핵심분야(core business)를 중심으로 기업들이 유사한 교류사업을 추진하지 않도록 분할하는 정보협력시스템을 구축해야 하며, 상호 경제동향과 무역정보 제공, 지역상품의 수출상담 및 거래알선, 협력가능사업의 추진, 수출증진 등의 활동을 지원해 나가야 할 것이다.

〈그림 9-1〉 부산과 후쿠오카의 초광역 경제권

이런 점에서 경제협력사무소가 부산과 후쿠오카, 두 도시에 동시에 운영되는 것은 긍정적이지만, 전반적으로 두 도시의 경제교류 범위와 권한이 현실적으로 제한되어 있다는 것은 숙제이다. 이는 양자 간에 여전히 국경(border)이라는 물리적, 제도적 장벽이 존재하고 있다는 점과 무관치 않기 때문이다.

행정적 차원에서 교류를 전담하는 단체장과 관료, 전담조직과 예산이 가졌던 중요성은 향후 도시들이 국경을 초월한 교류를 활성화시키기 위해서 전담조직의 확충과 관련예산의 배정을 우선적으로 고려해야함을 말해준다. 국민국가 체제에서 국경장벽을 초월한 도시 교류와 소통은 그 특성상 초기 그 도시정부의 주도적 역할에 따른 인력과 예산의 소요가 필연적일 것으로 생각된다.

현실적으로 국제교류를 위한 초기 투입요소(인력, 재정, 제도 인프라)의 제반 여건을 확보하는 문제는 무엇보다 도시의 정치·행정권력을 가진 최고관리자(시장)의 역량에 많이 좌우되기도 한다. 게다가 현실적으로 국제행사나 외국인사 초청, 투자유치 등의 문제에서도 시장이나 공무원의 역할비중은 지대하다.

도시들은 정부행정 차원에서 국제 전문인력의 확보, 전문가 양성을 위한 중장기 프로그램 개발 등에 투자해야 하고 이들이 장차 교류사업의 주역이 되도록 해야 한다. 그리고 행정과 정책실무에서는 쉬운 것에서 어려운 것으로, 저예산 사업에서 고예산 사업으로 가야하며, 시장이나 관료의 임기에 맞춘 재정투입이나 성과전략을 배제해야 할 것이다.

환경적으로 국가적 외교관계는 도시교류의 중요한 외생변수가 도리 수 있다. 적어도 교류를 하고자 하는 도시는 외교관계의 우호성과 안정성을 사전에 점검해야 할 것으로 보인다. 아직 우리나라와 동북아시아는 도시나 지방이 스스로의 정체성을 확립하고 교류에 있어서도 독자적인 역할을 맡기에는 아직 미숙한 감이 있다.

유럽 발트해 지역의 한자도시동맹(Die Hanse), 북유럽의 외레순드 (The Öresund) 구축 성공사례를 참조하면, 국가의 외교적 지원 및 지지가 해항도시의 초국경 교류와 협력관계 유지에 상당히 중요하다. 물론 이러한 국가적 지원을 위해 부산과 후쿠오카는 앞으로 동남권과 규슈권으로 초국경 교류의 범위를 넓혀 나가야 하는 난제도 안고 있다.

부산과 후쿠오카는 초광역 경제권이 국가적으로도 새로운 한·일 협력을 파생시키는 측면을 강조하여 중앙의 외교와 정책지지를 이끌어내어야 한다. 즉 부산과 후쿠오카는 함께 발전될 동북아시아 인접 경제권역과 계속 경쟁하기 위해서라도 기존의 공동건의문 채택 이외에 스

〈그림 9-2〉 부산과 후쿠오카의 접근성과 교류 잠재력

스로의 교류가 국가전체에 유용하다는 비전과 성과를 추가로 발굴해
내는 것이 필요하다.

Ⅳ. 맺음말

동북아시아에서 나타나는 국경붕괴, 국민국가의 역할축소와 함께 이
제 지역과 도시들이 국제교류의 중심이 되어가고 있으므로, 이런 논의
를 초석으로 향후 많은 지역과 도시들이 초국경적인 교류추진에 새로
이 참여할 수 있기를 희망해본다.

아울러 향후 세계화 시대에 교통과 교역의 중심장소로 자리할 우리
나라 주요 도시를 대상으로 초국경 교류의 성장과 변화에 대한 지속적
인 논의가 진행되어야 할 것이다. 그러기 위해서는 초국경 교류에 관
한 추진사례를 더 발굴하고, 이를 활성화시키기 위한 다양한 원인들에
대한 규명이 이루어져야 하며, 교류확대에 필요한 발전적 단초를 제공
받기 위한 주문도 있어야 할 것으로 생각된다.

동북아시아의 정치, 경제, 사회, 문화의 모든 분야를 리드할 글로벌
초광역 경제권으로서 부산-후쿠오카 초국경 광역경제권 구축의 의의는
부산과 부산항의 미래를 논함에 있어 절대적인 의미를 갖는다. 의미
부여에는 여러 측면이 있겠지만, 한 · 일 해협을 사이에 둔 두 해항도시
의 일체적인 연계 강화에 의한 국제경쟁력의 향상과 지역활성화가 제
일 클 것이다. 부산—후쿠오카 도시들의 자발적 네트워크를 통한 월경
지역의 구축은 단순한 '상징(symbol)'을 넘어 명백한 '실제(reality)'가 될
수 있음을 잠정적으로 확인시켜 주었다.

이런 의미를 비롯하여, 새로운 한 · 일 관계와 미래에 있어서 국경을
초월한 새로운 지역연계 모델을 제시하고 있다는 점, 한 · 일 양국을 연

결하는 동북아시아의 새로운 국토 발전축을 형성하고 있다는 점 등이 있다. 나아가 동북아시아에서 부산을 중심으로 한 초광역권 형성과 같이 월경한 해항도시 네트워크와 월경공동체 구축의 개념과 논리는 전 세계의 블록화 현상을 배경으로 향후 부산의 미래발전에 가장 긴요한 과업으로 우리에게 인식되어야 한다.

출전(出典)

■ 제1장 | 성장도시 부산, 경제적 요인과 정치적 요인

우양호 외, 「항도 부산의 발전을 설명하는 두 가지 시각」, 『항도부산』 36, 2018, 315-354쪽.

■ 제2장 | 해양수도 부산, 해양특별시 승격의 험로와 교훈

우양호, 「'해양수도'는 부산에 대한 특혜인가?: '해양특별자치시법' 제정의 험로와 교훈」, 『항도부산』 47, 2024, 405-447쪽.

■ 제3장 | 부산의 도시재생, 감천문화마을과 젠트리피케이션

우양호, 「마을공동체의 진화와 젠트리피케이션의 극복」, 『항도부산』 38, 2019, 399-440쪽.

■ 제4장 | 부산의 항구재생, 북항 크루즈와 원도심 활성화

우양호, 「부산 북항 연안크루즈와 항구관광 활성화 방향」, 『항도부산』 40, 2020, 519-552쪽.

■ 제5장 | 부산의 문화유산, 활용방식과 해외사례 비교

우양호, 「동아시아 해항도시의 전쟁과 식민지 유산」, 『인문사회과학연구』 21(1), 2020, 53-83쪽.

■ 제6장 | 부산의 해양산업, 일자리 창출과 발전방향

우양호 외, 「해항도시(海港都市)의 해양산업 실태와 지속가능한 발전방안」, 『한국거버넌스학회보』 23(1), 2016, 25-50쪽.

■ 제7장 | 부산의 해양관광, 연안크루즈의 블루투어리즘

우양호, 「연안크루즈 해양관광을 통한 부산 블루투어리즘 구상」, 『인문사회과학연구』 24(2), 2023, 31-63쪽.

■ 제8장 | 부산의 다문화, 이민자 가족과 적응 지원

우양호 외, 「다문화 가족의 지역사회 정착과 삶의 기억」, 『지방정부연구』 19(2), 2015, 401-423쪽.

■ 제9장 | 부산의 국제교류, 초국경 경제권과 미래

우양호, 「월경한 해항도시간 권역에서의 국제교류와 성공조건」, 『지방정부연구』 16(3), 2012, 31-50쪽.

※ 본 저서는 상기의 논문 내용을 대폭 수정 및 전재하였습니다.

참고문헌

제1장 성장도시 부산, 경제적 요인과 정치적 요인

강대민, 『부산역사의 산책』, 경성대학교출판부, 1997, 51-121쪽.

강명구, 「지방자치와 도시정치」, 『한국정치학회보』 31(3), 1997, 109-128쪽.

강문희, 「한국 도시정치의 지배구조: 국내 사례연구를 통한 조각그림 맞추기」, 『한국지
방자치학회보』 22(4), 2010, 5-28쪽.

김대래, 「1980~90년대 부산 기업의 역외이전」, 『항도부산』 32, 2016, 1-46쪽.

김대래, 「고도성장기 부산 합판산업의 성장과 쇠퇴(1960~1980년대)」, 『항도부산』 31, 2015,
35-75쪽.

박영구·김대래 외, 「부산 경제통계의 추계와 해석, 1945-2000 : 통계정비와 방법에 국
한하여」, 『지역사회연구』 11(1), 2003, 137-165쪽.

신봉수, 「경제결정론에 대한 비판과 정치자율성에 관한 시론」, 『국제정치논총』 53(3),
2013, 397-426쪽.

우양호, 「우리나라 항만도시의 성장 영향요인 분석」, 『한국행정논집』 21(3), 2009, 915-
939쪽.

우양호·김상구, 「해항도시(海港都市)의 해양산업 실태와 지속가능한 발전방안: 부산의
해양일자리 창출을 중심으로」, 『한국거버넌스학회보』 23(1), 2016, 1-25쪽.

임정덕, 『부산지역 제조업구조의 변화』, 부산대학교출판부, 1997, 14-96쪽.

장지용, 「1980~90년대 부산 신발산업의 해체와 재생」, 『항도부산』 32, 2016, 75- 112쪽.

부산광역시(구 부산직할시), 『시정백서』, 각 연도(1989~2016).

부산직할시, 『직할시 30년: 부산의 어제, 오늘 그리고 내일』, 1993.

부산직할시, 『부산시정(1966-1982)』, 1983.

부산광역시사편찬위원회, 『부산시사(제1권-3권)』, 1991.

부산광역시선거관리위원회, 『의회의원선거총람』 각 연도(1991~2016).

부산광역시의회, 『부산의정20년사』, 2014.

부산상공회의소, 『부산경제지표』, 각 연도(1980~2016).

부산울산지방통계청, 『지역산업총조사』, 각 연도(1982~2016).

부산지방해운항만청, 『부산항사』, 1996.

부산일보사, 『부일연감』, 1998.

부산발전연구원, 『부산발전론』 1993; 『부산경제론』 1995; 『부산도시론』 1996.

통계청, 『경제활동인구조사』, 각 연도(1989~2016).

한국은행, 『경제통계연보』, 각 연도(1968~2016).

한국지방재정공제회, 『지방재정편람』, 각 연도(1989~2016).

행정안전부, 『한국도시연감』, 각 연도(1989~2016).

행정안전부, 『지방재정연감』, 각 연도(1989~2016).

부산경제진흥원, http://www.bepa.kr.

부산경제포털, http://www.becos.kr.

국가통계포털, http://kosis.kr.

부산광역시사편찬위원회, http://www.bssisa.com.

Bish, R. L. and Ostrom, V., *Understanding Urban Government: Metropolitan Reform Reconsidered*, Washington. D. C.: American Enterprise Institute For Public Policy Research, 1979, pp.1-34.

Dierwechter, Y., *Urban Growth Management and Its Discontents: Promises, Practices, and Geopolitics in U. S. City-Regions*, Palgrave Macmillan, 2008, pp.21-104.

Dye, T. R., *Politics, Economics and the Public Policy Outcomes in the States*, Chicago: RandMcNally, 1966, pp.1-78.

Mollenkopf, J. H., *The Contested City*, Princeton University Press, 1983, pp.12-246.

Mollenkopf, J. H., *Contentious City: The Politics of Recovery in New York City*, Russell Sage Foundation, 2005, pp.21-223.

Mollenkopf, J. H. and Castells, M., *Dual City: Restructuring New York*, Russell Sage Foundation, 1991, pp.25-420.

Harvey, D., *The Urban Experience*, JHU Press, 1989, pp.10-125.

Harvey, D., "The Urbanization of Capital: Studies in the History and Theory of Capitalist Urbanization", *Science and Society*, 51(1), 1987, pp.121-125.

Harvey, D., "Rebel Cities: From the Right to the City to the Urban Revolution", *Journal of Urban Affairs*, 36(5), 2014, pp.35-96.

Hatry, H. P., Fisk, D. M., Hall Jr., J. R. and Schaenman, P. S. and Snyder, L., *How Effective are Your Community Services?*, Washington D. C: The Urban Institute and the International City Management Association, 2006, pp.1-45.

Katznelson, I., *City Trenches: Urban Politics and the Patterning of Class in the United States*, Chicago: The University of Chicago Press, 1981, pp.16-267.

Lineberry, R. L. and Sharkansky, I., *Urban Politics and Public Policy*, New York: Harper & Row, Publishers, 1971, pp.41-78.

McDonald, J. F., *Urban America: Growth, Crisis, and Rebirth*, M. E. Sharpe, 2007, pp.112-187.

Peterson, P. E., *City Limits*, University of Chicago Press, 1981, pp.15-245.

Richarsdon, H. W., "National Urban Development Strategies in Developing Countries", *Urban Studies*, 18(3), 1981, pp.267-283.

Sassen, S. J., *Cities in a World Economy(Sociology for a New Century Series)*, SAGE Publications, 2011, pp.35-90.

Scott, A. J., "Capitalism, Cities, and the Production of Symbolic Forms", *Transactions of the Institute of British Geographers*, 26(1), 2001, pp.11-23.

Sharp, E. B., *Urban Politics and Administration: From Service Delivery to Economic Development*, New York & London: Longman, 1990, pp.1-21.

Wilson, D., *The Urban Growth Machine(Suny Series in Urban Public Policy)*, SUNY Press, 2007, pp.15-89.

▮제2장▮ 해양수도 부산, 해양특별시 승격의 험로와 교훈

강재호, 「제주특별자치도 특례의 시범과 과제」, 『지방행정연구』 22(2), 2008, 51-78쪽.

강희석·남태석, 「남해안의 해양관광 개발 정책방향을 위한 전략 연구」, 『관광레저연구』 29(11), 2017, 293-312쪽.

김남수, 「제주특별자치도 추진에 따른 성과와 발전 방안」, 『제주도연구』 39, 2013, 155-203쪽.

김복규·김선희, 「정책의 창(policy windows) 을 적용한 정책변동 연구」, 『한국지방자치연구』 8, 2006, 163-184쪽.

김상봉·이명혁, 「Kingdon의 정책 창 모형에 의한 비축임대주택 정책의 갈등관계분석 및 평가」, 『한국정책과학학회보』 15(3), 2011, 1-27쪽.

김흥주·박상철, 「세종형 자치조직권 강화 방안에 관한 연구」, 『지방행정연구』 34(4), 2020, 39-74쪽.

우양호, 「항만이 해항도시의 경제성장에 미치는 효과: 부산과 인천의 사례(1985-2007)」, 『지방정부연구』 13(3), 2009, 339-362쪽.

우양호, 「우리나라 항만도시의 성장 영향요인 분석」, 『한국행정논집』 21(3), 2009, 915-939쪽.

우양호, 「해항도시(海港都市) 부산의 도시성장 특성에 관한 연구: 패널자료를 통한 성장원인의 규명(1965-2007)」, 『지방정부연구』 14(1), 2010, 135-157쪽.

우양호·강윤호, 「해양수도 부산의 해양거버넌스 형성수준 및 원인분석: 이해관계자의 '접촉과 갈등해결'을 중심으로」, 『한국항해항만학회지』 36(3), 2012, 233-243쪽.

이진만·전영상, 「Kingdon의 정책의 창(Policy Window) 모형을 적용한 한국콘텐츠진흥원 설립과정」, 『정책분석평가학회보』 19(4), 2009, 283-305쪽.

이홍종, 「해양수도 부산의 정치경제학: 동아시아 해양거점도시」, 『국제정치연구』 22(2), 2019, 1-15쪽.

장현주, 「다중흐름모형을 적용한 국내 논문들에 대한 분석: 중앙과 지방의 정책변동에서 정책선도가는 누구이며 정책의 창은 어떻게 열리는가?」, 『지방정부연구』 21(2), 2017, 379-403쪽.

정성수·이현수, 「Kingdon 의 다중흐름모형을 적용한 '유치원 3법' 정책형성과정 분석」, 『학습자중심교과교육연구』 21(3), 2021, 497-521쪽.

정순관·하정봉, 「정책의 창(Policy Window) 모형을 적용한 순천만국제정원박람회 개최과정 분석」, 『한국지방자치학회보』 26(4), 2014, 245-268쪽.

조경훈, 「세종시의 중장기 발전을 위한 행·재정 체제 구축 방안」, 『국토』 2012-8, 2012, 36-43쪽.

최성두, 「해양수도 부산의 글로벌 위상과 도시발전 방향 모색: 메논 이코노믹스 컨설팅의 평가를 중심으로」, 『해항도시문화교섭학』 23, 2020, 191-228쪽.

최성락, 「Kingdon 정책흐름모형 적용의 적실성에 대한 연구」, 『한국정책연구』 12(1), 2012, 119-137쪽.

최영출, 「제주특별자치도 시군통합의 성과평가」, 『지방행정연구』 23(2), 2009, 3-29쪽.

최진혁, 「지방분권과 지역균형발전에 따른 세종특별자치시의 발전과제: 정부부처 이전을 중심으로」, 『사회과학연구』 26(4), 2015, 143-170쪽.

Kingdon. J. W., *Agendas, Alternatives, and Public Policies*, New york, Harper Collins, 1984, pp.1-240.

Kingdon. J. W., *Agendas, Alternatives, and Public Policies*, Boston: Little, Brown(2nd Edition), 1995, pp.184-194.

Kingdon, J. W. and Stano, E., *Agendas, Alternatives, and Public Policies(Vol.45)*, Boston: Little, Brown, 1984, pp.165-169.

Kingdon, J. W., How do Issues Get on Public Policy Agendas. *Sociology and the Public Agenda*, Vol.8, No.1, 1993, pp.40-53.

Rawat, P. and Morris, J. C., Kingdon's "Streams" Model at Thirty: Still Relevant in the 21st Century?, *Politics & Policy*, Vol.44, No.4, 2016, pp.608-638.

Hawkins, B. and McCambridge, J., Policy Windows and Multiple Streams: An Analysis of Alcohol Pricing Policy in England, *Policy and Politics*, Vol.48, No.2, 2020, pp.315-333.

Lieberman, J. M., Three Streams and Four policy Entrepreneurs Converge: A Policy Window Opens, *Education and Urban Society*, Vol.34, No.4, 2002, pp.438-450.

대한민국국회, 부산해양특별자치시 설치 및 발전 등에 관한 특별법안(의안번호: 2005-1592).

대한민국국회, 부산해양특별자치시 설치 및 발전 등에 관한 특별법안 공청회 자료집 (2006.11.07).

대한민국국회, 부산해양특별자치시 설치 및 발전 등에 관한 특별법안 공청회 의사록 (2006.11.07).

대한민국국회, 해양경제특별구역 지정 특별법안 공청회 자료집(2013.09.10).

대한민국법제처, 제주특별자치도 설치 및 국제자유도시 조성을 위한 특별법(약칭: 제주
　　　특별법, 2006).

대한민국법제처, 세종특별자치시 설치 등에 관한 특별법(약칭: 세종시법, 2010).

부산광역시, 부산광역시 해양수도 구현을 위한 해양산업 육성 조례(2021.08.11).

『부산일보』, 2021.12.14, 「해양수도발전기구' 설립, 부산 해양자치권 이양 받아야」.

『국제신문』, 2013.03.17, 「부산 해양경제특구 지정되나」.

제3장 부산의 도시재생, 감천문화마을과 젠트리피케이션

강영은 · 박성은 · 서윤, 「투어리스티피케이션 현상 분석을 통한 관광 기반 도시재생 대
　　　응방안 논의 : 주민협의체, 전문가 대상의 델파이 분석을 중심으로」, 『국토계획』
　　　53(4), 2018, 5-22쪽.

권평이 · 김진희, 「감천문화마을 주민의 문화욕구 탐색: 의미사용이론을 중심으로」, 『글
　　　로벌문화콘텐츠』 24, 2016, 1-26쪽.

김창수, 「도시마을 창조전략: 부산광역시 감천문화마을 재생사례를 중심으로」, 『한국비
　　　교정부학보』 16(1), 2012, 221-245쪽.

박수빈 · 남진, 「젠트리피케이션의 부작용 방지를 위한 지역공동체 역할에 관한 연구:
　　　영국 Localism Act의 Community Rights을 중심으로」, 『서울도시연구』 17(1), 2016,
　　　23-43쪽.

박신의, 「젠트리피케이션 극복을 위한 지속 가능한 작업실 정책 : 몬트리올 협동조합
　　　및 사회적 기업 사례연구」, 『문화정책논총』 30(1), 2016, 104-127쪽.

박진호 · 최열, 「도시재생사업에 따른 상인들의 상권 변화 인식에 관한 연구: 창원시 도
　　　시재생 선도사업 사례」, 『대한토목학회논문집』 38(5), 2018, 771-782쪽.

안덕초 · 김용근, 「젠트리피케이션 관련 연구동향과 이해당사자 내용분석: KCI 등재 및
　　　등재후보지를 중심으로」, 『문화콘텐츠연구』 9, 2017, 65-101쪽.

우양호, 「우리나라 항만도시의 성장 영향요인 분석」, 『한국행정논집』 21(3), 2009, 915-939쪽.

우양호, 「항도 부산의 발전을 설명하는 두 가지 시각: 경제적 요인 대 정치적 요인」,
　　　『항도부산』 36, 2018, 315-354쪽.

유예경 · 김인신, 「지속가능한 문화 관광지 재생을 통한 고유성 고찰: 부산 감천문화마
　　　을을 중심으로」, 『관광연구』 33(4), 2018, 259-275쪽.

이연숙 · 박재현, 「부산 감천문화마을의 지역자산 기반 재생과정 연구」, 『한국생태환경
　　　건축학회학회논문집』 14(3), 2014, 111-120쪽.

이하연 · 이지현 · 남진, 「젠트리피케이션 부작용 방지를 위한 상가임대인 조세지원 제
　　　도의 경제적 효용에 관한 연구 : 성수동 도시재생활성화지역을 중심으로」, 『국
　　　토계획』 53(6), 2018, 61-85쪽.

임경환·이재곤, 「마을재생을 통한 지역주민 삶의 질에 관한 영향연구: 부산 감천문화마을 지역주민을 대상으로」, 『관광경영연구』 86, 2018, 879-900쪽.

전은호, 「젠트리피케이션 넘어서기: 사유에서 공유로」, 『창작과 비평』 45(3), 2017, 39-53쪽.

정문수·정진성, 「함부르크 골목구역의 철거와 보전: 젠트리피케이션에서 도시에 대한 권리로」, 『한국항해항만학회지』 30(6), 2012, 465-474쪽.

최명식, 「젠트리피케이션 대응을 위한 지역 자산 공유방안」, 『국토정책』 613, 2017, 1-8쪽.

홍순구·한세억·이현미, 「감천문화마을 재생사업의 주민참여 영향요인」, 『한국지방자치학회보』 26(2), 2014, 113-134쪽.

Yin, R. K(저), 신경식·서아영(역), 『사례연구방법(원제: Case Study Research : Design and Methods 5th Edition)』, 2016, 1-383쪽.

감천문화마을, https://www.gamcheon.or.kr.

감천2동주민센터, https://jumin.busan.go.kr/dong/gamcheon2/main.

국토교통부 표준공시지가, https://www.realtyprice.kr:447/notice.

부산광역시 사하구청, https://www.saha.go.kr/main.do.

부산문화관광, https://tour.busan.go.kr/index.busan.

부산 감천문화마을 현장답사, 사진 및 인터뷰 녹취록 34건.

Choi, M., Van Zandt, S. and Matarrita-Cascante, D., Can Community Land Trusts Slow Gentrification?, *Journal of Urban Affairs*, Vol. 40, No.3, 2018, pp.394-411.

Glaeser, E. L., Kim, H. and Luca, M., Nowcasting Gentrification: Using Yelp Data to Quantify Neighborhood Change. In *AEA Papers and Proceedings*, Vol. 108, 2018, pp.77-82.

Gould, K. A. and Lewis, T. L., From Green Gentrification to Resilience Gentrification: An Example from Brooklyn 1, *City & Community*, Vol. 17, No. 1, 2018, pp.12-15.

Martin, I. W. and Beck, K., Gentrification, Property Tax Limitation, and Displacement, *Urban Affairs Review*, Vol. 54, No.1, 2018, pp.33-73.

Hackworth, J. and Smith, N., The Changing State of Gentrification, *The Royal Dutch Geographical Society*, Vol. 92, No. 4, 2001, pp.464-477.

Hamnett, C., Gentrification and the Middle-Class Remaking of Inner London, 1961-2001, *Urban Studies*, Vol. 40, No. 12, 2003, pp.2401-2426.

Hamnett, C., City Centre Gentrification: Loft Conversions in London's City Fringe, *Urban Policy and Research*, Vol. 27, No. 3, 2009, pp.277-287.

Kerstein, R., Stage Models of Gentrification: An Examination, *Urban Affairs Review*, Vol. 25, No. 4, 1990, pp.620-639.

New, K. and Wyly, K. E., Gentrification and Displacement Revisited: A Fresh Look at the New York City Experience, *Urban Studies*, Vol. 43, No.1, 2006, pp.23-57.

Rose, D., Rethinking Gentrification: Beyond the Uneven Development of Marxist Urban Theory, *Environment and Planning D: Society and Space*, Vol. 2, No. 1, 1984, pp.47-74.

Smith, N., Toward a Theory of Gentrification: A Back to the City Movement by Capital, not People, *Journal of the American Planning Association*, Vol. 45, 1979, pp.538-548.

Zuk, M., Bierbaum, A. H., Chapple, K., Gorska, K. and Loukaitou-Sideris, A., Gentrification, Displacement, and the Role of Public Investment, *Journal of Planning Literature*, Vol. 33, No. 1, 2018, pp.31-44.

Zukin, S., Gentrification: Culture and Capital in the Urban Core, *Annual Review of Sociology*, Vol. 13, 1987, pp.129-147.

제4장 부산의 항구재생, 북항 크루즈와 원도심 활성화

강희석·남태석, 「남해안의 해양관광 개발 정책방향을 위한 전략 연구」, 『관광레저연구』 29(11), 2017, 293-312쪽.

김윤경, 「해양관광 참가자의 체험요인, 체험만족 및 행동의도의 영향에 관한 연구」, 『관광레저연구』 31(1), 2019, 75-91쪽.

김현겸·최재형, 「국내 연안크루즈 관광의 전망과 활성화 방안」, 『해양국토』 21, 2010, 100-123쪽.

문보영·양승훈, 「연안 유람선 안전의 서비스 전략화」, 『관광학연구』 40(1), 2016, 185-198쪽.

박정인·김상열·김세원, 「우리나라 항만 크루즈 기항지 경쟁력 제고 전략 연구: 부산항을 중심으로」, 『해양정책연구』 34(1), 2019, 317-339쪽.

우양호, 「우리나라 항만도시의 성장 영향요인 분석」, 『한국행정논집』 21(3), 2009, 915-939쪽.

우양호, 「항만이 해항도시의 경제성장에 미치는 효과 :부산과 인천의 사례(1985- 2007)」, 『지방정부연구』 13(3), 2009, 339-362쪽.

우양호, 「해항도시(海港都市) 부산의 도시성장 특성에 관한 연구」, 『지방정부연구』 14(1), 2010, 135-157쪽.

우양호, 「항도 부산의 발전을 설명하는 두 가지 시각: 경제적 요인 대 정치적 요인」, 『항도부산』 36, 2018, 315-354쪽.

우양호, 「동아시아 해항도시의 전쟁과 식민지 유산 : 싱가포르와 부산의 활용방식 비교」, 『인문사회과학연구』 21(1), 2020, 53-83쪽.

이용수·양승훈·강형철·곽대영, 「크루즈의 포지셔닝과 상품화 방안에 관한 연구: 부산 연안크루즈를 중심으로」, 『관광연구저널』 24(2), 2010, 321-334쪽.

이태희·남현정, 「우리나라 크루즈 서비스산업의 권역별 비교 연구: 환황해, 환남해, 환동해권 중심으로」, 『서비스경영학회지』 17(2), 2016, 25-44쪽.

Esichaikul, R., Chansawang, R. and Choksuvanich, W., *Problems and Obstacles of Developing Cruise Home Port in Andaman Tourism Cluster*, University of the Thai Chamber of Commerce Journal Humanities and Social Sciences, Vol.38, No.4, 2018, pp.81-106.

Guinand, S., *Post-tourism on the Waterfront: Bringing Back Locals and Residents at the Seaport*, In Tourism and Gentrification in Contemporary Metropolises. Routledge, 2017, pp.207-232.

Kim, Y. J. and Kim, S. G., Overview of Coastal and Marine Tourism in Korea, *Journal of Tourism Studies*, V

ol.7, No.2, 1996, pp.46-53.

Mescon, T. S. and Vozikis, G. S., The Economic Impact of Tourism at the Port of Miami, *Annals of Tourism Research*, Vol.12, No.4, 1985, pp.515-528.

Tyrrell, T., Kim, S. G. and Chang, Y. T., Marine Tourism Resource Development in Korea, *Marine Resource Economics,* Vol.14, No.2, 1999, pp.165-174.

Yang, J. C., A Comparative Evaluation of Main Cruise Ports in Korea, China and Japan in Northeast Asia, *World Environment and Island Studies*, Vol.6, No.1, 2016, pp.63-70.

부산광역시, 『북항일원 그랜드 마스터 플랜(Grand Master Plan)』, 2016.

부산광역시, 『시민공원-북항 연계 도심재생 마스터플랜 수립 용역』, 2017.

부산항만공사, 『북항 재개발사업 역사문화 잠재자원 발굴 및 활용방안 수립 용역』, 2012.

부산항만공사, 『북항 재개발사업-토지이용계획도(공개용)』, 2017.

부산항만공사, 『부산항(북항) 항만재개발 사업계획 변경(2018.10)』, 2018.

부산항만공사, 『부산항(북항) 항만재개발 사업 발표자료』, 2019.

부산항만공사, 『부산항 북항 재개발사업 콘텐츠 개발 및 활용방안 수립 용역』, 2020.

부산해양수산청, 『부산항 항법 등에 관한 규칙(2019. 5. 전부개정)』, 2020.

부산일보, http://www.busan.com(2019-05-20 기사).

(주)월미도해양관광, http://www.wolmidocruise.com.

(주)월미도해양관광, 현지조사 및 인터뷰.

(주)포항영일만크루즈, http://pohangcruise.co.kr.

(주)포항영일만크루즈, 현지조사 및 인터뷰.

(주)티파니21, http://tiffany21.co.kr.

(주)티파니21, http://www.haeundaecruise.com.

(주)티파니21, 현지조사 및 인터뷰.

(주)신아BS-자갈치크루즈, https://jagalchi-cruise.com.

(주)신아BS-자갈치크루즈, 현지조사 및 인터뷰.

부산광역시다이내믹부산, http://www.busan.go.kr/news.

제5장 부산의 문화유산, 활용방식과 해외사례 비교

김헌식·양정호, 「다크투어리즘의 세월호 참사에 대한 적용 방안 연구: 관련 콘텐츠의 설계와 구성 관점을 중심으로」, 『한국콘텐츠학회논문지』14(9), 2014, 176-187쪽.

송희영 · 배은석 · 임동욱, 「문화콘텐츠를 통한 비극적 지역사의 다크투어리즘 활용 전략: 프랑스 방데를 중심으로」, 『예술경영연구』 34, 2018, 181-207쪽.

우양호, 「해항도시(海港都市) 부산의 도시성장 특성에 관한 연구」, 『지방정부연구』 14(1), 2010, 135-157쪽.

우양호, 「동북아 해항도시의 역사적 성장요인에 관한 연구」, 『역사와경계』 75, 2010, 57-90쪽.

이정훈, 「여순사건 사적지에 대한 다크투어리즘 적용 방안」, 『한국지역지리학회지』 22(4), 2016, 826-842쪽.

임명섭 · 이현송, 「다크투어리즘 스펙트럼을 통한 콘텐츠 분석: 제암리 3.1 순국기념관 사례를 대상으로」, 『글로벌문화콘텐츠학회 학술대회논문집』, 2017, 171- 174쪽.

장성곤 · 강동진, 「지속가능한 다크투어리즘(Dark Tourism)의 개념 정의와 전개과정 분석」, 『한국도시설계학회지』 18(2), 2017, 63-80쪽.

장애옥 · 최병길, 「다크투어리즘 방문객의 동기와 특성: 제주 4.3평화공원 방문객을 대상으로」, 『관광레저연구』 23(1), 2011, 65-84쪽.

장혜원, 「다크투어리즘의 스토리텔링 요소에 관한 연구: 제주 4.3평화공원을 중심으로」, 『관광연구』 27(1), 2012, 251-273쪽.

조아라, 「다크투어리즘과 관광경험의 진정성: 동일본대지진의 재난관광을 사례로」, 『한국지역지리학회지』 19(1), 2013, 130-146쪽.

한숙영 · 박상곤 · 허중욱, 「다크투어리즘에 대한 탐색적 논의」, 『관광연구저널』 25(2), 2011, 5-18쪽.

Dick, E. R, "Tales from the Haunted South: Dark Tourism and Memories of Slavery from the Civil War Era Tiya Miles", *The Journal of American Culture*, 40(3), 2017, pp.294-296.

Foley, M. and Lennon, J. J, "JFK and Dark Tourism: A Fascination with Assassination", *International Journal of Heritage Studies*, 2(4), 1996, pp.198-211.

Heuermann, K., and Chhabra, D, "The Darker Side of Dark Tourism: An Authenticity Perspective", *Tourism Analysis*, 19(2), 2014, pp.213-225.

Korstanje, M. E. and George, B, "Dark Tourism: Revisiting Some Philosophical Issues", *E-review of Tourism Research*, 12(1), 2015, pp.127-136.

Kim, S. and Butler, G, "Local Community Perspectives towards Dark Tourism Development: The Case of Snowtown, South Australia", *Journal of Tourism and Cultural Change*, 13(1), 2015, pp.78-89.

Lennon, J. J. and Foley, M, *Dark Tourism*, Cengage Learning. EMEA, 2000, pp.1-14.

Lennon, J. J. and Powell, R, "Dark Tourism and Cities", *International Journal of Tourism Cities*, 4(1), 2018, pp.1-13.

Magee, R. and Gilmore, A, "Heritage Site Management: From Dark Tourism to Transformative Service Experience?", *The Service Industries Journal*, 35(16), 2013, pp.898-917.

Miles, T, *Tales from the Haunted South: Dark Tourism and Memories of Slavery from the Civil War Era*, UNC Press Books, 2015, 2015, pp.1-35.

Miller, D. S., Gonzalez, C. and Hutter, M, "Phoenix Tourism within Dark Tourism: Rebirth, Rebuilding and Rebranding of Tourist Destinations Following Disasters", *Worldwide Hospitality and Tourism Themes*, 9(2), 2017, pp.196-215.

Podoshen, J. S., Venkatesh, V., Wallin, J., Andrzejewski, S. A. and Jin, Z, "Dystopian Dark Tourism: An Exploratory Examination", *Tourism Management*, 51(3), 2015, pp.316-328.

Sharpley, R. and Stone, P. R.(Eds), *The Darker Side of Travel: The Theory and Practice of Dark Tourism*, Channel View Publications, 2009, pp.1-56.

Skinner, J, "Walking the Falls: Dark Tourism and the Significance of Movement on the Political Tour of West Belfast", *Tourist Studies*, 16(1), 2016, pp.23-39.

Stone, P. R, "A Dark Tourism Spectrum: Towards a Typology of Death and Macabre Related Tourist Sites, Attractions and Exhibitions", *Tourism*, 54(2), 2006, pp.145-160.

Stone, P. R, "Dark Tourism and Significant Other Death: Towards a Model of Mortality Mediation", *Annals of Tourism Research*, 39(3), 2012, pp.1565-1587.

Stone, P. R., Hartmann, R., Seaton, T., Sharpley, R. and White, L, *The Palgrave Handbook of Dark Tourism Studies*, Palgrave Macmillan, 2018, pp.1-34.

Stone, P. R. and Sharpley, R, "Consuming Dark Tourism: A Thanatological Perspective", *Annals of Tourism Research*, 35(2), 2008, pp.574-595.

Strange, C. and Kempa, M, "Shades of Dark Tourism: Alcatraz and Robben Island", *Annals of Tourism Research*, 30(2), 2003, pp.386-405.

Tarlow, P, *Dark Tourism?: The Appealing 'Dark' Side of Tourism and More. In Niche Tourism*, Routledge, 2007, pp.61-72.

Tinson, J. S., Saren, M. A. and Roth, B. E, "Exploring the Role of Dark Tourism in the Creation of National Identity of Young Americans", *Journal of Marketing Management*, 31(7), 2015, pp.856-880.

Yan, B. J., Zhang, J., Zhang, H. L., Lu, S. J. and Guo, Y. R, "Investigating the Motivation?: Experience Relationship in a Dark Tourism Space: A Case Study of the Beichuan Earthquake Relics, China", *Tourism Management*, 53(2), 2016, pp.108-121.

Yankovska, G. and Hannam, K, "Dark and Toxic Tourism in the Chernobyl Exclusion Zone", *Current Issues in Tourism*, 17(10), 2014, pp.929-939.

국립일제강제동원역사관, http://museum.ilje.or.kr.

부산관광공사, http://bto.or.kr.

부산역사문화관광, http://tour.busan.go.kr/index.busan.

부산광역시, http://news.busan.go.kr(부산이야기).

부산광역시기장군, http://www.gijang.go.kr.

부산광역시남구, http://www.bsnamgu.go.kr.

부산광역시동구, http://www.www.bsdonggu.go.kr.

부산광역시서구,. http://www.bsseogu.go.kr.

부산향토문화백과, http://busan.grandculture.net.

싱가포르관광청, http://www.visitsingapore.com/en_au.

싱가포르센토사섬실로소, http://www.sentosa.com.sg/en.

제6장 부산의 해양산업, 일자리 창출과 발전방향

강윤호·김상구·박상희·우양호, 「부산항만공사(BPA)의 도입성과와 그 영향요인」, 『한국거버넌스학회보』 14(1), 2007, 165-196쪽.

강윤호·우양호, 「해항도시의 경제성장과 해양산업 간의 관계: 부산시를 중심으로」, 『한국항해항만학회지』 37(6), 2013, 627-635쪽.

고길곤·탁현우·김대중, 「재정지원 일자리사업의 복지함정 존재여부와 그 원인에 대한 분석」, 『한국정책학회보』 23(1), 2014, 99-125쪽.

김계환, 「산업발전과 일자리 창출: 한국의 경험과 개도국에 대한 시사점」, 『국제개발협력』 2, 2014, 11-31쪽.

김상구·우양호·정문수, 「부산시 해양산업 육성을 위한 '해양산업박람회' 개최방안 구상」, 『해양환경안전학회지』 16(1), 2010, 115-123쪽.

박승규, 「지역경제 활성화를 위한 일자리 불균형 해소방안」, 『한국지방행정연구원 연구보고서』, 2013, 1-132쪽.

부산광역시, 『부산지역 항만물류산업 육성방안』, 2014.

부산광역시, 『부산광역시 해양산업육성에 관한 조례(제정: 2009; 개정 2015; 조례 제5081호)』, 2015.

부산광역시, 『부산광역시 해양산업 육성조례 시행규칙(제정: 2009; 개정 2010; 규칙 제3687호)』, 2015.

부산광역시, 『부산광역시 시정백서(해양/항만/물류 편)』, 2014.

부산광역시 기획담당관실, 『부산해양산업조사(2012~2014)』, 2015.

부산발전연구원, 『해양수도 부산의 잠재력분석과 추전전략 연구』, 연구보고서, 2007a, 1-88쪽.

부산발전연구원, 『해양특별시 설치타당성 연구 조사 용역』, 연구보고서, 2007b, 1-23쪽.

부산항만공사, 「부산항 활성화를 통한 지역경제 활성화 방안(내부자료)」, 2012.

우양호, 「우리나라 항만도시의 성장 영향요인 분석」, 『한국행정논집』 21(1), 2009a, 915-939쪽.

우양호, 「항만이 해항도시의 경제성장에 미치는 효과: 부산과 인천의 사례(1985-2007)」, 『지방정부연구』 13(3), 2009b, 339-362쪽.

우양호, 「해항도시(海港都市) 부산의 도시성장 특성에 관한 연구: 패널자료를 통한 성

장원인의 규명(1965-2007)」, 『지방정부연구』 14(1), 2010a, 135-157쪽.

우양호, 「지방정부 해양행정의 문제점과 발전방향: 해양거버넌스(Ocean Governance) 구축을 중심으로」, 『한국거버넌스학회보』 17(2), 2010b, 1-22쪽.

우양호, 「동북아 해항도시의 역사적 성장요인에 관한 연구: 한국, 일본, 중국의 사례(1989-2008)」, 『역사와 경계』 75, 2010c, 57-90쪽.

우양호, 「해양수도 부산의 해양거버넌스 형성수준 및 원인분석: 이해관계자의 '접촉과 갈등해결'을 중심으로」, 『한국항해항만학회지』 36(3), 2012a, 233-243쪽.

우양호, 「우리나라 주요 항만의 항만공사(PA) 운영 성과와 요인: 부산, 인천, 울산, 경기 평택 항만공사의 사례」, 『한국행정논집』 24(3), 2012b, 567-590쪽.

우양호, 「월경한 해항도시간 권역에서의 국제교류와 성공조건: 부산과 후쿠오카의 '초국경경제권' 사례」, 『지방정부연구』 16(3), 2012c, 31-50쪽.

우양호, 「해항도시간 국경을 초월한 통합의 성공조건: 북유럽 '외레순드(Oresund)'의 사례」, 『도시행정학보』 26(3), 2013, 143-164쪽.

우양호, 「해항도시의 항만경제와 도시발전의 상관성: 중국 다롄(大連)의 특징과 사례」, 『해항도시문화교섭학』 12, 2015, 83-114쪽.

우양호·강윤호, 「해양수도 부산의 해양거버넌스 형성수준 및 원인분석: 이해관계자의 접촉과 갈등해결을 중심으로」, 『한국항해항만학회지』 36(3), 2012, 233-243쪽.

최동선·이종범, 「특성화고 졸업 취업자의 좋은 일자리로의 이행에 영향을 미치는 요인」, 『직업교육연구』 32(1), 2013, 1-21쪽.

최성두, 「해양수도 부산의 항만경쟁력 강화를 위한 해양행정체계 모색」, 『지방정부연구』 10(4), 2007, 221-236쪽.

최조순, 「지역일자리 창출 정책의 제도적 동형화에 관한 연구」, 『시민사회와 NGO』 11(1), 2013, 3-32쪽.

한국노동사회연구소, 「17개 광역자치단체장의 노동, 일자리 공약」, 『노동사회』 177, 2014, 22-26쪽.

한국노동연구원, 『조선산업 신성장동력 확보 및 일자리 창출을 위한 해양플랜트 산업 활성화 방안』, 연구보고서, 2010, 1-74쪽.

한국해사문제연구소, 「해운, 조선, 물류 산업전망과 현안」, 『월간 해양한국』, 2013, 116-119쪽.

해양산업발전협의회, 『부산지역 해양산업 실태조사 및 분석』, 연구보고서, 2007, 1-35쪽.

Broeze, F., *Gateways of Asia: Port Cities of Asia in the 13Th-20th Centuries*, London, New York: Kegan Paul Internationa, 1997, pp.265-293.

Dick, H. W. and Rimmer, P. J., Beyond the Third World City: The New Urban Geography of South-East Asia, *Urban Studies*, 35(12), 1998, pp.2303-2321.

Dierwechter, Y., *Urban Growth Management and Its Discontents: Promises, Practices, and Geopolitics in U. S. City-Regions*, Palgrave Macmillan, 2008, pp.1-304.

Graf, A., *Port Cities in Asia and Europe: Routledge Studies in the Modern History of Asia*,

Routledge, 2009, pp.1-222.

Hornsby, S. J., Discovering the Mercantile City in South Asia: The Example of Early Nineteenth-Century Calcutta, *Journal of Historical Geography*, 23(2), 1997, pp.135-150.

Sharp, E. B., *Urban Politics and Administration: From Service Delivery to Economic Development*, New York & London: Longman, 1990, pp.1-21.

Slack, B., *Shipping and Ports in the Twenty-first Century: Globalization, Technical Change and the Environment*(Ocean Management and Policy), Routledge, 2004, pp.1-240.

Slack, B. and Wang, J. J., *The Challenge of Peripheral Ports: An Asian Perspective*, Geo Journal, Kluwer Academic Publishers(the Netherlands), 56, 2002, pp.159-166.

Thompson, W. R., *A Preface to Urban Economic and Public Policy*, New York: St. Mantin's Press, 1981, pp.1-74.

제7장 부산의 해양관광, 연안크루즈의 블루투어리즘

김기태, 「우리나라 크루즈항별 발전방향에 대한 탐색적 연구」, 『한국항만경제학회지』 30(2), 한국항만경제학회, 2014, 51-75쪽.

남형식, 「부산항 크루즈 활성화 및 경쟁력 제고 방안 연구」, 『해항도시문화교섭학』 21, 한국해양대학교 국제해양문제연구소, 2019, 283-312쪽.

문보영·양승훈, 「연안 유람선 안전의 서비스 전략화」, 『관광학연구』 40(1), 한국관광학회, 2016, 185-198쪽.

양승훈·강형철·곽대영, 「한국적 크루즈의 포지셔닝과 상품화 방안에 관한 연구: 부산 연안크루즈를 중심으로」, 『관광연구저널』 24(2), 한국관광연구학회, 2010, 321-334쪽.

우양호, 「부산 북항 연안크루즈와 항구관광 활성화 방향」, 『항도부산』 40, 부산광역시 시사편찬위원회, 2020, 519-552쪽.

우양호, 「공유자원 관리를 위한 제도적 장치의 성공과 실패요인: 부산 가덕도 어촌계의 사례비교」, 『행정논총』 46(3), 서울대학교 한국행정연구소, 2008, 173-205쪽.

유순호·김경숙, 「크루즈관광객의 라이프스타일, 선택속성 및 행동의도 간의 영향관계」, 『관광레저연구』 29(10), 한국관광레저학회, 2017, 131-149쪽.

이정철, 「우리나라 해양레저관광 발전방안: Blue Tourism을 중심으로」, 『해양관광학연구』 14(3), 한국해양관광학회, 2021, 27-46쪽.

정복철, 「국내 크루즈 산업 발전을 위한 정책적 제언」, 『해양관광학연구』 12(2), 한국해양관광학회, 2019, 33-50쪽.

최창호·임영태, 「중소해양도시 크루즈관광 여건 및 활성화 방안: 여수시를 중심으로」, 『한국항만경제학회지』 29(2), 한국항만경제학회, 2013, 113-136쪽.

허양례, 「연안크루즈 관광 참여자의 선택속성에 관한 연구」, 『Tourism Research』 40(2), 한국관광산업학회, 2015, 357-378쪽.

황진희·홍장원·강수미, 「연안 크루즈 산업의 성장 잠재력과 발전전망 연구」, 『KMI-기본연구보고서』, 한국해양수산개발원, 2014, 1-151쪽.

Esichaikul, R., Chansawang, R. and Choksuvanich, "Problems and Obstacles of Developing Cruise Home Port in Andaman Tourism Cluster", *University of the Thai Chamber of Commerce Journal Humanities and Social Sciences*, 38(4), 2018, pp.81-106.

Guinand, S, "Post-Tourism on the Waterfront: Bringing Back Locals and Residents at the Seaport", In *Tourism and Gentrification in Contemporary Metropolises*, Routledge, 2017, pp.207-232.

Kabil, M., Priatmoko, S., Magda, R., & Dávid, L. D, "Blue Economy and Coastal Tourism: A Comprehensive Visualization Bibliometric Analysis", *Sustainability*, 13(7), 2021, pp.36-50.

Kim, Y. J. and Kim, S. G, "Overview of Coastal and Marine Tourism in Korea", *Journal of Tourism Studies*, 7(2), 1996, pp.46-53.

Sharafuddin, M. A. & Madhavan, M. "Thematic Evolution of Blue Tourism: A Scientometric Analysis and Systematic Review", *Global Business Review*, 35(1), 2020, pp.1-15.

Tonazzini, D., Fosse, J., Morales, E., González, A., Klarwein, S., Moukaddem, K., & Louveau, O, *Blue Tourism. Towards a Sustainable Coastal and Maritime Tourism in World Marine Regions*, Eco-Union(Barcelona), 2019, pp.1-80.

Tyrrell, T., Kim, S. G. and Chang, Y. T, "Marine Tourism Resource Development in Korea", *Marine Resource Economics*, 14(2), 1999, pp.165-174.

Yang, J. C. "A Comparative Evaluation of Main Cruise Ports in Korea, China and Japan in Northeast Asia", *World Environment and Island Studies*, 6(1), 2016, pp.63-70.

제8장 　부산의 다문화, 이민자 가족과 적응 지원

강휘원, 「한국 다문화 사회의 형성 요인과 통합 정책」, 『국가정책연구』 20(2), 2006, 5-34쪽.

김경숙·조화성, 「한국인의 다문화 시티즌십 유형과 특징: 충남지역 주민의 사례를 중심으로」, 『민족연구』 41, 2010, 52-74쪽.

김석준 외, 『거버넌스의 이해』, 서울: 대영문화사, 2006.

김인, 「지방정부의 공공서비스 전달에 있어서 거버넌스 구조가 성과에 미치는 영향: 서비스 유형별 비교분석」, 『한국행정학보』 40(4), 2006, 51-75쪽.

김희순·정희선, 「커뮤니티 아트를 통한 다문화주의의 실천: 안산시 원곡동 '리트머스'의 사례」, 『국토지리학회지』 45(1), 2011, 93-106쪽.

김희정, 「한국의 관주도형 다문화주의: 다문화주의 이론과 한국적 적용」, 『한국에서 의 다문화주의: 현실과 쟁점(제2장)』, 서울: 한울아카데미, 2007, 58-79쪽.

박진경, 「한국의 다문화주의와 다문화 정책의 선택적 적용」, 『한국정책학회보』 19(3),

2010, 259-289쪽.

박진경·원숙연, 「중앙정부 공무원의 다문화 정책 정향성에 작용하는 영향요인」, 『한국
　　행정학보』 44(3), 2010, 191-217쪽.

이로미·장서영, 「다문화 국가 이민자 정착 정책 및 지원 서비스 분석: 미국과 캐나다
　　사례를 중심으로」, 『국제지역연구』 14(1), 2010, 179-208쪽.

이종열·범령령, 「한국 다문화 관련 행정서비스의 대응성에 관한 연구: 중국인 국제결
　　혼 이주여성을 중심으로」, 『한국사회와 행정연구』 21(3), 2010, 225-247쪽.

전영평, 「다문화 시대의 소수자 운동과 소수자 행정: 담론과 과제」, 『한국행정학보』 42(3),
　　2008, 9-27쪽.

정명주, 「정책수단 분석을 통해본 한국의 다문화 정책의 특성: 제1차 외국인정책기본계
　　획을 중심으로」, 『사회과학연구』 26(2), 2010, 275-295쪽.

최무현, 「다문화 시대의 소수자정책 수단에 관한 연구: 참여정부의 다문화 정책을 중심
　　으로」, 『한국행정학보』 42(3), 2008, 51-77쪽.

한승미, 「국제화 시대의 국가, 지방자치체 그리고 "이민족시민(ethnic citizen)": 동경도
　　(東京都)정부의 '다문화주의' 실험과 재일 한국/조선인에의 함의」, 『한국문화인
　　류학』 43(1), 2010, 263-305쪽.

한승준, 「우리나라 다문화 정책의 거버넌스 분석」, 『한국행정학회 추계학술대회발표논
　　문집』, 2008, 67-87쪽.

국무총리실직속 외국인정책위원회, 「외국인정책 기본방향 및 추진체계」, 『제1회 외국
　　인정책회의 자료』, 2006.

법무부, 재한외국인 처우 기본법(법률 제8442호), 2023.

법무부, 다문화가족지원법(법률 제8937호), 2023.

법무부 출입국·외국인정책본부, 체류외국인 통계, 2012.

부산광역시, 다문화 가족 홈페이지(http://multi.busan.go.kr), 2023.

전국시도지사협의회, 거주외국인정책(http://www.klafir.or.kr).

한국행정학회, 〈온라인행정학전자사전〉, 다문화 정책(#612), 2023.

행정안전부, 〈거주외국인 지원 표준조례안〉, 2023.

행정안전부 자치행정과, 외국인주민 지역별 통계, 2023.

Beiner, R., Multiculturalism and Citizenship: A critical response to Iris Marion Young,
　　Educational Philosophy and Theory, 38(1), 2006, pp.25-37.

Castles, S. and Miller, M. J., *The Age of Migration: International Population Movements in
　　the Modern World(Third Edition)*, New York and London: The Guilford Press:,
　　2009, pp.1-154.

Dunn, K., Thompson, S., Hanna, B., Murphy, P. and Burnley, I., Multicultural Policy within
　　Local Government in Australia, *Urban Studies*, 38(13), 2001, pp.2477-2494.

Fleras, A., *The Politics of Multiculturalism: Multicultural Governance in Comparative*

Perspective, Palgrave Macmillan, 2009, pp.1-288.

Friedman, T. L., *The World Is Flat: A Brief History of the Twenty-first Century*, Farrar, Straus and Giroux, 2005, pp.1-140.

Good, K. R., *Municipalities and Multiculturalism: The Politics of Immigration in Toronto and Vancouver*, Toronto: University of Toronto Press, 2009, pp.1-45.

Goonewarddena, K. and Kipfer, S., Spaces of Difference: Reflections from Toronto on Multiculturalism, Bourgeois Urbanism and the Possibility of Radical Urban Politics, *International Journal of Urban and Regional Research*, 29(3), 2005, pp.670-678.

Haklai, O., *State Mutability and Ethnic Civil Society: The Palestinian Arab Minority in Israel*, Ethnic and Racial Studies, 32(5), 2009, pp.864-882.

Hall, P. M., *Race, Ethnicity and Multiculturalism: Policy and Practice*, Garland Publishers, New York: Vincent, 1997, pp.89-114.

Ipsen, D., The Socio-spatial Conditions of the Open City: A Theoretical Sketch. *International Journal of Urban and Regional Research*, 29(3), 2005, pp.644-653.

Johnson, K. R. and Bill Ong Hing, National Identity in a Multicultural Nation: The Challenge of Immigration Law and Immigrants, *Michigan Law Review* 103(6), 2005, pp.1347-1390.

Kelly, P., *Multiculturalism Reconsidered: Culture and Equality and its Critics*, New York: Cambridge Polity Press, 2002, pp.21-47.

Kivisto, P., *Multiculturalism in a Global Society*, Blackwell Publishing, 2002, pp.10-49.

Koenig, M., Democratic Governance in Multicultural Societies: Social Conditions for the Implication of International Human Rights through Multicultural Policies, *Management of Social Transformations Discussion Paper Series*, No. 30. Paris: UNESCO, 1999, pp.1-45.

Kymlicka, W., *Multicultural Citizenship: A Liberal Theory of Minority Rights*, Oxford University Press, 1996, pp.1-296.

Kymlicka, W. and Norman, W., *Citizenship in Diverse Societies*, New York: Oxford University Press, 2000, pp.1-244.

Levitt, P. and Jaworsky, B. N., Transnational Migration Studies: Past Developments and Future Trends, *Annual Review of Sociology*, 33(1), 2007, pp.129-156.

McGoldrick, D., Multiculturalism and its Discontents, *Human Rights Law Review*, 5(1), 2005, pp.27-56.

Moss, L., Biculturalism and Cultural Diversity: How Far does State Policy in New Zealand and the UK seek to Reflect, Rnable or Idealise the Development of Minority Culture, *International Journal of Cultural Policy*, 11(2), 2005, pp.187-196.

Nelson, H. Graburn, H., Ertl, J. and Tierney, R. K., *Multiculturalism in the New Japan: Crossing the Boundaries Within*, London and New York: Berghahn Press, (2008, pp.1-250.

Panossian, R., Berman, B. and Linscott, A., *Governing Diversity: Democratic Solutions in Multicultural Societies*, Montreal: International Centre for Human Rights and Democratic Development, 2007, pp.1-22.

Riera, C., Social Policy and Community Development in Multicultural Contexts, *Community Development Journal*, 40(4), 2005, pp.433-438.

Scheffler, S., Immigration and the Significance of Culture, *Philosophy and Public Affairs* 35(2), 2007, pp.93-125.

Shore, C. and Wright, S., *Anthropology of Policy: Critical Perspectives on Governance and Power*, London: Routledge(EASA Series), 1997, pp.3-87.

Thompson, S., Burnley, I., Murphy, P. and Hanna, B., *Multiculturalism and Local Governance: A National Perspective*, New South Wales Department of Local Government. Ethnic Affairs Commission of New South Wales. University of New South Wales, Sydney, 1998, pp.1-143.

Thompson, S. and Dunn, K., Multicultural Services in Local Government in Australia: An Uneven Tale of Access and Equity, *Urban Policy and Research*, 20(3), 2002, pp.263-279.

Tsuneyoshi, R, Okano, K. H. and Boocock, S., *Minorities and Multiculturalism in Japanese Education: An Interactive Perspective*, London: Routledge, 2011, pp.1-26.

제9장 부산의 국제교류, 초국경 경제권과 미래

김부성, 「스위스·독일·프랑스 접경지역에서의 월경적 상호작용」, 『대한지리학회지』 41, 2006, 22-38쪽.

김일평, 「초광역개발권 정책의 의의와 추진방향」, 『국토(국토연구원)』 340, 2010, 6-11쪽.

김지희, 「서유럽의 지방외교: 영국, 프랑스 지자체의 국제협력현황과 대응전략」, 『비교민주주의연구』 4(2), 2008, 87-106쪽.

김판석, 「지방자치단체의 국제교류 발전방향」, 『한국지방자치학회보』 12(4), 2000, 5-31쪽.

김홍률, 「부산-후쿠오카 초광역경제권 형성을 통한 지역경제협력 방안」, 『일본근대학연구』 23, 2009, 249-273쪽.

김희재·윤영준, 「부산규슈 초광역 생활문화권형성을 위한 전략」, 『동북아문화연구』 17, 2008, 23-42쪽.

양기호, 「지방정부의 외국인대책과 내향적 국제화」, 『한국지방자치학회보』 18(2), 2006, 67-85쪽.

오성동, 「한·중 지방정부간 국제교류의 새로운 패러다임: 경제, 문화분야 협력방안을 중심으로」, 『경영사학』 43, 2007, 131-156쪽.

이갑영, 「지방자치단체 국제교류 평가와 전략: 문제점과 개선점」, 『대한지방행정공제회 지방행정』 54(통권 619), 2005, 41-50쪽.

이정남, 「동아시아 협력 네트워크와 지방의 역할: '동북아자치단체연합'을 중심으로」, 『국제지역연구』 9(4), 2005, 279-305쪽.

이정주·최외출, 「지방자치단체의 국제교류 효과분석을 통한 국제교류 활성화방안에 관한 연구」, 『한국지방자치학회보』 15(2), 2003, 145-162쪽.

이종수, 「지방의 세계화 현상에 대한 이론적 조망」, 『한국지방자치단체국제화재단10주년 논문집: 지방의 국제화』, 2004, 51-75쪽.

이종열, 「문화교류의 거버넌스 접근: 한류활성화를 위하여」, 『한국사회와 행정연구』 17(4), 2007, 123-144쪽.

황정홍·전영평, 「지방정부의 국제교류 정책 분석: 현실과 과제」, 『한국행정논집』 12(1), 2000, 67-91쪽.

세계도시경쟁력포럼(International Forum on Urban Competitiveness), 『글로벌도시경쟁력 보고서(The Council of Global Urban Competitiveness Project, 2009-2010)』, 2010.

세계지방자치단체연합(World Organization of United Cities and Local Governments), 2023. http://www.cities-localgovernments.org.

동북아자치단체연합(The Association of North East Asia Regional Governments), 2023. http://www.neargov.org.

부산광역시, 부산-후쿠오카 초광역경제권 포럼 자료집, 2009.

부산광역시, 국제협력과 부산국제자매도시위원회 내부자료, 2023.

부산발전연구원, 초국경 광역경제권 발전의 조건과 미래. 부산의 미래발전 전략수립을 위한 국제세미나 자료집, 2009.

재부산일본국총영사관, 2023. www.busan.kr.emb-japan.go.jp.

전국시도지사협의회, 2023. 국제교류편람 및 국제화정보DB(구. 한국지방자치단체국제화재단). http://www.klafir.or.kr.

한국국제협력단(외교통상부 산하). http://www.koica.go.kr.

행정안전부 국제교류관실, 「국제도시간자매결연업무처리규정(훈령 제47호)」, 2023.

후쿠오카시(福岡市), 2023. http://www.city.fukuoka.lg.jp.

후쿠오카시 총무기획국 국제부(總務企劃局 國際部) 및 경제진흥국 집객교류부(經濟振興局 集客交流部) 내부자료 및 국제교류 통계 및 현황자료.

후쿠오카현 관광연맹, 2023. http://www.japanpr.com.

후쿠오카국제교류협회(福岡國際交流協會) 및 규슈경제조사협회(九州經濟調查協會), 2023. http://www.rainbowfia.or.jp.

『부산시보』, 2008.10.22, 「부산-후쿠오카, 초광역경제권 시대로」.

『국제신문』, 2009.8.27, 「부산-후쿠오카 민간교류협회 결연」.

『서울신문』, 2008.3.8, 「부산 후쿠오카 초광역경제권 추진」.

『조선일보』, 2010.2.10, 「부산 후쿠오카 초광역경제권 프로젝트 발진」.

『조선일보』, 2010.2.23, 「하나의 도시, 꿈꾸는 부산·후쿠오카」.

Arino, A., Abramov, M., Skorobogatykh, I., Rykounina, I. and Vila, J., Partner Selection and Trust Building in West European-Russian Joint Ventures, *International Studies of Management & Organizations*, 27(1), 1997, pp.19-37.

Barkema, H. G., Vermeulen, F., What Differences in the Cultural Backgrounds of Partners are Detrimental for International Joint Ventures?, *Journal of International Business Studies*, 28(4), 1997, pp.845-864.

Barlett, C. A. and Ghoshal, S., What is a Global Manager?, *Harvard Business Review*, 70(5), 1992, pp.1-32.

Graf, A., *Port Cities in Asia and Europe: Routledge Studies in the Modern History of Asia*, Routledge, 2009, pp.1-222.

Harrison, J., From Competitive Regions to Competitive City-Regions: A New Orthodoxy, But Some Old Mistakes, *Journal of Economic Geography*, 7(3), 2007, pp.311-332.

Katsikeas, C. S. Skarmeas, D. Bello, D. C., Developing Successful Trust-Based International Exchange Relationships, *Journal of International Business Studies*, 40(1), 2009, pp.132-155.

Martinez, O. J., *Border People: Life and Society in the U.S.-Mexico Borderlands*, Tucson: University of Arizona Press, 1994a.

Martinez, O. J., *The Dynamics of Border Interaction: New Approach to Border Analysis*, in Schofield, C. H.(ed.), Global Boundaries, Routledge, London, 1994b, pp.1-15.

Morosini, P, Shane, S. and Singh, H., National Cultural Distance and Cross-Border Acquisition Performance, *Journal of International Business Studies*, 29(1), 1998, pp.137-158.

Samers, M., Immigration and the Global City Hypothesis: Towards an Alternative Research Agenda. *International Journal of Urban and Regional Research*, 23(2), 2002, pp.252-266.

Sassen, S. ed., *Global Networks: Linked Cities*, New York: Routledge, 2002.

Scott, A., *Global City-Regions: Trend, Theory, Policy*, Oxford: Oxford University Press, 2001, pp.263-284.

Watson, D., The International Resources Cities Program: Building Capacity in Bulgarian Local Governments, *Public Administration Review* 60(5), 2000, pp.457-463.

찾아보기

■ 저자 소개

우양호(禹良昊)

한국해양대학교 교수로 재직하고 있으며, 국제해양문제연구소 및 교양교육
원에서 근무하고 있다. 부산광역시 시사편찬위원과 전국 규모 다수 학회의
이사를 맡고 있다. 한국지방정부학회 총무위원장 및 감사, 대한지방자치학회
편집위원, 지방자치인재개발원 외래교수 등을 역임했다. 주요 관심 분야는
부산의 현대사, 도시 및 지방행정, 해양행정, 정책학, 공공관리, 글로벌 지역
연구 등이다.